416ve Foto: bw

Birgit Weichmann
Venedig und die Lagune

Mit Recht behaupten manche, der Name der Stadt Venezia
stamme vom lateinischen „Veni etiam“ ab und bedeute also:
„Komm immer wieder“. Denn sooft du auch kommst,
du wirst immer Neues erblicken und neue Schönheiten sehen.
Francesco Sansovino (1521–1586)

Impressum

Birgit Weichmann
Venedig und die Lagune

erschienen im
Reise Know-How Verlag Peter Rump GmbH
Osnabrücker Str. 79
33649 Bielefeld

5., neu bearbeitete und komplett aktualisierte Auflage 2009

Gestaltung
Umschlag: M. Schömann, P. Rump (Layout);
Katja Schmelzer (Realisierung)
Inhalt: Günter Pawlak (Layout);
Angelika Schneidewind (Realisierung)
Fotos: Max R. Liebhart (ml); die Autorin (bw); Sara Coppola (sc);
Juliane Zitzlsperger (jz); Martino Rizzi, Ekos Club (mr);
Doppelmayr Italy (di); Regine Mosimann/Diogenes Verlag (©rg/dv)
Titelfoto: Birgit Weichmann (Motiv: Campanile am Markusplatz)
Karten: Catherine Raisin
Bildbearbeitung: travel@medien

Lektorat: Caroline Tiemann
Lektorat (Aktualisierung): Katja Schmelzer

Druck und Bindung
Media Print, Paderborn

ISBN 978-3-8317-1832-0
Printed in Germany

Dieses Buch ist erhältlich in jeder Buchhandlung
Deutschlands, der Schweiz, Österreichs, Belgiens
und der Niederlande.
Bitte informieren Sie Ihren Buchhändler
über folgende Bezugsadressen:
Deutschland
Prolit GmbH, Postfach 9, D-35461 Fernwald (Annerod)
sowie alle Barsortimente
Schweiz
AVA-buch 2000
Postfach, CH-8910 Affoltern
Österreich
Mohr Morawa Buchvertrieb GmbH
Sulzengasse 2, A-1230 Wien
Niederlande, Belgien
Willems Adventure, www.willemsadventure.nl

Wer im Buchhandel trotzdem kein Glück hat,
bekommt unsere Bücher auch über unseren
Büchershop im Internet: www.reise-know-how.de

Wir freuen uns über Kritik, Kommentare und Verbesserungsvorschläge.

501ve Foto: ml

Vorwort

Gründe, nach Venedig zu reisen, gibt es so viele wie Tauben auf dem Markusplatz. Denn die Stadt und ihre Lagune bieten für jeden und für jedes Interesse zu jeder Jahreszeit etwas. Doch es besteht die Gefahr, dass man Venedig besucht und dabei die Stadt nicht sieht, sondern das Gefühl hat, in eine Postkarte zu treten und den auf Postkarten-Idyllen vermittelten Klischees zu folgen. Diese Gefahr ist bei Venedig größer als bei anderen Städten, denn Venedig macht es einem besonders schwer. In der Serenissima, wie sie auch genannt wird, ist nämlich nahezu alles von historischem oder kunsthistorischem Interesse, sehens- oder besichtigenswert, beachtens- oder bewundernswert. Wie soll man da auswählen, bei mehr als 300 Palazzi, 117 Kirchen und an die 40 Museen?

Venedig ist keine Stadt wie andere. Sie lässt sich nicht besichtigen wie Paris oder London, denn Venedig ist nicht nur in bestimmten Vierteln oder Straßenzügen sehenswert, sondern als Ganzes. So ist die Auswahl dessen, was in diesen Reiseführer aufgenommen wurde, subjektiv erfolgt. Es wurden Schwerpunkte gesetzt, bewusst wird auch auf touristisch nicht unbedingt Spektakuläres hingewiesen.

Wer sich Venedig ausschließlich als Stadt des Vergnügens und der Urlaubsfreuden vorstellt, wird wohl enttäuscht sein: Venedig ist anstrengend. Erholung findet man eher auf dem Lido, aber der Lido ist nicht Venedig. Damit Ihr Venedig-Besuch aber trotzdem ein erfüllendes Erlebnis wird, an das Sie noch gerne zurückdenken, wurde dieses Reisehandbuch geschrieben. Es ist sowohl für die Vor- und die Nachbereitung zu Hause oder im Hotelzimmer gedacht, als auch, um mit ihm durch die Gassen Venedigs zu laufen.

Vielen Besuchern ist Venedig nur als „centro storico“ bekannt, als die Altstadt mit ihren Sehenswürdigkeiten. Und nicht jedem Besucher wird bewusst, dass sie eingebettet ist in eine Lagune und dass man in Venedig nicht nur urbane historisch-kunsthistorische Entdeckungen machen, sondern auch eine Natur-Erfahrung haben kann, wenn man sie denn sucht. Auch darauf will das Buch hinweisen. Venedig und seine Umgebung werden dabei in erster Linie zu Fuß und mit dem Schiff, aber auch auf dem Fahrrad und mit dem Boot erkundet.

Es wäre schön, wenn ich Sie mit meiner Liebe zu dieser Stadt, meiner „Möchtegernheimat“, anstecken und Sie dazu animieren könnte, immer wiederzukommen und dabei immer tiefer (auch) in das weniger bekannte Venedig einzudringen. Die Stadt und ihre Lagune lassen sich nicht bei einem einzigen Besuch „erfassen“. Man muss sie sich in kleinen Portionen aneignen, um sich nicht mit einer „Überdosis“ den Geschmack auf mehr zu verderben.

Birgit Weichmann

Inhalt

Vor der Reise

Praktische Reisetipps A–Z

Exkurse

Die Stadt und ihre Bewohner

Venedigs sechs Seelen: die Sestieri

Museen

Ausflüge: Venedig und die Lagune

Anhang

Hinweise zur Benutzung

Das Kapitel **„Vor der Reise“** enthält Hinweise, die bereits bei der Reiseplanung notwendig sind, etwa wenn es um die Wahl des richtigen Reisezeitpunkts geht, die Anreise, allgemeine Hinweise zu Unterkünften oder die Möglichkeiten, Wissenswertes über Venedig im Internet zu finden.

Ganz bewusst wurde der Teil **„Praktische Reisetipps von A bis Z“** sehr stark gewichtet, denn Venedig ist eine Stadt, die sich nicht von selbst erklärt und ihrem Besucher zwar den Zugang zu ihren Sehenswürdigkeiten leicht, doch den Zugang zum praktischen Alltagsleben sehr schwer macht. Zudem ist die Stadt ein Labyrinth aus Gassen und Kanälen, mit Sackgassen und Wegen, die unvermittelt am Wasser oder in dunklen Innenhöfen enden, wo einem Adresse und Hausnummer nicht weiterhelfen und in vielen Fällen noch nicht einmal der Stadtplan beim Finden von Örtlichkeiten behilflich ist. Apropos Stadtplan: Im Führer sind zu den einzelnen Kapiteln im Hauptteil **Übersichtskarten** eingefügt. Sie ersetzen auf keinen Fall einen **detaillierten Stadtplan,** da sich Venedig als sehr unübersichtliches System von kleinen und kleinsten Gassen darstellt, die in einem schematischen Stadtplan nur schwer wiedergegeben werden können.

Doch dieses Handbuch soll ein **Wegweiser** durch das Labyrinth der Stadt sein. Es zeichnet sich beispielsweise dadurch aus, dass bei allen erwähnten Einrichtungen, Restaurants, Hotels etc. ausführlich beschrieben wird, wie man zu ihnen gelangt und sich dabei an markanten Punkten oder Schiffsanlegestellen orientieren kann. Die Lokale, Restaurants, Pizzerien und Bars sind im Kapitel Essen und Trinken jeweils nach Stadtvierteln geordnet angegeben. Zur besseren Orientierung finden Sie hier **Kartenverweise** auf die entsprechenden Übersichtskarten.

Alphabetisch sind in diesem Kapitel Themen angeordnet, die für Sie während Ihres Venedig-Besuchs wichtig werden können, wie etwa zur venezianischen Sprache, zu den Verkehrsmitteln oder den typisch venezianischen Festen, Veranstaltungen und Feierlichkeiten. Sie finden dort auch ausgewählte Bars und Restaurants für jeden Geldbeutel, ebenso wie Hotels, empfehlenswerte Läden und Tipps zu vielerlei Nachtaktivitäten. **Alles, was empfohlen wird, ist persönlich getestet.**

Doch eine Schwierigkeit gibt es dabei natürlich und die ist bei einer touristisch schnelllebigen Stadt wie Venedig besonders auffällig: Restaurant- oder Einkaufs-Empfehlungen sind zum Teil schon nicht mehr aktuell, sobald sie gedruckt sind. Auch mit den **Öffnungszeiten** von Museen, Kirchen, Post, Banken oder touristischen Service-Einrichtungen gibt es in Venedig große Schwierigkeiten: Sie sind sehr variabel. Allein die Öffnungszeiten der Gepäckaufbewahrung im Bahnhof haben sich während der Entstehungszeit dieses Buches dreimal geändert.

Bei Restaurants werden wegen der Notwendigkeit zu reservieren Telefonnummern angegeben. **Hotels** finden sich mit Telefon- und Fax-Nummern wieder, so dass Sie auch von zu Hause aus Reservierungs-Faxe schicken können. Wenn keine spezielle Internetadresse einzelner Hotels angegeben wurde, können diese meist bequem über die allgemeine Info-Adresse www.veneziasi.it erreicht werden.

Der landeskundliche Teil **„Die Stadt und ihre Bewohner"** gibt einen Überblick über die Charakteristika Venedigs, seine Geschichte, Bevölkerung, Stadtgeografie und Architektur.

Im Hauptteil – **„Venedigs sechs Seelen: die Sestieri"** – werden Sie mit den interessantesten Sehenswürdigkeiten (welche den Legendenpunkten der jeweiligen Stadtteilkarte zugeordnet sind) und der Kultur und Kunst der Stadt vertraut gemacht und durch die einzelnen Stadtteile *(Sestieri)* geführt. Es sind keine Rundgänge, man kann jederzeit einsteigen. Während eine Auswahl der unzähligen bedeutenden Kirchen im Verlauf der Stadtrundgänge vorgestellt wird, hat es sich als sinnvoll erwiesen, die wichtigsten **Museen** in einer eigenen Auflistung darzustellen. Der **Dogenpalast** allerdings wird nicht im Kapitel „Museen" behandelt, sondern als Teil des Ensembles „Markusplatz".

Das Kapitel **„Ausflüge: Venedig und die Lagune"** schließlich zeigt Venedig eingebettet in seinen geografischen Zusammenhang und bleibt mit den Ausflugstipps in der Lagune. Die Stadt bietet genügend Ausflugsmöglichkeiten für längere Venedig-Aufenthalte. So kann man erfassen, was Venedig, die „Königin der Adria", in seinem früheren maritimen Umfeld bedeutet hat.

Exkurse, die immer wieder in den Text eingestreut sind, bieten Insider-Informationen zu Venedig-spezifischen Themen, die hinter die – heutigen oder vergangenen – Kulissen blicken lassen. Da die Stadt wie keine andere vom Wasser geprägt wurde und dominiert wird, sind zum Beispiel allein den verschiedensten Formen von Wasser – als Bedrohung, in seinen wetterbedingten Ausprägungen und als Lebensmittel – drei separate Betrachtungen gewidmet.

Danke!

Vielen ist für das Zustandekommen dieses Führers zu danken: Mein Dank geht vor allem an *Anabel Gelhaar,* venezianische Exilantin, für unzählige Insider-Tipps. Dank gebührt auch *Nanni Saule,* der „korrektiven Instanz", *Xenia von Tippelskirch,* Kaffee-Expertin und sachkundige Leserin sowie *Nicola Zennaro,* der mir vom Boot aus ein völlig anderes Venedig gezeigt hat. *Ursula Bartl* und *Iris Starostzik* haben die Routen (und die meisten Spezialitäten!) vor Ort getestet. Mit Worten nicht zu danken ist *Dr. Max Liebhart,* der auch mit vielen seiner Fotos zu diesem Führer beigetragen hat, und seiner Frau *Anna Neblich-Liebhart* – beide noch größere Venedig-Liebhaber als ich – ohne die (und deren Spritz) gar nichts gegangen wäre.

Ein ganz herzliches Dankeschön vor allem auch an all diejenigen, die mir für die fünfte Auflage Rückmeldungen und Hinweise gaben. Ich habe alle Anregungen sorgfältig geprüft und viele davon aufgenommen.

001ve Foto: bw

Vor der Reise

002ve Foto: bw

500ve Foto: bw

Die Rialto-Brücke im Abendlicht: In Venedig bieten sich Fotomotive und Lichtverhältnisse, wie man sie sonst in keiner Stadt findet

Die Seufzerbrücke am Dogenpalast

Die Kirche Santa Maria della Salute wirkt neben den Meeres-Riesen, die täglich an ihr vorbei fahren, geradezu winzig

Informationsstellen

Aktuelle Informationen zur Vorbereitung der Reise, zu Venedig und Venetien, aber natürlich auch zu Italien im Allgemeinen liefern folgende Stellen:

Italienische Zentrale für Tourismus Enit
(Ente nazionale italiano per il turismo):
Internet: www.enit-italia.de, www.enit.at, www.enit.ch
- Neue Mainzer Str. 26, 60311 Frankfurt/Main, Tel. 069/237434
- Friedrichstr. 187, 10117 Berlin, Tel. 030/2478398
- Prinzregentenstr. 22, 80538 München, Tel. 089/531317
- Kärntner Ring 4, 1010 Wien, Tel. 01/5051639
- Uraniastr. 32, 8001 Zürich, Tel. 043/4664040

Touristeninformation von Venedig:
- Telefonisch ist die **APT** (Azienda di Promozione Turistica) von Venedig unter Tel. 0039/041/5298711 zu erreichen (man spricht auch deutsch). Wer sich schriftlich um Informationen bemühen will: APT, Castello 5050, I-30122 Venezia, Fax 0039/041/5230399, info@turismovenezia.it, www.turismovenezia.it. (auf Englisch und Italienisch)

Venedig im Internet

Web-Adressen von einzelnen Hotels, Museen, Tourveranstaltern etc. werden, soweit sie bekannt sind, direkt an der entsprechenden Stelle aufgelistet. Für den digitalen Einstieg bietet es sich an, über eine italienische **Suchmaschine** zu beginnen. www.virgilio.it beispielsweise liefert unter dem Stichwort „Venezia“ unzählige Websites in italienischer und englischer, selten in deutscher Sprache. Deutsche Suchmaschinen wie Yahoo.de, google.de oder web.de helfen beim Stichwort „Venedig“ mit zahllosen Links weiter.

Hier kann nur ein winziger Einblick in die große Zahl von Internetadressen gegeben werden. Bei der rasanten Entwicklung des worldwide web ändern sich die Links sehr schnell und es werden ständig mehr.

004ve Foto: bw

Viele ruhige Ecken an malerischen Kanälen laden zum Verweilen ein

- Zur deutschsprachigen **Reisevorbereitung** bietet sich zum Beispiel www.venedig-treff.de an, mit vielen praktischen Hinweisen, Buchungsmöglichkeiten und Fotos.
- Die Seite bietet **chats** und **Foren** rund um Venedig sowie Buchtipps, Unterkünfte etc.
- Bei der **Tourismuszentrale** Venedigs landet man unter www.turismovenezia.it (italienisch und englisch). Die Seiten geben aktuelle Hinweise z.B. auch auf Ausstellungen und historische Feste oder darüber, wie sich Behinderte in der Stadt zurechtfinden können. Die dortigen webcams zeigen Venedig live. Auch hilfreich (in Italienisch und Englisch): www.venezia.net anklicken. Aber auch www.doge.it bringt viele sinnvolle Informationen zur Lagunenstadt. Hier geht es weniger bürokratisch zu. Es gibt Fotos, historische Infos, Events, Hotels etc. Auf Englisch.
- Informationen über den innerstädtischen **Verkehr** und zu Events und Eintrittskarten unter www.hellovenezia.com.
- Wenn es um **Hotels** geht, wird man bei den Seiten der verschiedenen Hotelvereinigungen Venedigs fündig:
www.veneziasi.it und
www.venicehotels.com (v.a. für den Lido),
www.tripadvisor.de, mit Beurteilungen von Gästen. Auch:
www.venere.com. Ähnliches auf Englisch:
www.virtualtourist.com.
www.invenicetoday.com/deutsch,
www.agendavenezia.org und
www.ilovevenezia.com
bringen ähnliche Informationen,
v.a. zu Veranstaltungen und Ausstellungen.
- Eher für die **jüngere Generation** sind die Seiten www.venicebanana.com und www.veneziadavivere.it. Veranstaltungskalender, Lokaltipps mit Adressen und Anfahrtsmöglichkeit, Shopping u.v.m.
- Für **Venedig-Insider** ist www.venessia.com sehr interessant, auch wenn der Stil ein wenig polemisch ist. Einblicke ins Alltagsleben Venedigs bietet (auch auf Englisch) www.myvenice.org. Und wer tiefer in Venedigs Probleme einsteigen will, ist bei www.40xvenezia.it richtig (auf Italienisch).
- Eine sehr informative Seite über **Sanierungs- und Restaurierungsprojekte** in Venedig (in ital. und engl. Sprache) ist www.insula.it.
- Einen Einblick in die **Lagune und ihre Probleme** bietet (in Englisch) www.salve.it.
- Alles über den **Flughafen** erfährt man unter www.veniceairport.it.
- Informationen über **Kirchen:** www.chorus-ve.org.
- Für Opern- und Konzertliebhaber ist die Seite des **Teatro La Fenice** ein Muss: www.teatrolafenice.it.
- Die Homepage der berühmten venezianischen **Bibliothek Marciana** führt auch zu den venezianischen Museen (in Italienisch) und zu Links über Wetter und Hochwasser: www.marciana.venezia.sbn.it/venezia.htm/musei.
- Wenn man sich nur übers **Wetter** in der Lagunenstadt informieren will:
www.virgilio.it/canali/meteo/previsioni/venezia.html. Sehr sinnvoll ist auch www.arpa.veneto.it/cmt/meteo. Auch die deutschen Anbieter www.donnerwetter.de und www.wetteronline.de/Italien/Venedig.htm sind hilfreich. Webcam auf dem Markusplatz:
www.2.commune.venezia.it/webcam/
- Zur berühmten **Kunstbiennale** finden sich Infos unter www.labiennale.org.
- Die Geschichte **berühmter Familien** Venedigs ist aufbereitet unter www.geocities.com/families_history/hidden.htm. Leider nur in Englisch, aber mit Fotos der Palazzi.

Reisezeit

Eine „beste Reisezeit" zu definieren ist schwierig, da Venedig so viele verschiedene Anlässe für Reisen bietet. Jede Jahreszeit hat ihre Reize. Es ist auch schwer, von einer **Saison** zu sprechen, es gibt weder Haupt- noch Nebensaison. So findet man in den Hotels auch kaum saisongebundene Preisunterschiede wie in anderen Städten oder Urlaubsgegenden.

Macht man die Wahl der Reisezeit vom **Wetter** abhängig, so seien die

Monate April bis Oktober als beste Jahreszeit genannt. Es kann aber auch schon im März sehr warme Tage geben. Die vergangenen Jahre haben gezeigt, dass es verlässliche Vorhersagen nicht gibt. In Venedig ist es in den Sommermonaten brütend heiß und es kann tropisch schwül werden. Nicht umsonst „fliehen“ die Venezianer dann aufs kühlere Festland und in die Berge. Zudem sind in der Stadt viele Lokale und Läden im Hochsommer geschlossen. In der Regel öffnet alles wieder am 1. September-Wochenende.

Gewarnt sei vor den Tagen um den **15. August.** Für die Italiener ist dies der Feiertag *ferragosto,* an dem nahezu völkerwanderungsähnlich in Urlaub gefahren oder ein verlängertes Wochenende verbracht wird. Zu Ostern, Pfingsten und um Allerheiligen sind Stadtbesuche auch nicht unbedingt empfehlenswert: Da wird es in Venedig sehr voll.

400ve Foto: bw

Reist man aus **kulinarischem Anlass,** so ist der Herbst die beste Jahreszeit. Venetien hat durch seine ländliche Struktur einen besonders reich gedeckten Tisch an herbstlichen Spezialitäten. Die Ernte ist eingefahren und bereichert den Speiseplan. Der junge Wein wird serviert, Steinpilze verfeinern so manche Speise, Wild dominiert. Gekrönt wird alles meist von frischer Polenta in den fantasiereichsten Variationen.

Wenn man um der **Kunst** und der **Kultur** willen reist, so ist von Mitte November bis zum Beginn des Karnevals (im Februar oder März) die beste Zeit. Es ist weniger los und man kann auch in diesen Monaten noch sehr schöne Tage (optisch wie temperaturmäßig) erleben. Allerdings wird es zuweilen auch empfindlich kalt. An der Adria weht im Winter oft ein kalter Wind, die Bora. Für **Fotografen** der Tipp: Gerade in den Wintermonaten ist das Licht in Venedig besonders schön.

Anlass für eine Reise kann auch eines der traditionellen **Feste** Venedigs sein (⇨„Praktische Reisetipps A–Z: Feiertage und Feste").

Reisedauer

Angesichts der unterschiedlichen Bedürfnisse, mit denen Reisende in die Stadt kommen, ist es nicht einfach, eine geeignete Reisedauer vorzuschlagen. Gewarnt sei jedoch vor den vielgepriesenen **Wochenend-Trips** nach Venedig. Zum einen ist die Stadt am Sonntag relativ tot: Die meisten Geschäfte und Restaurants, Trattorien und Bars, die sich nicht den Touristen verschrieben haben, sind geschlossen. Zudem haben viele andere Reisende dieselbe Idee und es wird eng in den schmalen Gassen Venedigs.

Ein **Tagesausflug** nach Venedig kann einen ersten Eindruck liefern, wird der Stadt aber nicht gerecht. **Zwei Tage** sind für einen Kurzbesuch das Minimum. Den ersten Tag sollte man sich einfach treiben lassen, den zweiten dazu nutzen, sich gezielt einige ausgesuchte Sehenswürdigkeiten anzusehen.

Und wer die Stadt, ihre besondere Situation und ihre Bewohner wirklich kennen lernen will, der bleibt mindestens **eine Woche.** So kann er auch über die Grenzen des *centro storico,* des historischen Stadtkerns, treten, die Inseln in der Lagune besuchen, auf dem Lido mondäne Sommerfrische kennen lernen oder einen Ausflug auf der Brenta zu den Festlands-Villen der Venezianer machen. Auch das gehört zu Venedig und zum Leben der Venezianer – in der Vergangenheit und heute.

Venedigs jüngstes Bauwerk:
Die 2008 errichtete vierte Brücke über den Canal Grande, die Ponte della Constituzione, verbindet mit ihren 94 Metern Länge den Bahnhof mit der Piazzale Roma. Sie stammt vom spanischen Stararchitekten Santiago Calatrava

Wenn Wasser lästig ist: Hochwasser – Niedrigwasser – Nebel – Afa

Venedig, die Stadt im Wasser. Die Stadt, die ihre Existenz dem Wasser abgetrotzt hat, deren Reichtum auf Wasser gegründet ist, die die Meere beherrscht hat und die nun ihrerseits vom Wasser beherrscht wird. In vier Formen wird Wasser in der Lagunenstadt heutzutage lästig: wenn zu viel davon da ist, wenn es nicht genug gibt, wenn es fein zerstäubt die Sicht und den Verkehr behindert und wenn es zu einer klebrigen Flüssigkeit mutiert. Jede dieser eher unangenehmen Formen von Wasser hat ihre Zeit, so dass der Mensch sich der Bedeutung und der Macht des feuchten Nass immer wieder aufs Neue bewusst werden kann.

Zwischen September und April herrscht *acqua alta,* **Hochwasser** – für Venezianer ein lästiges und bisweilen auch bedrohliches Ereignis, für Touristen dagegen eher amüsant, optisch beeindruckend und fotografierenswert (⇨„Praktische Reisetipps A–Z: Hochwasser"). Im gleichen Zeitraum kann es aber durchaus auch das Gegenteil davon geben: **Niedrigwasser.** Denn der Wasserstand in Venedig hängt von den Gezeiten ab, Ebbe und Flut bestimmen seine Höhe (⇨Exkurs „Land unter: Versinkt Venedig?"). Doch im Sommer bleibt den Besuchern das Niedrigwasser eher in Erinnerung: dann, wenn die Kanäle nackt daliegen und der grau glänzende Schlamm in der Hitze zu stinken beginnt.

Richtig hinderlich wird Wasser in Venedig allerdings dann, wenn es sich in fein zerstäubter Form in den Herbst- und Wintermonaten als **dichter Nebel** wie Watte über die Stadt legt. Dann ist die Sicht extrem behindert, die Vaporetti fahren nur

001ve Foto: bw

noch im Canal Grande bzw. mit Notfahrplan und Radar zwischen Sant'Elena und dem Lido. Mehr geht dann nicht. „Servizio sospeso causa nebbia", Schifffahrt wegen Nebel eingestellt, lautet lapidar die Aufschrift der Schilder an den Vaporetto-Haltestellen. Und keiner regt sich auf, denn dies gehört in Venedig zum Alltag. Der Nebel schafft es aber auch, andere Sinnesorgane zu beeindrucken: Er packt die Geräusche der Stadt in Watte. Alles klingt gedämpft und wird nur übertönt von den Nebelhörnern der Kreuzfahrtschiffe, die gespenstisch durch die Stadt hallen, als klängen sie aus einer anderen Welt herüber.

Doch das ist alles nichts im Vergleich zur *Afa*. Die deutsche Entsprechung **„Schwüle"** trifft das Phänomen nur unzureichend. Die extrem hohe Luftfeuchtigkeit, die an manchen Hochsommer-Tagen in Venedig herrschen kann, macht das Atmen nahezu unmöglich. Es ist, als ob sich die schwüle Hitze mit dem Messer zerschneiden ließe. Noch nicht einmal ein Duschbad bringt Erlösung. Sofort ist der kurzzeitig erfrischte Körper aufs Neue von einer pappigen Hülle umgeben. Man könnte meinen, die Schweißdrüsen würden eine Art Klebstoff statt Schweiß produzieren. Und selbst die Nacht befreit die Stadt nicht von der mit Wasser gesättigten Luft. Afa hängt wie eine Dunstglocke über ihr.

Doch keine Angst: In Venedig scheint auch die Sonne, ist es trocken und angenehm temperiert, kann man von den Fondamente Nuove aus bis auf die Alpengipfel blicken, fließt nicht zu viel und nicht zu wenig Wasser in den Kanälen ...

Wasser ist in Venedig auch ein Problem, wenn es nicht genug davon gibt

Kleidung

Venedig ist eine elegante Stadt, nicht nur was die Gebäude betrifft. Die Venezianer legen sehr viel Wert auf **korrekte Kleidung** im Alltag, auch wenn es im Sommer sehr heiß ist. Touristen dagegen sind häufig sehr nachlässig gekleidet. Boxershorts und Gesundheitssandalen oder Turnschuhe dominieren in den heißen Monaten durchaus das Bild der Stadt. Allerdings schränkt diese dürftige Bekleidung auch des öfteren den Aktionsradius von Touristen ein. In Kirchen wird nämlich ganz intensiv darüber gewacht, dass man den Kirchenraum nur mit bedeckten Armen und Beinen und „schicklicher" Kleidung betritt. Auch in Museen wird häufig auf korrekte Kleidung geachtet und bei zu großer Freizügigkeit der Einlass verwehrt.

In Venedig gibt es nur wenige Bäume, die Schatten spenden könnten. Ein **Sonnenhut** ist daher nicht verkehrt. Auch an **Badeanzug** oder **Badehose** sollte man denken, denn der Lido, nur wenige Schiffsminuten vor Venedig gelegen, ist ein beliebter Badeort (⇨ „Praktische Reisetipps A–Z: Baden und Schwimmen").

In den kälteren Monaten kann es ziemlich kalt werden, denn die venezianische Kälte ist feucht und feuchte Kälte kriecht langsam, aber heimtückisch unter die Kleidung. **Warme Jacken und Pullover** sind daher von Ende Oktober bis etwa März angesagt. Da dies auch die Monate des Hochwassers sind, ist ein Gedanke an **Gummistiefel** nicht abwegig. Man

kann sie sich jedoch im Notfall auch vor Ort für rund 15 € kaufen – oder ein paar Überschuhe für etwa 8 €. Ein kleiner Hinweis zu **Regenschirmen:** Manche Gassen Venedigs sind so eng, dass man sie mit einem großen, aufgespannten Schirm nicht benutzen kann. Am besten also einen wenig ausladenden Knirps mitnehmen. Ganz wichtig ist – unabhängig von der Jahreszeit – **festes Schuhwerk.** Man wird in Venedig auf Grund der besonderen Stadttopografie so viel zu Fuß unterwegs sein wie in keiner anderen Stadt!

Der Markusplatz kann im Winter recht ungemütlich, jedoch auch sehr romantisch werden

Hin- und Rückreise

Mit dem eigenen Fahrzeug

Venedig ist wohl eine der wenigen Städte der Welt, bei denen die Anreise mit dem Auto nicht ratsam ist: In der Stadt gibt es keine Straßen! So muss der Pkw vor der Stadt oder auf dem Festland geparkt werden, was allerdings teuer ist. Zum **Parken** siehe „Praktische Reisetipps A–Z: Ankunft“.

Reiseroute

Am schnellsten kommt man durch Süddeutschland und Österreich über den Brenner-Pass auf der Autobahn A 22 oder der parallel laufenden Staatsstraße SS 12 nach Venetien. Bei Trient

(Trento) hat man sich zu entscheiden: Entweder geht es über Verona und dort am Autobahnkreuz mit der A 4 nach Osten ab. Dann fährt man weiter bis Vicenza, Padua und Mestre/Venedig. Wer nicht nur auf der Autobahn anrauschen möchte, zweigt in Trient auf die N 47 Richtung Pergine ins Val Sugana ab. Vorbei an den Seen Lago di Caldonazzo und Lago di Lévico über den Kurort Lévico geht es auf gut ausgebauter Straße das malerische Sugana-Tal entlang. Wer zunächst einmal den Weg als Ziel sieht, kann bereits in Ora (Auer) die A 22 nach Osten in Richtung Cavalese verlassen und an Predazzo vorbei über viele Pässe und durch enge Kurven zwischen zwei- und dreitausend Meter hohen Gipfeln hindurch bis Feltre fahren. Motorradfahrer mögen sich daran erfreuen.

Man kann auch übers Friaul ab Villach auf der Alpen-Adria-Autobahn A 23 anreisen. Über Udine folgt man bis Palmanova der A 23 und zweigt dann auf die A 4 Richtung Venedig ab.

Aus der Schweiz oder vom Westen Deutschlands kommt man auf der Autobahn N 2 über den St. Gotthard oder der N 13 über den San Bernardino (ab Bellinzona ebenfalls N 2) bei Chiasso über die Grenze. An Como vorbei führt die A 9 nach Mailand. Von dort geht es auf der A 4 bis Verona und weiter nach Venedig.

Bei Autofahrten in Italien müssen **Warnwesten** mitgeführt werden!

Mautgebühren

Für Österreich und die Schweiz sind **Autobahn-Vignetten** nötig. Sie sind bei den Automobilclubs, in grenznahen Rastanlagen und an den Grenzübergängen erhältlich. Eine zusätzliche Maut wird für die Brennerautobahn (8 €) und für den Großen Sankt Bernhard Tunnel (für Pkws 18,70 € auf der schweizerischen Seite und 22,40 € auf der italienischen Seite) erhoben. Die Maut auf der italienischen Autostrada wird nach Strecke berechnet. Pro 100 Kilometer sind für PKW etwa 5,20 € zu bezahlen. Einfacher wird das Zahlen an den italienischen Mautstationen mit den so genannten **Viacards.** Sie sind im Wert von 25 und 50 € bei Automobilclubs, an Raststätten und an der Grenze zu kaufen und erlauben es, die mit „Viacard" gekennzeichneten Mautstellen zu durchfahren.

Um den Gebühren zu entgehen, kann man die (häufig neben den Autobahnen verlaufenden) **Staatsstraßen** benutzen. Allerdings durchqueren sie in der Regel viele Ortschaften und werden gerne von Lkws befahren.

Tanken

Benzin ist in Italien in den folgenden Sorten erhältlich: *Super* entspricht dem deutschen Super. *Senza piombo* ist Super bleifrei (95 Oktan). *Super Plus* bzw. *Euro Plus* entspricht dem deutschen Super Plus bleifrei (98 Oktan). Diesel heißt *gasolio.* Tankstellen machen häufig eine Mittagspause. An Autobahnen sind sie meist rund um die Uhr geöffnet. An großen Tankstellen werden in der Regel Kreditkarten akzeptiert. Das Preisniveau ist ähnlich wie in Deutschland.

Autoreisezug

Es gibt von April bis Oktober Autoreisezüge nach Bozen, Verona und Triest. Während das Auto „huckepack" genommen wird, fährt man von Berlin, Düsseldorf, Hamburg, Hildesheim oder Frankfurt/M. im Liege- oder Schlafwagen ausgeruht dem Urlaubsziel entgegen. Auskünfte und Buchung unter www.autozug.de oder unter Tel. 01805/241224 (0,14 €/Min.).

Mit dem Zug

Bequem und praktisch ist die Anreise mit der Bahn. Der Bahnhof Santa Lucia liegt direkt am Canal Grande.

Die Verbindungen aus Deutschland, Österreich und der Schweiz sind recht gut. Es gibt direkte Tag-Züge ab Basel und Zürich (via Gotthard oder Lötschberg), München (über den Brenner) und Wien über Villach. Nachtzüge mit Liege- und Schlafwagen fahren ab München und Wien. Überdies bietet sich der Nachtzug Köln – Karlsruhe – Mailand und die Weiterfahrt von dort bis Venedig, oder der *City-Night-Line* ab Hamburg, Berlin oder Dresden bis Zürich und dann die Weiterfahrt mit dem *Cisalpino* bis in die Lagunenstadt.

- **CityNightline 40485** (zurück CNL 40484), täglich ab München (21.03 Uhr) via u.a. Kufstein und Innsbruck nach Venedig (Ankunft 6.38 Uhr).
- **Euronight 237** (zurück EN 236), täglich ab Wien (20.40 Uhr) nach Venedig (Ankunft 8.34 Uhr).

Reservierung

Alle Züge nach Italien sind reservierungspflichtig. In den Sommermonaten ist eine langfristige Reservierung sowohl für Sitz- als auch für Liege- und Schlafplätze dringend angeraten. Auch in den kälteren Monaten gibt es einige kritische Wochen und Wochenenden (Herbstferien, Allerheiligen und andere Feiertage sowie Karneval), an denen die Züge schnell ausverkauft oder die Plätze recht teuer sein können, wenn man zu kurzfristig dran ist.

Wegen der großen Vielfalt und ständig wechselnder Sonderangebote ist es in preislicher Hinsicht kaum möglich, allgemein gültige Informationen zu geben. Meist ist es jedoch mit der Bahn viel preiswerter, als man denkt. Wer frühzeitig bucht und die Hauptreisetage meidet, kann sehr viel Geld sparen

Fahrradmitnahme

Ein Fahrrad mit dem Zug nach Italien mitzunehmen ist zwar theoretisch möglich, kann aber problematisch werden. In Richtung Venedig ist im Nachtzug über den Brenner beispielsweise ein Radtransport nur bis Verona möglich. Speziell für Radkunden hat die Deutsche Bahn daher eine **Radfahrer-Hotline** eingerichtet, die von März bis November Auskunft über den Radtransport in europäischen Zügen gibt: Tel. 0180/3194194.

Bus

Die *Deutsche Touring (Eurolines)*, unterhält eine **direkte Buslinie** nach Venedig mit 2 bis 3 wöchentlichen Fahrten von 12 deutschen Städten, z.B. Hamburg, Köln oder Berlin. Ab Frankfurt kostet die Hin- und Rückfahrt ca. 150 Euro bei einer Fahrtdauer von ca. 16 Stunden.

Vor allem für Preisbewusste, die sich nicht lange im Voraus festlegen wollen, ist der Bus eine gute Wahl.

Preise und aktuelle Informationen gibt es unter Tel. 069/7903501, www.touring.de.

Flug

Venedig hat einen internationalen Flughafen. Lufthansa, Swiss, Austrian Airlines und Alitalia bzw. Air Dolomiti, Easyjet und Tuifly fliegen Venedig an. Es gibt (z.T. mehrmals täglich) **Direkt-Verbindungen** mit München, Frankfurt, Düsseldorf, Köln, Hannover, Hamburg, Berlin, Wien, und Zürich, daneben aber auch Umsteigeverbindungen von und nach anderen Flughäfen in Deutschland, Österreich und der Schweiz.

Last-Minute-Angebote werden von einigen Airlines mit deutlicher Ermäßigung **ab etwa 14 Tage vor Abflug** angeboten. Diese Last-Minute-Flüge lassen sich bei Spezialisten buchen.

Preiswerter kann man es bei den so genannten **Billigfluglinien** haben, sofern man sehr früh bucht. Die Billigairlines werden auf einen Blick vorgestellt unter www.billig-flieger-vergleich.de. Wer gerade zu welchem Preis fliegt, ist zu erfahren unter www.megaflieger.de oder www.flugbuchung.com.

- **Air Berlin,** www.airberlin.com. Von vielen deutschen Flughäfen sowie von Zürich und Wien über Düsseldorf.
- **Easy Jet,** www.easyjet.com. Von Berlin.
- **Fly Baboo,** www.flybaboo.com. Von Genf.
- **Germanwings,** www.germanwings.com. Von Köln/Bonn.
- **Ryanair,** www.ryanair.com. Von Hahn/Hunsrück, Weeze/Niederrhein und Bremen nach Treviso.
- **TUIfly,** www.tuifly.com. Von Köln/Bonn, Hamburg, Hannover, Berlin und Stuttgart.

Venedigs Flughafen Marco Polo liegt am Rande der Lagune, nur elf Kilometer vom Stadtzentrum entfernt. Auch Treviso hat einen eigenen internationalen Flughafen, Angeli. Dieser Flughafen ist wichtig, wenn in Venedig Nebel herrscht, was öfter mal vorkommt. Dann werden alle Flüge dorthin umgeleitet und ein Buspendelverkehr kommt zum Einsatz. Von Deutschland aus wird Treviso mit Ryanair von Bremen, Düsseldorf und Frankfurt (Hahn) angeflogen.

- **Buchtipp:** „Praxis Clever buchen, besser fliegen", Reise Know-How Verlag, Bielefeld.

Ein- und Ausreisebestimmungen

Dokumente

Für die Einreise nach Italien ist für EU-Bürger sowie für Schweizer Staatsbürger ein gültiger **Personalausweis** oder Reisepass erforderlich. Kinder unter 16 Jahren benötigen einen Kinderausweis oder müssen im Reisepass der Eltern eingetragen sein. Wer sich länger als drei Monate in Italien aufhalten möchte, braucht eine **Aufenthaltserlaubnis,** die es bei der örtlichen Polizeibehörde, der *Questura,* gibt.

Ein- und Ausfuhr

In allen EU- und EFTA-Mitgliedstaaten gelten weiterhin **nationale Ein-, Aus- oder Durchfuhrbeschränkungen,** z.B. für Tiere, Pflanzen, Waffen, starke Medikamente und Drogen (auch Cannabisbesitz und -handel). **Zollfrei einführen** darf man persönliches, gebrauchtes Reisegut, Reiseproviant sowie alkoholfreie Getränke. Bei Redaktionsschluss galten folgende Freimengen:

Freimengen innerhalb EU-Ländern

- **Alkohol** (für Pers. über 17 Jahre): 90 l Wein (davon max. 60 l Schaumwein) oder 110 l Bier oder 10 l Spirituosen über 22 Vol.-% oder 20 l unter 22 Vol.-% oder eine anteilige Zusammenstellung dieser Waren.
- **Tabakwaren** (für Pers. über 17 Jahre): 3200 Zigaretten oder 400 Zigarillos oder 200 Zigarren oder 3 kg Tabak oder eine anteilige Zusammenstellung dieser Waren.

Freimengen für EU-Reisende aus einem Drittland (z.B. Schweizer)

- **Alkohol** (für Pers. ab 17 Jahren): 1 l Spirituosen (über 22 Vol.-%) oder 2 l Spirituosen (unter 22 Vol.-%) oder eine anteilige Zusammenstellung dieser Waren, und 2 l nichtschäumende Weine.
- **Tabakwaren** (für Pers. ab 17 Jahren): 200 Zigaretten oder 100 Zigarillos oder 50 Zigarren oder 250 g Tabak oder eine anteilige Zusammenstellung dieser Waren.

Freimengen bei Rückkehr in die Schweiz

- **Alkohol** (für Pers. ab 17 Jahren): 2 l bis 15 Vol.-% und 1 l über 15 Vol.-%.
- **Tabakwaren** (für Pers. ab 17 Jahren): 200 Zigaretten oder 50 Zigarren oder 250 g Schnitttabak oder eine anteilige Zusammenstellung dieser Waren, und 200 Stück Zigarettenpapier.

Nähere Informationen

- **Deutschland:** www.zoll.de oder beim Zoll-Infocenter Tel. 069 46 99 76 00.
- **Österreich:** www.bmf.gv.at oder beim Zollamt Klagenfurt Villach Tel. 01 51433 5640 53
- **Schweiz:** www.ezv.admin.ch oder bei der Zollkreisdirektion in Basel Tel. 061 287111.

Haustiere

Für die EU-Länder gilt, dass man eine **Tollwutschutzimpfung** und einen EU-Heimtierausweis (Pet Passport) für Hund oder Katze haben muss. Darüber hinaus muss das Tier mit einem **Microchip** oder übergangsweise bis Juli 2011 mit einer lesbaren Tätowierung gekennzeichnet sein.

Vorausbuchung

Im Februar 2009 wurde ein neues System zur Regulierung der Touristenströme in Venedig eingerichtet: **www.veniceconnected.com** (auch in deutscher Sprache). Auf dieser Serviceseite kann man alle Serviceleistungen, die von der Stadt Venedig angeboten werden – wie z.B. Fahrkarten für die öffentlichen Verkehrsmittel, die Zufahrt zum städtischen Parkhaus, Zutrittskarten für die öffentlichen WC-Anlagen oder den Eintritt in die öffentlichen Museen – mit Preisnachlass je nach Aufenthaltszeitraum direkt buchen und erwerben. Der Haken: Um die Online-Tarife in Anspruch nehmen zu können, muss die Buchung mindestens sieben Tage vor der Ankunft in Venedig erfolgen (nicht 15 Tage, wie im ursprünglich gedruckten Flyer zu

604ve Foto: ml

lesen ist). Wer nur bis zu zwei Tage vor Benutzungsdatum bucht, zahlt zwar den vollen Tarif, hat aber – so heißt es jedenfalls – trotzdem Anspruch auf bevorzugten Zugang und weitere kostenlose Leistungen. Die Nachlässe sind je nach Saison immerhin beträchtlich: So kostet beispielsweise ein 7-Tage-Ticket der öffentlichen Verkehrsmittel in der Nebensaison über *veniceconnected.com* gebucht statt 50 nur 37,50 €, und in der Hauptsaison ist es im *veniceconnected*-Vorverkauf immerhin noch um 7,50 € günstiger. Mal sehen, wie sich das System bewährt!

War Venedig einst berühmt für seine vielen Katzen, tut man sich heute schwer, welche zu entdecken. Sie wurden systematisch sterilisiert und auf Inseln in der Lagune ausgesetzt

Buchung der Unterkunft

Zu Unterkünften siehe auch „Venedig im Internet" und vor allen Dingen „Praktische Reisetipps A–Z" unter dem Stichwort „Unterkunft".

Ohne eine feste **Buchung** nach Venedig zu reisen, ist riskant. Die Stadt ist häufig ziemlich ausgebucht, besonders in den Sommermonaten und zum Karneval. Es bietet sich an, über Reiseveranstalter zu buchen oder es direkt bei den Unterkünften zu versuchen - zum Beispiel über das Internet oder per Telefon oder Fax. Das aktuelle **Hotelverzeichnis** mit den jeweils gültigen Preisen gibt es bei der Touristinformation APT (⇨„Informationsstellen"). Im Internet gibt es Hotelinformationen mit Fotos z.B. unter www.veneziasi.it (⇨„Venedig im Internet"). Über **Reiseveranstalter** sind die Zimmer zum Teil günstiger zu haben als bei Direktbuchung. Ein Vergleich lohnt sich. Es ist auch anzuraten, sich nicht auf die Preise der offiziellen Liste zu verlassen, da diese zwar verbindlich sein sollten, es aber erfahrungsgemäß nicht unbedingt sind.

Es ist wichtig zu wissen, dass Hotels in Italien meist den Preis für das Zimmer angeben, nicht pro Person. Hotels sind in Venedig und am Lido (wo die meisten Hotels in den Wintermonaten geschlossen sind) nicht günstig. Es gibt alle **Kategorien,** von den unklassifizierten und den Ein-Stern-Hotels bis zur Suite im Fünf-Sterne-Hotel, die mit weit über 1000 € pro Nacht auf die Urlaubskasse schlägt. Bei Cipriani auf der Giudecca soll es gar eine Suite für mehr als 1500 € geben, doch die ist im offiziellen Hotelverzeichnis nicht aufgeführt. Zum Glück aber sind die Pensionen und sogar die Ein-Stern-Hotels der Stadt in der Regel sehr ordentlich. Hier bekommt man ein einfaches, sauberes Einzelzimmer mit Frühstück und Toilette auf dem Gang für rund 70 €. In einem guten Drei-Sterne-Hotel in zentraler Lage sind pro Nacht im Doppelzimmer 100 bis 300 € zu veranschlagen. Nach oben sind den Preisen keine Grenzen gesetzt. Venedig ist besonders reich an Drei-Sterne-Hotels.

Auch für Jugendliche oder Freunde kirchlicher Unterkünfte bietet Venedig eine ganze Palette an **einfachen Unterkunftsmöglichkeiten,** meist in Mehrbettzimmern.

Bed & Breakfast ist eine Unterkunftsform, die auch in Venedig immer mehr zunimmt. Die kleine, rasch wachsende Zahl von Anbietern findet man, ebenso wie die Anbieter von **Ferienwohnungen** unter www.venezia.net, www.bed-and-breakfast-italien.com oder über die genannten Hotel-Info-Webpages. Die Tourist-Info APT bietet einen eigenen Bed&Breakfast-Katalog, der auch Appartments verzeichnet.

Es gibt auch die Möglichkeit, sich über eine **Mitwohnzentrale** um eine private Unterkunft zu bemühen. Wer länger bleiben möchte und auf Privatatmosphäre Wert legt, kann sich auch bei einem der zahlreichen *Immobiliari* von Venedig, die z.T. Immobilien nicht nur verkaufen, sondern auch als **Ferienwohnung** vermieten, um eine Wohnung bemühen, z.B. www.sleepingvenice.com. Von einer Deutschen geleitet: www.venrent.com.

Camping ist rund um Venedig in Mestre, Marghera, Tessera, Favaro Veneto, Fusina, Oriago und Campalto auf dem Festland möglich, aber vor allen Dingen auf vielen Campingplätzen auf der Venedig vorgelagerten Halbinsel Cavallino-Treporti. Von dort bestehen gute Schiffsverbindungen nach Venedig und zum Lido.

Eine interessante Alternative, die zusätzlich zur Kulturreise auch noch ein Naturerlebnis bietet, ist der **Agritourismo.** Die Provinz Venedig hat rund um die Lagune zahlreiche Angebote für „Urlaub auf dem Bauernhof" in einer Broschüre zusammengefasst („Ferien auf dem Bauernhof in der Provinz Venedig", erhältlich u.a. bei der Touristinformation in Venedig, ⇨ „Informationsstellen").

Rund ums Geld

Bargeld

Geldwechsel von anderen Währungen ist bei Banken oder Wechselstuben möglich. Es ist anzuraten, zu vergleichen, da die angebotenen Kurse stark schwanken können, auch von Bank zu Bank. An Schaltern zahlt man eine Gebühr, die auch unterschiedlich hoch sein kann. 1 Schweizer Franken entspricht 0,86 €, 1 EUR = 1,41 SFr (Stand Mai 2009).

Die Rückseiten der italienischen Centmünzen zeigen das Castel del Monte bei Andria (1 Cent), den Aussichtsturm „Mole Antonelliana" in Turin (2 Cent), das Colosseum in Rom (5 Cent), den Kopf der Venus von Alessandro Filipepi (10 Cent), eine Bronzeskulptur von Umberto Boccioni (20 Cent) sowie das Reiterstandbild des Marcus Aurelius auf der Piazza del Campidoglio in Rom (50 Cent). Auf den Euromünzen sind die Proportionsstudie des menschlichen Körpers von *Leonardo Da Vinci* (1 Euro) und mit *Dante Alighieri* Italiens bedeutendster Dichter (2 Euro) zu sehen. Ausgesprochen wird der Euro in Italien „E-uro".

Am sinnvollsten ist es, Bargeld erst in Italien mit Maestro-(EC-)Karte oder Kreditkarte und Geheimnummer aus dem **Geldautomaten zu holen.** Sie heißen *Bancomat,* liefern auch deutschsprachige Instruktionen und spucken nach der Geldausgabe eine Quittung aus. Je nach Hausbank wird dafür pro Abhebung eine Gebühr berechnet – erkundigen Sie sich vor der Abreise bei Ihrer Bank nach den aktuellen Bestimmungen.

Kreditkarten

Kreditkarten werden in ganz Italien akzeptiert. Selbst Kioske oder „fliegende Händler" sind häufig mit den entsprechenden Automaten für den elektronischen Zahlungsverkehr ausgestattet. Man kann aber auch mit der Maestro-(EC-)Karte (meist sogar ohne Geheimnummer) bargeldlos in vielen Geschäften selbst geringe Beträge begleichen. Die Italiener sind dem elektronischen Zahlungsverkehr gegenüber sehr aufgeschlossen.

Quittungen

Ganz wichtig ist es in Italien, immer die Quittung der Registrierkasse aufzuheben. **Scontrino (fiscale)** nennt sich dieser Kassenbeleg. Es kann vorkommen, dass man nach Verlassen des Geschäftes, der Bar, des Restaurants oder des Hotels von Zivilbeamten der Guardia di Finanza aufgefordert wird, den *scontrino* vorzuzeigen. Hat man ihn nicht, zahlen der Geschäftsinhaber und der (meist unschuldige, weil unwissende) Kunde eine saftige Geldstrafe, die sofort vor Ort zu entrichten ist und bis zu 150 € betragen kann. Sinn der Aktion ist es, Steuerbetrügereien entgegenzuwirken. Wichtig zu wissen: Der Käufer ist immer schuld, denn nach italienischem Recht ist der Käufer dafür verantwortlich, sich die Quittung geben zu lassen.

Reisebudget

Venedig ist **keine preisgünstige Stadt.** Hier braucht man unter Umständen ein bisschen mehr Geld als in anderen italienischen Städten. Das liegt zum einen an der Einmaligkeit der Stadt (die zu bezahlen ist!), zum anderen daran, dass alles, was in Venedig konsumiert wird, einen wesentlich längeren Weg zurückgelegt hat: Hier kann nicht mit dem Lieferwagen vor die Tür des Supermarktes gefahren werden, hier kann man nicht bis vors Restaurant fahren, um frische Lebensmittel zu liefern ... Alles muss von verschiedenen Transporteuren mit unterschiedlich großen Booten bis in den kleinsten Kanal gefahren und von dort mit Handkarren und Muskelkraft ins Lokal oder Geschäft transportiert werden. Und jeder will daran verdienen.

Einige Preisbeispiele:

- **Einzelfahrt Vaporetto:** 6,50 €
- **Taxifahrt** (10 Min.): 31 €
- **Gondelfahrt** (bis 50 Min.): 80 €
- **1 Fl. Mineralwasser** (0,5 l): 0,60–3 €
- **1 Tasse Espresso:** 1,10–5 €
- **1 Glas Wein** *(ombra)* in einer Bar: 1–4 €
- **1 Tramezzino** (belegtes Weißbrot-Dreieck): 1,30–2,50 €

Venedig ist auch bei Brautpaaren sehr beliebt. Viele kommen extra hierher, um sich in der Lagunenstadt trauen zu lassen und dann mit einer prächtigen Hochzeitsgondel durch die Kanäle zu gleiten

Versicherungen

Als Anspruchsnachweis für medizinische Versorgung benötigt man die **Europäische Krankenversicherungskarte,** die man von seiner Krankenkasse erhält. Mehr zum Thema Krankenversicherung siehe Kapitel „Medizinische Versorgung".

Egal welche weiteren Versicherungen man eventuell abschließt, hier ein **Tipp:** Für alle abgeschlossenen Versicherungen sollte man die Notfallnummern notieren und mit der Policenummer gut aufheben! Bei Eintreten eines Notfalles sollte die Versicherungsgesellschaft unverzüglich telefonisch verständigt werden!

038ve Foto: bw

009ve Foto: bw

Praktische Reisetipps von A bis Z

128ve Foto: bw

011ve Foto: bw

Vom Souvenir bis zum Designer-Kleid: Beim Shopping in Venedig ist fast alles möglich

Im Museum auf der Armenierinsel werden wertvolle Ausstellungsstücke gezeigt, unter anderem auch eine Mumie

Gut behütet durch die Sonne Venedigs

Ankunft

Mit dem Zug

Venedig-Mestre heißt der Bahnhof in Mestre auf dem Festland (an dem man jedoch noch nicht aussteigt). Während alle Bahnhöfe auf dem Festland unspektakulär bis eintönig sind, ist es geradezu ein unvergesslicher Augenblick, in **Venedig-Santa Lucia** mit dem Zug anzukommen. Der Bahnhof an sich ist zwar eine moderne Scheußlichkeit, aber die Einfahrt und die Ankunft in der Stadt ...! Man fährt über die gut vier Kilometer lange Brücke Ponte della Libertà, vorbei an den Industrieanlagen Mestres und Margheras, eskortiert von Fischerbooten und Lastkähnen, und landet mit dem Zug direkt am Ufer des Canal Grande.

Im Bahnhof

Die **Gepäckaufbewahrung** *(Deposito bagagli)* liegt etwa in der Mitte von Gleis 1 (Binario 1). Sie ist – wie der Bahnhof – von 0 bis 6 Uhr geschlossen (Öffnungszeiten im Winter und Sommer können variieren). Ein Gepäckstück kostet 4 € für fünf Stunden, die ersten fünf Stunden sind zahlbar bei Abgabe des Gepäcks, was darüber hinausgeht bei Abholung. Die 6.–12. Stunde kostet 60 Ct./Std., ab der 13. Stunde 20 Ct./Std.

Tourist-Info und **Hotelauskunft** sind im Bahnhof gleich neben den Ausgängen zu finden. Die **Zugauskunft** ist in

012ve Foto: bw

Italien unter Tel. 892021 – **Callcenter Trenitalia** erreichbar (nur in Italien, ohne die sonst notwendige Vorwahl, oder im Internet www.trenitalia.com). In Italien gekaufte Bahntickets müssen an orangefarbenen **Ticketautomaten** vor den Gleisen abgestempelt werden. Wird dies versäumt, ist eine Verwarnungsgebühr fällig.

Linienbootsverkehr ab Bahnhof

Am Bahnhof kann man in die Linienboote 1 oder 2 steigen und an Rialto vorbei Richtung Markusplatz fahren. Die Haltestelle der 1 liegt rechts vom Ausgang, die der 2 bei den Abfahrtspontons (mit Ticketschalter) links gegenüber dem Ausgang. Die 1 hält an jeder Haltestelle am Canal Grande und braucht bis San Marco gut 45 Minuten, die 2 hält nur bei Rialto, San Tomà, San Samuele (Palazzo Grassi), Accademia und Vallaresso (San Marco) und benötigt dafür ca. 20 Min. Achtung: Nicht jedes 2er-Vaporetto fährt bis San Marco. Ist auf dem Streckenschild „Limitato Rialto" vermerkt, verkehrt es nur bis zur Rialto-Brücke. Aufpassen: Bei Ankunft des Nachtzuges aus München fährt nur Linie 1 bis San Marco/Lido.

Wenn man sich nach dem Verlassen des Bahnhofsgebäudes rechts hält, trifft man auf die Linien 41 und 51, links die 42 und 52, die im und gegen den Uhrzeigersinn die Altstadt umrunden. 51/52 fährt auch zum Lido, 41/42 nach Murano (⇨Streckenplan Actv im vorderen Umschlag).

In Venedig kommt man in erster Linie auf dem Wasser voran: Linienboote und Wassertaxis kreuzen vor der Kirche Santa Maria della Salute

Ankunft am Flughafen

Sehr schön ist die Anreise mit dem Flugzeug, da der Blick aus dem Fenster einen spektakulären Blick auf die gesamte Lagune und das Alpenpanorama dahinter bietet. Venedigs **Flughafen Marco Polo,** inzwischen der drittgrößte Italiens, liegt rund elf Kilometer außerhalb des Stadtzentrums auf dem Festland im Ort Tessera.

Mit dem Bus in die Stadt

Vom Flughafen gibt es gute, regelmäßige Busverbindungen nach Venedig und auch zu anderen Städten in Venetien. Die Haltestellen finden sich direkt vor den Ankunfts- und Abflughallen. Etwa alle 20 Minuten fahren die **Linie 5** (Actv, orangefarbene Busse, die auch mal weiß sein können, 2 €) und die **blaue Linie 35** (Atvo, etwas teurer, aber ohne Zwischenstopps, 3 €, Ticket am Automaten an der Haltestelle oder schon in der Halle bei den Gepäckbändern – vor Fahrtantritt abstempeln) bis Piazzale Roma, dem Busbahnhof Venedigs. Gleiches gilt für die Fahrt zurück zum Flughafen. Die Haltestelle der Linie 5 liegt in der Mitte der Piazzale Roma, bei A1, der Standort wechselt aber häufiger. Die blaue Linie hält bei D2 vor den Parkgaragen (www.actv.it, www.atvo.it). Dort fahren auch die Busse zum Flughafen Treviso (Ryanair).

Mit dem Schiff in die Stadt

Besonders reizvoll ist es, sich der Stadt vom Flughafen aus per Schiff zu nähern. Die Fahrt mit **Alilaguna** zum Markusplatz dauert rund eine Stunde und zehn Minuten und kostet 13 €. Fahrkarten gibt es am Alilaguna-Kiosk in der Ankunftshalle oder am Automaten in der Ankunftshalle, nicht auf dem Schiff. Man muss mit einem Zubringerbus zur Bootanlegestelle fahren. Es gibt vier Linien: die blaue, die rote, die orange und die goldene Linie. Sie fahren jahreszeitlich unterschiedlich. Rot hält nicht an den Fondamente Nove, aber dafür am Arsenale. Orange fährt nur den Norden Venedigs an, sowie Murano. Die Gold-Linie fährt vom Flughafen direkt über San Zaccharia zu San Marco Giardinetti. Wer das erste Mal nach Venedig kommt, sollte unbedingt diese längere und teure Variante nutzen, sich der Stadt zu nähern. Auf diese Weise kommt er gleichsam durch die Hintertür, am lebendigen Venedig vorbei, zu den „Schauräumen des Freiluftmuseums". Auch zum Flughafen zurück kann man mit Alilaguna fahren. Die Tickets kauft man am Fahrkartenschalter an den Fondamente Nuove oder bei der Abfahrt an der Piazzetta nahe dem Dogenpalast bzw. an den Zattere (Abfahrtszeit der blauen Linie: Zattere 50 Min., San Marco 25 Min. nach der vollen Stunde). Infos: www.alilaguna.it *(timetable)*.

Taxiboote für Einzelreisende brauchen nur etwa 20 Minuten in die Innenstadt, kosten dafür aber gut das Achtfache. Tipp: Eine sparsame Lösung ist es, am Flughafen (bzw. an der Piazzetta) andere Reisende anzusprechen, um sich ein Taxi zu teilen. Dies funktioniert meist ganz problemlos.

Mit dem Auto

Venedig ist wohl eine der wenigen Städte der Welt, bei denen von einer Anreise mit dem Auto eher abzuraten ist: In der Stadt gibt es keine Straßen! Einziger Ausweg: den Pkw vor der Stadt oder auf dem Festland parken.

Parken in Venedig

Von Mestre gelangt man über die Staatsstraße SS 11 über die Brücke Ponte della Libertà zum Parkplatz bzw. zu den Parkhäusern der Stadt. Für das Auto ist hier Schluss. Man kann es entweder in einem der teuren **Parkhäuser von Piazzale Roma** mitsamt Autoschlüssel abgeben – die Wagen werden dort von Parkwächtern geradezu gestapelt – oder es kann auf der nahegelegenen, künstlich aufgeschütteten **Parkinsel Tronchetto** (ausgeschildert als **P1**) geparkt werden, wo ebenfalls Parkhäuser und Parkplätze sind (auch nachts geöffnet). Hier steht ein Auto, egal wie groß, 24 Stunden für 20 € (3 €/Std.). Infos und Vorbuchung: www.veniceparking.it, Ermäßigung mit der *Venicecard*. Von Tronchetto gelangt man mit der Vaporetto-Linie 2 nach San Marco. An Piazzale Roma parkt man in der **Autorimessa comunale (A.S.M.)**, einem etwas versteckten Parkhaus. Es ist, wie die **Garage San Marco,** auch nachts geöffnet. Ansonsten gibt es dort noch einige kleinere Parkgaragen. Das Parken in der

Garage San Marco kostet je nach Größe des Autos zwischen 20 und 30 € für 24 Stunden. A.S.M. verlangt einheitlich ca. 24 €. Die A.S.M.-Garage kann man unter www.asmvenezia.it auch im Internet vorbuchen (auch auf Deutsch). Von Piazzale Roma fahren die Schiffslinien 1 und 2 ins Zentrum.

Parken auf dem Festland

Wer die teuren Gebühren von Piazzale Roma scheut, kann seinen Wagen auf einem der zwei Großparkplätze auf dem Festland (als P2 und P3 ausgeschildert), in Mestre oder am Rand der Lagune in Treporti bzw. Punta Sabbioni lassen.

P2 Venezia-San Giuliano unweit Mestre bietet sich bei einer Anreise aus Richtung Norden (Treviso) an. Der Parkplatz ist gebührenpflichtig (3 bis 7 €/Tag) und nur während der Hochsaison geöffnet. Es besteht eine Bootsverbindung mit Venedig-Fondamente Nuove. **P3 Venezia-Fusina** liegt südwestlich von Venedig an der Lagune und ist ganzjährig geöffnet (13 €/Tag). Boote fahren nach Venedig zu den Zattere. Beide Parkplätze sind nachts geschlossen.

In **Mestre** gibt es Parkplätze und Parkhäuser rund um den Bahnhof kostet ein Tag rund 10 €. Mit dem Zug dauert es dann noch ca. 15 Minuten bis ins Zentrum von Venedig.

Parkmöglichkeiten gibt es auch in **Treporti** und **Punta Sabbioni** auf dem Festland. Sie sind geeignet für Reisende, die aus dem Nordosten über die A 4 (Ausfahrt S. Donà) und Lido di Jesolo anreisen. Schiffsverbindungen nach Venedig gibt es im 30-Minuten-Takt mit den Linien 13, 17 oder LN, Fahrtzeit ca. eine Stunde zu den Haltestellen Fondamente Nuove oder San Zaccaria bei San Marco.

Transfer zum Lido

Für Reisende, die auf der Insel Lido Urlaub machen wollen, gibt es die Möglichkeit, das Auto mit dem *nave traghetto,* der Fähre, vom Tronchetto zum Lido zu transportieren. Für Passagiere kostet es dasselbe wie ein normales Vaporetto-Ticket (⇨„Stadtverkehr"). Das Auto (unter vier Metern Länge) benötigt ein Extra-Ticket zum Preis von 10 € für die einfache Fahrt. Je länger, desto teurer. (www.actv.it unter „Tariffe Ferry-Boat")

Ankunft im Hafen

Wer in Venedig mit dem Schiff ankommt, landet in einem der beiden **Kreuzfahrthäfen,** Stazione Marittima am Ende der Zattere (Canale della Giudecca) oder Riva dei Martiri in der Nähe der Giardini im Stadtteil Castello. Von der Stazione Marittima aus bieten Kreuzfahrt-Veranstalter Shuttles ins Zentrum von Venedig (www.vpt.it).

- **Terminal der Kreuzfahrtschiffe:** Venezia Terminal Passeggeri, Marittima, fabbricato 248, Tel. 041/5334860.

Eine Anlegestelle für kleine Schiffe und Segelboote liegt auf der **Isola di Sant' Elena** im Osten der Altstadt hinter den Giardini.

- Informationen gibt es bei der **Hafenverwaltung:** Capitaneria di Porto, Dorsoduro 1401, Tel. 041/5203044.

Busverkehr zum Festland

Überlandbusse decken einen großen Teil des Umlands von Venedig ab, bis Padua und Richtung Treviso und Brenta-Tal, vor allen Dingen auch kleine Orte. Sie werden von verschiedenen Unternehmen betrieben, es gibt daher orangefarbene und blaue Fahrzeuge. Endhaltestelle und Abfahrtspunkt in Venedig ist für alle **Piazzale Roma.**

- Informationen (u.a. ein Fahrplanheft) gibt es im Info-Büro von **Actv,** Piazzale Roma, Tel. 041/5287886, Fax 041/5222633 oder im Internet unter www.Actv.it. **Atvo:** Tel. 041/5205530, www.atvo.it.

Gepäckträger

Für die Ankunft in Venedig ist ein Hinweis auf Gepäckträger *(Portabagagli)* wohl wichtiger als in jeder anderen Stadt. Nach Verlassen des Verkehrsmittels muss man sein Gepäck nämlich selbst tragen – weder Auto noch Taxi können die Koffer bis vor die Tür des Hotels fahren. Wer sein Gepäck aber dem örtlichen Gepäckträgerservice anvertraut, bekommt es einige Stunden später per Boot und Muskelkraft an die angegebene Adresse geliefert. Von Piazzale Roma oder dem Bahnhof aus kostet ein Gepäckstück zu jedem Ort innerhalb der Altstadt 24 €, jedes weitere dann 6 €. Auf die Inseln (einschließlich Giudecca), zum Lido und nach Sant'Elena zahlt man etwa das Doppelte. Verhandeln lohnt sich aber, besonders außerhalb der Hochsaison und bei mehreren Gepäckstücken.

401ve Foto: bw

Gepäck wird in Venedig per Hand und mit dem Schiff transportiert

- **Gepäckträgerservice:** Zentrale: Tel. 041/713719, Piazzale Roma: Tel. 041/5223590, Bahnhof: Tel. 041/715272. Neben den genannten gibt es noch sechs weitere Stützpunkte in der Stadt, zu erfragen unter der Telefonnummer der Zentrale.

Baden und Schwimmen

Schwimmbäder

Sportliche Aktivitäten außer „Pflastertreten" oder Rudern (aber das geht nur bei einem längeren Aufenthalt in Venedig) sind in der Lagunenstadt nur schwer durchzuführen. Es gibt zum Beispiel keine öffentlichen Schwimmbäder in dem Sinne, wie sie in deutschsprachigen Ländern üblich sind. Ein Schwimmbad existiert auf dem Westzipfel der Giudecca, auf **Sacca Fisola,** die Piscina Comunale di Sacca Fisola. Aber es gibt hier nur beschränkte Badezeiten und zudem ist es von Mitte Juni bis Ende August geschlossen (Öffnungszeiten zu erfragen unter Tel. 041/5285430). Ein weiteres Bad ist die Piscina Comunale di Sant'Alvise in Cannaregio 3161, **Campo Sant'Alvise,** aber hier sind die Öffnungszeiten noch eingeschränkter.

Strände

Venedig hat zwar mit dem **Lido** eigentlich einen riesigen Badestrand direkt vor der Tür, aber auch hier ist es nicht so einfach, ans Wasser zu kommen. Die Strände gehören alle entweder zu Hotels und man darf nur als Hotelgast an den Strand oder sie werden von gewerblichen Betreibern verwaltet und man muss zwischen 10 und 40 € pro Tag für die Miete von Umkleidekabine, Sonnenschirm und Liegestuhl bezahlen. Öffentliche Strände ohne Gebühr gibt es bei **Alberoni** am Südwestende des Lido bei den Murazzi oder am Nordostende in der Nähe des Flughafens **San Nicolò.**

Wer der „Steinwüste" Venedig während der Sommermonate für kurze Zeit in Richtung Strand entkommen will, ist am besten beraten, nach **Jesolo** (Lido di Jesolo) zu fahren. Es liegt am nördlichsten Rand der Lagune. Busse fahren von Piazzale Roma (ca. 1 Std. 10 Min. Fahrtzeit). Im Hochsommer werden auch einige Fährverbindungen zwischen Venedig und Jesolo eingerichtet. Auch in **Caorle,** etwa eineinhalb Busstunden von Venedig, gibt es schöne Möglichkeiten, das Strandleben zu genießen.

014ve Foto: bw

Baden ist vor allem auf dem Lido angesagt, doch öffentliche Strände sind rar

Banken

Es gibt sehr viele Banken in Venedig, die über internationale **Geldautomaten** verfügen. Viele finden sich in den Gassen um den Markusplatz. Wichtiger Hinweis: Versorgen Sie sich an Wochenenden oder Feiertagen frühzeitig mit Geld. Die Automaten werden offensichtlich nicht regelmäßig nachgefüllt, denn bei besonders starkem Touristenansturm sind sie schnell leer.

- **Cassa di Risparmio di Venezia,** die Venezianische Sparkasse, ist mit sehr vielen Filialen in der Stadt vertreten.
- **Banca d'Italia,** San Marco 4799, Calle Larga Mazzini.
- **Banca di Roma,** San Marco 191, Mercerie dell'Orologio und viele Filialen.
- **Deutsche Bank,** San Marco 2216-17, Calle Larga XXII Marzo.

Behinderte

Gerade das, was Venedig so einmalig macht, macht es **Gehbehinderten** und **Rollstuhlfahrern** sehr schwer: Venedig ist die Stadt der **Brücken** (444) und meist haben sie Stufen. Die Venezianer sind jedoch ausgesprochen hilfsbereit und helfen gerne beim Überqueren von Brücken. Es gibt nur vier Brücken im Stadtbezirk San Marco, die mit **Rollstuhlliften** ausgestattet sind. Den Schlüssel dazu erhält man in den Tourist-Infos APT. Man kann ihn behalten, er funktioniert bei allen Rollstuhlliften Italiens. Allerdings werden immer mehr Brücken mit schiefen Ebenen versehen. Ebenso gibt es öffentliche **Toiletten,** die behindertengerecht ausgebaut sind. Auch wenn es nicht einfach ist, die Stadt versucht, Behinderten entgegenzukommen. In den **Stadtplan** der APT wurden die Zonen der verschiedenen Stadtteile orange eingezeichnet, die von der jeweiligen Schiffsanlegestelle des Linienbootes ohne Barrieren zu erreichen sind. Natürlich kommt man nicht überall hin, aber man kommt erstaunlich weit herum.

Mit den **öffentlichen Verkehrsmitteln** ist es in Venedig für Rollstuhlfahrer leichter. Die Decks der beigen Vaporetti sind eben und weitläufig, die Zugänge breit und das Personal hilft gerne beim Einsteigen. Auf die schlankeren, weißen Motoscafi der Kreislinien jedoch passen keine Rollstühle. Infos gibt es bei der Tourist-Info APT.

Blinde finden unter den Arkaden am Eingang zum Correr-Museum am Markusplatz einen speziellen, tastbaren Plan der Piazza San Marco. In den Tourist-Infos sind auch Detailkarten ausleihbar.

Diplomatische Vertretungen

Botschaften Italiens

- **Botschaft der Republik Italien,** Hiroshimastr. 1–7, 10785 Berlin, Tel. 030/254400, Fax 25440116, www.ambberlino.esteri.it.
- **Botschaft der Republik Italien,** Rennweg 27, 1030 Wien, Tel. 01/7125121, Fax 7139 719, www.ambvienna.esteri.it.
- **Botschaft der Republik Italien,** Elfenstr. 14, 3006 Bern, Tel. 031/3500777, Fax 3500711, www.ambberna.esteri.it.

Botschaften in Italien

- **Deutsche Botschaft** (Ambasciata di Germania), Via San Martino della Battaglia 4, Rom, Tel. 06/492131 oder 0335-7904170 in dringenden Notfällen.
- **Österreichische Botschaft** (Ambasciata di Austria), Via Pergolesi 3, Rom, Tel. 06/8558 241.
- **Schweizer Botschaft** (Ambasciata di Svizzera), Via Genova 2, Rom, Tel. 06-46863098.

Konsulate in Venedig

- **Deutsches Honorarkonsulat** (Consolato Onorario di Germania), S. Croce 251, Palazzo Condulmer, Tel. 041/5237675.
- **Österreichisches Honorarkonsulat** (Consolato Onorario di Austria), Palazzo Condulmer, S. Croce 251, Tel. 041/5240556.
- **Schweiz:** (Consolato di Svizzera), Dorsoduro 810, Campo S. Agnese, Tel. 041/5225996.

Einkaufen und Souvenirs

Shopping auf Venezianisch soll im Folgenden vorgestellt werden, d.h. es werden von A bis Z hauptsächlich Hinweise auf Geschäfte gegeben, die **Venedig-Typisches** im Angebot haben. Natürlich finden sich auch Adressen von Geschäften für **Italien-Typisches,** wie z.B. „alta moda", Designermode, oder Schuhe *(scarpe),* aber auch für den täglichen Bedarf wie Supermärkte und Tabakläden. Bedauerlicherweise greift in Venedig seit Neuestem auch der „Asien-Virus" um sich: Wenn ein alteingesessenes Geschäft schließt, macht sich meist sofort ein von Asiaten betriebener 1-Euro-Shop breit.

Venedig ist schon seit dem Mittelalter eine Handelsstadt. Ihr damaliger Reichtum beruhte u.a. auf dem Handel mit Luxusgütern wie Glas, Seide und Gewürzen, was heute noch spürbar ist. Auch das Zentrum des Handels ist heute noch dasselbe wie damals: **Rialto** und die Gassen zwischen der Rialto-Brücke und dem Markusplatz. Die Haupteinkaufsstraßen sind die **Mercerie,** die Gassen, die Rialto mit San Marco verbinden, und die **Frezzeria,** die Gassen, die zwischen San Marco und dem Fenice-Theater verlaufen. Die meisten Läden für Designermode finden sich in der **Calle Larga XXII Marzo,** die vom Markusplatz in westlicher Richtung abgeht.

Öffnungszeiten

Die Öffnungszeiten der Geschäfte sind unterschiedlich, liegen aber in der Regel zwischen 9 und 20 Uhr. Kleinere Läden schließen mittags zwischen 12.30/13 und 15.30/16 Uhr. Lebensmittelläden und Supermärkte sind häufig am Mittwochnachmittag geschlossen, andere Geschäfte am Montagvormittag. In der touristischen Hochsaison und während der Adventswochen sind viele Läden sonntags geöffnet. Die Öffnungszeiten sind, vor allem während der Hochsaison, sehr dehnbar.

Preisnachlässe

„Vendita promozionale", „Saldi" und „Sconti" – Ausdrücke, die man seinem Italienischwortschatz einverleiben sollte. Sie weisen auf Ausverkäufe oder reduzierte Preise hin, die in Italien viel verbreiteter und häufiger anzutreffen sind als anderswo. Eine gute Zeit dafür ist in den Wochen vor Weihnachten.

402ve Foto: bw

Märkte

Wer Italien wegen seiner malerischen Wochenmärkte liebt, auf denen alles – von Schuhen über Unterwäsche, Handtaschen und Drogerieartikel bis hin zu Fisch, Käse und Gemüse – zu haben ist, der wird in Venedig enttäuscht sein. Einen solchen **Wochenmarkt** gibt es in der Serenissima nicht.

Einen kleinen Eindruck davon bekommt man allerdings auf dem **Freitags-Markt** unweit der Schiffshaltestelle „Sacca Fiesola" (gegenüber den Zattere, am nördlichen Ende der Giudecca).

Gemüsemarkt an Rialto: Spargel und Erdbeeren satt

Aber ist Venedig an sich nicht ein einziger Markt? Wenn man auf die Stände rund um die Rialto-Brücke oder beim Ponte delle Guglie in der Gasse Rio Terrà San Leonardo blickt, drängt sich dieser Eindruck förmlich auf. Mit **Lebensmittelmärkten** ist Venedig gut ausgestattet. Hier gibt es die frischesten Zutaten für ein typisch venezianisches Mahl oder Obst und Gemüse fürs Picknick. Zudem erhält man einen guten Einblick in venezianisches Leben. Nebenbei kann man versuchen, etwas vom authentischen Venezianisch zu verstehen.

Es gibt **Fischmärkte** (Dienstag bis Samstag, vormittags) am Rialto-Markt, auf dem Campo Santa Margherita und in der Via Garibaldi. Der **Gemüse-**

markt bei Rialto wird (in reduzierter Form) auch montags abgehalten. In der Via Garibaldi und am Campo San Barnaba gibt es Gemüse vom Boot und auf dem Campo Santa Margherita finden sich Stände mit Obst und Gemüse. Letztere sind ganztägig geöffnet.

Dreimal im Jahr ist der Campo San Maurizio (Sestiere San Marco) Schauplatz eines **Antiquitätenmarktes,** auf dem Antikes von Händlern (meist vom Festland) in sehr guter Qualität angeboten wird. Hier ist vor allem eine besonders große Auswahl an alten Ansichten, Glas und Gemälden zu finden. Der Markt findet jeweils von Freitag bis Sonntag am Wochenende vor Ostern, am vierten Wochenende im September und am Wochenende vor Weihnachten statt (Informationen unter Tel. 041/988810).

Supermärkte

Supermärkte werden hier aufgelistet, weil sie in Venedig schwer zu finden sind, da sie sich ohne Leuchtreklame hinter unscheinbaren Fassaden verstecken. Eigentlich kauft man in Venedig noch bei **„Tante Emma".** Es gibt gut sortierte Geschäfte in jedem Stadtbezirk, die in bis unter die Decke vollgestopften kleinen Lokalen Handel treiben, aber leider weniger werden.

Billa, direkt an den Zattere (Dorsoduro 1491), ist der größte Supermarkt. Ein zweiter Standort ist in der Strada Nuova, zwischen den Brücken über Rio di Noale und Rio di San Felice. Sie sind auch sonntags geöffnet, wochentags ohne Mittagspause. **Coop** gibt es an mehreren Standorten. Lebensmittel und Kleidung sowie Parfümerie finden sich beispielsweise in der Strada Nuova. An den Anlegestellen der Linie 1 an Piazzale Roma befindet sich ein großer Coop direkt am Wasser, der besonders gut auf Touristen eingestellt ist: spezielle Lebensmittel und Mitbringsel. Venezianer fahren mit kostenlosen Bussen von Piazzale Roma oder mit dem Auto in riesige **Einkaufszentren** auf dem Festland, um dort ihren Wocheneinkauf zu tätigen.

Kaufhaus

Venedig ist eine Stadt, in der Fachgeschäfte dominieren, daher gibt es nur ein einziges Kaufhaus. **Coin** liegt unweit von Rialto (Cannaregio 5787, Fontego Salizada San Crisostomo). Das elegante Kaufhaus für Kleidung (Damen und Herren) und Wohnbedarf gehört zu einer Kette, die von Venetien aus ganz Italien erobert hat. Der Hauptsitz ist in Mestre. Preisnachlässe sind häufig, vor allem von Juli bis August, vor Weihnachten und im Januar und Februar.

Einkaufstipps und -adressen

Antikes

Es gibt so viele Antiquitätenläden mit so vielen verschiedenen Schwerpunkten, dass es unmöglich ist, hier auch nur annähernd umfassend zu informieren.

- **Antiquus,** San Marco 3131, Calle delle Botteghe (bei Campo S. Stefano). Ein Geschäft mit Atmosphäre und vielen alten Meistern, es gibt aber auch Silber, Möbel und Schmuck. In der Calle delle Botteghe finden sich noch weitere Antiquitätenhändler.

- **Fabris Giulia Antichità,** San Marco 2602, Campo San Maurizio. Hier gibt es noch echt venezianische Kostbarkeiten zu finden.
- **Bucintoro Arte,** San Marco 4924, Merceria del Capitello. Spezialisiert auf alten Schmuck mit zum Teil atemberaubenden Preisen.
- **Guarinoni,** San Polo 2862, Calle del Mandorlin, gleich bei Campo San Tomà. Hier werden alte Möbel nicht nur verkauft, sondern in der Werkstatt, in die man durchs Schaufenster guten Einblick hat, auch restauriert.
- Auf alte Grafiken und Drucke haben sich in Venedig einige Läden spezialisiert: **Venezia, le Stampe,** San Marco 4606 B, gegenüber Teatro Goldoni. Der kleine Laden führt vor allem Stiche, viel zu Venedig und Umgebung, aber auch aus aller Welt. Um die Kirche Santa Maria del Giglio herum gibt es einige Antik-Läden und Antiquariate. Auf Stiche spezialisiert ist auch **Daniele Biban,** S. Marco 2437.

Bücher

Wenn man bedenkt, dass Venedig eine jahrhundertelange Buchdrucktradition hat, ist das Angebot an Buchläden eigentlich recht dürftig (⇨Exkurs: „Gutenbergs Sohn lebt in Venedig“). Da es keinen Über-Nacht-Service wie in Deutschland gibt, kann eine Bestellung bis zu zwei Wochen dauern. Das lohnt sich kaum für nur kurz verweilende Touristen.

- **Toletta,** Dorsoduro 1214, Calle della Toletta. Konkurrenzlos günstige Bücher: Kunstbücher, Wörterbücher und Belletristik zum Teil bis zu 50 Prozent ermäßigt, viel zu Venedig. Seit 1933 ein Muss für Bücherfreunde! Leider kaum Fremdsprachiges. Gleich daneben: **Toletta Studio,** eigener Laden mit Spezialgebiet Architektur und gegenüber **Toletta³,** spezialisiert auf Kunstbücher und Kunstgeschichte in Venedig.
- **Libreria „Acqua Alta“,** Castello 5176, Calle Lunga. „Welcome to the most beautiful bookshop in the world“ – so lautet die Eigenwerbung dieses ungewöhnlichen Buchladens. Ungewöhnlich, weil der Besitzer sehr unkonventionell und ein wenig brummelig ist, ungewöhnlich, weil inmitten der Bücherregale eine Originalgondel steht, die voller feuchter Bücher ist, die beim letzten Hochwasser untergegangen waren. Außerdem: Wenn gerade mal wieder ein frischer Schwall Hochwasser durch den Laden gezogen ist, kann man anschließend die patschnassen Bücher von einem Berg vor der Ladentüre pflücken und gegen einen Unkosten- bzw. einen „Mitleidsbeitrag“ mitnehmen. Es ist alles etwas chaotisch, aber das schmälert nicht das Angebot: die größte Auswahl an Venedigliteratur der Stadt und das in vielen Sprachen.
- **Marco Polo,** San Marco 5469, Salizada San Lio. Nomen est omen: Hinter dem Namen des Reisenden *Marco Polo* verbirgt sich eine kleine, aber feine Reisebuchhandlung. Inspirierende Auswahl und ein Schmankerl: Hier wird auch ein Buchtausch von gebrauchten Büchern – v.a. in Englisch – angeboten.
- Ein spezialisierter Buchladen ist die **Libreria Emiliana** in der Calle Goldoni, gegenüber dem Hotel Bonvecchiati (San Marco 4487 B). Hier gibt es Bücher über Venedig und alte Bücher.
- **Libreria Goldoni,** San Marco 4742, Calle dei Fabbri, unweit Campo San Luca. Einer der etabliertesten Buchläden der Stadt. Große Auswahl an Büchern über Venedig in vielen Sprachen.
- **Filippi,** Castello 5763, Calle del Paradiso. Buchhändler und Verleger, der mit dem Standort seines Ladens in der Paradiesgasse auch das Programm vorgegeben hat: Ein Paradies für Buchfans. Altes und Neues zu Venedig, Sprache und Volkskunst, auch handgebundene Kostbarkeiten. Urige Ladenausstattung und ein etwas brummiger Inhaber.
- **A. Bertoni,** San Marco 3637-B, Rio Terà degli Assassini, gleich bei der Calle della Mandola. Hinter einem lindgrünen Schaukasten verbirgt sich ein unglaublich günstiger Laden. Die Bücher liegen in hohen Stapeln. Überblick hat nur der Besitzer, der recht unverständlich Venezianisch spricht. Der Laden ist ein Kuriosum, in dem man sich durchwühlen muss. Es gibt noch eine Dependance unweit Campo San Luca in der Calle dei Fabbri 4710 (San Marco). Dort ist es weniger chaotisch.

•**Librairie Française,** Castello 6358, Salizada SS. Giovanni e Paolo. Viel Französisches mitten in Italien, aber auch italienische Bücher und ein paar deutsche und englische. Leider wird man etwas unfreundlich behandelt.

•**Libreria Miracoli,** Cannaregio 6062, mitten auf dem Platz gleich bei der Chiesa dei Miracoli. Hier herrscht ein liebenswertes Chaos, das von einem noch liebenswerteren Herrn beherrscht wird. Es gibt auch günstige Postkarten und Dioramen-Karten von der Rialto-Brücke oder der Markus-Basilika und viel Antiquarisches.

•**Mondadori,** San Marco 1345, gleich hinter dem Markusplatz. Die größte und modernste Buchhandlung der Stadt. Ins Gebäude integriert ist auch ein trendiges Lokal.

Ersatzteile für Elektrogeräte

Shopping auf Italienisch kann auch heißen, verzweifelt ein Ersatzteil für seine echt italienische Espressomaschine zu Hause zu suchen.

•Nahezu alle Zubehör- und Ersatzteile für die gängigsten Elektrogeräte findet man bei **A.T.R.E.,** S. Croce 1525, beim Campo S. Giacomo dell'Orio. Es wird auch repariert.

Glas

Venedig und Glas, das ist wohl die erste Assoziation, die beim Gedanken an Kunstgewerbe in der Lagunenstadt auftaucht. Dabei kommt das Glas eigentlich von der Insel Murano, wo sich eine große Werkstätte an die andere drängt. Dort kann man Designerglas direkt beim Hersteller kaufen. Es gibt aber auch einige Glasbläser, die in ihren Läden in Venedig vor den Augen der Kunden kleine Kunstwerke aus Glas formen. Eher kitschige (das ist natürlich eine Geschmacksfrage!) Glassouvenirs gibt es in Venedig in jedem zweiten Laden. Doch es lohnt sich, die Preise zu vergleichen.

•**Amadi,** San Polo 2747, Calle Saoneri. Tagein, tagaus sitzt Amadi mit seinem immer grauer werdenden Vollbart in dem winzigen, dunkelroten Laden hinter einer Gasflamme und macht so zarte, lebensechte Glastiere, dass man meint, sie seien einem Biologiebuch entsprungen. Offensichtlich ist er auch ein Verpackungskünstler, denn selbst der zarteste Fühler eines Käfers übersteht, von ihm verpackt, die Heimreise.

•Auch **Vittorio Costantini,** Cannaregio 5311, Calle del Fumo, ist eine der venezianischen Glasgrößen. Wie Amadi macht er realistische Insekten, Fische oder Vögel.

•Besonders günstig ist **Fabio Calchera,** San Polo 2586, Rio Terà dei Frari, der zusammen mit seiner Frau scheinbar rund um die Uhr mit der Sonnenbrille hinter der Gasflamme sitzt. Bei ihm gibt's eine kleine Glasschweinefamilie schon ab 1,40 €. Ein Mitbringsel, das leicht in jeden noch so vollen Koffer passt.

•**Lucio Bubacco,** San Polo 1077 A, Calle Rughetta, ist eine Legende unter den Glasbläsern. Seine Lampen und Vasen sind weltberühmt.

•**Venini,** Piazza San Marco 314. Hier stellen die Top-Designer in Glas gleich neben der Markus-Kirche an der Piazzetta dei Leoncini aus.

•**Archimede Seguso,** Piazza San Marco 61, unter den Arkaden der Procuratie.

•**Carlo Moretti,** San Marco 1468, Salizada S. Moisè, gleich dahinter, bei der Kirche San Moisè.

•**Pauly,** Castello 4391 A, Calle Larga San Marco, Ponte dei Consorzi. Von außen wirkt der Laden möglicherweise ein wenig abschreckend, da sehr kommerzialisiert. Doch es kann sich lohnen hineinzuschauen, denn die Preise hier sind zum Teil durchaus mit denen auf Murano vergleichbar.

•Ganz konzentriert finden sich alle großen Designer auf **Murano.** Dort kann man auch den Glasbläsern bei der Arbeit vor dem heißen Ofen zusehen. Es sei in diesem Zusammenhang vor professionellen „Touristenfängern" gewarnt, die Passanten auf der Piazza San Marco abfangen und mit Booten nach Murano karren, wo diese eine angeblich exklusive Glashüttenführung genießen können.

Handwerkliches

In Venedig gibt es noch unglaublich viele Kunsthandwerker, die in ihrer winzigen Werkstatt für zum Teil mehr als akzeptable Preise wunderbare Dinge vollbringen, die andernorts kaum noch hergestellt werden. Es lohnt sich tatsächlich, Bilder zum Rahmen nach Venedig mitzunehmen. Nicht nur, dass man hier noch beim Vergolden von Rahmen zusehen kann. Bilder in allen Größen werden nach Wunsch und mit handgeschnittenem Passepartout gerahmt, und das zu Preisen, die die deutschen Preise als weit überhöht dastehen lassen. Es gibt viele kleine Werkstätten.

- Bei **Mario Gabbiato,** San Polo 2819, Campiello S. Tomà, kostet ein Rahmen aus Wurzelholz, 40 x 60 cm, rund35 €. Die kleine Werkstatt ist so vollgestopft, dass der Kunde kaum seine beiden Füße platzieren kann, ohne eines der fertigen Bilder umzutreten. Die Rahmen werden, wenn's sein muss, bis zum nächsten Tag fertig. Er hat auch exklusive Venedig-Kunstdrucke und Postkarten im Angebot.
- Größer ist die Werkstatt von **Rialto Cornici,** San Polo 821 A, Calle S. Matio. Dementsprechend höher ist dann aber auch die Rechnung.
- **Gianni Cavalier,** San Marco 2863 A, Campo S. Stefano. Individuell vergolden Vater und Sohn Cavalier in ihrem winzigen Laden Rahmen und andere Holzgegenstände. Nicht zu verfehlen, da vor der Ladentür immer eine große Holzfigur steht – ein Farbiger mit vergoldetem Turban.
- **Manuela Canestrelli,** Dorsoduro 2779, Calle del Traghetto, bei Campo S. Barnaba. Der Mann von Manuela macht ganz spezielle Spiegel, mit denen er ständig experimentiert: „Occhio della strega", Hexenauge, heißen die runden, gewölbten Spiegel, in de-

017ve Foto: bw

nen man die Welt verzerrt sieht. Hier hängt der „Himmel" voller vergoldeter Bilderrahmen und es riecht angenehm nach frischem Holz.

- Ebenfalls mit Holz, aber auf moderne Art und Weise, arbeitet, nur wenige Schritte entfernt am Campo S. Barnaba, **Signor Blum, Legno e Dintorni** (Dorsoduro 2840). Moderne Holzgondeln oder die Fassaden von Palazzi als originelles Venedig-Souvenir außerhalb der Kitschzone.
- **Rigattieri,** San Marco 3535, Calle dei Fratti, zwischen Campo S. Stefano und Campo Sant' Angelo. Alle Früchte dieser Welt ... aber in Keramik aus Bassano del Grappa. Fruchtkörbe, Salatschüsseln, Platten, Tiere in allen Größen und alles naturalistisch bunt. Schöne, nicht zu teuere Mitbringsel, die den Haushalt farbenfroher machen. Auch rustikale Lampen aus Murano-Glas werden angeboten.
- Gleich daneben: Handgewebte (Leinen-) Tischdecken und Bettwäsche sowie exquisite Nachtwäsche in einem kleinen, versteckten Laden: **Cristina Linassi,** San Marco 3537, Calle dei Fratti, gleich bei der Brücke zum Campo Sant'Angelo.
- **Ottica Danilo Carraro,** San Marco 3706, Calle della Mandola. Vor seinem Schaufenster bleiben auch die stehen, die mit Brillen nichts am Hut haben. Wie wär's mit einer knallroten, faltbaren Lesebrille? Oder lieber getigert? Carraro produziert seine originellen und farbenfrohen Brillengestelle selbst. Es gibt sie sonst nirgends und sie sind erfreulicherweise bezahlbar. Gläser werden innerhalb eines Tages individuell angepasst.
- Ein weiterer Optiker, der seine (etwas tragbareren und weniger schreiend farbigen) Gestelle auch selbst designt und herstellt, ist **Ottica Vascellari,** S.Polo 1030/31, Ruga Rialto (auch genannt Ruga Vecchia S. Giovanni). *Robert* und seine Schwester *Cristina Vascellari* sind stolz auf ihre über 60-jährige Optiker-Familientradition. Ihre Brillengestelle sind v.a. aus Naturprodukten und werden im Familienbetrieb in den Dolomiten einzeln in Handarbeit gefertigt. Die meisten Gestelle werden aus einer Masse aus Zellulose gestanzt, in einem aufwendigen Verfahren mit kleinen Birkenholzstückchen sieben Tage lang mechanisch geschliffen und anschließend mit Lebertran und Bienenwachs poliert. Erstaunlicherweise sind die Brillenfassungen trotz allem sehr günstig – und zudem höchst individuell. Auch *Vascellari* montiert – nach professioneller Untersuchung und Vermessung der Augen – angepasste Gläser über Nacht.
- **Gilberto Penzo „La Scialuppa",** San Polo 2681, Calle 2a dei Saoneri. Gondelmodelle und Sets zum Selbstbau von Schiffsmodellen. Etwa 70 verschiedene Modelle aus 700 Jahren, die er selbst entworfen hat. Penzo hat auch Literatur über die Tradition der Gondeln.
- **intagia-dora,** S. Croce 982b, Campo Nazario Sauro. Wie schön, dass alte Kunst noch mit soviel Freude und Elan von jungen Menschen betrieben wird. Und dann noch dazu von einer so sympathischen Frau. *Carlotta Morucchio* schnitzt in ihrer winzigen Laden-Werkstatt, in der es herrlich nach Holz und Lacken duftet, Spiegel und Bilderrahmen nach alten Modellen. Sie marmorisiert, vergoldet oder versilbert Holz und sie restauriert alte Holzschnitzereien. Rahmen, Spiegel und andere kleine Holzarbeiten als nette, ungewöhnliche und wertvolle, doch nicht so teure Mitbringsel, oder als attraktive handgearbeitete Wohnaccessoires.
- **Le Fórcole di Saverio Pastor,** Dorsoduro 341, Fondamenta Soranzo delle Fornace, zwischen Guggenheim-Museum und Salute-Kirche. Meister Pastor macht die typisch venezianischen Ruderdollen nach jahrhundertealter Tradition aus Nussholz. Sie sind nicht nur funktional, sondern auch Kunst.
- Ein schönes Souvenir sind auch die handgedruckten Visitenkarten oder das Briefpapier des letzten Druckers der Stadt: **Gianni Basso, Stampatore a Venezia,** Cannaregio 5306, Calle del Fumo. Seine Werkstatt, die voller halbautomatischer, historisch wertvoller Maschinen steht und deren Schubladen voll sind mit blitzenden Lettern, ist von außen kaum zu entdecken. Hier lassen auch Promis drucken (⇨Exkurs „Gutenbergs Sohn lebt in Venedig").

Handwerker, die auf ihre Kunst stolz sind, gibt es noch viele in Venedig. Gianni Basso in der Calle del Fumo ist einer der letzten Vertreter der Druckerzunft. Bei ihm wird noch von Hand gedruckt

200ve Foto: bw

Saverio Pastor ist einer der letzten Fórcole-(Ruderdollen-)Schnitzer Venedigs

Künstlerbedarf

- **Arcobaleno Pigmenti, Massimo Nube,** San Marco 3457, Calle delle Boteghe bei Campo Santo Stefano. In der Stadt der Künstler unterhält Nube das Paradies für Maler und Restauratoren. Farbpulverhaufen machen das Schaufenster bunt. Farbpigmente und Bindemittel höchster Qualität. Doch er weiß seine Quasi-Monopol-Stellung in den Preisen auszudrücken.

Lebensmittel

Hier geht es nicht um Lebensmittel für den täglichen Bedarf. Dazu sei auf die Rubriken „Märkte" und „Supermärkte" verwiesen. Lebensmittel – soweit sie über längere Strecken transportabel sind – können aber auch ein schönes Mitbringsel aus Venedig sein. Gerne gekauft wird z.B. allerlei Trockengebäck als Aperitivhäppchen mit Rosmarin oder Knoblauch, in nahezu jeder der altmodischen Bäckereien zu finden. Karnevalsmasken aus Schokolade sind typisch venezianisch. Auch frische Pasta (in Vakuum verpackt) lässt sich gut transportieren und erfreut die Lieben zuhause oder einen selbst beim „Nach-Schmecken", wenn man wieder zurück im Alltag ist. Die Liste der Köstlichkeiten ist lang, die der möglichen Einkaufsquellen ebenso. Am Besten man lässt sich von seinem eigenen Gaumen und seinen individuellen Gelüsten zum kulinarischen Einkauf verleiten. Hier zwei Tipps für eher ungewöhnliche Läden.

- Ein Paradies für Augen und Nase ist die **Drogheria Mascari,** San Polo 380/381, Ruga dei Spezieri. Hier gibt es Gewürze noch offen und grammweise zu kaufen. Berge von ungewöhnlichen Gewürzen, getrockneten Pilzen, Tee oder kandierten Früchten, viele verschiedene Honigsorten und eine große Auswahl exquisiter Weine verführen hier zu Spontankäufen. Aber auch Schokolade gibt es in vielen Variationen, v.a. die Eierauswahl vor Ostern beeindruckt. Hier, wo kein Quadratmillimeter Raum ohne farbenfrohe Auslage gelassen wurde, kauft man noch in einer „Drogerie" alter Prägung, direkt zwischen Rialtobrücke und Fischmarkt gelegen.
- **Caffè Costarica,** Cannaregio 1337, Rio Terrà San Leonardo, rund fünf Minuten zu Fuß vom Bahnhof Richtung Rialto gelegen. Es

duftet nach frisch geröstetem Kaffee und das Ambiente ist wohltuend altmodisch. In der Mini-Rösterei „Caffè Costarica dal 1930“ von *Camillo Marchi* meint man, die Zeit sei stehen geblieben. Hier stehen echte Kaffeeexperten hinter dem Tresen und jeden Morgen werden Arabica-Bohnen höchster Qualität mit viel Erfahrung und ebensoviel Liebe in den alten Maschinen hinter der Theke frisch geröstet. Sehr stolz sind die Besitzer auf ihre eigenen Mischungen, wie etwa „Caffè della Sposa“, der „Kaffee der Braut“, aus acht verschiedenen Arabica-Sorten aus acht verschiedenen Ländern – von Costa Rica über Haiti, Äthiopien bis Salvador. Kaffeebohnen zum Mitnehmen oder ein Tässchen zum sofort Genießen.

Lederwaren

Fast jeder Stadtbezirk Venedigs hat eine Calle del Tentor, eine Gerbergasse. Es gibt eine lange Tradition der Lederherstellung in der Stadt. Noch heute kann man neben Schuhen gut Handtaschen, Geldbörsen, Gürtel und Lederkleidung kaufen.

- **Bottega Veneta,** San Marco 1338, Calle Vallaresso, nahe Bootshalt San Marco. Teuer aber wunderschön: handgearbeitete, bunt geflochtene Handtaschen, aber auch Schuhe, in eleganter Atmosphäre.
- **Francis Model,** San Polo 773 A, Ruga Rialto. Der Laden ist so klein, dass man ihn fast übersieht, zumal außen nichts dransteht. Ein Vater-Sohn-Team macht dort seit über 40 Jahren edelste Taschen von Hand. Preislich angemessen.
- **Mazzon „le Borse“,** San Polo 2807, Campiello S. Tomà. Das Ehepaar Mazzon lässt sich im hinteren Teil des Ladens beim Nähen der Handtaschen zusehen. Schöne Modelle in vielen Farben. Auch Gürtel in individueller Länge werden im Handumdrehen angefertigt. Das persönliche Mitbringsel!

Masken

Aus der venezianischen Tradition des Karnevals und von der Commedia dell'arte kommt die Maskenproduktion der Stadt. Es gibt so viele Maskenläden in Venedig, dass eigentlich keiner besonders erwähnt werden muss. Aber einige zeichnen sich durch Originalität oder besondere Qualität aus.

- Das allererste Atelier, das in Venedig Masken nach alten Vorbildern herstellte, war das **Laboratorio artigiano maschere** in der Barbaria de le Tole, Castello 6657.
- **Ca'del Sole,** Castello 4964, Fondamenta Osmarin. Hier werden Masken und Kostüme noch nach alter venezianischer Tradition hergestellt.
- **Ca' Macana,** Dorsoduro 3172, Calle delle Botteghe, San Barnaba und inzwischen in einigen Filialen überall in der Stadt, haben einen Farbbildband über Maskentradition und Maskenherstellung herausgegeben. Man kann den Maskenbildnern zusehen. Viele traditionelle Formen und einiges Gewagtes.
- **Mondo Nuovo,** Dorsoduro 3063, Rio Terà Canal, unweit Campo S. Margherita. Hier gibt es viele Fantasiemasken, z.B. Fruchtgesichter, und weniger Traditionelles für den, der schon alle Traditionsmasken hat.
- **Tragicomica,** San Polo 2800, Calle dei Nomboli. Die Lage des Geschäfts direkt gegenüber dem Geburtshaus des Theaterautors Carlo Goldoni verpflichtet natürlich, Masken in der Tradition des 18. Jh. herzustellen.
- **Atelier Pietro Longhi,** San Polo 2580 (Werkstatt) oder San Polo 2671 (Laden), Calle Seconda (2a) Saoneri. Hier gibt es zwar auch Masken, aber die sympathischen jungen Künstler um Chef *Francesco Briggi* sind mehr auf Kostüme spezialisiert. Sie haben schon ganze Kinofilme mit ihren Modellen aus dem 18. Jh. ausgestattet. Ihre Kostüme verkaufen sie nicht nur, wer will, kann sich ein Kostüm auch auf den Leib schneidern lassen oder eines ausleihen. Tipp: Nach dem Karneval werden Ex-Leihkostüme gereinigt und günstiger verkauft.

Mode

Wo viele Touristen verkehren, fließt auch viel Geld. Dies führt zu einer starken Konzentration von Designer-Boutiquen in der Stadt. Die meisten liegen in der Nähe der Kirche San Moisè, westlich von San Marco, viele aber auch in den Gassen, die San Marco mit Rialto verbinden.

- **Max Mara,** San Marco 5033, Merceria San Salvador. Haute Couture unweit der Rialto-Brücke.
- **Missoni,** San Marco 1312, Calle Vallaresso. Die Triestiner Strickmodefamilie hat sich gleich neben Harry's Bar angesiedelt.
- Im nächsten Haus ist **Dolce & Gabbana,** San Marco 1314, Calle Vallaresso.
- **Brocca,** San Marco 4858, Mercerie del Capitello. In einem winzigen Lädchen direkt an einer der Haupteinkaufs-Gassen gibt es Missoni-Imitate von einer Ex-Missoni-Designerin zu bezahlbaren Preisen zu kaufen.
- **Kenzo,** San Marco 1814, Ramo Fuseri.
- **Versace,** San Marco 1462, Campo San Moisè.
- **Prada,** San Marco 1470, gleich nebenan von *Versace*.
- Nicht weit davon entfernt: **Gucci,** San Marco 2101, Calle Larga XXII Marzo.
- Und wenn Mann sich etwas ganz Edles mit nach Hause nehmen möchte, dann lässt er sich bei **Franco Puppato,** einem der letzten Herrenschneider der Stadt, aus edlem Tuch einen Maßanzug schneidern. Auch die winzige Werkstatt hinter Campo San Luca, wo der mit Preisen ausgezeichnete Künstler nach für Laienaugen unverständlichen Schnittbüchern Sakkos und Hosen fertigt, ist eine Schau. (San Marco 4723, Calle dei Fabbri).
- Für Damen gibt es Designer-Einzelstücke und attraktive Accessoires bei **Hibiscus,** San Polo 1060/1061, Calle dell'Olio, landläufig auch „Ruga Rialto" genannt. In dem kleinen Eckladen gibt es eine große Auswahl – auch in eher unitalienisch großen Größen.
- Und noch ein Tipp für Damen: **Manekineko,** San Marco 382, Campo Sant'Angelo, ein kleiner, sehr spezialisierter Laden für klassische Blusen und edle Kashmir-Strickwaren findet sich an der Ecke des Campo Sant'Angelo bei der Brücke dei Fratti.

Musik

Venedig ist Musik. Wer gerne ein musikalisches Souvenir mitnehmen möchte, sei daran erinnert, dass CDs in Italien teurer sind als nördlich der Alpen.

- **Il Tempio della Musica,** San Marco 5368, Ramo dei Tedeschi, gleich an der Rialto-Brücke. Hier gibt es CDs für alle Geschmacksrichtungen. Gut sortiert in Sachen Oper, da die Besitzer Opernfans sind.

Papier

Die Papiermachertradition hat sich bis heute in Venedig gehalten, ebenso die der Buchbinder. Künstlerisch gestaltetes Papier gibt es in Venedig beinahe an jeder Ecke zu kaufen. Ein paar Läden bzw. Handwerker stechen aus der Masse heraus.

- **Paolo Olbi,** Cannaregio 5421A, Calle Varisco, Cannaregio 6061, Campo S. Maria Nova und San Marco 3653, Calle della Mandola. Es gibt traditionell marmoriertes Papier, aber der Schwerpunkt liegt auf sehr schön gebundenen Büchern oder Fotoalben in allen Größen und Preisklassen. Ideale Geschenke für Hochzeiten und Anlässe, für die sonst nur schwer etwas zu finden ist. Im Hauptgeschäft in der Calle Varisco kann man dem Meister bei der Arbeit zusehen.
- **Alberto Valese-Ebrû,** San Marco 3471, Campo S. Stefano. Ein netter, distinguierter Herr, der gerne über seine Kunst redet. Schönes marmoriertes Papier und alles, was man damit verzieren kann, aber auch marmorierte Krawatten oder Seidentücher. Originale, oft kopiert, aber nie erreicht. Seine Werkstatt ist in der Salizzada S. Samuele, San Marco 3331.
- **Legatoria Polliero,** S. Polo 2995, Campo dei Frari. Hier wird das Buchbinden noch wie zu alten Zeiten betrieben. In Leder oder mit Papier ist alles zu haben. Wunderbare Stücke, entweder fertig oder nach Wunsch gearbeitet.
- **Legatoria Piazzesi,** San Marco 2511, Campiello della Feltrina nahe S. Maria del Giglio.

Älteste noch existierende Buchbinderei *(legatoria)* Venedigs. Es heißt, sie sei die einzige, die Papier noch mit alten Holzstöcken bedruckt. Ungewöhnliches Design.

• Junge Papierkunst, die fast zu kostbar ist, um sie anzufassen, in einem versteckten Winkel der Stadt: **Cartavenezia,** S. Croce 2125, hinter dem Campo S. Maria Mater Domini. Was die jungen Künstler, die mit traditionellen Techniken arbeiten, schaffen, fällt aus dem Rahmen. Um sich die Kunstwerke anzusehen, muss man ein Paar weiße Stoffhandschuhe von einer Wäscheleine pflücken.

• **Grafiche ellemme,** S. Croce 2173, direkt am Campo S. Maria Mater Domini. Mitten in der Druckerei der jungen Besitzer geht es eher technisch zu. Inmitten der Druckmaschinen verkaufen sie das, was sie produzieren: sehr schöne Kunstpostkarten von Venedig, die aus dem üblichen Ansichtskarten-Rahmen fallen, Exlibris und andere schöne Druckerzeugnisse.

• Druckerzeugnisse ganz anderer Art schafft **Diego Candido Cattarin,** Santa Croce 2100, Calle de la Chiesa, in seinem Werkstatt-Laden: Kunst zum an die Wand hängen. Wo der Künstler bedächtig seine Kunstwerke mit dem Stichel in die Kupferplatten schneidet, riecht es angenehm nach Farbe. Man kann dem schweigsamen Handwerks-Künstler von der engen Gasse aus durch die Scheibe bei der Arbeit an seinen Kupferstichen zusehen, ihm aber durchaus auch direkt an der Platte oder an der Druckerpresse über die Schulter sehen, wie er der alten Kunst *Dürers* modernes Leben gibt. Er ist allerdings meist nur nachmittags am Werk.

• Gleich hinter der Apsis der Frari-Kirche, auf dem Weg in Richtung Bahnhof, noch ein Laden, der nicht das übliche Papier-Angebot hat: **Scriba,** S. Polo 3030. Führt auch sehr schöne, aber nicht billige Künstler-Postkarten, die sonst nirgends zu bekommen sind.

Perlen

Wegen der Murano-Glasfabrikation besitzt Venedig auch zahlreiche Perlengeschäfte. Es gibt Läden, die sich auf alte Perlen spezialisiert haben.

• Neue Perlen zum Selbstzusammenstellen der Ketten bietet **Perle e dintorni,** San Marco 3740, Calle della Mandola.

• Zugegeben, es ist eine ungewöhnliche Kombination: Ein Afrikaner kreiert wunderbaren Schmuck aus echtem Murano-Glas. **Niang Moulaye,** Castello 3902A, Calle Crosera, hat seine Lehre auf der Glasinsel Murano gemacht und ist einer der wenigen Meister seines Fachs, die sich mit ihren eigenwilligen, modernen Designs in der Stadt des Glases mit einem kleinen Laden niedergelassen haben. Viele solcher Läden, wo es weder Kitsch noch die bekannten Glaskombinationen gibt, findet man leider nicht in Venedig.

Schokolade

Der Trend, Schokolade zum Kult zu erheben, ist nun auch in Venedig angekommen.

• **VizioVirtù** ist kein Lokal, keine Bar und auch nicht nur ein Laden. Es ist ein bisschen was von allem, aber in erster Linie eine Herausforderung an die Standhaftigkeit von Schokophilen. Gleich neben dem Campo San Tomà, unweit der Anlegestelle S. Tomà gelegen (San Polo 2898, Calle del Campanile, täglich geöffnet von 10 bis 19.30 Uhr), riecht man den Laden schon aus der Ferne – besonders im Winter, wenn in großen goldfarbenen Behältern dickflüssige heiße Schokolade bereitet wird, die an kalten Tagen nicht nur gefrorene Finger wieder auftaut. Ein kleines Paradies, in dem nur Selbstgemachtes verkauft wird.

Schuhe

Venetien ist Zentrum der Schuhindustrie Italiens. Daher kauft man Schuhe in Venedig relativ günstig. Man kann sich auch welche von Hand anfertigen lassen. Zudem gibt es in jedem Stadtteil winzig kleine Werkstätten von Schuhmachern, die ihren ganzen Ehrgeiz daran setzen, auch noch so hoffnungslose Fälle zu reparieren.

- Viele große Marken, z.B. **Bally, Magli** oder **Rossetti,** haben eigene Läden vor allem in den Gassen zwischen Rialto und San Marco.
- **Giovanna Zanella,** Castello 5641, San Lio. Sie hat bei dem berühmten Schuhmacher *Rolando Segalin* gelernt und führt nun dessen Tradition fort. Bei ihr gibt es neben extravaganten Schuhen auch eigene Mode sowie Maßanfertigung.
- Direkt in der alten Werkstatt *Segalins* wirkt die junge Schuhmacherin **Daniela Ghezzo** mit ihren Kolleginnen, San Marco 4365, Calle dei Fuseri unweit der Ponte dei Fuseri. Sie trat in die riesengroßen Fußstapfen des bekannten Meisters *Rolando Segalin,* bei dem sie ihr Handwerk erlernt hat. Noch heute ist sie dort tätig, wo schon seit 1932 Schuhe in Handarbeit gefertigt werden. Die wildesten Schuhfantasien werden unter ihrer Hand Wirklichkeit, aber auch klassische Modelle passt sie individuell an. Die Preise sind, ähnlich wie bei bei *Giovanna Zanella,* ebenfalls fantastisch.
- Wer seine alten, ausgeleierten Lieblingsschuhe gerne noch einmal hätte, kann sie sich bei **Roberto Tolin** in seiner winzigen Werkstatt in der Calle dei Preti, Dorsoduro 3773, nachmachen lassen. Er repariert auch.
- **Calzature Alessandro Zanon,** Cannaregio 232, Lista di Spagna. Wer nicht immer nur die aktuellsten Modetrends mitmachen will, ist bei *Zanon* gut bedient. In dem großen Laden, der unweit des Bahnhofs Richtung Rialto gelegen ist, finden sich viele klassische, bequeme und tragbare Modelle für Mann und Frau jeden Alters. Aufmerksame Bedienung und gute Beratung. Viele Größen vorrätig.
- **West End,** San Polo 1395, Campiello dei Meloni. Der Name des Geschäftes klingt amerikanisch, das preisgünstige Angebot ist durch und durch italienisch, die Bedienung ist sehr herzlich und gibt sich in jeder Sprache Mühe. Hier gibt es auch große Größen.

Silber

Venetien ist neben der Toskana eine Gegend, in der traditionell Silberwaren hergestellt werden. Dies erklärt auch die große Präsenz von Silberläden in Venedig. Das meiste, was dort angeboten wird, kommt aus der Gegend um Padua.

- Große Auswahl zu interessanten Preisen findet sich bei **Lombardi,** S. Polo 2099–2100, am Fuß des Ponte di S. Polo. Zwei nebeneinander liegende Geschäfte, die zusammengehören. Die Schaufenster sind bis in die letzte Ecke voll Silber gestopft. Im einen Laden gibt es vor allem Bilderrahmen, im anderen Gebrauchs- und Ziergegenstände sowie Gold- und Silberschmuck.

Spielzeug

- **Il Baule blu,** San Polo 2916 A, Campo San Tomà. Ein Laden voller alter und neuer Teddys, Plüschtiere und Accessoires. „Teddy Hospital" steht an der Tür. Hier werden auch kranke Lieblinge wieder heil gemacht.

Spitzen

Was die Insel Murano für Glas, ist Burano für Spitzen. Die kleine, farbenfrohe Insel ist berühmt für ihre *merletti.* Man kann mit dem Vaporetto auf die Insel fahren (lohnt sich, schon wegen des optischen Kontrasts zu Venedig) oder aber Spitzen in Venedig kaufen. Aufpassen: Neben den echten aus Burano wird auch viel Minderwertiges aus Billiglohnländern verkauft. Wer sich in Venedig mit Spitzen versorgen will:

- **Jesurum,** Piazza San Marco 60–61. Seit über 100 Jahren Inbegriff gestickten Leinens und eleganter Tischwäsche in Italien. Hat auch international einen guten Ruf, was sich natürlich im Preis ausdrückt. Lohnt sich aber bei Sconti-Preisen.
- Nicht weit entfernt: **Martinuzzi,** Piazza San Marco 67 A. Auch unter den Arkaden der Neuen Prokuratien gelegen. Der älteste Spitzenladen Venedigs, vornehm.
- **Annelie,** Dorsoduro 2748, Calle Lunga San Barnaba. Kleiner, etwas abgelegener Laden, in den man gerne geht, um sich zwischen den weißen Stoffen wohlzufühlen. Tischdecken und Vorhänge, neu und alt.

019ve Foto: ml

Die spitz zulaufenden Lampen sind charakteristisch für das Universalgenie Mariano Fortuny, dem ein Museum gewidmet ist und dessen Schöpfungen man heute noch kaufen kann

Stoffe

Stoffproduktion und Stoffhandel haben eine lange Tradition in Venedig. Das ist noch heute an einer großen Zahl von Stoffgeschäften zu sehen, die ihresgleichen suchen.

- **V. Trois,** San Marco 2660, Campo San Maurizio, das Eckgeschäft. Nur hier gibt es die berühmten Fortuny-Stoffe. Für 220 € bekommt man immerhin einen ganzen Meter von diesem edlen Gewebe.
- **Gaggio,** San Marco 3451, Calle delle Botteghe, unweit der Kirche Santo Stefano. Samt und Seide quellen aus dem Schaufenster. Eine Augenweide, doch: Wer soll das bezahlen?
- **Venetia Studium,** San Marco 2425, Calle Larga XXII Marzo. Von Fortuny inspiriert. Dunkel schimmern Samt und Seide in den Regalen. Die spitz zulaufenden Fortuny-Lampen werfen ihren Lichtschein auf die dezent gehaltenen Preisschilder. Einer der charakteristischen Knitter-Schals ist (schon) für rund 155 € zu haben.

Elektrizität

Die **Spannung** in Italien beträgt wie bei uns 220 Volt. Italienische Steckdosen haben drei runde Löcher, da die italienischen Stecker meist drei Metallstifte haben. Flache Eurostecker sind aber problemlos verwendbar. Sollte es Schwierigkeiten geben, so bekommt man im Elektrogeschäft oder an der Hotelrezeption **Adapter** *(adattatore)*. In Venedig sind die Elektroinstallationen meist sehr alt, um nicht zu sagen museumsreif, und daher mit gebührendem Respekt zu behandeln. Dies sollte beim Gebrauch von Elektrogeräten bedacht werden.

Ermäßigungen

Für junge Leute

Rolling Venice ist ein Ermäßigungsausweis für junge Leute zwischen 14 und 29 Jahren, der sich lohnt. Er kostet 4 €. Personalausweis und Passfoto genügen, dann gibt es Ermäßigungen zwischen 10 und 50 Prozent, z.B. bei den öffentlichen Verkehrsmitteln, in

Museen und in Hotels und Restaurants. Mit der Karte bekommt man auch die sehr sinnvolle 72-Stunden-*Giovani*-Schiffsfahrkarte für 18 statt für 31 €. Erhältlich im Sommer an einem speziellen Infostand im Bahnhof, ansonsten in fast jeder Touristeninformation und an manchen Vaporetto-Haltestellen. Info unter www.hellovenezia.com bei „Venicecard" in der 2. Suchleiste „Rolling VENICEcard".

Für Senioren

Oltresessantenne („Über-60-Jährige/r") ist das Schlüsselwort, mit dem Senioren aus EU-Ländern (in der Regel ab 60, manchmal ab 65) die Türen zu Museen ohne Eintritt zu bezahlen öffnen können. Manche Museen in Italien gewähren Senioren allerdings nur ermäßigten Eintritt. Auch bei öffentlichen Verkehrsmitteln kann es manchmal Ermäßigungen geben, fragen lohnt sich immer.

Essen und Trinken

Die venezianische Küche ist berühmt. Berühmt dafür, dass man in Venedig sehr teuer isst, aber auch dafür, dass sie nicht besonders gut ist. Beide Beobachtungen stimmen in gewisser Weise. Aber man muss sie sehr stark relativieren: Die venezianische Küche ist sehr gut, wenn man zwischen all den Touristenlokalen die wirklich guten und gediegenen Restaurants und Bàcari herausfindet (⇨Exkurs „Andiamo per ombre?"). Bàcari sind typisch venezianische Weinschenken, in denen auch Kleinigkeiten zu Essen angeboten werden. Die venezianische Küche ist zwar nicht billig, aber man kann, wenn man sucht und nicht einfach irgendwo zum Essen geht, durchaus auch angemessene Preise finden. Die folgenden **Tipps sind alle getestet** und die Lokale zeichnen sich ent-

Andiamo per ombre? Oder: Warum man in Venedig Schatten konsumiert

Haben Sie schon mal einen Schatten getrunken? Meist sucht man ihn nur, um sich in ihm niederzulassen und dort unbeeinträchtigt von der Sonne ein Gläschen zu trinken. Doch in Venedig kann man Schatten auch trinken. *Andare per ombre,* „eine Schattenrunde drehen", gehört zum venezianischen Alltag wie die Fahrt über den Canal Grande in einem Traghetto oder der Sonntagsspaziergang auf den Zattere. Eine **ombra** ist ein kleines Gläschen einfachen Weins, einer, wie man ihn gern in Gesellschaft trinkt, aus dem venezianischen Hinterland oder dem angrenzenden Friaul. 0,1 Liter misst eine *ombra* in der Regel. Wenn es weniger ist, spricht man scherzhaft von einer *ombretta,* einem kleinen Schatten. Ein richtiger Venezianer (und damit sind nicht nur die Männer gemeint!) beginnt schon lange vor dem Mittagessen mit seiner ersten *ombra* und trinkt sich dann von ombra zu *ombra* und von Kneipe zu Kneipe durch den Tag.

Der Begriff soll vom Schatten *(ombra)* auf der Piazza San Marco kommen, dem die Weinverkäufer früher rund um den Campanile folgten, um ihre Weinfässer dort kühl zu halten, aber auch, um den Weintrinkern ein schattiges Plätzchen zu verschaffen. Eine andere Erklärung geht

weder durch gute Küche, Originalität, einen freundlichen Service, ein interessantes Preis-Leistungsverhältnis, oder aber durch eine schöne Lage oder einen idyllischen Innenhof aus. Die Auswahl kann natürlich nur subjektiv und sehr begrenzt sein, denn über die empfehlenswerten Lokale Venedigs ließe sich ein eigenes Buch schreiben. Und das haben andere bereits getan (⇨vgl. „Literaturtipps", *Osterie e dintorni*). Wer also tiefer in das gastronomische und wenig touristische Venedig eintauchen will, sollte sich vorab das kleine Bändchen von *Michael Blümke,* „Italienisch kulinarisch" aus der Kau-

eher linguistisch vor: *Un'ombra* bedeutet im Italienischen „eine kleine Menge". Und da der Wein in venezianischen Bars aus winzigen Gläsern getrunken wird, macht auch diese Deutung Sinn.

Gut 500.000 *ombre* sollen angeblich täglich in Venedig getrunken werden, erklärt ein vergilbter Zeitungsausschnitt in einem der originellen *bàcari.* **Bàcari** sind typisch venezianische Weinschenken, deren Name sicher vom Weingott Bacchus kommt. In Bàcari treffen sich die Einheimischen, trinken ihre ombre und schnabulieren die typischen venezianischen Häppchen, die so genannten **cicchetti.** Sie ersetzen ein Mittagessen und werden in der Regel auch nur zur Mittagszeit, abends höchstens zum Aperitif serviert. Kleine Fleischklößchen, die so genannten *polpettine,* frisch frittierte Fischchen, ausgebackenes Gemüse, *nervetti,* gekochte Kalbsknorpel, oder *musetto,* Schweineschnauze, isst man - meist ohne Gabel - auf Zahnstocher gespießt. *Sarde in saor* sind eingelegte Sardinen, die in einer Marinade aus Zwiebeln, Olivenöl, Essig, Lorbeerblättern, Rosinen und Pinienkernen schwimmen. Ganz sicher werden auch kleine Häppchen mit *baccalà mantecato,* angemachtem Stockfisch, oder *fondi di carciofi,* gebratene Artischockenböden, frittierte Oliven oder kleine, eckige Stückchen goldgelber Polenta serviert.

Ein typischer Snack in venezianischen **Bars** ist das *tramezzino,* dreieckig geschnittene Weißbrotscheiben, die von den fantasievollsten Füllungen überquellen. In den Bars trinken die Venezianer eine weitere ihrer typischen Spezialitäten, die sie von den Österreichern übernommen haben: Ein Gespritzter wurde bei ihnen *uno spritz,* ein Aperitif aus Weißwein, Soda und Bitter, mit einer Olive oder einem Stück Orange serviert. Dabei muss man sich beim Bestellen schon als Eingeweihter beweisen, denn *spritz* gibt es mit Campari, Apérol oder Sélect: „uno spritz all'Apérol" oder für Campari „uno spritz al Bitter".

Zum **Nachtisch** gönnen sich die Venezianer einen *sgroppino,* eine Art Zitronensorbet mit Wodka und Prosecco, im Sektglas eiskalt serviert. Beim Dessert, auf das in der Regel in venezianischen Restaurants nur wenig Wert gelegt wird, herrscht ansonsten trockenes Gebäck vor. Es wird in Dessertwein oder Kaffee getunkt. *Baícoli,* dünne zwiebackähnliche Scheibchen leicht süßer, staubtrockener Kekse, zum Beispiel, oder *bussolài,* etwas massivere Kekskringel mit leichtem Anisgeschmack, die ursprünglich von der Insel Burano kommen.

Wer ganz venezianisch sein will, bestellt sich zum Nachtisch als (Dessert-)Wein einen *clinto* oder einen *fragolino.* Der eine, nicht nur dem Namen, sondern auch der Herkunft nach Amerikaner, ist von so leuchtend rot-violetter Farbe, dass er sogar Ränder im Glas hinterlässt. Der andere hat seinen Namen vom intensiven Geschmack nach Erdbeeren, da er aus der so genannten *uva fragola,* der Erdbeertraube, gewonnen wird. Und das Pikante an den beiden nur leicht alkoholischen Weinen: Beide sind seit 1965 eigentlich verboten, da sie nicht den Mindestalkoholgehalt von 11,5 Prozent erreichen. Doch es gibt wohl kein Bàcaro, in dem sie nicht zu haben wären.

215ve Foto: bw

derwelsch-Reihe des Reise Know-How Verlags kaufen, um sprachlich flexibel zu sein.

In Venedig vollzieht sich im Augenblick ein Wandel hin zu beinahe futuristisch ausgestatteten Designer-Lokalen in Glas und Metall. Laufend eröffnen neue Lokale oder alte werden umgestaltet. Zu einem neuen gastronomischen **In-Viertel** entwickelt sich gerade die Gegend um Rialto. Hier trifft sich Venedig zum Essen oder auf ein Glas Wein.

Für das Abendessen und vor allem am Wochenende sollte man auf jeden Fall **reservieren,** denn sonst kann es sein, dass man nirgends etwas bekommt und schließlich hungrig ins Bett geht oder doch in einer „Touristenfalle" landet. **Wichtig zu wissen:**

Viele Lokale und Bars sind Sonntag geschlossen, denn der Tag gehört der Familie und da kocht „la mamma". Zudem ist es in den Hochsommermonaten nicht einfach, geöffnete Lokale zu finden. Da macht fast ganz Venedig „Jahresurlaub". Was italienische Restaurant-Kultur angeht, muss man beachten, dass es unüblich ist, sich einfach selbst einen Platz zu suchen. Man wartet, bis man einen Platz zugewiesen bekommt. Venezianer nehmen ihr Mittagessen meist im Stehen in einer Bar oder einem Bàcari ein. Man sollte bedenken, dass das Essen oder Kaffeetrinken im Sitzen (wenn es Sitz- und Stehmöglichkeiten gibt) teurer ist als im Stehen.

Wichtig ist es auch, zu beachten, dass die Italiener andere **Essgewohnheiten** haben als in den Ländern nördlich der Alpen üblich. Wenn man in ein Lokal zum Essen geht, gehört es sich einfach, eine ganze Mahlzeit zu ordern. Sie beginnt in der Regel mit dem *antipasto,* einer kalten Vorspeise, und geht über das *primo,* die warme Vorspeise, die häufig aus Nudeln besteht, zum *secondo.* Dies ist der Hauptgang, ein Fleisch- oder Fischgericht. Dazu müssen *contorni,* Beilagen wie Gemüse, Salat, Polenta oder Kartoffeln, bestellt werden, denn in Italien werden nicht automatisch Beilagen serviert. Dann folgen das *dolce,* das Dessert, und der *caffè.*

Es ist verständlich, dass solche Mahlzeiten ihren **Preis** haben. Unter 30 € kommt ein Restaurant-Besucher kaum aus einem Lokal. Es wird nicht gerne gesehen, wenn man nur ein Nudelgericht oder nur einen Hauptgang bestellt. Wer weniger essen will, sei auf Pizzerien verwiesen, die in der Regel auch Fleisch- und Nudelgerichte anbieten. Hier geht es lockerer zu.

Was gibt es Schöneres, als auf einem gemütlichen Platz, wie dem Campo San Giacomo dell'Orio und bei Wein, Wasser und köstlichen Kleinigkeiten das Leben zu genießen?

Der Wein zu den Mahlzeiten ist, wenn man den *vino della casa,* den Hauswein, bestellt, dagegen erfreulich günstig. Nahezu jedes Restaurant bietet ein so genanntes *menu turistico* an, ein standardisiertes „Sonderangebot". Allerdings gibt es dafür meist nur etwas zum Magen füllen, nicht aber Spezialitäten oder – außer Spaghetti – landestypische Gerichte. Man wird beispielsweise mit Wiener Schnitzel oder *cotoletta,* gegrilltem Fleisch, und Pommes Frites bedient.

Wer in Venedig mittags **günstig essen** möchte, sei auf die Bacàri oder die zahlreichen Bars verwiesen, in denen *tramezzini* und *panini,* knusprige, fantasievoll belegte Brötchen, angeboten werden. In den Bacàri kann man sich an der Bar die kleinen, typisch venezianischen Spezialitäten *(cicchetti)* aussuchen und durchaus schon ab 5 € satt werden.

Ganz besonders sei auf das **Tramezzino** hingewiesen, ein typisch venezianisches Weißbrotdreieck, das von seinen Füllungen lebt. Es ist etwas so speziell Venezianisches, dass es sogar ein „Centro Studi" für die Verbreitung der Kultur des leckeren Brötchens gibt.

In Italien sind zu den Preisen der Gerichte und Getränke in der Regel noch **Kosten für das Gedeck** *(coperto)* und die Bedienung *(servizio)* hinzuzurechnen. Das kann unterschiedlich gehandhabt werden. Manchmal heißt es „coperto & servizio incluso", manchmal ist nur *servizio* inbegriffen. Aber das Gedeck geht fast immer extra, wobei durchaus zwischen 1 und 5 € pro Person verlangt werden.

Die Bedienung wird in der Regel prozentual berechnet. Es sind bis zu zwölf Prozent üblich.

Wichtig: In italienischen Bars und Restaurants ist das **Rauchen gesetzlich verboten.** Das Verbot wird wegen drastischer Strafen auch strikt eingehalten.

Wein

In Venedig bestellt man in den Bars niemals „un bicchiere di vino", ein Glas Wein. Die dialektale Variante lautet hier: **„un ombra"** oder „un ombretta", also „einen Schatten" oder „einen kleinen Schatten". Und der *barista,* der Mann hinter der Theke, wird dann zurückfragen, ob rot oder weiß, „rosso o bianco". Ein kleines Glas einfacher Wein kostet in den Bars am Tresen zwischen 1 und 4 €.

Neben den normalen Bars etablieren sich in Venedig immer mehr gestylte Weinlokale, *enoteca,* genannt. Sie haben sind in der Regel etwas höhere Weinpreise als in normalen Bars, bieten aber (das ist so vorgeschrieben) über 100 verschiedene offene Qualitäts-Weine an.

Traditionell gibt es in den Bars und Bàcari Weine aus dem venezianischen Hinterland, von den Euganeischen Hügeln oder aus dem Friaul: Tocai, Pinot Bianco, Soave, Chardonnay, Verduzzo oder Sauvignon sind verbreitete Weißweine. Bei den Roten finden sich häufig Cabernet Franc, Raboso, Merlot oder Pinot Nero. Ganz speziell sind auch Clinto (der nichts mit dem ehemaligen amerikanischen Präsidenten zu tun hat), ein leicht moussierender Rotwein, oder **Fragolino,** ein aus der Erdbeertraube gewonnener, sehr süßer roter Wein.

Ein Wein aus dem Veneto ist auch nördlich der Alpen als Modegetränk in aller Munde: **Prosecco.** Rund um Valdobbiadene und Conegliano, nördlich von Treviso, wird dieser moussierende, erfrischende Wein angebaut. Man bekommt ihn in Venedig in jeder Bar. Doch im Gegensatz zu den Nordeuropäern trinken ihn die Venezianer auch ohne Kohlensäure: *Prosecco spento* (ausgelöschter Prosecco) nennt er sich als frischer, leichter Weißwein.

Enotheken

Offenen Wein gibt es in jeder Bar und in jedem Bàcaro. Ausgewählte Weine werden vor allem in Enotheken, speziellen Weinlokalen, die auch flaschenweise Wein verkaufen, angeboten. Hier gibt es auch zukünftig sicherlich noch viele Entdeckungen zu machen, denn die Zahl der Enotheken wächst ständig.

- Stadtbekannt und besonders beliebt bei Einheimischen ist **Al Bottegon,** Fondamenta Nani, Dorsoduro 992, unweit der Accademia und der Gondelwerft San Trovaso (Sonntagnachmittag geschlossen). Hier servieren zwei Generationen Wein und kleine belegte Brötchen.
- **Enoteca Al Prosecco,** Santa Croce 1675, Campo San Giacomo dell'Orio, das Weinlokal mit dem herrlichsten Blick auf Venedigs schönsten Platz. Was kann es Erholsameres geben, als einen exquisiten Ribolla gialla aus dem Friaul im Glas, ein paar ausgewählte Käsestücke mit hausgemachter Mostarda auf dem Teller und die Seele, die zwischen den Bäumen des Campo San Giacomo dell'Orio baumelt? Sonntag Ruhetag.
- In Cannaregio (Rio Terà del Cristo 1814 C, dienstags geschlossen) ist Carlo mit seinen zwei Töchtern in der **Enoteca do Colonne** der Treff der Nachbarschaft.
- Die **Enoteca Boldrin** (Karte S. 130/131) in der Salizzada San Canciano (Canareggio 5550, sonntags Ruhetag) ist eine interessante Mischung aus Weinladen, Bar und Selbstbedienungsrestaurant, wo es eine große, täglich wechselnde Auswahl an Gerichten gibt. Schließt abends leider schon gegen 21 Uhr.
- **Aciugheta Enoteca,** Castello 4357, Campo S. Filippo e Giacomo, kein Ruhetag. Neues Designer-Interieur mit altbekannter Qualität. Unweit San Marco, aber nicht unbedingt nur touristisch. Gute Weine und venezianische Kleinigkeiten, große Käseauswahl und ein ungewöhnlich großes Angebot an Süßem, als Dessert oder zwischendrin. Das sucht Seinesgleichen in Venedig.

Weinläden

Offenen Wein zum Konsum im Hotelzimmer, in der Ferienwohnung oder beim Picknick gibt es in vielen Geschäften zu kaufen. In jedem Stadtbezirk gibt es kleine Läden, die durchgehend gute Qualität an verschiedenen Weiß- und Rotweinen aus dem Ballon anbieten *(vino sfuso)*, der in mitgebrachte leere Wasserflaschen abgefüllt werden kann. Der Liter kostet ab 2 €.

Einfache Lokale und Bàcari

San Polo ⇨Karte S. 212/213

- **Osteria Cicchetteria Al Pesador,** San Polo 125/126, Campo San Giacometto, am großen, freien Platz hinter den Marktständen, die direkt in der Verlängerung der Rialto-Brücke stehen. Links Bar-Thekenbetrieb mit *cicchetti* für einen schnellen Drink im Stehen, rechts und oben Tische – im Sommer auch direkt Logenplatz am Canal Grande! Moderne, einfallsreiche und traditionell venezianische Küche: gute Fischgerichte – sie müssen ja ihrem Namen Ehre machen. Überzeugt von den Lokalen, die sich in letzter Zeit hier nebeneinander aufgereiht haben, am meisten. Montag geschlossen. Tel. 041/5239492.

●**Cantina Do Spade,** San Polo 859/860, Calle Do Spade. Man glaubt es kaum, aber in unmittelbarer Nähe des Rialto-Marktes kann man sogar ein ruhiges Eckchen finden. Mittags und abends gibt es hier nicht nur herrliche Kleinigkeiten am Tresen zu schnabulieren, sondern auch im kleinen, rustikalen Lokal venezianische Spezialitäten vom Feinsten. Wegen der Nähe zum Fischmarkt ist es sehr fischdominiert, aber auch Fleischliebhaber und Vegetarier müssen nicht hungern. Ein Traum: die *Panna cotta* zum Nachtisch. Hier treffen sich mittags viele Einheimische. Ein gutes Zeichen für Qualität und Preis-Leistung. Keine Kreditkarten. Montag geschlossen, Tel. 041/5210583.

●**Osteria Al Sacro e Profano,** San Polo 502, (Rialto vecchio o Povangon steht auf den Straßenschildern vor Ort, aber nicht auf den Stadtplänen). Das winzige Lokal mit seinen sechs kleinen Tischen liegt versteckt in der zweiten Reihe parallel zu den überdachten Arkaden, die von der Rialto-Brücke zum Markt führen. Täglich wechselndes Angebot. Besonders zu empfehlen sind die frisch zubereiteten *Risotti.* Mittwoch geschlossen. Tel. 041/5237924.

●**Osteria All'Arco,** San Polo 436, Calle de l'Ochialer, kurz vor der Rialto-Brücke, parallel zur Ruga vecchia S. Giovanni, von der aus man durch einen Durchgang gehen muss. Klein und einfach eingerichtet, keine Sitzmöglichkeit. Sonntag Ruhetag, denn wenn sich am Markt nichts tut, ist auch die Stammkundschaft nicht da. Herrliche *crostini* (geröstete Brotscheiben) mit angemachtem Frischkäse, eingelegten Pilzen und Trüffelöl. Eine Karikatur hinter dem Tresen macht auf anschauliche Weise klar, was das typisch venezianische Bar-Gericht *musetto* ist: In der roten Knubbelnase eines Mannes steckt ein Messer! (*Musetto* ist angemachte Schweinsschnauze.)

●Direkt am Fischmarkt, hinter dem Campo delle Becarie, liegt mitten auf dem Ponte delle Becarie die **Osteria Sora al Ponte,** was nichts weiter heißt als „Osteria auf der Brücke" (San Polo 1588). Hier treffen sich die Männer des Viertels auf eine *ombra* an der Theke und genießen die hervorragenden *cicchetti,* wie z.B. ein *crostino* mit *sarde in saor* oder *bresaola,* luftgetrocknetem Fleisch, oder sie lassen sich nieder und essen ein ganzes venezianisches Menü, bei dem – wie sollte es bei der Nähe zum Fischmarkt anders sein – Fisch dominiert. Montag geschlossen, Tel. 041/718208.

Cannaregio ⇨Karte S. 150/151

●**Taverna del Campiello Remer,** Cannaregio 5701, Campiello del Remer. Zu dieser urigen Taverne findet man keinesfalls zufällig. Nach ihr muss man richtig suchen und ein bisschen Mut haben. Schräg gegenüber der Kirche San Giovanni Crisostomo führt, gleich neben dem Restaurant *Fiaschetteria Toscana,* eine Stichgasse bis zum Canal Grande, von deren Dunkelheit und gewundenem Verlauf man sich nicht abschrecken lassen sollte. Vom byzantinischen Campiello del Remer aus hat man einen herrlichen Blick auf die Rialto-Brücke und den Markt gegenüber. Nicht umsonst nennt sich das Lokal „L'antica osteria nel più segreto campiello sul Canal Grande", Osteria am geheimsten Platz am Kanal! Mittags kehren hier auch die Fahrer der Lieferboote ein. Angenehm venezianische Speisenkarte und Mittagsbuffet als „Business-Lunch" mit Wein, Wasser und Kaffee zu einem akzeptablen Preis. Sonntag mittags und Mittwoch geschlossen. Tel. 041/5223789.

San Marco ⇨Karte S. 246/247

●In der Bar der **Trattoria Da Fiore,** Calle delle Botteghe, bei Santo Stefano (San Marco 3461) gibt es köstliche Kleinigkeiten, warm und kalt, frittiert und gebraten, in Essig und Öl ... Hier ist es mittags voll von Venezianern – immer ein gutes Zeichen. Tel. 041/5235310.

●Unweit des Campo San Luca steht der **Leon Bianco** etwas im Schatten des großen Cafés Città di Torino, San Marco 4153, Salizzada San Luca. Eine kleine Bar mit einem großen Nebenraum, in dem mittags die Bauarbeiter der Umgebung essen. Das ist immer ein gutes Zeichen. Mittags gibt es Nudel- oder Risotto-Gerichte und Fleischgerichte zur Auswahl an der Theke. Preiswert und gut. Geöffnet 8 bis 20 Uhr, sonntags geschlossen.

● **Osteria alla Botte** San Marco 5482, Calle della Bissa. Eine nette Alternative zu den Touristenlokalen gleich an der Rialtobrücke. Vom Campo San Bartolomeo, der, gleich an der Rialto-Brücke, von der Statue Carlo Goldonis geziert wird, führt eine enge Gasse (Calle della Bissa) in Richtung öffentlicher Toiletten. Noch zwei Mal ums Eck und man steht vor dem kleinen Lokal. An der Theke gibt es im Stehen Wein, Spritz und eine große Auswahl an venezianischem „Finger-Food". An den wenigen Tischen im Hinterzimmer werden örtliche Spezialitäten wie Sarde in Saor oder *Fegato alla veneziana* und vieles mehr serviert. Nette Bedienung. Reservierung ist abends angesagt. Kein Ruhetag. Tel. 041/5209775.

Guidecca ⇨Karte S. 258/259

● **Food & Art,** Self Service, Mensa Interaziendale, Giudecca 554, Campazzo di Dentro, von der Haltestelle Palanca die erste Gasse, die links inseleinwärts führt, bis zum Ende gehen und dort dann am Wasser rechts zum Platz gehen. Ein großes Segel weist auf das einfache Lokal hin. Leider sind die Wege dort auf der Giudecca auf keiner Landkarte korrekt eingezeichnet. *Food & Art* war früher Kantine der Werftarbeiter der Toffolo-Werft und wird heute in erster Linie von Arbeitern und Einheimischen besucht. Gekocht wird wie bei der italienischen Mamma. Mittags von 11.45 bis 14.30 Uhr Selbstbedienung: Salatbuffet, Nudelvorspeise, Hauptgang mit Beilagen, Wasser und Wein zum Einheitspreis von rund 12 €. Hervorragendes Preis-Leistungsverhältnis. Gezahlt wird, anders als sonst in Selbstbedienungslokalen, erst nach dem Essen. Hier wird dem Gast vertraut. Tel. 041/2411413.

Dorsoduro ⇨Karte S. 192/193

● **Casin dei Nobili,** Dorsoduro 2765, Sottoportego del Casin dei Nobili, direkt nach dem Durchgang beim Campo San Barnaba Richtung Accademia. Rustikaler, aber sehr ansprechender Gastraum mit hübschem, auch im Winter geöffnetem und beheiztem Innenhof, der über und über mit Ölgemälden dekoriert ist. Junge, dynamische und freundliche Bedienung. In diesem unprätentiösen Lokal ist immer viel los. Montag Ruhetag, Tel. 041/24 11 841.

● **Osteria-Enoteca San Barnaba,** Dorsoduro 2736, Calle lunga San Barnaba, Mittwochs und Donnerstagmittag geschlossen. Bei Sandro und Luciana gibt es an den gemütlichen Holztischen nur eine kleine, aber dafür schmackhafte Auswahl. Gekocht wird „wie bei Muttern". Und die Weinempfehlungen sind immer sehr gut. Es gibt nur wenige Tische und die sind begehrt, daher frühzeitig reservieren: Tel. 041/5212754.

Castello ⇨Karte S. 168/169

● Die **Osteria Al Portego** liegt zwischen Campo San Lio und Campo S. Marina (Castello 6015). In erster Linie Barbetrieb mit allerlei kleinen fischigen und fleischigen Köstlichkeiten, günstigem Wein aus dem Ballon, auch ungewöhnliche Sorten. Die Flaschenweine von der Liste sind teurer. Es wird auch an einigen kleinen Tischen serviert. Was gerade aus der Küche kommt, wird täglich neu auf der Schiefertafel notiert, eine Speisekarte gibt es nicht. Einfach, authentisch. Tel. 041/5229038.

Restaurants

Cannaregio ⇨Karte S. 150/151

● Wer sehr gut essen und dabei tief in den Geldbeutel greifen möchte, ist bei der **Fiaschetteria Toscana** an der richtigen Adresse. Nur wenige Schritte von Rialto die Calle San G. Crisostomo (Cannaregio 5719) hinter der Hauptpost entlang, liegt das edle Lokal auf der linken Seite. Während sich viele Restaurants in Venedig mit Desserts schwer tun, kann man hier in süßen Träumen schwelgen. Und der Käsewagen sucht seinesgleichen: Es werden Sorten serviert, die bis zu zehn Jahre alt sind. Auch die Weinkarte ist exquisit. Dienstag Ruhetag, Tel. 041/5285281. Unbedingt reservieren!

● Während im vorherigen Restaurant die Ober in Weiß gekleidet sind, geht es in der **Osteria da Alberto** um einiges legerer zu (was aber nicht heißen soll, dass es in der Fiaschetteria Toscana steif wäre!). Unweit der

Kirche Santi Giovanni e Paolo in der Calle Giacinto Gallina (Cannaregio 5401) gibt es in rustikaler Atmosphäre, umgeben von vielen Venezianern, typisch venezianische Küche. Die Kalbsleber mit Zwiebeln, *fegato alla veneziana,* ist nicht zu verachten. Sonntag geschlossen, Tel. 041/5238153.

- An der Fondamenta della Misericordia, direkt am Wasser liegt die **Ostaria da Rioba,** Cannaregio 2553, Tel. 041/5244379. Einheimische kommen hier bisweilen mit dem Boot bis direkt an den Tisch gerudert. Hierher laden Venezianer ihre Freunde ein. Gute Auswahl an Fisch und Fleisch, gute Weinempfehlungen, zuvorkommende Bedienung. Reservierung ist angeraten, Montag Ruhetag.
- Unweit des Ghettos in der Calleselle (Cannaregio 1423) lädt **Bentigodi Osteria da Francesca** in schnörkelloser Atmosphäre ein. Die Besitzer schaffen es, Tradition und Innovation zu verbinden. Besonders gut sind die Nudelvariationen, zum Beispiel Spaghetti mit Schwertfisch und Auberginen. Montag geschlossen, Tel. 041/716269.
- **Trattoria Storica,** Cannaregio 4858, Ponte dei Gesuiti. Die Gesuiti-Kirche ist nur wenige hundert Meter entfernt, bis zu den Fondamente Nuove ist es auch nicht weit. Und doch ist dieses Viertel ein wenig außerhalb des touristischen Bewusstseins. Umso erfreulicher, dass man hier auch gut essen kann. Mittags zum Beispiel ein kleines Menü aus frischem Risotto zur Vorspeise und danach einen Fleisch- oder Fischgang mit Beilagen für nur 12 €. Draußen sitzt man mit Blick auf die Kirche an der Brücke, drinnen in einfachen, netten Räumen. Sonntags geschlossen. Tel. 041/75285266.
- **Ristorante La Moeca,** Cannaregio 492, Fondamenta Savorgnan, am Canale di Cannaregio gelegen. Fisch und Fleisch im Angebot, aber in Wassernähe gelegen, verführt natürlich der Fisch. Vernünftiges Preis-Leistungs-Verhältnis, nette Bedienung. Man kann auch draußen am Ufer des Kanals sitzen, wo reger Bootsverkehr herrscht. Sonntag geschlossen, Tel. 041/2759409.
- Direkt am Eingang zum Ghetto vecchio liegt das koschere Lokal **Gam-Gam** (Sotoportego del Ghetto vecchio, Cannaregio 1122). Die Küche ist jüdisch-international, es gibt auch israelische Weine. Freitagabend und Samstag Ruhetag, Reservierungen unter Tel. 041/715284.

Castello ⇨Karte S. 168/169

- Für Fischliebhaber (aber nicht nur für solche) ist **Da Remigio** eine empfehlenswerte Adresse. Hinter dem schiefen Kirchturm der Greci-Kirche zu suchen (Castello 3416, Salizzada dei Greci). Sehr nette Bedienung und gutes Preis-Leistungsverhältnis. Ohne Reservierung geht nichts, Montagabend und Dienstag Ruhetag, Tel. 041/5230089.
- **Alle Testiere** ist ein winziges Lokal mit einer ungewöhnlichen, teils gewagten, aber sehr guten Küche. Wie wäre es mit Auberginen-Röllchen mit Ricottafüllung als Appetithäppchen? Ansonsten aber nur Fisch. Etwas versteckt in der Calle del Mondo Novo gelegen (Castello 5801). Eher Gehobene Preisklasse. Sonntag und Montag geschlossen, Tel. 041/5227220.

San Polo ⇨Karte S. 212/213

- Nicht weit von Campo San Polo entfernt liegt die urige **Trattoria Da Renato,** Rio Terà Secondo (San Polo 2245 A). Ein besseres Preis-Leistungsverhältnis wird man in Venedig kaum noch finden. Kleiner Familienbetrieb mit guter Hausmannskost seit 1975: Vittorio, ein vor sich hin grummelndes Original wie aus einer Goldoni-Komödie, bedient, seine Frau steht in der Küche. Verständlich, dass es da manchmal etwas länger dauert. Aber die Miesmuscheln in Knoblauch-Sud (*Cozze alla Marinara*) oder seine *Spaghetti alle vongole* sind jede Wartezeit wert. Sehr zu empfehlen auch *Scaloppine al Marsala* (Schnitzelchen in Marsala-Soße) und als Beilage seine *Peperonata,* ähnlich wie Ratatouille, oder Spinat mit Butter. Es sei davor gewarnt, sich zu setzen, ohne den Wirt zu fragen! Donnerstag Ruhetag, Tel. 041/5241922. Während der Redaktion zur 5. Auflage war gerade wegen Krankheit längere Zeit geschlossen.
- Eher gemütliche Osteria denn ein Restaurant. Hier verbringen junge und junggebliebene Venezianer ihren Abend bei einem Essen zu vernünftigen Preisen. Es ist eng und

voll und kann auch mal lauter werden: **Antica Osteria Ruga Rialto,** S. Polo 692, Calle del Sturion, Tel. 041/5211243, kein Ruhetag.

Santa Croce ⇨Karte S. 212/213

●Moderne, einfallsreiche Küche, auch viel Vegetarisches, gibt es bei **Alla Zucca.** Hier gehen vor allem Venezianer hin, die mal nichts typisch Venezianisches essen möchten. Ein besonderer Tipp, je nach Jahreszeit, ist der Kürbisflan, *Flan di Zucca*. Im Sommer stehen ein paar Tische vor der Tür, ziemlich klein und schnell voll. Unbedingt reservieren! Gleich hinter dem volkstümlichen Campo San Giacomo dell'Orio am Ponte del Megio gelegen (Santa Croce 1762). Sonntag Ruhetag, Tel. 041/5241570.

●**Osteria Alba Nova,** S. Croce 1252, Lista vecchia dei Bari, Tel. 041/5241353, Sonntags Ruhetag. Auf Empfehlung einer Leserin getestet und für gut befunden. Gemütlich und gemeinsam mit vielen Venezianern, umgeben von vielen Gemälden, bei einem vernünftigen Preis-Leistungsverhältnis speisen. Besonders gut: die Fischvorspeise. Es gibt aber auch Cicchetti, für den kleinen Hunger.

●**Osteria Mocenigo,** Santa Croce 1919, Salizzada San Stae, von der Schiffsanlegestelle geradeaus die Gasse entlang befindet sich das Lokal auf der rechten Seite. Leicht zu erreichen. Kleiner schlauchartiger, aber gemütlicher Gastraum. Die Speisekarte wird vom Fisch dominiert, aber es gibt auch anderes. Immer viel los. Wird gerne von Touristen besucht. Mo geschlossen, Tel. 041/5231703.

Dorsoduro ⇨Karte S. 192/193

●**Antica Locanda Montin,** Dorsoduro 1147, Fondamenta Borgo. Das Lokal (und das dazugehörige Hotel) gibt es schon ewig, daher genießt es einen gewissen Kultstatus und Reservierung ist angesagt. Das Restaurant war früher eine Künstlerkneipe und beliebter Treff von *Peggy Guggenheim* mit „ihren" Künstlern. Der Gastraum ist voll mit Gemälden, der laubbekrönte Innenhof groß und malerisch. Ein wenig versteckt gelegen, ist es aber schon an der Fondamenta della Toletta mit einem schwarzem, leicht übersehbaren Schild in luftiger Höhe gekennzeichnet. Tel. 041/5227151.

●Am kleinen Campo San Barnaba liegt, versteckt hinter einem grünen Kiosk, die **Ristoteca Oniga** (Dorsoduro 2852), Tel. 041/5224410, dienstags geschlossen. Der Name leitet sich von Restaurant+Enoteca ab. Im Sommer schöne Plätze auf dem Campo, im Winter sitzt man leider ein bisschen wie im Aquarium. Gutes Essen zu angemessenen Preisen, große Portionen, nette Bedienung. Reservierung ist angesagt.

●Voll im Trend der wachsenden Zahl an Designerlokalen: das wiederauferstandene **Linea d'ombra** an der Brücke Ponte dell Umiltà, Dorsoduro 19, Tel. 041/2411881. Traditionelle und experimentelle Küche in minimalistischem Ambiente. Wunderbare Terrasse am Canale della Giudecca. Aber: alles andere als preisgünstig. Montags geschlossen.

●Auch am Giudecca-Kanal, an der Flaniermeile Zattere gelegen, das **Ae Oche 2,** Dorsoduro 1414, Ruhetag jahreszeitlich variierend. Im angenehm modernen Ambiente in der Tiefe eines alten Palazzos gibt es alles von typisch venezianischen Snacks bis zu guten Pizzas und traditioneller Küche. Unten modern, im 1. Galerie-Stock gemütlich venezianisch, optisch „mal was anderes". Im Sommer unschlagbar schön am Wasser zu sitzen. Tel. 041/5206601.

Giudecca ⇨Karte S. 258/259

●**L'Altanella,** am westlichen Fuß der Eisenbrücke Ponte Longo, mit malerischer Terrasse am Kanal (Giudecca 269). Ein unscheinbarer Durchgang (Sottoportego delle Erbe) führt zu dem Lokal, das nicht einmal ein Schild hat. Nur der Vorhang in der Tür verrät den Namen. Fisch und Venezianisches. Montag und Dienstag geschlossen, Tel. 041/5227780.

●Der etwas erschwinglichere Ableger von Harry's Bar ist **Harry's Dolci** an der Vaporetto-Haltestelle Sant'Eufemia. Nur von April bis Oktober offen, da das Lokal vor allem von seiner Terrasse mit Blick auf die Zattere lebt. Es gibt mitnichten nur *dolci,* Süßes, sondern alles, was das Herz und der Magen an Fisch und Fleisch begehren. Dienstag Ruhetag, Tel. 041/5224844.

●Nur etwas für Wagemutige und Entdeckungsfreudige, denn das **Ristorante Mistrà** (Giudecca 212 A, Tel. 041/5220743) liegt sehr versteckt. Von der Haltestelle Redentore aus nach rechts bis zu einem düsteren Fabrikeingang. Der Weg zum Lokal ist ab hier ausgeschildert. Es geht an Fabrikhallen vorbei bis zu einem Yachthafen. An den Booten vorbei nach rechts halten. Am Ufer die Treppe hinauf und mit herrlichem Blick übers Wasser speisen. Mittags sind hier die Arbeiter der Umgebung, das ist immer ein Zeichen für gute Qualität und moderate Preise. Montag abend und Dienstag geschlossen.

Pizzerien

Pizzerien gibt es sehr viele in Venedig und die Pizzen sind meist von guter Qualität. Daher seien nur wenige, sehr gute oder originelle Lokale genannt.

San Polo und Santa Croce ⇨Karte S. 212/213

●**Ae Oche,** Santa Croce 1552 A/B, unweit von Campo San Giacomo dell'Orio. Hier trifft sich abends die Jugend Venedigs. Aber auch wenn man nicht mehr so ganz jung ist, fühlt man sich wohl. Und es schmeckt. Die Pizzen haben urige Namen und sind günstig. Es gibt 90 verschiedene. Sitzplätze auch vor dem Lokal und im Hof. Montag Ruhetag, im Sommer ohne Ruhetag, unbedingt reservieren, Tel. 041/5241161. (Dependance an den Zattere!)

●Gleich um die Ecke findet sich die Pizzeria **Due Colonne** (Campo Sant'Agostin, San Polo 2343). Im Sommer und bis in den November hinein stehen Tische auf dem Campo, wenn's kälter wird gibt es ein großes beheiztes Zelt. Schneller, aber oft unfreundlicher Service, doch die Qualität der Pizzen lässt einen darüber hinwegsehen. Sonntag Ruhetag, Tel. 041/5240685.

●**Il Refolo** ist im Winter eine winzige Pizzeria mit nur sechs Tischen, die unter ständig wechselnder moderner Kunst stehen. Im Sommer dehnt sie sich weit aus auf einen lauschigen Platz hinter der Kirche San Giacomo dell'Orio. Um das Lokal zu finden, muss man die Kirche umrunden. Gute Pizzen, nette Bedienung. Wegen des Platzmangels (im Winter, bei Regen) unbedingt reservieren. Santa Croce 1459, Tel. 041/5240016, Montag ganztags und Dienstag mittags Ruhetag.

●**Muro. Pizza e Cucina** Santa Croce 2048, Campiello dello Spezier. Der Lokalname kommt nicht von ungefähr: Gestalterisches Element im modern eingerichteten Lokal ist die offene Backsteinmauer. Im Sommer viele Plätze auf dem Campo neben dem leise plätschernden Brunnen. Das Lokal ist derzeit bei den Venezianern ziemlich angesagt. Sehr große Pizzen, wunderbarer Teig mit fantasievollen Belägen. Auch die sonstige Speisekarte kann sich sehen lassen. Große Auswahl auch an Salaten und Vegetarischem. Besonders gut: die hausgemachten Desserts. Ausnehmend herzliches Personal. Abends unbedingt reservieren. Dienstag Ruhetag. Tel. 041/5241628.

Castello ⇨Karte S. 168/169

●Ziemlich „weit draussen" liegt **Dai Tosi,** schon in der Gegend des Biennale-Geländes und auf dem Weg zum Fußballstadion (mit Vaporetto, Haltestelle „Giardini", Castello 738, Seco Marina). Hierher verirren sich Touristen nicht sehr oft. Mittwoch Ruhetag, Tel. 041/5237102.

●**Trattoria Pizzeria Sottoprova,** liegt an der breiten, einzigen „Via" genannten Straße Venedigs (Via Garibaldi, Castello 1698). Die Neonatmosphäre des Lokals ist ein wenig kühl, aber die Pizzen sind sehr gut. Es sind viele Einheimische zu Gast. Das ist immer ein gutes Zeichen für Qualität. Montag Ruhetag, Tel. 041/5206493.

Giudecca ⇨Karte S. 258/259

●Auch etwas abgelegen, da nur per Schiff erreichbar: Über den Giudecca-Kanal auf der Isola della Giudecca **Trattoria Do Mori** (Giudecca 588, direkt links von der Vaporetto-Haltestelle „Palanca" der Linie 2). Pasta, Fisch und abends Pizza. Im Sommer Sitzplätze auf der Fondamenta mit fantastischem Weitblick auf die Zattere oder San Giorgio Maggiore.

Das ist nicht zu unterschätzen, denn Weitblick findet man im engen Venedig selten! Tel. 041/ 5225452.

Dorsoduro ⇨Karte S. 192/193

●**Arca,** Calle San Pantalon (Dorsoduro 3757-60, ist nicht nur Pizzeria, sondern auch Trattoria und Cichetteria. Sonntag Ruhetag, Tel. 041/5242236.

Bars

Venedig ist die Stadt der *tramezzini,* einer besonderen Art venezianischer Sandwiches mit fantasievollen Füllungen, und auch in *panini,* belegten Brötchen, kann man hier versinken. Jede Bar hat ein anderes Angebot, aber nicht immer ist es überzeugend. Ein paar Tipps:

San Marco ⇨Karte S. 246/247

●Keine Bar im eigentlichen Sinne, sondern eine Rosticceria mit Barservice: **Rosticceria San Bartolomeo,** San Marco 5424, Sottoportego della Bissa (vom Campo San Bartolomeo unter dem Durchgang durch), Montag Ruhetag. Wunderbare Risotti, Gnocchi, Nudelgerichte für 6–7 €, auch viel ganz frisch Fritiertes. Etwas kühles Ambiente, aber herzliche Bedienung und die Preise sind im Stehen und Sitzen gleich!

San Polo und Santa Croce ⇨Karte S. 212/213

●Auf der anderen Seite des Canals unweit Campo San Polo (San Polo 2717 C, gegenüber der Casa di Goldoni) stehen in der **Bar ai Nomboli,** dem Paradies der belegten Brötchen und *tramezzini* schlechthin, *Francesco* und *Mirella Favaro* hinter der Theke. Er macht jedes einzelne seiner fantasievoll belegten Brötchen auf Bestellung in wenigen Minuten frisch. Sie heißen Kevin, Kaiser, Paola Pan, Mister Minoli oder Serenissima ... und quellen von raffinierten Zutaten geradezu über. Im Sommer stehen auch ein paar Tische vor dem Lokal. Für rund 5 € wird ein Durchschnittsmagen dank der dick belegten Brötchen hier gut gefüllt. Samstag und Sonntag geschlossen.

●Einen wunderbar entspannenden Blick auf den baumbestandenen, lebhaften Platz San Giacomo dell'Orio hat man von der **Enoteca Al Prosecco** (Santa Croce 1657). *Cicchetti,* kleine, nach Wunsch raffiniert belegte Brötchen oder herrliche Arrangements mit Käse oder kalten, ausgewählten Fleisch- und Fischsorten und ein erfrischender *spritz* erfreuen hier nach einem anstrengenden Venedig-Rundgang. Enoteca mit einer ungewöhnlichen Weinauswahl von über 400 Sorten. Die beste Käsetheke der Stadt. Samstags Austern. Sonntag Ruhetag.

403ve Foto: bw

In vielen Bars gibt es frisch zubereitete Pannini

● **Pronto Pesce,** San Polo 319, Pescheria Rialto. In einem ehemaligen Fischstand hat sich seit Kurzem eine Bar etabliert, bei der es nur Fischiges und exquisiten Wein dazu gibt. Kleine warme und kalte Gerichte und Häppchen rund um den Fisch. Im modernen Ambiente kann man hier nach einem Marktbesuch unter vielen venezianischen Stammgästen ein Gläschen trinken und die „Früchte" des Fischmarktes gleich vor Ort genießen. Samstags gibt es mittags meist frisches Fisch-Risotto. Sonntag und Montag geschlossen.

Dorsoduro ⇨Karte S. 192/193

● **Bar Toletta,** Dorsoduro 1191, Calle della Toletta. Der Name der Bar steht leider nur in Hüfthöhe unter dem Schaufenster, man kann sich daher eher daran orientieren, dass im Lokal, das immer rappelvoll mit Schülern und Studenten ist, im Hintergrund ein TV-Bildschirm an der Wand hängt. Die *tramezzini* sind zum Überquellen voll, fast doppelt so dick wie andernorts und haben wunderbare Füllungen. Ebenso die fantasievoll frisch belegten Brötchen. Hervorragendes Preis-Leistungsverhältnis an der Touristenstrecke unweit Accademia.

Cannaregio ⇨Karte S. 150/151

● An der Vaporetto-Station Fondamente Nuove, gegenüber Murano (Cannaregio 5039), befindet sich im alten Bootshaus die Bar **Algiubagiò.** Neben Snacks gibt es auch kleine Gerichte. Die Brötchen sind sehr fantasievoll belegt, der Blick auf die Lagune von den Tischen am Ufer ist einmalig, drinnen besticht die Innenarchitektur. Donnerstag Ruhetag, im Sommer nicht. Eigentlich müsste *Algiubagiò* auch in der Rubrik „Restaurants" aufgeführt werden, denn im Hinterzimmer werden köstliche Diners sowie ausgewählte Weine serviert.

● **Ardidos Coffee,** Cannaregio 2282, Calle de Noal/Ecke Salizzada S. Fosca. Ist es eine Bar, ein Frühstückslokal, eine Teestube, ein Restaurant? *Ardidos Coffee* ist ein Typ von Lokal, wie man ihn in deutschen Großstädten oft findet. Ein Rundum-Lokal zum Wohlfühlen. In Italien ist so etwas eher ungewöhnlich, in Venedig gab es einen solchen Kneipen-Typ bisher noch nicht. In gemütlicher Sitz-Atmosphäre vor unverputzten Backsteinwänden mit Holzbalken fühlt man sich hier bei einer Tasse Tee (große Auswahl!) oder einem Kaffee (auch in ungewöhnlich großer Auswahl) genauso wohl wie bei einem der Mittagsangebote (für 10 € inkl. Wein!) oder abends bei einem Cocktail. Sonntag geschlossen.

Giudecca ⇨Karte S. 258/259

● Gleich links von der Haltestelle Palanca liegt die **Snack Bar Palanca** (Giudecca 448, sonntags geschlossen). Mittags werden hier auch einfache, aber schmackhafte kleine Gerichte serviert. Das Nudel- und Fleischangebot wechselt täglich. Der richtige Ort für ein kleines Mittagessen am Ufer des Canale della Giudecca mit einem unbezahlbaren Blick auf Venedig als Dreingabe, und man taucht völlig ins Leben der Venezianer ein.

Konditoreien

Dorsoduro ⇨Karte S. 192/193

● **Pasticceria Tonolo,** Crosera San Pantalon (Dorsoduro 3764). Das *bignet al caffè* ist eine (nur eine?) Sünde wert. Die *fritelle,* Fettgebackenes zur Karnevalszeit mit Pinienkernen oder Zabaione-Creme, sind unbestritten die besten in Venedig. Ähnliches lässt sich von der vorweihnachtlichen *focaccia* sagen. Montag Ruhetag.

San Polo, Santa Croce ⇨Karte S. 212

● **Targa** liegt direkt an der viel begangenen Touristenstrecke zwischen Campo San Polo und Rialto (Ruga Ravano, San Polo 1050). Zwei nette Brüder stehen hinter der Theke. Besonders zu empfehlen sind die *fiamme,* halbierte, längliche Windbeutel mit einer köstlichen Zabaione-Füllung, und alles, was aus Schokolade ist, vor allem die zarten *moretti.* Montag geschlossen.

● **Gilda Vio,** Ponte Cappello, Fondamenta Rio Marin (S. Croce 784). In dieser einsam gelegenen Konditorei gibt es Träume in Schokolade: Trüffel mit Rum-, Maronen- oder Orangengeschmack. Bei schönem Wetter Tischchen am Kanal. Mittwoch geschlossen.

Cannaregio ⇨Karte S. 150/151

• **Dal Mas,** Lista di Spagna, nicht weit vom Bahnhof entfernt (Cannaregio 150 A). Trotz der Lage an einer Touristenstrecke kehren hier viele Venezianer auf einen schnellen Kaffee und ein süßes Teilchen ein. Mit Worten nicht zu beschreiben: die mit Puderzucker bestäubten Croissants mit Amarena- oder Blaubeerfüllung. Dienstag Ruhetag.

Castello ⇨Karte S. 168/169

• **Didovich,** Campo Santa Marina (Castello 5908). „Lo Strudel di Mele", klassischer Apfelstrudel, der hier, wie üblich, stückweise verkauft wird, schmeckt bei Didovich besonders gut. Sonntag Ruhetag.

• **Rosa Salva,** Campo SS. Giovanni e Paolo (Castello 6779). Unter den Einheimischen hat Rosa Salva eine Art Kultstatus. Aber vielleicht hat er sich zu lange auf seinen Lorbeeren ausgeruht? Die süßen Teilchen sind zwar gut, aber nicht kultig. Dafür aber ist das Café am Campo einen Besuch wert und im Sommer hat man einen unvergleichlichen Blick vom Freisitz aus unter den Schweif von Colleonis Pferd. Rosa Salva gibt es auch noch unweit San Marco, nahe Campo San Salvador. Dort jeweils nur zum Stehen. Mittwoch Ruhetag.

Eisdielen

„Gelateria" steht über der Pforte zum Paradies, zumindest in Venedig. Nicht umsonst sind in Venetien die Eismacher-Schulen Italiens angesiedelt. Daher heißen auch so viele Eisdielen in deutschsprachigen Ländern „Venezia"!

024ve Foto: bw

Traditionsreiche Kaffeehäuser laden im Sommer bei Live-Musik auf dem Markusplatz im „schönsten Salon der Welt" zum Verweilen ein

Castello ⇨Karte S. 168/169

• Ganz oben auf der Hitliste der Eisdielen steht **Boutique del Gelato,** Castello 5727, Salizzada San Lio. An dieser winzigen Eisdiele geht man ganz leicht vorbei. Sie liegt neben *Hotel Bruno* und ist am Besten an der langen Schlange vor der Tür zu erkennen. Hier holen die Einheimischen riesige Styropor-Pakete voll Eis nach Hause. Der Laden besteht eigentlich nur aus Theke. Und dahinter kann man in den Produktionsraum blicken. Besonders gut: *Bacio, Amarena, Crema* und *Mousse di Cioccolato.*

San Polo ⇨Karte S. 212/213

• Das Eis muss man probieren: **Millevoglie da Tarcisio,** Salizada San Rocco (San Polo 3033). Günstig gelegen an der Engstelle hinter der Apsis der Frari-Kirche auf dem Weg zu Bahnhof und Piazzale Roma. Hier ist immer eine Menschenansammlung, denn es gilt, schnell noch eine Tüte mitzunehmen –

das cremigste Eis mit dem fruchtigsten Geschmack. Die Portionen sind riesig und die jungen Leute rund um Chef *Tarcisio* voller Herzlichkeit und Enthusiasmus. Besonders gut: *Bignolata* und *Nociolosa*. Kein Ruhetag.

Dorsoduro ⇨Karte S. 192/193

- Gleich nach Tarcisio in der Hitliste: **Gelateria da Nico,** direkt an der Flaniermeile Zattere beim Schiffshalt „Zattere" (Dorsoduro 922). Bei Nicos *gianduiotto,* in Schlagsahne ertränktem, gefrorenem Nougat, geht man in die Knie vor Begeisterung. Die Steigerung dazu heißt *coppa cardinale:* Eine Scheibe Nougateis mit Vanilleeishaube und Schokokruste! Kalorien für mehr als einen Tag. Hier kann man auf einer Ponton-Terrasse mit Blick auf die Giudecca über dem Wasser sitzen und selbst im Winter so manchen Sonnentag genießen. Donnerstag Ruhetag.
- Ein paar hundert Meter um die Ecke, weg von der zentralen Lage, sind die Preise etwas niedriger: **Squero** heißt die Eisdiele (nur zum Stehen und Mitnehmen) bei der Weinbar Bottegon, gegenüber der Kirche San Trovaso (Dorsoduro 990, Fondamenta Nani). Auch hier schmeckt das *gianduiotto* fantastisch.

San Marco ⇨Karte S. 246/247

- **Paolin, Gelateria S. Stefano,** Campo S. Stefano (San Marco 2692). Ist eine Institution in Venedig. Schöner Rastplatz am Eck der Kirche S. Stefano. Servieren auch *Sgroppino,* eine venezianische Spezialität mit Zitroneneis und Wodka.

Kaffeehäuser

San Marco

- **Caffé Florian,** Piazza San Marco 56, in den Procuratie Nuove. Spiegel, Stuck und Fresken geben dem altehrwürdigen Café einen Anstrich des 18. Jh. Man sitzt in kleinen Séparées und schlürft einen Espresso für 5,70 €, einen Cappuccino für 8,20 € oder eine heiße Schokolade mit Schlagsahne für 8,80 € und dazu gibt es ein Stück Torte für 11,50 €. Was kostet die Welt? Wenn man den Espresso in der Bar um die Ecke auch für 1,10 € haben könnte! Und wenn die Musik spielt, dann heißt's einen „supplemento musica", einen Musikzuschlag von 5,80 € pro Person zu bezahlen (pro Gast, nicht pro Orchestermitglied, immerhin)! Mittwoch Ruhetag.

Mehr als Espresso und Cappuccino: die Welt des italienischen Kaffees

Espresso, das ist für Nordeuropäer der Inbegriff des Italienischen. Doch ein Espresso ist für Italiener nur eine von vielen Arten von Kaffee und selten wird ein Italiener in einer Bar einfach einen Espresso bestellen. Es ist geradezu eine ganze Welt des Kaffees, die sich in den kleinen, dickwandigen Tassen einer jeden italienischen Bar spiegelt.

Ein Espresso wird in Italien in der Regel einfach als **caffè** bezeichnet. Wer dagegen einen Kaffee bestellen möchte, der dem deutschen Filterkaffee ähnlich ist, verlangt einen **caffè americano.** Er sieht aus wie ein Filterkaffee, ist aber eigentlich nur ein Espresso mit viel Wasser. Oder haben Sie schon einmal eine Maschine für Filterkaffee in einer italienischen Bar gesehen? Freunde starken Kaffees bestellen einen **caffè ristretto,** eine normale Portion Kaffeebohnen mit weniger Wasser zubereitet. Wer es lieber dünner mag, verlangt einen **caffè lungo,** dafür wird die doppelte Menge Wasser durch den fein gemahlenen Kaffee gepresst. Ein **caffè doppio** ist einfach ein doppelter Espresso.

Wer Kaffee mit ein bisschen Milch möchte, bestellt **caffè macchiato,** einen „befleckten" Kaffee. **Macchiato caldo** bedeutet, dass die Milch als kleines Milchschaumhäubchen auf den Espresso gesetzt wird, **macchiato freddo** heißt es, wenn ein

• Gran Caffé Quadri, Piazza San Marco 120, Procuratie Vecchie. Steht dem Florian preislich nicht viel nach, aber das Quadri stand schon immer im Schatten des bekannteren *Florian* ... obwohl es im Sommer viel länger Sonne auf seinen grünen Plastikstühlen hat.

• Caffé Lavena, Piazza San Marco 133, Procuratie Vecchie. Etwas billiger als die beiden großen Schwestern. Hier findet man neben Touristen auch mal Venezianer an der Bar. Aber nur im Stehen, denn bekanntlich kostet in Italien alles mehr, sobald man sich setzt.

023ve Foto: bw

Schuss kalter Milch zum Kaffee gegeben wird. Ein **caffè latte** ist ein Espresso, der in ein Glas mit warmer Milch gefüllt wird, ohne Milchschaum. Das schaumige Pendant dazu ist der **cappuccino,** Espresso mit aufgeschäumter Milch und einem Hauch Kakao obendrauf. Cappuccino wird von Nicht-Italienern zu jeder Tageszeit getrunken. Für Italiener ist er aber nur als Frühstücksgetränk akzeptabel. Wer „befleckte" Milch trinken möchte, bestellt **latte macchiato,** heiße Milch mit einem Schuss Kaffee drin und meist einer Schaumhaube als Krönung.

Gesundheitsbewusste können einen **decaffeinato** bestellen, einen entkoffeinierten Kaffee in Espresso- oder Cappuccino-Form. Noch gesünder ist der **caffè d'orzo,** der unserem Caro-Kaffee entspricht. Wer seinen Kaffee gerne „korrigiert" trinkt, bestellt einen **caffè corretto.** Man muss allerdings angeben, mit was er „korrigiert" sein soll, mit Grappa, Amaretto oder ähnlich Hochprozentigem. In der warmen Jahreszeit gibt es noch die erfrischenden Varianten **caffè freddo** und **caffè shakerato.** Ein *caffè freddo* (kalter Kaffee) ist ein gezuckerter, schon vorbereiteter, eisgekühlter Kaffee. Für einen *shakerato* wird ein heißer Espresso mit Eis in einem Shaker gemixt.

Feiertage und Feste

Die meisten Feiertage *(giorni festivi)* werden in ganz Italien gefeiert, doch Venedig hat einige spezielle Tage, an denen die Stadt feiert und die meisten **Läden geschlossen** sind. Anders als in Deutschland und Österreich sind Karfreitag und Pfingstmontag in Italien keine Feiertage.

Feiertage im Überblick

- **1. Januar:** *Capodanno;* Neujahr
- **6. Januar:** *Epifania, La Befana;* Dreikönigsfest
- **Februar/März:** *Carnevale;* Karneval
- **März/April:** *Pasqua;* Ostern
- **25. April:** *Anniversario della Liberazione;* Tag der Befreiung Italiens, in Venedig auch *Festa di San Marco;* Markustag
- **1. Mai:** *Festa del Lavoro;* Tag der Arbeit
- **Mai:** *Festa della Sensa* (Sonntag nach Himmelfahrt)
- **3. Sonntag im Juli:** *Festa del Redentore;* Erlöserfest in Venedig
- **1. Sonntag im September:** *Regata storica* auf dem Canal Grande
- **15. August:** *Ferragosto;* Mariä Himmelfahrt
- **1. November:** *Ognissanti;* Allerheiligen
- **21. November:** *Festa della Madonna della Salute;* venezianischer Feiertag
- **8. Dezember:** *Festa dell'Immacolata;* Mariä Empfängnis
- **25. Dezember:** *Natale;* Weihnachten
- **26. Dezember:** *Santo Stefano;* Stefanstag

Venezianische Feste und Veranstaltungen

Es gibt einige seit Jahrhunderten gefeierte Feste, die an historische Begebenheiten erinnern und heute noch mit großem Ernst und noch größerer Freude begangen werden. Einige neuere, meist sportliche Veranstaltungen, wie etwa der Volkslauf „Su e zo per i ponti" oder der „Venice Marathon", haben sich inzwischen auch schon etabliert. Was wann stattfindet – insbesondere wichtig bei den Veranstaltungen ohne festes Datum – erfährt man am besten in den Touristinformationen und im regelmäßig erscheinenden Info-Heft „Leo Bussola", das dort verteilt wird. Sehr gut informiert auch die Broschüre „Un ospite a Venezia", die es aber nur in Hotels und an einigen speziellen Ausgabestellen gibt.

Januar

- **6. Januar: Regata della Befana.** Als Hexen verkleidete Männer rudern den Canal Grande entlang. Die erste von zahllosen Regatten des Jahres.

Februar/März

- **Sonntag vor Weiberfasching:** Beginn des **Karnevals** auf der Piazza San Marco und Maskenumzug. Anschließend täglich Karnevalsprogramm bis um Mitternacht am Faschingsdienstag.
- **2. Sonntag im März (manchmal auch erst im April): Su e zo per i ponti.** „Die Brücken rauf und runter": Volkslauf vom Ponte della Paglia beim Dogenpalast bis zur Piazza di San Marco durch Gassen aller Stadtbezirke in Form eines Orientierungslaufs. Gibt es seit über 20 Jahren.

April

- **25. April:** *Festa di San Marco,* **Markustag.** Tag des Stadtpatrons, gefeiert wird die Überführung der Gebeine des Heiligen Markus von Alexandria nach Venedig im Jahre 828 – früher mit Staatsakt und Prozession, heutzutage mit Hochamt in der Basilika, Fest auf der Piazza di San Marco und Ruderregatta zwischen Sant' Elena und Punta della Dogana (Salute-Kirche). Der älteste Feiertag der Stadt, auch als *Festa del Bòcolo* bekannt, Fest der Knospe, da Venezianer an diesem Tag ihrer Mutter, Frau, Freundin oder Geliebten eine Rosenknospe oder einen Strauß schenken, in Erinnerung an eine unglücklich zu Ende gegangene Liebesgeschichte aus der Zeit der Republik. Die Stadt ist an diesem Tag voll von Rosen und Blumenständen.

Der 25. April ist darüber hinaus aber auch Feiertag in ganz Italien: An diesem Tag wird **Festa della Liberazione** gefeiert, das Ende des 2. Weltkrieges.

Mai

- **Anfang bis Mitte Mai,** ohne festes Datum: **Vogalonga.** Mehr als 30 Kilometer Rudern durch die Lagune mit Ruderbooten jeden Typs. Von San Marco bis zu den Inseln Vignole, Sant'Erasmo und San Francesco del Deserto, über Burano und Murano zurück und in den Canal Grande.
- **Sonntag nach Himmelfahrt: Festa della Sensa.** Festumzug mit prachtvollen historischen Booten von San Marco zum Lido. Dort symbolische Vermählung des Dogen mit dem Meer *(Sposalizio del Mar),* ursprünglich, um die Bedeutung des Meeres für Venedig und dessen Seemacht zu verdeutlichen. Der amtierende Bürgermeister wirft vor der Lido-Kirche San Nicolò einen goldenen Ring ins Wasser. Anschließend Gottesdienst und Trödelmarkt vor der Kirche sowie Regatta.
- **Ende Mai/Anfang Juni:** Die früheren Seerepubliken Amalfi, Genua, Pisa und Venedig halten regelmäßig in einem der Orte den **Palio delle Quattro Antiche Repubbliche Marinare** ab. Ein farbenfrohes Rennen in historischen Booten, das von den Beteiligten sehr ernst genommen wird. Venedig ist alle vier Jahre Austragungsort, das nächste Mal 2011.

Juni

- **1. Sonntag im Juni:** Beginn der Regattasaison für Frauen und Jugendliche mit der **Regata di Sant'Erasmo.** Auch Volksfest mit Musik.
- **Anfang Juni bis Ende Oktober/Anfang November** (jedes 2. Jahr, in ungeraden Jahren: 2009, 2011 usw.): **Biennale d'Arte,** Kunstbiennale. Internationale Kunstausstellung zeitgenössischer Kunst in den Länder-Pavillons der Giardini Pubblici (Vaporetto-Halt Giardini), im benachbarten Arsenale-Gelände und über die ganze Stadt verteilt. Mit immer größer werdendem musikalischen, tänzerischen und filmischen Rahmenprogramm. Infos und Detailprogramm unter www.labiennaledivenezia.it.
- **Letztes Juni-Wochenende: Festa di San Pietro di Castello.** Traditionelles (Volks-)Fest rund um die Kirche San Pietro di Castello, dem Sitz des Patriarchen von Venedig, mit Konzerten, Wettbewerben und Spezialitäten-Ständen.

Juli

- **3. Sonntag im Juli: Festa del Redentore,** Erlöserfest. Prozession von den Zattere auf einer Ponton-Brücke über den Canale della Giudecca zur Erlöserkirche Il Redentore. Die Kirche war nach einem Gelübde zur Abwendung der Pest aus dem Jahre 1576 von *Andrea Palladio* geplant und gebaut worden. Am Vorabend Lampionkorso geschmückter Boote auf dem Giudecca-Kanal und Picknick. Traditionell gibt es gebratene Ente, Musik und um 23.30 Uhr Feuerwerk: eine große Wasserparty! Wer kein Boot hat, kann auch an den Zattere oder auf der Giudecca mitfeiern.

August

- **Ende August/Anfang September: Mostra Internazionale d'Arte Cinematografica.** Das internationale Filmfestival, die italienische Version von Cannes. Hier werden die Goldenen Löwen vergeben. Im Palazzo del Cinema auf dem Lido findet das offizielle Programm statt, in den Kinos der Stadt und in Freilichtfilmtheatern wie etwa auf dem Campo San Polo das Drumherum (auf San Polo Freiluftkino auch schon ab Juli, Karten vor Ort). VIPs, Stars und Sternchen der Filmwelt sind vor allem am Lido zu finden.

September

- **1. Sonntag im September: Regata storica** auf dem Canal Grande. Große Parade historischer Boote und kostümierter Besatzungen im Stil des 15. Jh. den Kanal hinauf und zurück bis San Marco. Man kann sich vorstellen, mit welchem Pomp die Venezianer früher Feste gefeiert haben. Anschließend Ruderwettkampf, den die Einheimischen sehr

Fliegende Türken, geköpfte Stiere und die Kraft des Herkules: zur Geschichte des venezianischen Karnevals

Jedes Jahr am Sonntag vor dem „unsinnigen Donnerstag", Schlag zwölf Uhr mittags, wird der venezianische Karneval offiziell eröffnet. Eine überdimensionale Pappmaschee-Taube - oder seit Neuestem eine lebende Akrobatin - fliegt an einem Seil vom Campanile zum Dogenpalast. Gleichzeitig steigt zum Klang von Blasinstrumenten eine Wolke von bunten Luftballons in den Himmel über der Lagune. Bis zu 125.000 Menschen täglich drängen sich dann an den darauffolgenden zehn Karnevalstagen durch die Gassen der Stadt, um ein Fest zu feiern, an dessen ursprüngliche Traditionen sich heute kaum noch jemand erinnert.

1979 hatte man den Karneval wiederbelebt und sich dabei vor allem am 18. Jh. und an der Commedia dell'Arte orientiert. Einzig der Taubenflug geht zurück auf die Anfangszeit des venezianischen Karnevals im 11. und 12. Jh. Er ist der ungefährliche Ersatz für den so genannten **Türkenflug** vergangener Zeiten. Beim *volo del turco* wurde ein Akrobat, meist türkischer Herkunft, vom Bacino an der Piazzetta zur Glockenstube des Campanile hochgehievt. Von dort erklomm er über eine Strickleiter die Turmspitze, um in luftiger Höhe schwindelerregende Gleichgewichtskunststücke aufzuführen. Von der Turmspitze balancierte der *turco* dann auf einem Seil - das war der eigentliche „Flug" - hinab zur Loggia des Dogenpalastes, wo ihn der Doge zusammen mit allen Würdenträgern der Republik und ausländischen Gesandten und Gästen erwartete. Mit seiltänzerischen Einlagen hangelte er sich schließlich zurück zum Campanile, um über das andere Seil wieder zurück zum Floß im Hafenbecken zu rutschen. Trotz mancher Todesstürze wurde am Türkenflug festgehalten bis zum Untergang der Republik Venedig 1797, der gleichzeitig das Ende des venezianischen Karnevals (bis 1979) bedeutete.

Ein zweites Karnevalsspektakel war besonders beliebt und beeindruckte die Chronisten der damaligen Zeit. Man hat es sich so vorzustellen: 13 Angeklagte in einem der Prachträume des Dogenpalastes. Sie sind ungewöhnlich still. Eingeschüchtert durch das, was sie umgibt, wagen sie nicht, einen Laut von sich zu geben. Auch wenn dann ihr Urteil gesprochen ist, protestieren sie nicht: Sie verstehen nicht, was mit ihnen geschieht, und können es auch nicht. Die Angeklagten sind nämlich **zwölf Schweine und ein Stier,** über die der Magistrat der Stadt Venedig alljährlich in Anwesenheit zahlreicher ausländischer Gesandter und Mitglieder der Schlachter- und Schmiedezunft während einer feierlichen Zeremonie Recht spricht und sie zum Tode verurteilt. Das Urteil wird sofort vollstreckt: Die ahnungslosen Tiere werden nacheinander geköpft.

Gut vier Jahrhunderte lang war diese Zeremonie der Gipfel der Karnevalsfeierlichkeiten in der Lagunenstadt. Ihre Ursprünge liegen im Jahre 1162. Der venezianische Doge *Vitale Michiel II.* hatte in diesem Jahr einen entscheidenden Sieg über *Ulrich,* den Patriarchen von Aquileia, errungen, weil dieser Grado angegriffen hatte. Zusammen mit zwölf seiner Kanoniker und Hunderten von Gefolgsleuten war Ulrich im Kampf gefangen genommen und in Venedig zum Tode verurteilt worden. Auf Vermittlung des Papstes wurde die Todesstrafe allerdings ausgesetzt. Einzige Bedingung: Ulrich musste jedes Jahr dem venezianischen Volk zwölf Schweine, einen Stier und dreihundert Brote liefern. Diese Schandgabe sollte ihn, seine Kanoniker und sein Ge-

025ve Foto: ml

folge symbolisieren. Da der Sieg gegen Ulrich 1162 am *giovedì grasso,* am Faschingsdonnerstag, errungen worden war, wurde dieser Tag fortan zum wichtigsten Tag des *carnevale veneziano*. Ganz Venedig feierte mit der Exekution der unschuldigen Tiere bis zum Jahre 1520 immer wieder den Sieg. Im 16. Jh. wurde das Verurteilungs-Spektakel schließlich von Regierungsseite abgeschafft, da man dem Karnevalsfest mehr Würde verleihen wollte.

Ebenfalls auf den Sieg gegen Ulrich sollen die akrobatischen Spiele der *forze d'Ercole,* der **Kraftspiele des Herkules,** zurückgehen. Sowohl die Nicolotti, Bewohner der Pfarrei San Nicolò dei Mendicoli, als auch die Castellani, Arsenalarbeiter aus dem Stadtteil Castello, sollen erfolgreich am Sieg gegen Ulrich beteiligt gewesen sein. Sie hatten mit **Menschenpyramiden** die Mauern der Festungen überwunden. Daher gebührte den beiden Gruppen alljährlich am Faschingsdonnerstag die Ehre, den Sieg vor dem Dogen noch einmal auf der Piazzetta darzustellen. Die beiden traditionell rivalisierenden Gruppen der Nicolotti und der Castellani, die einen in Schwarz, die anderen in Rot gekleidet, formten dazu bis zu siebenstöckige, waghalsige Menschenpyramiden. Um die *forze d'Ercole* zu bauen, legten die Athleten zunächst Bretter über zwei Gondeln im Wasser oder auf Fässer und bildeten darauf die Basis der Pyramide, die *saorna*. Den Gipfel bildete stets ein kleiner Junge, der liebevoll „Helmchen", *cimiereto,* genannt wurde. Die Formen dieser Menschenpyramiden wurden jedes Jahr variiert. Chronisten gaben den Figuren klingende Namen wie „Das ruhmreiche Venedig", „Der kämpfende Löwe" oder „Die einsame Jungfrau". Von all diesen Traditionen zeugen heute aber nur noch Gemälde und Drucke in den Museen der Stadt.

In Venedig begann der *carnevale* in früheren Jahrhunderten in den ersten Oktobertagen mit dem Beginn der Theatersaison. Vom 16. bis 25. Dezember wurde er unterbrochen und dann am Stefanstag, dem 26. Dezember, wieder aufgenommen, um bis Mitternacht vor Aschermittwoch, dem *mercoledì delle Ceneri,* anzudauern. Das **Maskentragen** an sich aber war beinahe sechs Monate im Jahr gestattet und wurde während dieser Zeit auch gepflegt. Denn der Brauch erlaubte den Venezianern – dem Volk wie den adligen Patriziern, aber auch den Fremden, die in der Stadt weilten – eine ziemlich unbeschränkte Freiheit des Umgangs miteinander.

Ganz anders ist es heute. War der Karneval in den ersten Jahren nach seiner „Wiedergeburt" 1979 eine rein venezianische Angelegenheit, so wandelte er sich im Laufe der Jahre immer mehr zur **internationalen Großveranstaltung.** Hinter den Masken hört man heute vornehmlich Französisch, gefolgt von Deutsch, Japanisch und amerikanischem Englisch. Die Karnevalstouristen haben sehr viel Geld in ihre fantasievollen Gewänder gesteckt, aber es sind nur wenige, die in Masken und Kostümen lustwandeln. Der Großteil der Besucher sind Schaulustige und Fotografen, die mit ihrer Kamera die farbenfrohen Masken ablichten und dann mit Bildbänden und auf Postkarten ein Bild vermitteln, als wäre Venedig zur Karnevalszeit eine Stadt voller Maskierter. Die Venezianer selbst – schon längst zu Statisten des Festes degradiert – drängen immer wieder darauf, den Karneval in seiner derzeitigen Form abzuschaffen oder administrative Maßnahmen zu ergreifen, um die überbordenden Ausmaße einzudämmen: 150.000 Besucher pro Tag in einer Stadt, die selbst nur rund 60.000 Einwohner hat! Das schafft für die Einheimischen vor allem Probleme logistischer Art bei der Bewältigung des Alltags: Von A nach B zu gelangen wird zu einer Geduldsprobe mit sehr vielen „Körperkontakten". Der mehr als 900 Jahre alte *carnevale veneziano* ist schon lange nicht mehr der Karneval der Venezianer. Er ist ein Fest der Fremden geworden.

ernst nehmen. Die *regata storica* markiert das Ende der Sommerzeit in Venedig: Man ist aus der Sommerfrische zurückgekehrt. Viele nehmen das Fest zum Anlass für eine Party, häufig auf Booten, die am Ufer des Kanals festgemacht sind. Für Touristen gibt es nur wenige Möglichkeiten zuzusehen, da die Sitz- und Stehplätze entlang des Kanals beschränkt sind. Tribünenplätze kann man übers Reisebüro buchen, Informationen bei den Tourist-Infos.

Oktober

- **Erstes Oktober-Wochenende: Sagra del Mosto.** Most-Fest auf Sant'Erasmo, der Gemüseinsel Venedigs, auf der auch Wein angebaut wird. Da der Boden der Laguneninsel sehr salzig ist, ist die Weinqualität nicht überragend, für Federweißen aber geeignet. Das urige Fest mit gegrillten Würsten und ländlicher Atmosphäre bringt einen weit weg vom venezianischen „Freilichtmuseum". Erreichbar mit Schiff Nr. 13 von Fondamente Nuove.
- **Ende Oktober,** meist am 4. Sonntag: **Venice Marathon.** Ganz eben, aber landschaftlich sehr schön geht es den Brenta-Kanal entlang, von der Villa Pisani in Strà bei Padua über den Ponte della Libertà bis zum Markusplatz. Infos unter www.venicemarathon.it.

November

- **21. November:** Ein rein venezianischer Feiertag ist **La Festa della Madonna della Salute,** ein stilles Fest, das wie das Redentore-Fest auf ein Pest-Gelübde zurückgeht, diesmal aus dem Jahre 1630. Prozession von Santa Maria del Giglio auf einer Bootsbrücke über den Canal Grande zur Salute-Kirche. Dort werden der Madonna große Kerzen gestiftet. Bereits am Tag zuvor und auch nach der offiziellen Prozession pilgern die Venezianer in Scharen zur Kirche. Anschließend findet davor ein Volksfest statt mit Fettgebackenem *(frittelle)* und Zuckerwatte. In den Lokalen der Stadt wird an diesem Tag eine besondere Spezialität ser-

026ve Foto: bw

viert, *castradina,* geräuchertes und dann gekochtes Hammelfleisch mit Wirsinggemüse. Nicht jedermanns Geschmack.

Bei der Regata storica wimmelt es auf dem Canal Grande von historischen Booten

Fotografieren

Venedig zählt zu den meistfotografierten Städten der Welt. Motive gibt es zuhauf und das Licht wechselt je nach Tageszeit in interessanten Nuancen. Man wird also oft auf den Auslöser drücken. Allerdings darf kaum in Kirchen fotografiert werden und auch Museen sind sehr restriktiv.

Wer noch nicht digital fotografiert, für den empfiehlt es sich, genügend **Filme** mitzunehmen, sie sind in Italien teurer als in Deutschland. Falls man doch welche vor Ort kaufen muss: Film heißt auf Italienisch *pellicola.* Es ist günstig, Filme, seien es Dias oder Papierabzüge, direkt in Venedig innerhalb weniger Stunden entwickeln zu lassen. Abzüge eines 36er Films kosten rund 14 €. Noch günstiger ist es bei Dias: Die Entwicklung mit Rahmung und Verpackung in einer stabilen Kunststoffbox kostet ca. 6 €. Überall werden auch Digitalfotos sofort entwickelt oder Daten von der Speicherkarte auf CD übertragen. Preisvergleiche lohnen.

- **Interpress Photo,** direkt hinter dem Fischmarkt bei Rialto (San Polo 365), macht Dias und Papierabzüge am selben Tag.
- Der **Fotoladen auf der Rialto-Brücke** entwickelt Papierbilder (keine Dias) innerhalb einer Stunde.
- Fotos in einer Stunde, gerahmte Dias über Nacht gibt es bei **Technifoto,** Calle dei Saoneri, San Polo 2743
- Übertragungen von **Speicherkarten** auf CD oder Stick in Elektroläden oder Fotolaboren.
- **Buchtipp:** Reisefotografie" von *Helmut Hermann* und „Reisefotografie digital" von *Volker Heinrich,* erschienen in der Praxis-Reihe, Reise Know-How Verlag, Bielefeld.

Hunde

Hunde müssen in Venedig an der **Leine** geführt werden. Man sieht zwar viele, die frei herumlaufen, doch sollte man sich lieber an diese Regel halten. Auf dem Vaporetto benötigen Hunde darüber hinaus einen **Maulkorb,** sonst werden sie nicht befördert. Die Hinterlassenschaft von Hunden nach Verrichtung ihres **großen Geschäfts** muss aufgesammelt und entsorgt werden. Wer das nicht tut und erwischt wird, muss mit einer **Strafe** rechnen. Venezianische Hundebesitzer tragen zu diesem Zweck immer ein kleines Plastiktütchen bei sich, das sie als eine Art Schutzhandschuh zum Aufsammeln und dann als Behältnis zum Wegwerfen benutzen. Manche haben passend zugeschnittenes Zeitungspapier dabei, das sie ihren Hunden rechtzeitig vor Verrichtung der Notdurft unterlegen.

- **Buchtipp:** „Verreisen mit Hund", erschienen in der Praxis-Reihe, Reise Know-How Verlag, Bielefeld.

Hochwasser

Zwischen September und April gibt es in Venedig eine zusätzliche, malerische Touristenattraktion zu erleben: **acqua alta,** Hochwasser. Während es für die Venezianer ein lästiges, je nach Höhe bisweilen auch bedrohliches Ereignis ist, können Touristen dem Wasser in den Gassen und auf dem Markusplatz in erster Linie amüsante und optisch beeindruckende Seiten abgewinnen. Gut zwei bis drei Stunden, bevor das Hochwasser kommt, warnen **Sirenen** vor dem still und unmerkbar anrückenden Wasser. Es beginnt immer auf dem Markusplatz, der niedrigsten Stelle der Stadt mit 64 cm über dem Meeresspiegel. Ein Hochwasser dauert nie lange, denn die Gassen und Plätze werden nur während der Flut heimgesucht und auch nur, wenn der Mond (bei Voll- und bei Neumond) und der Wind richtig zusammenspielen. Der Scirocco, ein lauer Wind, der bei Hochdruck vom Meer weht, drückt bei Flut mehr Wasser in die Lagune, als diese vertragen kann. Sollte es zusätzlich auch noch besonders stark reg-

027ve Foto: bw

nen, ist die Katastrophe komplett. Doch Regen allein ist, entgegen anders lautender Touristenmeinung, nicht der Grund für *acqua alta*.

Wer nicht unbedingt auf den **Markusplatz** und in dessen benachbarte Gassen gehen muss, braucht das Hochwasser eigentlich nicht zu fürchten. Es kommt meist nicht überall hin und in vielen Stadtvierteln kann man ohne Gummistiefel promenieren. Ausnahmen bestätigen natürlich die Regel, wie beispielsweise zuletzt von Dezember 2008 bis Januar 2009, als Venedig immer wieder (vor allem am 2. Dezember) ohne entsprechende Vorwarnungen von einer Flut heimgesucht wurde, die nahezu 80 Prozent der Stadt unter Wasser setzte und einige Handwerker und Geschäftsleute in ihrer Existenz bedrohte, da sie nicht in der Lage waren, ihre Läden und Werkstätten rechtzeitig wasserfest zu machen.

Bei Hochwasser kommt man vor der Markuskirche nur noch auf engen Stegen voran: Da ist Disziplin angesagt

Land unter: Versinkt Venedig?

Ebbe und Flut sind schuld an den Hochwassern der Lagunenstadt. Doch warum wird es immer schlimmer mit den Überflutungen? Seit der katastrophalen Überschwemmung von 1966 wird intensiv daran geforscht und auch nach Möglichkeiten gesucht, das Hochwasserproblem zu lösen. Für das **acqua alta,** das Hochwasser, wurden bisher mehrere Ursachen ausgemacht, die zusammenspielen. Zum einen sinkt die Stadt tatsächlich. In unserem Jahrhundert wurden bisher 23 Zentimeter gemessen. Das kommt durch die starke **Grundwasserentnahme** der petrochemischen Industrie auf dem Festland. Zum anderen wird in dem **Ausbaggern der Fahrrinnen** für die großen Tankschiffe eine Ursache gesehen. Dadurch kann mehr Wasser in die Lagune eindringen als früher. Doch auch der Nachlässigkeit der Stadtverwaltung ist eine Mitschuld an den zunehmenden Hochwassern zur Last zu legen. Jahrzehnte, um nicht zu sagen beinahe ein Jahrhundert lang, waren die Kanäle der Stadt nicht mehr von **Schlamm** befreit worden, der sich naturgemäß immer höher abgelagert hatte. Eine Reinigung der Kanäle wurde erst in den letzten Jahren wieder aufgenommen.

Ebenfalls von Menschen gemacht ist die Gefahr für die Gebäude, die von schnell fahrenden **Motorbooten** ausgeht. Immerhin sind weit über 6000 Boote, Vaporetti und Taxiboote täglich auf Venedigs Wasserstraßen unterwegs und deren Verkehr wird kaum kontrolliert. Schwappt das Wasser nach dem Vorbeirauschen eines schnellen Bootes besonders stark auf und ab, kommen die Pfähle, auf denen Venedig ruht, in Kontakt mit Luft und können verrotten, aber auch die Mauerritzen werden stärker ausgespült und die Wände dadurch mehr durchfeuchtet. Die Stabilität der Stadt ist dadurch gefährdet. Dies erklärt, warum es immer wieder Kampagnen gegen das *„moto ondoso“* (das Motorboot, das Wellen macht) gibt und immer schärfere Geschwindigkeitsbegrenzungen eingeführt werden, die aber, wie so vieles in Italien, in erster Linie dazu da sind, nicht beachtet zu werden.

Dem Ansteigen des Wassers will man mit verschiedenen Maßnahmen begegnen. Ein 2003 begonnenes Projekt soll die drei Einfahrten in die Lagune, die *Bocche di porto,* mit **luftbetriebenen Schleusen** verriegeln, sobald sich Hochwasser ankündigt. Bei normalem Wasserstand liegen die Schleusentore flach auf dem Grund des Wassers, sobald Hochwassergefahr besteht, werden sie mit Luft vollgepumpt und stellen sich auf, um das Wasser der Adria aus der Lagune herauszuhalten. 2013, so die Planer, sollen die Einfahrtsschleusen dann fertig gestellt und das Hochwasserproblem beherrschbar sein. Das Projekt soll nach heutigen Schätzungen fünf Milliarden Euro kosten. Es handelt sich bei dem heftig umstrittenen Bauvorhaben um das größte Infrastrukturprojekt der italienischen Nachkriegsgeschichte. 130 Mio. Tonnen Beton sollen als Wellenbrecher im Meer versenkt werden. Mit Modellen unter dem Namen **Mose** (Moses bzw. Abkürzung für *Modulo Sperimentale Elettromeccanico*) ist dafür seit den 1980er Jahren experimentiert worden. Die hochwassergefährdeten Fußgänger-Bereiche am **Markusplatz** wurden mit **Abflussröhren** für das Regenwasser bestückt.

201ve Foto: bw

Während der hochwassergefährdeten Jahreszeit stehen in Venedig an den problematischen Gassen und Plätzen **orangefarbene Holzstege** *(passerelle)* bereit, die es erlauben, über dem Wasser zu wandeln. Doch auf diesen Stegen ist Etikette gefragt. Die Venezianer geben sich den Umständen gelassen und ohne Hetze hin, warten auf den schmalen Stegen, bis der „Gegenverkehr" ein Weiterkommen erlaubt und erwarten dies natürlich auch von Touristen. Auf dem Markusplatz und an anderen stark frequentierten Stellen regeln Polizisten, die mit Gummistiefeln im Wasser stehen, den Fußgängerverkehr. Spezielle **Stadtpläne** an den Vaporetto-Haltestellen (auch in den Tourist-Infos erhältlich) zeigen die gefährdeten Stellen und die Wege, die von Stegen überbrückt werden. Sie helfen, *acqua alta* zu umgehen. Unter der Telefonnummer 041/2411996 laufen die aktuellen **Wasserstandsvoraussagen** des Centro Maree vom Band (im Internet unter www.comune.venezia.it/maree).

Hochwasser beginnt offiziell, wenn das Wasser 80 Zentimeter über Normal steigt. Die **Sirenen heulen,** wenn 1,10 Meter vorhergesagt werden. Dann stehen rund 12 Prozent der Stadt unter Wasser. Ab etwa 1,40 Meter, wenn 90 Prozent der Stadt überschwemmt sind, wird der Notstand ausgerufen. Für Venezianer, die im Zentrum wohnen, gibt es die Möglichkeit, 24 Stunden vorher telefonisch oder per sms gewarnt zu werden.

Die Hochwasserstände werden auch mit Hilfe eines **ausgeklügelten Sirenensystems** angezeigt. Venezianer wissen, was die unterschiedlichen Töne bedeuten. Aber auch Uneingeweihte können beim genauen Hinhören von der Anzahl der Laute erfahren, wie hoch der Wasserstand sein wird. Von 15 Standorten aus wird zunächst ein einzelnes Sirenensignal gesendet. Es weist auf die Hochwassergefahr im Allgemeinen hin. Folgt ein einziger gleichbleibender Ton, wird das Wasser bis zu 110 Zentimeter steigen. 120 Zentimeter wird durch zwei verschiedene Töne, 130 Zentimeter mittels dreier verschiedener Töne angezeigt. 140 Zentimeter Hochwasser und darüber hinaus wird durch vier ansteigende Töne gemeldet. Das Signal wird jeweils mehrfach wiederholt. Wer „üben" möchte, kann sich die Sirenensignale auch im Internet anhören: http://www.comune.venezia.it/flex/cm/pages/ServeBLOB.php/L/IT/IDPagina/13333.

Am 4. November 1966, bei der schlimmsten Hochwasserkatastrophe die Venedig je gesehen hat, stand das Wasser 1,94 Meter über Normal. Der Markusplatz war 1,25 Meter unter Wasser.

Internet-Cafés

Sie sprießen wie Pilze aus dem Boden und schließen oft auch schnell wieder: Internet-Cafés in Venedig. Aber eines ist deutlich: Es werden rasant schnell mehr. Leider ist es dadurch schwer, eine verlässliche Übersicht zu geben.

013ve Foto: bw

Pro Stunde zahlt man etwa 5 bis 8 €. Es gibt auch Abos für längere Nutzung, dann erhält man meist ein paar Minuten oder Stunden kostenlos dazu.

- **Internet Café,** Ramo Chioverette, Santa Croce 664 C, hat nicht besonders lange Öffnungszeiten und es gibt auch – trotz des Namens – keinen Kaffee.
- **Planet Internet,** Cannaregio 1519, Lista di Spagna, nur drei Minuten vom Bahnhof entfernt, täglich 9 bis 24 Uhr.
- **Venetian Navigator,** Calle Casselleria, San Marco 5300, nicht weit vom Markusplatz entfernt. Hier kann man auch billig telefonieren oder Foto-Speicherkarten runterladen. Geöffnet täglich 10–22 Uhr (im Winter bis 20.30 Uhr). Gleiches Angebot auch nahe Rialto: Calle Stagneri, San Marco 5239. www.venetiannavigator.com.

Vielfältiges Venedig zum Versenden in alle Welt

Kinos

Venedig ist nur während der **Filmfestspiele** im September eine Kinostadt, und das vor allem auf dem Lido (www.labiennale.org). In der Stadt selbst gibt es nur noch ein Kino: Das Giorgione Movie d'Essai (Cannaregio 4612). Fremdsprachige Filme sind ganz selten zu sehen. Von Mitte Juli bis Anfang September gibt es eine riesige **Open-Air-Leinwand** auf dem Campo San Polo – Kino unterm Sternenhimmel *(Cinema all'aperto, Arena estiva)*. Das aktuelle Kinoprogramm – auch von Mestre und vielen Orten auf dem Festland – findet sich täglich in den Tageszeitungen „Il Gazzettino" oder „La Nuova Venezia".

Mit Kindern unterwegs

Nicht nur Kunstliebhaber und Liebespaare können sich in Venedig amüsieren. Durch seine Einmaligkeit und Autolosigkeit ist Venedig auch ein Ort, der bei Kindern gut ankommt, denn eigentlich ist die Stadt ein einziger Abenteuerspielplatz – Boote, Wasser, Vaporetto-Fahren, eine Traghetto-Fahrt mit der Steh-Gondel über den Kanal, Tauben füttern, Steinlöwen zählen, ein Blick vom Campanile, die Treppe des Palazzo Contarini del Bovolo hinaufklettern, eine Schifffahrt auf die Inseln Burano oder Murano, den Glaskünstlern beim Blasen zusehen, Baden am Lido ... das sind Venedigs Highlights für Kinder.

Anstatt die Kleinen mit allzuviel Kunst, Kirchen und Geschichte zu „quälen", lässt man sie stattdessen besser Geschichten erleben. Besonders gut lässt sich zum Beispiel die Legende vom Raub der Reliquien des Heiligen Markus erzählen, dessen Leichnam unter Schweinehälften versteckt aus Alexandria gebracht wurde und der dann, in Venedig angekommen, erst einmal nicht mehr zu finden war. Eine herrliche Darstellung der Suche des Leichnams findet sich in den Mosaiken in der westlichen Wand des rechten Querarms der Basilica di San Marco. So wird auch eine Kirchenbesichtigung spannend.

Für Venedig-ungeübte **Kinderwagen**-Schieber sind die über 400 Brücken mit ihren vielen Stufen ein großes Hindernis. Venezianische Babys sind daran gewöhnt, die Stufen hinauf- und hinuntergeschuckelt zu werden. Doch Festland-Babys? Auf den Vaporetti, den Linienschiffen, tun sich Eltern zur Hauptsaison mit Kinderwagen und Kleinkindern sehr schwer. Einzige Möglichkeit des Ausweichens: nicht zu stark frequentierten Zeiten fahren. Die **Kanäle ohne Geländer** stellen für unerfahrene Kleinkinder ein Sicherheitsrisiko dar. Venezianische Kinder, das wird immer wieder versichert, haben damit keine Probleme. Es scheint alles eine Frage der Sozialisation zu sein.

Schaukeln finden sich in den Giardini Pubblici beim Biennale-Gelände, einem der wenigen grünen Flecken in Venedig (Vaporetto-Haltestelle „Giardini"), und im Parco Savorgnan am Canale di Cannaregio, unweit des

Bahnhofs (Eingang am Canale di Cannaregio, gleich beim Ponte delle Guglie, gegenüber der Vaporetto-Haltestelle „Guglie"). In den Giardini Ex Reali (hinter dem Markusplatz) sind schattige **Picknickbänke** unter Bäumen (und WCs) zu finden. Die Tische haben eine kindgerechte Größe. Dort gibt es auch einen Springbrunnen mit Goldfischen. Auch unweit dem Piazzale Roma (Busbahnhof) wurde nun ein Spielplatz im Grünen eingerichtet.

Kinder erhalten in der Regel **Ermäßigungen** bei den öffentlichen Verkehrsmitteln (bis vier Jahre) und in Museen und anderen Sehenswürdigkeiten (unterschiedliche Altersbeschränkungen). Für die öffentlichen Verkehrsmittel Venedigs gibt es auch Einzelfahrscheine für Familien mit drei, vier oder fünf Personen. Für Jugendliche ab 14 Jahren (bis 29) ist der Ermäßigungsausweis **Rolling Venice** interessant (⇨„Ermäßigungen").

Gute Tipps für einen Venedig-Besuch mit Kindern gibt das Kinderbuch von *Christina Björk* und *Inga-Karin Eriksson*, **„Lavendel in Venedig".** Es gibt viele Informationen zur Lagunenstadt aus dem Blickwinkel eines Kindes und ist nett illustriert.

Lesben und Schwule

Homosexualität hat in Venedig, historisch gesehen, eine große Bedeutung. Doch heute ist davon nichts mehr zu bemerken. Aus Ortsbezeichnungen lassen sich noch historische Gegebenheiten ableiten. So gibt es im Stadtteil San Polo eine *Fondamenta delle tette*, einen „Kai der Brüste". Dieser markiert den Sperrbezirk, wo sich Prostituierte aufhalten und mit bloßen Brüsten auf den Balkonen zeigen mussten. Dies geht auf ein Gesetz der Regierung von Venedig aus dem 16. Jh. zurück, die damit der unter jungen Männern der Stadt weit verbreiteten Homosexualität entgegenwirken wollte. Historisch wird der Hang der Venezianer zur Homosexualität mit den vielen Monaten und Jahren begründet, die diese auf hoher See verbrachten, wobei sie sich untereinander „behalfen". Den Offizieren allerdings wurden offizielle Lustknaben mit auf die Reise gegeben, die für ihre Dienste fürstlich entlohnt wurden. Als Zeichen dafür, dass sie Privateigentum waren, trugen sie einen goldenen Ohrring. Die Verdingung als maritimer Lustknabe war für viele junge Venezianer eine Möglichkeit, sich die Mittel für eine Heirat oder Existenzgründung zu verdienen.

Heute ist Venedig ein beliebtes Ziel lesbischer und schwuler Reisender. Unter den Venezianern kursiert sogar ein spezieller Begriff für sie, die in früheren Jahren besonders gern im September in die Lagunenstadt kamen: *Settembrini*. Doch für diese Zielgruppe bietet die Stadt nur wenig Spezielles. Es gibt weder schwule Clubs noch Discos noch Saunas. Für solche Vergnügungen muss man aufs **Festland** fahren. Mestre, Padova, Vicenza, Verona und Treviso haben Saunas, Discos, Bars und Restaurants, in denen Homosexuelle unter sich sind. Nicht unbedingt schwul geführt, aber als sehr offen gilt die Bar Ai Miracoli am Campiello dei Miracoli (San Marco). Schwule treffen sich im Sommer zum **Schwimmen** am Lido di Sottomarina von Chioggia, vor allem in den Dünen, aber auch am äußersten Ende des Lido bei Alberoni. Dort wird auch nachts gebadet. **Cruising** ist in der Nähe der Giardini Ex Reali hinter Campo San Marco angesagt, vor allem in den warmen Monaten ab 22 Uhr.

Informationen über die schwule und lesbische Szene in Venedig gibt es bei der örtlichen Filiale der nationalen Organisation *ArciGay - ArciLesbica,* www.arcigay.it. Aktivitäten in den verschiedenen Städten Venetiens finden sich im Internet unter dem Stichwort „Veneto".

Die nationale schwul-lesbische **Monatszeitschrift** „Babilonia", die an manchen Zeitungskiosken erhältlich ist, gibt aktuelle Informationen, ebenso wie der jährlich neu erscheinende Führer „Guida Gay Italia" (auch im Internet vertreten unter www.babilonia.net, von dort sinnvolle Links). Lesben können sich unter www.ellexelle.com oder www.women.it/les informieren. Die Informationen sind aber nicht so ausführlich wie die für Männer (alles nur in italienischer Sprache).

Medizinische Versorgung

Die gesetzlichen Krankenkassen von Deutschland und Österreich garantieren eine Behandlung auch im akuten Krankheitsfall in Italien, wenn die medizinische Versorgung nicht bis nach der Rückkehr warten kann. Als Anspruchsnachweis benötigt man die **Europäische Krankenversicherungskarte,** die man von seiner Krankenkasse erhält.

Im Krankheitsfall besteht ein Anspruch auf ambulante oder stationäre Behandlung bei jedem zugelassenen Arzt und in staatlichen Krankenhäusern. Da jedoch die Leistungen nach den gesetzlichen Vorschriften im Ausland abgerechnet werden, kann man auch gebeten werden, zunächst **die Kosten der Behandlung** selbst zu tragen. Obwohl bestimmte Beträge von der Krankenkasse hinterher rückerstattet werden, kann doch ein Teil der finanziellen Belastung beim Patienten bleiben, also zu Kosten in kaum vorhersagbarem Umfang führen.

Aus diesem Grund wird zusätzlich der Abschluss einer **privaten Auslandskrankenversicherung** dringend empfohlen. Diese sollte außerdem eine zuverlässige Reiserückholversicherung enthalten, denn der Krankenrücktransport wird von den gesetzlichen Krankenkassen nicht übernommen.

Schweizer sollten bei ihrer Krankenversicherungsgesellschaft nachfragen, ob die Auslandsdeckung auch für Italien inbegriffen ist. Sollte man keine

Krankenversicherung mit Auslandsdeckung haben, empfiehlt es sich kostenlos bei Soliswiss (Gutenbergstr. 6, 3011 Bern, Tel. 031-3810494, info@soliswiss.ch, www.soliswiss.ch) nach einem attraktiven Krankenversicherer zu informieren.

Zur **Erstattung der Kosten** benötigt man grundsätzlich ausführliche Quittungen (mit Datum, Namen, Bericht über Art und Umfang der Behandlung, Kosten der Behandlung sowie der Medikamente).

Krankenhäuser

Erste-Hilfe-Stationen *(Pronto Soccorso)* gibt es in jedem Krankenhaus. Sind Sie ein Fan der Krimi-Autorin *Donna Leon?* Dann lesen Sie in ihrem zweiten Krimi nach, was sie von den venezianischen Krankenhäusern hält ... Die folgenden haben eine **24-Stunden-Notfall-Ambulanz:**

- **Ospedale Civile,** Castello 6777, Campo SS. Giovanni e Paolo, Tel. 041/5294111 und 041/5230000. In der ehemaligen Scuola di San Marco aus dem 15. Jh.
- **Ospedale al Mare,** Lungomare D'Annunzio 1, Lido, Tel. 041/5294111 und 041/5295234.
- **Ospedale Umberto I,** Via Circonvallazione 50, Mestre, Tel. 041/5294111.
- **Notrufnummer Ambulanz** *(Pronto Soccorso):* 118 oder 041/5230000.

Apotheken

Apotheken unterhalten einen Nacht- und Wochenenddienst. Der Plan ist an den Apotheken angeschlagen und in der Regel täglich in den örtlichen Tageszeitungen „Gazzettino" und „La Nuova Venezia" abgedruckt, ebenso in der Monatsübersicht in „VeNews". Apotheken machen in der Regel eine Mittagspause.

404ve Foto: bw

Ist man so krank, dass man ins Krankenhaus muss, wird man in Venedig mit einem gelben „Krankenwagen" auf dem Wasser transportiert. Vor dem Krankenhaus warten die Notfall-Schiffe auf ihren Einsatz

Musik und Theater

Klassische Musik

Thomas Coryate, ein englischer Reisender, schrieb im Jahre 1608, dass er in Venedig die beste Musik seines Lebens gehört habe. Sie war so schön, „dass ich jederzeit bereitwillig einhundert Meilen zu Fuß gehen würde, um dergleichen zu hören". Vermutlich würde das heutzutage kaum noch jemand tun, denn Venedig hat in unserer Zeit seinen Ruf als Musikstadt leider verloren. Nach Venedig reist man nicht (mehr?) wegen der Musik! Hat die Stadt in früheren Jahrhunderten Größen wie *Vivaldi, Albinoni* oder *Galuppi* hervorgebracht und Komponisten wie *Monteverdi* oder *Cimarosa* in seinen Mauern beherbergt, tut sich heute musikalisch nicht mehr viel. Die Stadt ist vielleicht ein **Opfer ihrer musikalischen Tradition.** Es finden viele Konzerte statt, doch die meisten bieten ein gängiges Vivaldi-Repertoire auf nicht besonders hohem Niveau.

Auch wenn viel angeboten wird, ist es doch nicht immer leicht herauszufinden, was wann passiert. Sinnvoll sind die Lektüre der Plakatwände und der Tageszeitungen sowie ein Besuch in der Tourist-Info. Die beste Zusammenstellung von klassischen Konzerten und Opernaufführungen des laufenden Monats bieten die Info-Broschüren „Un ospite a Venezia" und „La Rivista di Venezia" (⇨„Tourist-Infos"). Möchte man einen Opern- oder Konzertbesuch vorab planen und nicht dem Zufall überlassen, lohnt sich zu Hause ein Blick ins Internet auf eine der touristischen Venedig-Seiten. Gut, aber leider nur auf Italienisch, informieren www.venicebanana.com, www.turismovenezia.it oder www.venezia.net (⇨„Vor der Reise: Venedig im Internet").

Es gibt einige **venezianische Orchester und Kammermusikgruppen,** die sich (gegen relativ hohe Eintrittsgelder) insbesondere der Barockmusik widmen. Sie spielen an verschiedenen Orten der Stadt, besonders häufig aber in der Chiesa di Santa Maria della Pietà an der Riva degli Schiavoni (⇨Exkurs „Der rote Priester: Antonio Vivaldi"), in der Chiesa di San Bartolomeo, der Scuola Grande di San Teodoro bei der Rialto-Brücke oder auch in der Scuola Grande di San Giovanni Evangelista, sowie der Chiesa di San Vidal unweit der Accademia-Brücke. Die Frari-Kirche, größte Kirche Venedigs, wird auch gerne von tourenden Ensembles als Konzertsaal genutzt. Rund um Weihnachten finden hier in sehr eindrucksvoller Umgebung besonders viele Konzerte statt. Auch in der Scuola Grande di San Rocco (hinter der Frari-Kirche) und der daneben liegenden gleichnamigen Kirche werden Konzerte aufgeführt.

Ingresso libero, **Eintritt frei,** heißt es erstaunlich oft bei Konzerten in Venedig, insbesondere auch bei solchen, die an ungewöhnlichen Orten stattfinden, oder zum Beispiel auch bei Chorkonzerten ausländischer Universitätschöre. Allerdings muss man sie suchen, sie drängen sich einem nicht auf.

Das **Orchester des Teatro La Fenice,** des Opernhauses der Stadt, bietet zwei Konzertsaisons pro Jahr an. Es hat in letzter Zeit eine Vorliebe für Musik des 20. Jh. entwickelt, die es neben dem klassischen Repertoire eines großen Orchesters pflegt. Regelmäßig und daher gut auch schon bei der Reisevorbereitung einplanbar sind Konzerte im **Museo della Fondazione Querini-Stampalia.** Freitags und samstags machen junge Künstler um 17 und 19 Uhr Musik alter Meister in den Räumen des Palazzo aus dem 16. Jh. mit der Ausstattung aus dem 18. Jh. gespielt (Campo Santa Maria Formosa, Castello 4778). Das Konzert ist im Museums-Eintrittspreis enthalten (8 €, ermäßigt 6 €).

Eintrittskarten für Konzerte gibt es oft vor Ort, in verschiedenen Reisebüros, in den Touristinformationen oder über die Hotelrezeption.

Oper

Venedig hat eine lange Operntradition. Im Jahre 1637 ist hier im Teatro San Cassiano das erste Mal in Europa eine Oper für zahlendes Publikum aufgeführt worden. Mehrere Opernhäuser lieferten sich über Jahrhunderte hinweg einen richtigen Konkurrenzkampf. 1774 wurde am Campo San Fantin das heutige **Teatro La Fenice** erbaut, das seinen Namen 1792 bekam, nachdem es zwei Mal wie ein Phönix aus der Asche erstanden war. Am 29. Januar 1996 brannte es dann bis auf die Grundmauern ab. Nach vielen Auf und Abs wurde es als funktionierendes Opernhaus Ende 2004 wieder eröffnet. Karten für die Vorstellungen gibt es unter Tel. 041/5210161 oder an der Theaterkasse. Vorverkauf ist dringend anzuraten (www.teatrolafenice.it oder www.hellovenezia.com). Besonderer Besichtigungs-Tipp: Täglich von 10 bis 14 Uhr (Achtung, die Zeiten können täglich wechseln, das hängt von den Aufführungszeiten im Theater ab!) kann man mit Hilfe eines Audio-Guides im freien Rundgang das Opernhaus besichtigen und teilweise auch hinter die Kulissen blicken oder einmal in der Königsloge sitzen. Eintrittskarten im Theater, gegenüber dem Ticketschalter, 7 € inkl. Audio-Guide (gegen Hinterlegung eines Ausweises).

2001 wurde nach jahrelanger Schließung das **Teatro Malibran** wiedereröffnet (Corte del Teatro, Cannaregio 5870, unweit der Rialto-Brücke). 1678 als Teatro di San Giovanni Crisostomo eröffnet, wurde es ab 1834 zu Ehren der großen Sängerin *Maria-Felicia Malibran* umbenannt. Hier stand zuvor das Haus, in dem *Marco Polo* gestorben ist. Durch Renovierungen und Sanierungen präsentiert sich das Theater heute mit 900 Plätzen in einer interessanten Mischung von Stilen. Es werden dort vorwiegend Opern aufgeführt, das Haus ist aber auch für Pop-Konzerte offen. Informationen gibt es im Internet unter www.teatrolafenice.it.

Wenige Tage nach dem verheerenden Brand des Fenice-Theaters 1996: Der Blick durch das Fenster geht ins Leere

014ve Foto: bw

Rock, Folk, Jazz etc.

Die örtliche **Live-Szene** lebt, auch wenn sie nicht sehr groß ist. Sie bewegt sich vor allem rund um Reggae und Jazz. Eine der bekanntesten Lokalbands war **Pitura Freska:** freche Musik, an Jamaika orientiert mit venezianischen Texten. CDs der Gruppe sind sicher ein ungewöhnliches Mitbringsel eines Venedigbesuchs, auch wenn sich die Band inzwischen aufgelöst hat (⇨„Einkaufen und Souvenirs: Musik").

Bei moderner Musik, die naturgemäß etwas lauter ist, kommen in Venedig zwei baulich bedingte Probleme zusammen: In den alten Gemäuern der Stadt findet sich kaum ein größerer Raum mit guter Akustik, außerdem ist Venedig so eng bebaut, dass für die Anwohner Musik immer mit Lärm verbunden ist.

Doch an den Zattere beim kleinen grünen Kiosk finden in den Sommermonaten mittwochs regelmäßig **Open-Air-Konzerte** statt.

Hin und wieder wird der Markusplatz zur Open-Air-Bühne. Legende ist hier nicht nur das Pink-Floyd-Konzert von 1989, auch italienische Stars wie *Paolo Conte* füllen den großen Platz problemlos. Das **Teatro Goldoni** und das **Teatro Malibran** beherbergen des öfteren ebenso Rock-, Pop- oder Blues-Konzerte. Jazz ist recht häufig im **Teatro Fondamente Nuove** (Cannaregio 5013, Tel. 041/5224498) zu hören.

Die aktuellsten Informationen zu Rock, Folk, Jazz etc. finden sich im Internet und dort vor allem auf den Seiten von www.veneziadavivere.it. Dort gibt es auch eine Liste der Tage, an denen in den Lokalen der Stadt Live-Musik verschiedenster Stilrichtungen geboten wird – von Jazz und Blues über Salsa, Gipsy-Musik, Pop und Rock bis hin zu Irish Folk und echter „musica folk veneziana". Auch www.venicebanana.com bietet durch seine Suchmaschine gute Infos.

Theater

Von Venedigs langer Theatertradition ist ebenso wenig übrig geblieben wie von der Opern- und Musiktradition. Besonders aktiv war das Theaterleben der Stadt im 18. Jh. *Carlo Goldoni,* bekanntester Theaterautor Venedigs, hat allein im Jahr 1750 16 neue Stücke geschrieben und aufgeführt. „Sein" Theater von 1753 bis 1762 war das Teatro San Luca, heute als **Teatro Goldoni** bekannt (Calle Goldoni, San Marco 4650 B, zwischen Rialto und Campo San Luca, Tel. 041/5205422). Das Repertoire reicht von Klassikern über Goldoni bis zu modernen Autoren. Aufführungen finden allerdings nur auf Italienisch statt. Das **Teatro l'Avogaria** (Corte Zappa, Dorsoduro 1617, Tel. 041/5206130) wird als experimentelles Theater genutzt.

Nachtleben

Das venezianische Nachtleben hat sich lange durch eine gewisse Nichtexistenz ausgezeichnet. Allerdings ist in den letzten Jahren eine deutliche Zunahme von Nachtaktivitäten wahrzunehmen. Touristen meinen aber immer noch, dass in Venedig nach Einbruch der Dunkelheit die Bürgersteige hochgeklappt werden, denn man muss schon ganz genau wissen, wo sich was tut, sonst findet man es nicht, besonders in den kälteren Monaten, in denen das Nachtleben nicht open-air stattfindet.

Es gibt einige **Bars,** die bis tief in die Nacht geöffnet sind. Einige bieten regelmäßig Live-Musik und in manchen wird sogar getanzt. Doch der Platz ist, wie so vieles in Venedig, sehr beengt.

Richtige **Discos** gibt es keine. Die Venezianer haben, wie es in Italien üblich ist, ihre Stammdiscos auf dem platten Land. Im Sommer öffnen auf dem Lido einige Discos, aber das wahre Disco-Leben spielt sich in Jesolo ab, dem Badeort östlich von Venedig. Auch in Mestre gibt es einige Diskotheken. Das Disco-Wesen in Italien ist im Allgemeinen eher clubartig organisiert, man muss Mitglied werden. Doch das ist im Sommer wegen der vielen Touristen natürlich anders. Nachtleben findet durchaus auch in den zum Teil sehr trendigen Bars der verschiedenen hochpreisigen Hotels statt. Am angesagtesten ist derzeit die *Skyline-Bar* auf dem Dach des *Hilton*-Hotels *Molino Stucky* auf der Giudecca. Hier gibt es kühle Cocktails und einen heißen Blick über die Dächer Venedigs aus einer Perspektive, die sich von keinem anderen Standort bietet.

Das abendliche gesellschaftliche Leben der jungen Venezianer dreht sich traditionell eher um den Esstisch als um Kneipen. Man geht mit großen Cliquen zum **Pizza-Essen** oder in preisgünstige Lokale (⇨„Essen und Trinken“), wo man bei Wein oder Bier und gutem Essen die ganze Nacht hindurch laut und lustig ist. Oder man lädt die Clique auf eine „Spaghettata“, ein Spaghetti-Gelage, zu sich nach Hause ein. Doch mit dem Aufblühen von immer mehr Kneipen, in denen auch Live-Musik gespielt wird, weicht diese Tradition ein wenig auf. Der Trend in Venedig geht eindeutig zu Jazz und lateinamerikanischer Musik.

Die jeweils aktuellen In-Kneipen der venezianischen Jugend und der Studenten sind über die monatliche Veranstaltungszeitschrift „VeNews“ zu erfahren. Erhältlich am Kiosk (⇨„Tourist-Infos“). Ganz aktuelle Informationen über das, was sich in den Szene-Kneipen tut, finden sich unter www.mee tingvenice.it. Dort gibt es auch eine Liste der Tage, an denen Live-Musik verschiedenster Stilrichtungen in Lokalen angeboten wird (⇨„Musik und Theater“).

Derzeit gibt es zwei In-Treffpunkte der Venezianer: rund um den **Campo Santa Margherita** und um den **Campo Bella Vienna** am Rialto Markt. Tipp für Santa Margherita: Hier gibt es den Pizza-Service für Take-away, der am längsten geöffnet ist (Pizza al Volo, bis 1.30 Uhr).

Im Folgenden einige der etablierten Hang-Outs bzw. Late Bars rund um die Campi und drum herum (es gibt viel mehr!). Die Ruhetage gelten in der Regel nur für die Wintersaison. Im Sommer ist meist täglich geöffnet, ebenso wird früher am Morgen angefangen und später in der Nacht aufgehört, d.h. die jeweils gültigen Öffnungszeiten sind sehr dehnbar.

● **Margaret Duchamp** (Dorsoduro 3019, Campo Santa Margherita), bietet ein wenig kühle Atmosphäre, aber den Venezianern gefällt's. Im Sommer viel Platz draussen auf dem Campo. Von 8 bis 2 Uhr geöffnet, dienstags geschlossen.

● Nicht weit davon entfernt: **Pier Dickens Inn** (Dorsoduro 3410, Campo Santa Margherita) rühmt sich, 119 Pizzasorten auf der Karte zu haben und eine riesige Auswahl an Bieren. Mit Bühne für Live-Musik.

● Auf der gegenüberliegenden Seite (Dorsoduro 2963, Campo Santa Margherita) liegt **Il Caffè (Caffè Rosso),** ein winziges In-Café mit vielen Freiplätzen, 7.30 bis 2 Uhr, sonntags geschlossen.

● **Arca** (Dorsoduro 3757-60, Calle San Pantalon) ist nicht nur Pizzeria, sondern auch Trattoria und Cicchetteria, d.h. es gibt ganztags venezianisches Fingerfood an der Bar und Live-Musik verschiedenster Stilrichtungen (8 bis 24 Uhr, Sonntag Ruhetag).

● Nur wenige Schritte weiter: **Café Noir** (Dorsoduro 3805, Calle dei Preti/Crosera S. Pantalon). Nachts tanzt dort der Bär so heftig, dass Dutzende junger Venezianerinnen und Venezianer vor dem Lokal in der engen Gasse stehen müssen. In-Treff und Internet-Café mit fünf Terminals. Von 7 bis 2 Uhr geöffnet. Sonntag Ruhetag, Tel. 041/716349.

● Ganz alteingesessen, aber keineswegs angegraut ist **Codroma,** eine typische Osteria im Stadtteil Dorsoduro (2540) am Rio dei Carmini. Mit Jazz jeden Dienstag und großer Auswahl an Gesellschaftsspielen. 19 bis 1 Uhr geöffnet, Sonntag und Montag geschlossen.

● **Al Paradiso** hat seinen Namen von der Gasse, in der das Lokal liegt: Calle del Paradiso (San Polo 767). 9 bis 2 Uhr geöffnet, sonntags geschlossen.

● Im gleichen Stadtviertel liegt die **Antica Birraria La Corte:** in einer ehemaligen Brauerei untergebracht und daher in sehr großen Räumen (S. Polo 2168, gleich am Campo San Polo). Hier trifft man sich gerne zum Pizza Essen. Montags geschlossen.

● **Muro. Vino e cucina,** San Polo 222, Campo Bella Vienna, mitten am Rialto-Markt. Sonntag Ruhetag. Unten Barbetrieb hinter großen Glasflächen mit Blick nach draußen. Hier gehen die Schönen und Wichtigen Venedigs auf einen Drink und ein paar Häppchen. Nachts ist vor dem Lokal ein Menschenauflauf. Drinnen nur für Liebhaber lauter Musik geeignet.

● **Al Mercà,** San Polo 213, ebenfalls am Campo Bella Vienna, da wo Venedigs Nachtleben gerade sein Epizentrum hat. Sonntag Ruhetag, 9 bis 15 und 18 bis 21.30 Uhr geöffnet, im Sommer auch länger. Herrliche venezianische und friulanische Weine, gerne auch mal einen aus Südtirol. Dazu die verlockendsten Minibrötchen, die man sich vorstellen kann.

● Und auf der anderen Seite des Canal Grande: **Dogado Lounge,** Cannaregio 3662, in der Strada Nova, über dem Billa-Supermarkt. Lunch, Dinner and Dance, heißt es in der Lounge in der Einkaufsstraße in Cannaregio. Wer möchte, kann schon mittags mit einer Pizza beginnen und dann bei heißer Musik bis tief in die Nacht durchtanzen.

● **L'Olandese volante,** der fliegende Holländer, liegt, grob gesagt, zwischen der Rialto-Brücke und dem Markusplatz (Castello 5658, Campo San Lio). 50 verschiedene Biersorten und gute *panini.* Geöffnet von 10 bis 1 Uhr, Sonntag Ruhetag.

● **Iguana** (Fondamenta della Misericordia, Cannaregio 2515). Bringt Nachtschwärmer nach Mexiko. Happy Hour von 18 bis 19.30 Uhr, geöffnet 18 bis 2 Uhr, montags geschlossen. Die ganze Fondamente della Misericordia ist im Sommer nachts eine einzige Party-Zone. Viele Einheimische kommen hier mit dem Boot direkt vor das lokal gefahren.

● Wer's irisch mag, geht in **The Fiddler's Elbow Irish Pub** (Strada Nuova, Cannaregio 3847). Live-Musik aller Stilrichtungen, dazu Guinness. 17 bis 0.30 Uhr geöffnet.

● Zum Schluss noch etwas Ungewöhnliches. Ein Kiosk wird zur Szenekneipe: **Al Chioschetto** ist ein kleiner, grüner Kiosk an den Zattere mit kleinen Tischen drum herum und einem herrlichen Blick auf den Giudecca-Kanal (Zattere, Dorsoduro 1406 A). Tagsüber schlürfen hier Mammas neben Studenten ihren Kaffee und knabbern an ihrem *panino,* abends geht die Post ab (7.30–1 Uhr). Mittwochs zittert die Fondamenta zu Jazz live.

Post

Postämter

Postämter sind mit gelb-schwarzen Schildern gekennzeichnet. Aber es ist nicht immer eine Post drin, wenn „Poste" dransteht, denn es kann sich auch um eine reine Postbank handeln, die keinen Briefverkehr abwickelt. Meist finden sich in den Postämtern keine Briefkästen, häufig nicht einmal direkt vor der Tür.

Die **Hauptpost** Venedigs befindet sich in dem prächtigen Gebäude gleich bei der Rialto-Brücke, das einst der Sitz der deutschen Handelstreibenden in Venedig war: Fondaco dei Tedeschi. Eine größere Filiale liegt gleich hinter dem Markusplatz, unter dem Correr-Museum durch die Arkaden, eine weitere an den Anlegestellen der Schiffslinien 1 und 82 an Piazzale Roma. In jedem Stadtbezirk gibt es kleinere Filialen. Die **Öffnungszeiten** der verschiedenen Filialen sind schwer allgemein gültig zu vermitteln, in der Regel von 8 bis 13.30 Uhr montags bis freitags, von 8 bis 12.30 Uhr an Samstagen und von 8 bis 12 Uhr am letzten Werktag des Monats. Diese Öffnungszeiten sind einigermaßen sicher. Nachmittags kann es bis 18 oder 19 Uhr gehen, das variiert genauso, wie es durchaus auch Postfilialen gibt, die durchgehend geöffnet sind.

- **Posta Centrale,** San Marco 5554, Salizada del Fondaco dei Tedeschi. Geöffnet montags bis samstags von 8.15 bis 19 Uhr.

Briefe und Postkarten

Briefkästen sind in der Regel rot, es gibt aber auch blaue, nur für internationale Post. Die roten haben zwei Schlitze: Der linke ist nur für Post innerhalb der Stadt, der rechte für andere Städte und das Ausland.

Briefmarken werden auch in *tabacchi,* Zigarettenläden, verkauft. Die Portogebühren sind für Postkarten und Briefe (bis 20 Gramm) innerhalb der EU gleich (0,65 €), die Behandlung ist aber durchaus unterschiedlich. Postkarten können, das zeigt die Erfahrung, über die Alpen bis zu zwei Wochen unterwegs sein. Briefe brauchen im günstigsten Fall nur zwei bis drei Tage. Es macht daher Sinn, Postkarten in Briefumschlägen zu verschicken. Briefe nach Asien und Amerika sind von Italien aus günstig. Bis zu 20 Gramm kostet ein Luftpostbrief nur 0,85 € (Informationen unter www.poste.it).

Telegramme und Faxe

Telegramme können unter der Telefonnummer 186 von jedem privaten Telefon aus aufgegeben werden oder auf den Postämtern. **Faxe** können z.B. vom Hauptpostamt bei Rialto verschickt werden.

Postlagernde Sendungen

Postlagernde Sendungen heißen in Italien *fermo posta* und werden immer an das Hauptpostamt der Stadt geschickt. Wenn man in Venedig postlagernde Sendungen empfangen möchten, müssen sie folgendermaßen adressiert sein:

Max Mustermann
Fermo Posta
Posta Centrale
I-30100 Venezia
Italien

Die Abholung erfolgt gegen Vorlage eines Ausweises am Hauptpostamt bei der Rialto-Brücke.

Sicherheit

Venedig wird von Einheimischen als **sichere Stadt** bezeichnet. Und tatsächlich: Auch als Frau fühlt man sich zu jeder Tageszeit in den engen Gassen der Stadt sicher. Diese subjektive, aber immer wieder bestätigte Beobachtung wird auch auf einer italienischen Internetseite für allein reisende Frauen unterstrichen: www.permesola.com. Was soll schon groß passieren? Ein möglicher Angreifer hat in dem Gassengewirr kaum die Möglichkeit wegzulaufen. Richtig kriminell geht es in Venedig nur in den Geschichten von *Donna Leon* und anderen Krimi-Autoren zu, die die Lagunenstadt gern als Kulisse ihrer konstruierten Ereignisse nehmen (⇨Literaturhinweise im Anhang und Exkurs zu *Donna Leon*).

Anders dagegen ist es mit **Taschendiebstählen.** Sie sind vor allem auf den Booten und überall dort, wo viele Menschen versammelt sind, sehr häufig. Angeblich werden täglich ganze Diebesbanden an Piazzale Roma abgeladen und die Mitglieder strategisch über die Stadt postiert. Die Stadtverwaltung von Venedig hat sogar öffentliche Warnschilder aufgestellt. Wird man bestohlen, so ist dies unverzüglich bei der nächsten **Polizeistation** anzuzeigen. Nur so können Ansprüche gegenüber Versicherungen geltend gemacht werden. **Polizeistreifen** der *Polizia municipale,* der Stadtpolizei, sind in Venedig ziemlich häufig unterwegs, erkennbar an ihren dunkelblauen Uniformen. Wenn auch Pässe oder Ausweise gestohlen wurden, hilft das jeweils zuständige **Konsulat,** Ersatzpapiere für die Rückreise zu bekommen (⇨„Diplomatische Vertretungen").

Wichtige Telefonnummern

- **SOS** (Polizeinotruf, Notarzt, Unfallrettung, rund um die Uhr): 113
- **Polizei** *(Carabinieri)*: 112
- **Feuerwehr** *(Vigili del fuoco/Pompieri)*: 115
- **Ambulanz** *(Pronto Soccorso)*: 118
- **Strand- und Meer-Notruf:** 1530
- **Pannenhilfe,** Ital. Automobilclub ACI: 116
- **Stadtpolizei von Mestre** *(Vigili urbani)*: 041/2747070
- **Bahnpolizei** *(Polizia ferroviaria)*: 041/785097
- **Ausländerbehörde und Passabteilung** *(Questura)*: 041/2715772
- **Hochwasser-Meldungen** *(Centro Maree)*: 041/5206344 oder 5207722. Dort kann man die aktuellen Wasserstandsvoraussagen abfragen (oder im Internet unter www.comune.venezia.it/maree).

Spielkasino

Wer in Venedig das Glück herausfordern möchte, hat dazu zwei Möglichkeiten. Doch wo man letztendlich sein Geld verliert (oder vermehrt), hängt von der Jahreszeit ab. Venedigs Spielkasino ist im Winter (Oktober bis Mai) am Canal Grande im **Palazzo Vendramin-Calergi** untergebracht, wo 1883 *Richard Wagner* gestorben ist. Im Sommer verlagern sich die Aktivitäten in ein weniger spektakuläres Gebäude auf dem Lido, ins **Casinò del Lido.** Für die Roulette-Räume sind Sakko und Krawatte Pflicht, zu den Spielautomaten darf man auch ohne.

- **Palazzo Vendramin-Calergi**, Calle Larga Vendramin, Cannaregio, Vaporetto-Halt San Marcuola, geöffnet von 11 bis 2.30 Uhr.
- **Casinò del Lido,** Lungomare Marconi 4, Lido, geöffnet von 11 bis 6 Uhr.

Sprache

Verständigung

In Venedig muss man kein Italienisch können, um sich verständlich zu machen. Nahezu jeder spricht entweder **Deutsch oder Englisch.** Die Stadt ist polyglott und aufgrund ihrer bewegten multikulturellen Vergangenheit auch heute noch Touristen gegenüber sprachlich sehr aufgeschlossen. Speisekarten sind in der Regel mehrsprachig.

Ein **Sprachführer,** der auf einfache und unterhaltsame Weise das Notwendigste an Wissen vermittelt, um sich im touristischen Alltag auf Italienisch verständlich zu machen, ist in der Kauderwelsch-Reihe erschienen:

- **Buchtipps:** *Italienisch – Wort für Wort,* Reise Know-How Verlag, Bielefeld, Band 22 (als *Kauderwelsch Digital Italienisch* auch auf CD-ROM erhältlich). Ebenfalls in dieser Reihe im Reise Know-How Verlag erschienen sind: *Italienisch Slang – das andere Italienisch.* Kauderwelsch Band 97 (für alle, die die authentische Umgangssprache kennen lernen wollen), sowie *Italienisch kulinarisch,* Kauderwelsch Band 144, die Sprachhilfe für Restaurant und Supermarkt.

Venezianisch

Das Venezianische ist fast eine eigene Sprache, die für den Laien beim ersten Hören nicht viel mit dem Italienischen gemein hat. Für den Linguisten ist es eine regionale Variante des Italienischen. Doch für den Venezianer ist seine Sprache etwas Eigenständiges. Der weiche, beinahe singende, sehr melodische **Dialekt** wird eifrig, sowohl mündlich als auch schriftlich, in allen gesellschaftlichen Schichten gepflegt.

Aussprache

Einen Venezianer erkennt man an einigen Aussprache-Eigenheiten auch dann, wenn er sich bemüht, Hochsprache zu sprechen. Viele Konsonanten werden im Venezianischen stimmhaft ausgesprochen, so klingt *Venezia* eher wie *Venessia.* Geschrieben findet man den Namen der Stadt daher im Dialekt auch oft mit „x“: **Venexia.** Überhaupt lieben die Venezianer das „x“ so sehr, dass sie es an vielen Stellen einfügen. So heißt das italienische è (ist) im Venezianischen xè. Dem italienischen -dsch- ziehen die Venezianer ein weiches „z“ vor. So sagen sie *anzolo* statt *angelo* für Engel oder *zente* statt *gente* (Leute). Und aus dem allgemeinen Gruß *ciao* wird in Venedig *ziao.* Es kann sogar noch weicher werden: Die *Calle del Doge* (Dogengasse) wird zur *Calle del Dose* – so auch auf Straßenschildern zu lesen.

Doppelkonsonanten ignorieren die Venezianer. Und genauso gerne lassen sie auch Konsonanten aus. So ist eine *bella figlia,* eine schöne Tochter,

Einige venezianische Begriffe und ihre Übersetzung

Einige venezianische Wörter, die im Alltag häufig zu hören und teilweise auch auf Speisekarten zu lesen sind:

Venezianisch	Italienisch	Deutsch
el	il	männlicher Artikel: der
bon	bene, buono	gut
bondì	buongiorno	Guten Tag, Hallo
beo	bello	schön
da seno	veramente	wirklich
cussì	così	so
xè	è	ist
ti cè	tu sei	du bist
cìo	è così	so ist's, das heißt, wirklich?
i schei	soldi	Geld, von österreichisch „Schein"
magnar	mangiare	essen
pesse	pesce	Fisch
bisi	piselli	Erbsen
fasioi	fagioli	Bohnen
sarde in saor	sarde con sapore	Sardinen in Marinade
piron	forchetta	Gabel
dose	doge	der Doge
ca'	casa	Haus
sior	signore	Herr
siora	signora	Frau
piè	piede	Fuß
la fior	il fiore	Blume
voler ben	amare	lieben
'demo	andiamo	wir gehen, gehen wir
bemo	beviamo	lasst uns trinken!

im Venezianischen eine *bea fia*. Die männliche Mehrzahl von schön, *belli,* wird bei den Venezianern gar zu *bei.* Gerne lassen sie auch Endsilben fallen. So versteckt sich hinter *Ca'* eigentlich *la casa,* das Haus.

Venezianische Begriffe

Es gibt viele Worte, die sich im Italienischen nicht finden. Dies kommt von den vielen Beziehungen zu fremden Ländern, die Venedig im Laufe der Jahrhunderte pflegte. Die Einflüsse kommen aus dem Deutschen, dem Arabischen, dem Persischen, dem Türkischen, dem Albanischen und auch aus dem Spanischen oder Griechischen. So heißt ein Bäcker in Venedig nicht *fornaio,* sondern *pistor,* und aus dem byzantinischen Griechisch kommt *carega* für Sitz, im Italienischen *sedia.* Eine Frau ist im Venezianischen eine *mugier,* ähnlich wie im Spanischen: *mujer.*

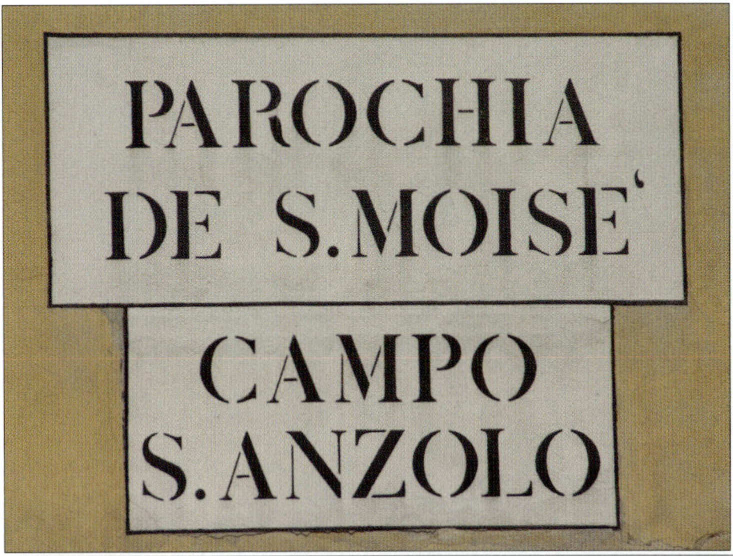

Auch Zusammenziehungen lieben die Venezianer. Wer vermutet hinter *San Zanipolo* schon den Namen der Kirche „Santi Giovanni e Paolo“ oder hinter *San Trovaso* „Santi Gervasio e Protasio“? Und mit dem Artikel ist im Venezianischen auch vieles anders als im Italienischen. Das venezianische *la fret* (die Kälte) ist wie im Deutschen weiblich, doch die Kälte ist im Italienischen männlich: *il freddo*. Ähnlich ist es bei *la miel* (der Honig, ital. *il miele*), *la late* (die Milch, ital. *il latte*), *la sal* (das Salz, ital. *il sale*) oder *el polver* (der Staub, ital. *la polvere*).

Weitere Informationen

Die Internetseite www.venessia.com erklärt im Kapitel „Espressioni dialettali veneziane“ einige venezianische Sätze, allerdings handelt es sich meist um Schimpfwörter (Text nur in Italienisch). Doch es gibt auch eine Rubrik „Sprichwörter“ *(Modi di dire)*. Wer mehr über die venezianische Sprache wissen will, findet in dem sehr informativen, aber nur in Italienisch erschienenen Buch von *Gianna Mercato* und *Flavia Ursini*, „Dialetti veneti, grammatica e storia“ (Padua 1998) sachkundige Antworten.

Viele der Straßenschilder Venedigs sind im Dialekt verfasst. Da tut sich der Tourist mit dem Stadtplan oft schwer. Woher soll er auch wissen, dass der Campo S. Anzolo eigentlich als Campo S. Angelo im Plan zu suchen ist?

014ve Foto: bw

Stadtführungen

In Venedig gibt es, anders als in anderen touristischen Städten, nur wenige offizielle, regelmäßige Stadtführungen für individuell Reisende, um sich einen ersten Überblick zu verschaffen. Wer mit Gruppen eine Führung vorbuchen oder sich ganz individuell einen Führer leisten möchte, kann sich an verschiedene Vereinigungen von Stadtführern wenden. Infos zu den Stadtführungen, die z.B. auch in die verschiedenen Gärten oder in einzelne Stadtteile gehen, gibt es in den Touristeninformationen und im offiziellen Veranstaltungsheft der Stadt („Eventi/Manifestazioni"), das in den Touristeninformationen erhältlich ist.

- **Associazione Guide Turistiche,** Castello 5327, Tel. 041/5209038, guideve@guidevenezia.it.
- **Guide Turistiche Autorizzate,** Castello 5448 A, Tel. 041/5239902. Nur für Gruppen geeignet, kostet 100 € aufwärts.
- **Walks inside Venice,** Tel. 041/5241706, (auch auf Deutsch).
- **Venice Events,** Tel. 041/5239979, www.tours-venice-italy.com. Diese Führungen sind auch in den Tourist-Infos buchbar.

Wer auf dem Canal Grande nur mit Muskelkraft unterwegs ist, muss gegen die Wellen der motorbetriebenen Verkehrsmittel ankämpfen. In Venedig wird stehend mit Blick in Fahrtrichtung gerudert. Anders könnte man in den engen Kanälen nicht manövrieren

Einzelne Sehenswürdigkeiten

Es gibt auch gelegentlich Führungen in den verschiedenen **Museen oder Kirchen.** Qualifizierte Informationen dazu erhält man aber nur vor Ort, da nach Jahreszeit wechselnd. Was bisher nur Reisenden vorbehalten war, die des Italienischen mächtig sind, gibt es jetzt auch auf Englisch: Führungen durch den **Dogenpalast** auf Wegen, die bei der normalen Besichtigung nicht zugänglich sind. Sie heißen *Itinerari Segreti* sind leider mit 16 € nicht ganz günstig und man muss telefonisch (möglichst zwei Tage im Voraus) an der Vorverkaufskasse des Dogenpalastes oder in einer der Tourist-Infos reservieren (zwischen 9 und 15.30 Uhr unter 041/2715911 oder 041/5209070; Führungen in Englisch in der Regel um 9.55, 10.45 und 11.35 Uhr). Man läuft z.B. über dem riesigen Deckengemälde der Sala del Maggior Consiglio und kann durch Ritzen nach unten blicken. Der **Vorteil:** Den Eintritt zu den „normalen" Räumen bekommt man dazu, da man sich nach der Führung unter die anderen Besucher mischen kann.

Durch die **Biblioteca Nazionale Marciana** gegenüber dem Dogenpalast wird samstags und sonntags kostenlos geführt, im Rahmen der Eintrittsgebühren im Anschluss an den Besuch des Correr-Museums (in englischer und italienischer Sprache, Beginn am Eingang der Bibliothek, Reservierung: Tel. 041/24072223).

Jahrelang war die altehrwürdige **Universität Ca' Foscari** eingerüstet und wegen Renovierung geschlossen. Nun erstrahlt sie wieder und kann zudem auch erstmalig mit einer Führung besucht werden. Man erfährt etwas über die Geschichte der Uni und besichtigt schöne Räume, u.a. die Aula Magna Mario Baratto von *Carlo Scarpa* (falls gerade keine Vorlesungen stattfinden). Die einstündige Tour in Englisch oder Italienisch startet Montag, Donnerstag und Freitag um 11.30 Uhr und Montag bis Freitag um 16 Uhr. Infos und Treffpunkt an den verglasten Info-Schaltern im Gang rechts von der Haupthalle im Erdgeschoss. Preis 4 €. Zudem gibt es im Innenhof ein nettes Cafe: *Caffè Ateneo*. Mehr Infos unter www.unive.it/tour.

Für Wagner-Fans ein Schmankerl: eine Führung durch die früheren Räume von **Richard Wagner** im heutigen Casinò di Venezia in der Ca' Vendramin-Calergi (⇨ „Spielkasino"). Dienstags, samstags am Vormittag und donnerstagnachmittags kann man gegen einen Unkostenbeitrag von 5 € an einer Führung teilnehmen. Telefonische Voranmeldung am Vortag zwischen 10 und 12 Uhr bei der *Associazione Wagneriana* unter 041/2760407.

Stadtverkehr

Der Stadtverkehr von Venedig ist wohl mit keiner anderen Stadt der Welt zu vergleichen. Hier ist alles anders. Es gibt nur zwei Möglichkeiten der Fortbewegung: **zu Fuß oder auf dem Wasser.** Auf kürzeren, und je nach Lage des Ziels teilweise auch auf längeren Strecken, kommt man in Venedig zu Fuß oft am schnellsten voran.

032ve Foto: bw

Zur **Verkehrssituation** in Venedig ein paar Informationen: Es gibt 177 Kanäle mit einer Gesamtlänge von rund 40 Kilometern, 444 Brücken, von denen die meisten mit Stufen versehen sind, knapp 3000 autofreie Straßen (die allerdings nicht Straßen heißen!) und 127 Plätze. Der Canal Grande ist 3,8 Kilometer lang, 5 Meter tief und im Durchschnitt 30 bis 70 Meter breit. Der Canale della Giudecca ist 2,68 Kilometer lang und gut 200 Meter breit.

Fußgängerverkehr

Fußgänger können sich an den gelben **Schildern** mit schwarzer Schrift orientieren, die den Weg aus der Stadt, d.h. zum Bahnhof („Alla Ferrovia") und zur Bushaltestelle und zu den Garagen („Per Piazzale Roma") weisen oder in bzw. durch die Stadt leiten („Per Rialto“, „Per San Marco“). Häufig gibt es auch auf die Wand gemalte Schilder, die den Weg zur nächsten Schiffsanlegestelle (Vaporetto) oder zur Gondelfähre (Traghetto) weisen. Das Gassengewirr von Venedig ist zwar für Uneingeweihte und Ungeübte zunächst nahezu undurchschaubar, aber verlieren kann man sich nicht, höchstens ziemlich verlaufen. Und wenn man gar nicht mehr weiter weiß, dann hilft es, einfach einen Passanten nach einem zentralen Punkt zu fragen: „Per San Marco?“ oder „Per Rialto?“. Das geht auch ohne Italienischkenntnisse und die Richtung wird dann meist mit viel – international verständlicher – Gestik gewiesen.

Schiffsverkehr

Wer nicht zu Fuß gehen möchte, dem stehen verschiedene Verkehrsmittel zur Verfügung: Vaporetti, Motoscafi, Taxis, Traghetti und Gondeln. Um Informationen zu Fahrplänen, Erreichbarkeit von Sehenswürdigkeiten, Tickets etc. zu bekommen, hilft täglich von 7.30 bis 20 Uhr der Call-Center „Hello Venezia“ unter 041-2424.

Linienboote

Vaporetti heißen die beigen, etwas schwerfälligen Schiffe, die für den **Linienverkehr auf dem Canal Grande** sorgen. Ihr Name kommt von den ursprünglich dampfbetriebenen Fahrzeugen (*vapore* = Dampf). Heute sind es Dieselmotoren, die die zum Teil jahrzehntealten Schiffe betreiben.

Motoscafi nennen die Venezianer die etwas schlankeren, weißen Schiffe, die weniger Passagiere fassen. Sie verkehren auf den Linien, die die **Altstadt umrunden** und zu den **Inseln.** Im Gegensatz zu den meisten Vaporetti sind sie mit Radar ausgestattet und können daher auch bei Nebel fahren.

Die Vaporetti und Motoscafi der städtischen Verkehrsbetriebe Actv zu benutzen, ist für längere Strecken oder zum Sightseeing zu empfehlen. **Wichtig:** Im Sommer sind andere Linien aktiv als im Winter. Daher unbedingt die aushängenden Linienpläne beachten oder sich im Internet unter www.actv.it vorab informieren. In der vorderen Umschlagklappe dieses Buches ist der bis Redaktionsschluss aktuelle Linienplan abgedruckt.

Interne Linien: 1 und 2, wobei die **Linie 1** von Piazzale Roma über den Bahnhof den Canal Grande entlang zum Lido (und zurück) verkehrt und an jeder Haltestelle hält, die **Linie 2** von Tronchetto (Parkplatz) über Piazzale Roma und Bahnhof den Canal Grande entlang im Winter nur bis San Zaccaria (hinter San Marco) im Sommer bis zum Lido, fährt und dabei nur an wenigen Haltestellen hält (hin und zurück). Schiffe der Linie 3 sind für Träger der *Carta Venezia* und Halter anderer Abos reserviert.

Es gibt auch einen entsprechenden **Nachtservice** für diese Strecken, der mit einem gelben Halbmond um ein blaues N gekennzeichnet ist.

Selbst die Polizei, die Feuerwehr und die Notärzte sind mit Booten unterwegs

Kreislinien: Die Linien 41, 42, 51, 52 und 61, 62 sind als *Giracittà,* Kreislinie unterwegs. Sie fahren im und gegen den Uhrzeigersinn um die Altstadt herum. **51/52** fährt auch zum Lido, **41/42** zur Insel Murano. **61/62** verkehrt zwischen Piazzale Roma und Lido durch den Canale della Giudecca (hin und zurück). Sie wird meist von Pendlern benutzt. Die Kreislinien bieten einen Einblick in das Venedig abseits der ausgetretenen Touristenpfade.

Lagunen-Verbindungen: *Linee Lagunari* nennt der Fahrplan die Schiffsanbindung der Inseln ans Festland. Die **Linie LN** fährt von Fondamente Nuove über die Inseln Murano, Mazzorbo, Torcello und Burano nach Treporti und Punta Sabbioni auf dem Festland, von dort zum Lido und dann nach Venezia-Paglia (direkt beim Hotel Metropole nahe San Marco) und zurück. **Linie 5** fährt von San Marco (San Zaccaria) direkt nach Murano. Die **Linie 20** bedient von der Haltestelle S. Zaccaria aus die Inseln San Servolo und San Lazzaro degli Armeni im Kreisverkehr. **Linie 11** fährt vom Lido über Pellestrina nach Chioggia und zurück. Mit **Linie 13** kommt man von den Fondamente Nuove über Murano auf die Inseln Vignole, Sant'Erasmo und nach Treporti und zurück mit Halt auf Verlangen auf Lazzaretto Nuovo. Es gibt auch einen Nachtservice *(Linie Notturne).* Die **Linie DM** fährt im Sommer von Tronchetto über Piazzale Roma und Bahnhof direkt nach Murano. Die **Linie T** verbindet Burano mit Torchello. Die **Linie 17** ist die Autofähre, die vom Tronchetto zum Lido fährt.

Die **Preise** der öffentlichen Verkehrsmittel sind für Touristen und Venezianer unterschiedlich. Es besteht eine erhebliche Diskrepanz zwischen den beiden Tarifen. Während Touristen für eine **einfache Fahrt** 6,50 € zahlen, muss der Einheimische dafür nur 1 € berappen. Gepäck kostet 3,50 €, es geht oft kostenlos durch. Der Venezianer weist sich für den Erwerb der verbilligten Tickets mit seiner *Tessera Imob* aus, die er für 10 € erworben hat und die drei Jahre lang gilt. Für Touristen bietet sich die **24-Stunden-Karte** an (18 €, auch für 3 bis 5 Personen erhältlich). Ein **72-Stunden-Ticket** kostet 33 €. Es gibt Tickets für 12 (16 €), 36 (23 €) oder 48 Stunden (28 €) sowie eines für 7 Tage (50 €). Kinder bis vier Jahre fahren gratis. Zeitkarten gelten inkl. einem Gepäckstück. Wer plant, auch auf den Lido bzw. mit dem Schiff weiter nach Pellestrina zu fahren (etwa bei der Radtour, die im Kapitel „Ausflüge" beschrieben ist), sollte eine Tages- oder Mehrtageskarte kaufen. Mit Einzelfahrscheinen wird es sonst sehr teuer.

Wichtig: Die Karten, auch die Mehrtageskarten, funktionieren elektronisch. Sie müssen an den weiß-roten, runden Lesegeräten vor dem Einstieg entwertet bzw. aktiviert werden, sonst sind sie nicht gültig. Es genügt nicht, die Mehrtageskarten zu Beginn der Geltungsdauer zu aktivieren. Bei jeder Fahrt muss die Karte erneut vor das Lesegerät gehalten werden. Achtung: Am Lesegerät müssen keinerlei Tasten gedrückt werden. Einfach das Ticket vor das Gerät halten. Das genügt.

Interessant ist auch die so genannte (⇨) **Venicecard,** ein Pauschalangebot, das neben den Verkehrsmitteln noch andere Service-Leistungen einschließt.

- Informationen (u.a. ein Fahrplanheft für die Schiffslinien und den Lido-Bus und einen Tarifüberblick) gibt es im Info-Büro von **Actv,** Piazzale Roma, Tel. 041/5287886, Fax 041/5222633, oder im Internet unter www.Actv.it, bzw. www.hellovenezia.it sowie an den Haltestellen.

Bootstaxis

Ein weiteres motorbetriebenes öffentliches Fahrzeug, das in Venedig unterwegs ist, ist das Taxi. Schnittige **Motorboote** werden mittels kleiner, gelber Lizenztafeln als Taxis ausgewiesen. Sie können auch in die kleineren Kanäle einfahren, die nicht von Linienbooten bedient werden, fahren nach Festtarifen und sind ziemlich teuer. Eine Fahrt von zehn Minuten kostet 31 €, danach kommen alle 60 Sekunden 1,80 € hinzu. Zuschläge: mehr als zwei Personen, 5 € pro Person, telefonische Bestellung 6 €. Preisabsprachen können sich aber trotz der Festpreise lohnen. Preisbeispiel: San Marco – Flughafen für 2 Personen mit Gepäck 100 € (eine Stunde vorher kontaktieren). Es gibt 15 verschiedene Taxigesellschaften, die an vielen Punkten der Stadt ihre Standplätze haben.

- **Venezia Taxi,** Tel. 041/723009
- **Consorzio Motoscafi Venezia,** Tel. 041/5222303

Gondelfähren – Traghetti

Die sonstigen Verkehrsmittel Venedigs werden von Muskelkraft betrieben. Ganz besonders wichtig sind so genannte Traghetti, Gondelfähren, die im **Pendelverkehr** an acht Stellen Fußgänger über den Canal Grande bringen. Das ist notwendig, da nur drei Brücken über den Kanal führen: die Bahnhofsbrücke (Ponte degli Scalzi), die Rialto-Brücke und die Accademia-Brücke. Die Fahrt mit einem Traghetto ist die günstigste Möglichkeit, einmal eine Gondelfahrt zu genießen. Man zahlt 0,50 € (beim Gondoliere im Boot) und wird stehend von einem Ufer zum anderen gebracht – sehr schön, aber gewöhnungsbedürftig.

Die Traghetto-Stationen sind am Ufer mit grün-goldenen Schildern markiert. Hinweisschilder („Al traghetto") weisen jeweils den Weg zum nächstgelegenen Traghetto. Der Fährservice ist zu finden: am Bahnhof, San Marcuola, Santa Sofia (Ca' D'Oro an der Strada Nuova), Rialto, San Tomà, San Samuele (zwischen Palazzo Grassi und Ca' Rezzonico), bei Santa Maria del Giglio und an der Spitze bei der Salute-Kirche, Dogana. Die Traghetti stellen zu unterschiedlichen Zeiten ihren Service ein, sie orientieren sich an den Geschäftsöffnungszeiten. Manche fahren sonntags nicht.

Gondeln

Gondeln sind eines der Wahrzeichen von Venedig und werden nur noch zu **touristischen Zwecken** benutzt (⇨Exkurs „Fortbewegung auf Venezianisch: La Gondola"). Eine Gondelfahrt ist kein ganz billiges Vergnügen, doch sollte man die Stadt im Wasser unbedingt von seiner (stillen) Wasserseite kennen lernen! Die Festpreise sind an den Standplätzen angeschlagen (oder sollten es sein). Verhandeln ist dringend angesagt. Fahrten bis zu 40 Minuten kosten 80 € für bis zu sechs Personen, je weitere 20 Minuten 40 €, nachts (20 bis 8 Uhr) entsprechend mehr. Es gibt elf offizielle Gondelstandplätze, meist bieten Gondoliere aber auch andernorts ihre Dienste an.

• Infos: **Ente Gondola,** Tel. 041/5285075

Tanzen

Venedig ist eine Stadt des Tanzes, auch wenn man das auf den ersten Blick nicht entdecken mag. **Discos** gibt es kaum (⇨„Nachtleben"), doch es wird viel Salsa und Tango getanzt.

Salsa

Wer etwas über die Möglichkeiten, Salsa zu tanzen, erfahren möchte, erhält Informationen dazu auf den Webseiten von www.veneziadavivere.it oder unter Tel. 041/ 5228618.

Tango

Anders dagegen steht es um Tango Argentino. Venedig hat die **älteste Tangoszene Italiens.** Bereits seit Ende der 1980er Jahre wird in der Lagunenstadt argentinischer Tango getanzt. Die meisten Tangueros und Tangueras Venedigs sind unter dem Namen „Libertango" vereint.

033ve Foto: sc

Tango tanzen unter freiem Himmel im Sommer auf den Stufen der Salute-Kirche – für Tänzer und Zuschauer eine unvergleichliche Atmosphäre!

• Besonders attraktiv ist das Tangotanzen – open air – im Sommer. Im Juli und August wird bei schönem Wetter mittwochs ab 22 Uhr auf den **Stufen der Salute-Kirche** im Stadtteil Dorsoduro am Canal Grande getanzt – eine unvergleichliche Atmosphäre! Weitere (nicht regelmäßige) Möglichkeiten: dienstags auf dem **Campo San Giacomo dell'Orio** (Santa Croce) und freitags auf dem **Campo Santa Margherita** (Dorsoduro).

• Im Winter kann man dienstags von 22 bis 23.30 Uhr in einem weniger spektakulären Ambiente tanzen: **Palestra l'Avogaria** (Dorsoduro 1540 C), Campiello Sartorio, zwischen der Fondamenta San Basilio (San Basegio) und der Fondamenta Ognissanti. Der Ort ist nahezu unauffindbar, doch die Suche lohnt sich. Von der Haltestelle San Basilio an den Zattere geht es die Calle del Vento entlang bis zu einem Platz mit Bar. Sofort hinter der Bar an der Fondamenta San Basilio muss man sich in eine unscheinbare Gasse (Calle della Chiesa) wagen und dort nach wenigen Schritten vor der Brücke rechter Hand nach der Hausnummer 1540 C suchen, die etwas zurückversetzt liegt. Die Tanzmöglichkeit liegt hinter einer unscheinbaren, grünen Tür verborgen. Infos gibt es unter www.academiadetangoargentino.it oder unter info@academiadetangoargentino.it, *TangoAction:* Tel. 328/8868828, www.tangoaction.com, *Guidecca-Tango:* Tel. 349/2554314.

- Eine weitere Tanzmöglichkeit besteht donnerstags von 21 bis 24 Uhr, wo, ist unter Tel. 041/5226164 bei Tangomalena zu erfragen.
- Auf dem Festland in **Mestre** gibt es zweimal die Woche Tango-Milongas (Tel. 041/5350489). Die Örtlichkeiten sind für Touristen aber nicht so leicht zu erreichen. Infos zu Tango in Mestre auch unter www.tangoaction.com, info@tangoaction.com oder Tel. 328/8868828 *(Caterina)* auch: www.deepintango.it. In **Padova** wird freitags von 22 bis 4 Uhr Tango getanzt (Tel. 0348/4439776).
- **Tangoreisen** nach Venedig mit Workshops und Tango-Fest organisiert jedes Jahr zu Pfingsten: tangotours, Windeckstraße 52, 60314 Frankfurt, Tel. 069/48003985, Fax 069/48003986, tangotours@t-online.de, www.tangotours.de. Auch andere Anbieter von Tangoreisen haben Venedig im Programm.

Telefonieren

Öffentliche Telefone gibt es an nahezu jeder Ecke und auch in manchen Bars. **Telefonzellen** sind grau-orange oder silbern. Nachts sind sie nicht beleuchtet, da hilft nur ein Feuerzeug. Es gibt auch **Telefonräume,** in denen viele Telefonautomaten stehen, z.B. am Campo San Luca.

Von Hotels aus kann ein Aufschlag von bis zu 200 Prozent möglich sein. Von Italien ins Ausland gilt ein verbilligter Tarif nur sonntags ganztägig, ansonsten von 22 bis 8 Uhr. Innerhalb Italiens ist es wochentags ab 18.30 Uhr, samstags ab 13 Uhr und den ganzen Sonntag günstiger.

Meist funktionieren die Telefone mit **Karte,** seltener mit Münzen. Bei der Telefonkarte *(scheda telefonica)* muss vor dem ersten Gebrauch die perforierte Ecke abgebrochen werden, sonst funktioniert sie nicht. Telefonkarten gibt es zu 2,50 €, 5 € und 10 € in Postämtern, an Kiosken, aber auch in Tabacchi-Läden oder Automaten.

Die **Ortsnetzvorwahlen** Italiens müssen auch innerhalb der jeweiligen Stadt bei Ortsgesprächen mitgewählt werden, so zum Beispiel innerhalb Venedigs die 041 vor der Nummer des Teilnehmers. Für Anrufe von Deutschland, Österreich und der Schweiz **nach Italien** gilt: Die Null der italienischen Ortsnetzkennzahl muss mitgewählt werden. Die Vorwahl für Italien lautet 0039. Um nach Venedig zu telefonieren gilt also: 0039 041, dann die Nummer des Anzurufenden. Die **Ländervorwahl von Italien aus** nach Deutschland lautet 0049, nach Österreich 0043, in die Schweiz 0041.

Mobiltelefone

Das **Mobiltelefon** lässt sich in Italien problemlos nutzen, sofern es für Roaming freigeschaltet ist. Wegen der Gebühren sollte man beim Anbieter nachfragen, welcher der Roamingpartner günstig ist.

Toiletten

Es gibt immer mehr **öffentliche Toiletten** in der Stadt. Am Accademia-Ende der Accademia-Brücke ist in deren Fuß eine öffentliche Toilette eingerichtet, ebenso z.B. in den Giardini Ex Reali hinter dem Markusplatz oder in der

Via Garibaldi am Parkeingang. Doch die Benutzung kostet 1,50 €, die man passend einen Automaten zu stecken hat, der daraufhin ein **Ticket** ausspuckt, mit dem man durch ein Drehkreuz gehen kann oder die *Venicecard* bzw. eine extra erworbene *WC-Card* in den Schlitz steckt bzw. an den Entwerter hält. Die Toiletten sind durch kleine Wegweiser gut ausgeschildert – meist in luftiger Höhe, selten in Augenhöhe angebracht! Es ist auch möglich, das WC einer **Bar** zu benutzen, doch nicht jede Bar hat eine Toilette!

Von allen öffentlichen Toiletten ist die am **Bahnhof** die günstigste. Hier ist man (bei Gleis 1/*Binario 1*) mit 0,80 € dabei. Man muss aber abgezählte Münzen bereithalten oder am Automaten wechseln. Nichts für ganz dringende Geschäfte, denn die Schlange ist hier doch meist recht lang.

Tourist-Infos

Die verschiedenen **APT-Stellen** *(Azienda di Promozione Turistica)*, die Tourist Offices von Venedig, haben alle sehr viel und sehr spezielles Informationsmaterial. Allerdings trennen sich die Damen hinter dem Tresen häufig sehr schwer von ihren Schätzen. Je gezielter die Nachfrage, desto besser ist die Versorgung mit Prospekten und Karten. Einen Stadtplan gibt es kostenlos, er ist allerdings nur für einen ersten Überblick geeignet, da nicht alle Gassen eingezeichnet sind.

Fragen sollte man auch nach der „Rivista di Venezia“ dem kostenlosen Dreimonats-Magazin der Stadt (allerdings nur in Italienisch und Englisch), das aktuelle Lesetexte zu kulturellen oder geschichtlichen Themen und Ereignissen der Stadt bringt und mit einem herausnehmbaren Veranstaltungskalender und Infoheft, alles liefert, was man für einen Aufenthalt in der Stadt braucht.

Öffnungszeiten der verschiedenen APTs anzugeben ist unmöglich, da sie sich, auch saisonal bedingt, ständig ändern. Es kann sein, dass einige Büros über Mittag geschlossen sind. Das Büro am Markusplatz schließt bereits um 15.30 Uhr.

- Telefonisch ist die **APT** von Venedig unter Tel. 041/5298711 zu erreichen (man spricht Deutsch), Fax 041/5230399, info@turismovenezia.it, www.turismovenezia.it. Wer sich schriftlich um Informationen bemühen will: APT, Castello 5050, 30122 Venezia, dort kein Info-Schalter.
- Venedig ist so überzeugt von seiner touristischen Leistung, dass es sich eine eigene, kostenlose **Beschwerdenummer** gönnt (nur innerhalb Italiens): „Venezia No Problem“ ist zu erreichen unter Tel. 800/355920.

Ganzjährig geöffnet:
- **APT Stazione:** im Bahnhof Santa Lucia
- **APT San Marco 71 F:** unter den Arkaden der Procuratie Nuove, nahe dem Correr-Museum
- **Venice Pavilion:** San Marco, Giardini Ex Reali
- **APT Piazzale Roma:** Garage ASM, am landzugewandten Eingang zum Platz
- **APT Riviera di Brenta:** Mira, Villa Widmann Foscari
- **APT Tessera:** am Flughafen Marco Polo

Nur in den Sommermonaten:
- **APT Lido di Venezia:** Gran Viale 6/A
- **APT Cavallino-Treporti:** Piazzale Punta Sabbioni

- **APT Arino:** Area Arino an der Autobahn Padua - Venedig
- **APT Mestre:** Rotonda Marghera Villabona an der Autobahn

Veranstaltungskalender

- Eine monatliche Vorschau bringt **„Un Ospite a Venezia“** in Italienisch und Englisch, herausgegeben von der Hoteliersvereinigung, daher nur erhältlich in Hotels und manchen Läden.
- Monatlich erscheint die Stadtzeitung **„Ve-News“**, an Kiosken zu bekommen. Alles über Kultur, Kino, Theater, Freizeit in Venedig, Mestre und auf dem Festland. Auch mit englischem Text.
- **„La Rivista di Venezia“**, Dreimonats-Magazin des Fremdenverkehrsamtes (in Italienisch und Englisch) mit aktuellen Lesetexten zu kulturellen und geschichtlichen Themen und Ereignissen der Stadt, mit dem herausnehmbaren **„Eventi/Manifestazioni“** (auch einzeln erhältlich), einer Art Veranstaltungskalender und Infoheft.

Trinkgeld

Trinkgelder in Restaurants *(la mancia)* sind in Italien kein „Muss“, sondern ein höfliches „Kann“. In der Regel ist auf der Speisenkarte angegeben, ob der Service im Preis inbegriffen ist *(servizio compreso)* oder als prozentualer Aufschlag extra erhoben wird. Auch eine kleine Gebühr für *pane e coperto* (das Gedeck) kann extra verlangt werden, wenn ausdrücklich darauf hingewiesen wird. Dennoch lässt man meist eine kleine Summe von etwa **zehn Prozent** nach dem Bezahlen als Trinkgeld zurück.

In Bars ist es üblich, das **Münzgeld** des Wechselgeldes liegen zu lassen. Es verschwindet dort oft in einem großen Maßkrug mit einer grünen Flüssigkeit. Dieses grün gefärbte Wasser ist ein stummer Hinweis auf den italienischen Ausspruch „sono al verde“, was wörtlich übersetzt heißt: „ich bin im Grünen“, aber bedeutet: „ich bin pleite“. In **Hotels** sollten Portiers und Zimmermädchen ein Trinkgeld bekommen.

Unterkunft

Es gibt rund 23.000 Hotelbetten im *centro storico,* dem historischen Teil Venedigs (ohne den Lido), die Tendenz ist steigend. Auf dem Lido befinden sich noch einmal mehr als 3000 Betten. Und doch ist es in der Hochsaison, zu Karneval und in den Oster-, Pfingst- und Sommer-, aber auch in den Herbstferien, vor allem an den

Nicht immer einfach: der Weg zurück ins Hotel

Ein wichtiger Tipp am Rande: Achten Sie darauf, sich nicht nur die Adresse und Telefonnummer Ihres Hotels nach der Ankunft mitgeben zu lassen, sondern auch eine **Wegbeschreibung** auf einem Stadtplan. Das Netz der Gassen und Kanäle ist so kompliziert und wegen der nicht vorhandenen Straßennamen für unerfahrene Venedig-Besucher so undurchsichtig, dass es einem leicht so gehen kann wie einem deutschen Ehepaar, das den venezianischen Tageszeitungen einen Artikel wert war: Das Paar hatte nach einem Restaurantbesuch im Dunklen nicht mehr zu seinem Hotel zurückgefunden, wusste auch dessen Namen nicht und musste dann mit Unterstützung der Polizei bis in den frühen Morgen nach der richtigen Unterkunft suchen.

Wochenenden, häufig nahezu aussichtslos, kurzfristig ein Bett zu ergattern. Da heißt es, langfristig denken und **frühzeitig buchen.** In Venedig gibt es viele kleine Hotels, die 15 bis 20 und weniger Zimmer haben. Die sind besonders schnell ausgebucht.

Die Nachfrage bestimmt den Preis – Venedig ist eine teure Stadt. Selbst Einzelzimmer ohne Bad in Hotels der einfachsten Kategorie sind in der Hochsaison **nicht unter 70 €** zu haben. Hotels auf dem Festland sind grundsätzlich als kostengünstigere Alternative anzuraten. Man sollte darauf achten, ob das Frühstück *(prima colazione)* im Preis inbegriffen ist oder extra bezahlt werden muss. Dann nämlich lohnt sich der Frühstücksbesuch in einer Bar – so wie die Italiener frühstücken. Ein Hotelfrühstück in Italien, besonders wenn es „kontinentales Frühstück" genannt wird, zeichnet sich nicht unbedingt durch Reichhaltigkeit und Geschmack aus. Für Italiener ist das Frühstück die unwichtigste Mahlzeit des Tages.

Wichtig ist auch zu wissen, dass **Haupt- und Nebensaison** in Venedig nicht eindeutig definiert sind (⇨„Vor der Reise: Reisezeit"). Daher lässt sich auch nur schwer angeben, ob gerade die niedrigere oder die höhere Preisspanne, die in den Prospekten angegeben ist, gilt. Manche Hotels haben die gleichen Preise das ganze Jahr über, andere legen ihre Nebensaison für November bis Januar fest, bei wieder anderen beginnt sie im Oktober. Schriftlich fixiert findet sich dazu in der Regel in offiziellen Listen nichts, man muss fragen.

Wichtiger als der Preis ist bei der Entscheidung für ein Hotel unter Umständen die **Lage,** da es unmöglich ist, mit dem Auto bei der Unterkunft vorzufahren und das Gepäck abzuladen. Die Koffer sind eventuell weit zu tragen. Daher sollte bei der Reiseplanung auch die Nähe zu Schiffsanlegestellen und die Länge der zurückzulegenden Wege mitbedacht werden. Nur die sehr teuren Hotels verfügen über einen eigenen **Motorboot-Service.** Im Internet, unter www.veneziasi.it, ist für jedes Hotel die Lage im Stadtplan sowie dessen Internetadresse angegeben.

Zimmersuche vor Ort

Wer ohne Buchung kommt, kann sich vor Ort bei der **AVA** *(Associazione Veneziana Albergatori)* mit Informationen versorgen. Sie unterhält z.B. ein Büro im Bahnhof direkt neben der Tourist-Info (Tel. 041/715288) oder am Parkplatz Piazzale Roma in der Garage Autorimessa Comunale (Tel. 041/5228640). Möchte man die Hotelliste nicht selbst abtelefonieren, werden dort Hotelzimmer gegen Anzahlung und eine kleine Gebühr von weniger als 2 € vermittelt.

Am Bahnhof von Venedig stehen auch immer Männer, die Touristen ansprechen und an bestimmte Hotels vermitteln möchten. Das kostet nichts und ist meist akzeptabel, kann unter Umständen aber auch ein Flop werden.

Hotels und Pensionen

Ein Reiseführer kann keine offizielle Hotelliste ersetzen. Daher werden im

Folgenden nur einige besonders empfehlenswerte Häuser angegeben: weil sie gut liegen, freundliches Personal oder Besitzer haben, nett ausgestattet sind, einen schönen Blick bieten ... Die genauen Preise sind nicht angegeben, da sie sich in Venedig sehr schnell ändern. Selbst in den einzelnen Sternekategorien variieren die Preise sehr stark. So wurden die Hotels in diesem Buch in **Preisklassen** eingeordnet. Zugrunde gelegt sind jeweils die **Preise für ein Doppelzimmer mit Bad in der Hochsaison.** Einzelzimmer sind - wie fast überall auf der Welt - im Verhältnis leider teurer als Doppelzimmer.

Bed & Breakfast: 50–200 €

Zur unteren Preisklasse gehören die nunmehr weit verbreiteten „Bed & Breakfast"-Zimmer. Doch diese aufzuzählen ist vergebliche Liebesmüh, da sie rasant zunehmen und sich über die Qualität dieser Privatzimmer nur wenig sagen lässt. Doch eines muss bemerkt werden: Die venezianische Vorstellung von „Bed & Breakfast" endet in der Regel beim Bett. Das Frühstück ist meist nicht dabei, ebensowenig wie der in England so sehr geschätzte Familienanschluss. Doch des öfteren findet sich in den „Bed & Breakfast"-Zimmern ein gut gefüllter Kühlschrank, der ein individuelles Frühstück möglich macht - sicher eine interessante Variante für einen Venedig-Urlaub, die aber nicht unbedingt günstiger als die Hotel-Variante sein muss. B & B's sind in der offiziellen Hotelliste der Tourist-Info enthalten.

Untere Preisklasse: 80–170 €

1-Stern-Hotels:

- **Alloggi Al Gallo,** Santa Croce 88, Calle del Forno, Haltestelle „Piazzale Roma", Linien 1, 41, 42, 51, 52, 61, 62, 71, 72, N, Tel. 041/5236761, Fax 041/5228188. Das Hotel liegt in einer extrem versteckten Seitengasse der Crosera. Sehr schöne kleine Zimmer, mit Möbeln im venezianischen Stil, eine der besten Konditoreien der Stadt, Tonolo, ist nur ein paar Schritte die Gasse entlang (⇨„Essen und Trinken").
- **Antica Locanda Montin,** Dorsoduro 1147, Fondamenta Borgo, Haltestelle „Accademia", Linien 1, 2, N, Tel. 041/5227151, Fax 041/5200255. Das Haus genießt einen gewissen Kultstatus, daher sind die Zimmer auch nur ganz lange im Voraus zu buchen. Das dazugehörige, ebenso kultige Restaurant war früher eine Künstlerkneipe und beliebter Treff von *Peggy Guggenheim* mit „ihren" Künstlern. Der Gastraum ist voll mit Gemälden, der laubbekrönte Innenhof groß und malerisch. Ein wenig versteckt gelegen, aber schon an der Fondamenta della Toletta mit schwarzem, leicht übersehbarem Schild in luftiger Höhe gekennzeichnet.
- **Antico Capon,** Dorsoduro 3004 B, Campo S. Margherita, Haltestelle „Ca' Rezzonico", Linie 1, Tel. 041/5285292, Fax 041/5285292. Eines der günstigsten 1-Stern-Häuser, allerdings bezahlt man den Lärm des Campo S. Margherita mit, denn auf diesem Platz tanzt nachts der Bär. Im Erdgeschoss befindet sich zudem ein stark frequentiertes Lokal. Die Räume jedoch sind angenehm und hell.
- **Ai do Mori,** San Marco 658, Calle Larga S. Marco, Haltestelle „S. Marco, Vallaresso", Linien 1, 2, N, Tel. 041/5289293, Fax 041/5205328. Wollten Sie nicht schon immer mal mit Blick auf den Campanile wohnen? Ein kleines Hotel unweit des Markusplatzes, unter dem Uhrturm hindurch, nächste Gasse rechts und dann noch ein paar Schritte. Schöne, kleine Zimmer, aber wegen des starken Touristenaufkommens nicht ganz leise.
- **Locanda SS. Giovanni e Paolo,** Castello 6401, Calle del Ospedaletto, Haltestelle Fondamente Nuove, Linie 52 vom Bahnhof oder Piazzale Roma bis Haltestelle „Ospedale Ci-

vile", Fußweg ca. fünf Minuten – an der Kirche vorbei bis zum Hotel. Kaum Brücken! Tel. 041/52222767, Fax 041/2775645. Im Herzen der Stadt, unweit der Kirche Santi Giovanni e Paolo gelegen ist die kleine, geschmackvoll eingerichtete Pension mit wenigen Zimmern eine gute Wahl für diejenigen, die ruhig und doch zentral wohnen möchten.

- **B & B Palazzetto Sponza,** Castello 101, Salizada Stretta, Haltestelle „Arsenale" oder „Giardini/Biennale", Linien, 1, 2, 52, 61, N, Tel. 0039/3471390840 (Handy), Fax 041/2411616. Etwas abgelegen und nur mit einem etwa 15-minütigen Fußmarsch über einige Brücken zu erreichen, aber dafür in einem Viertel, in das man sonst wohl eher nicht kommt: hinter dem Arsenal und direkt gegenüber der Isola di S. Pietro mit der Kirche S. Pietro di Castello. Drei nette Zimmer im Palazzo aus dem 16.Jh., jeweils mit Kochnische und eigener Essecke für das kontinentale Frühstück.
- **Locanda San Trovaso,** Dorsoduro 1350, Fondamenta d'Eremite, Haltestelle „Accademia", Linien 1, 2, N, Haltestelle „Zattere", Linie 51, 52, Tel. 041/2771146, Fax 041/2777190. Mitten drin und doch etwas außen vor. Unweit der Accademia und vom Campo Santa Margherita und doch in einem malerischen Eckchen ganz ruhig gelegen. Wer es „venezianisch" mit bespannten Wänden mag, kommt in der frisch renovierten Locanda San Trovaso auf seine Kosten.
- **Casa Peron,** Dorsoduro 84, Salizzada San Pantalon, Haltestelle „Piazzale Roma" oder „San Tomà", Linien 1, 2, N oder zu Fuß bequem vom Bahnhof oder Piazzale Roma aus zu laufen, Tel. 041/711038, Fax 041/710021. Eines der einfachen Hotels Venedigs, aber es besticht durch seine Sauberkeit, seine freundlichen Besitzer, die gute Erreichbarkeit von Bahnhof und Parkplätzen und die zentrale Lage. Das Hotel mit dem Papagei an der Rezeption. Leider ist es kein Geheimtipp mehr, daher frühzeitig buchen.
- **Alloggi Gerotto Calderan,** Cannaregio 283a, Campo S. Geremia, ohne Schiff (bzw. mit Linien 1 oder 2 zum Bahnhof) direkt vom Bahnhof aus in fünf Minuten zu Fuß (ohne Brücke!) zu erreichen, Tel. 041/715562, Fax 041/715361. Einfache Zimmer, teilweise Bad auf dem Flur. Sehr günstige Lage, gutes Preis-Leistungs-Verhältnis. Empfehlung einer Leserin, die bereits mehrmals dort wohnte.
- **Locanda Fiorita,** San Marco 3457 A, Calle delle Boteghe, Haltestelle „San Angelo", Linie 1, Tel. 041/5234754, Fax 041/5228043. Gleich hinter dem Campo Santo Stefano. Von außen wohl das „schnuckeligste" Hotel der Stadt. Es ist, wie der Name vermuten lässt, blumenbewachsen. Nur neun kleine Zimmer, familiär geführt. Das Haus hat auch eine Dependance, bei der Reservierung nachfragen, wo man untergebracht wird.
- **Locanda del Ghetto,** Cannaregio 2892-2893, Campo del Ghetto Nuovo, Haltestelle „Guglie", Linien 42, 52, Haltestelle „San Marcuola", Linien 1, 2. Tel. 041/2759292, Fax 0417/2757987. Nur sechs Zimmer, aber die sind sehr ansprechend und sauber, alle mit Bad. Einfaches Frühstück. Einzigartige Lage mitten im Ghetto, direkt neben einer der Synagogen und dem jüdischen Museum (aber recht weit weg vom Markusplatz – was auch sehr angenehm sein kann!). An der benachbarten Fondamenta della Misericordia viele Lokale und Nachtleben. Im November und Dezember bisweilen Sonderkonditionen.
- **Toscana-Tofanelli,** Castello 1650, Via Garibaldi (Calle Formenta), Haltestelle „Giardini", Linien 1, 2, 41, 42, 51, 52, 61, 62, N, Tel. 041/5235722. Ist wohl die strategisch günstigste Standortwahl, wenn man auf dem Biennale-Gelände zu tun hat. Ganz am Anfang der Via Garibaldi, daher bietet sich unter Umständen auch die Haltestelle „Arsenale" an. Einfach, ordentlich, günstig.

Mittlere Preisklasse: 150–300 €

2-Sterne-Hotels:

- **Alloggi ai Baretteri,** San Marco 4966, Calle de Mezzo, Haltestelle „San Marco" oder „Rialto", Tel. 041/5232233, Fax 041/2443450. Kein Hotel, sondern nur eine „Zimmervermietung", die aber für ihre sechs Zimmer keinen Hotelservice vermissen lässt und sich auch preislich an den klassifizierten Hotels der 2- bis 3-Sterne-Kategorie misst. Neueröffnet, angenehm möbliert. Einziger Nachteil: Das Haus liegt ziemlich versteckt hinter Campo Santa Maria Formosa und ist nur mit detailliertem Stadtplan zu finden.

• **Al Nuovo Teson,** Castello 3980/81, Campiello Pescaria, Haltestelle „Arsenale", Linien 1, 41, 42, Tel. 041/5205555, Fax 041/528 5335. Am hinteren Ende der Riva degli Schiavoni, nicht weit von der Schiffshaltestelle und dennoch ruhig an einem kleinen Platz gelegen. Das Viertel rund ums Arsenal ist noch ziemlich untouristisch. In den Bars des Viertels ist zur Mittagszeit noch der venezianische Dialekt in Reinform zu hören.

• **Arcadia,** Cannaregio 1333d, liegt direkt an der Straße Rio Terà S. Leonardo, Haltestelle „Ferrovia", Linien 1, 2, 51, 52 u.a. Tel. 041/717355, Fax 041/714361. Die Empfehlung einer Leserin, die „sehr, sehr" angetan war. Sie empfand es als preisgünstig, ordentlich, angenehm und gut gelegen. Das ist das Haus in der Tat: Die Lage ist vom Bahnhof und vom Busbahnhof aus günstig. Man kann die Strecke gut zu Fuß gehen und hat dabei nur eine Brücke (mit schräger Ebene) zu überwinden. Es gibt Zimmer mit und ohne Bad. Beim Buchen erfragen.

• **Hotel La Residenza,** Castello 3608, Campo Bandiera e Moro, Linien 1, 41, 42 Haltestelle „Arsenale", Linien 1, 2, 41, 42, 51, 52 Haltestelle „San Zaccaria", von „Arsenale" aus sind weniger Brücken zu überwinden, Tel. 041/5285315, Fax 041/5238859. Von einem Leser wärmstens empfohlen. Herrlicher gotischer Palast mit eleganten Zimmern in guter Lage zum Markusplatz. Gutes Preis-Leistungsverhältnis. Ziemlich günstig in der Nebensaison.

• **Locanda Al Leon,** Castello 4270, Calle dei Albanesi, Ecke Campo SS. Filippo e Giacomo, Haltestelle „San Zaccaria", Linien 1, 2, 6, 10, 20, 14, 41, 42, 51, 52, 61, 71, N, Tel. 041/2770393, Fax 041/5210348. Nennt sich nicht Hotel, sondern „Affitta Camere". Sehr nette, familiäre Führung und schöne, z.T. große Zimmer, wenngleich nur sechs Stück. Von Preis und Leistung her zwischen den 2- und 3-Sterne-Häusern einzuordnen. Günstige Lage zur Schiffs-Haltestelle: Man muss nur eine sehr enge Gasse entlanggehen, die sich aber, gleich hinter den Prigioni (den Gefängnissen des Dogenpalastes), nicht so leicht als Gasse erkennen lässt.

• **Palazzo Soderini,** Castello 3611, Campo Bandiera e Moro, Haltestelle „Arsenale", Linien 1, 2, 41, 42, Tel. 041/2960823, Fax 041/2417989. Mal was ganz anderes: Von außen ist das Haus überhaupt nicht als Hotel, Zimmervermietung, Bed & Breakfast oder ähnliches zu erkennen. Einzig ein Klingelknopf an einem Haus am volkstümlichen Platz Bandiera e Moro weist den Palazzo aus. Auch nicht über die offizielle Hotel-Homepage Venedigs zu finden, sondern nur unter www.palazzosoderini.it. Und innen verbirgt sich dann ein modernes, architektonisches Kleinod mit herrlichem Garten. Es gibt Doppel- und Dreibettzimmer.

• **Agli Alboretti,** Dorsoduro 884, Rio Terà Antonio Foscarini, Haltestelle „Accademia", Linien 1, 2, N, Tel. 041/5230058, Fax 041/5210158. Gleich bei der Haltestelle „Accademia". Hat auch ein gutes Restaurant. Frühstück in der warmen Jahreszeit im bewachsenen Innenhof. 20 kleine Zimmer mit steilen Treppen. Freundliches Personal. Es heißt, es sei eines der wenigen Häuser, das Hunde akzeptiert. Die Besitzer haben selbst zwei.

• **Messner,** Dorsoduro 216, Calle Nuova del Rio Terà, Haltestelle „Salute", Linie 1, Tel. 041/5227443, Fax 041/5227266. In einer winzigen Gasse zwischen Accademia und Salute gelegen. Renovierte, moderne Räume, kleiner, schattiger Innenhof, nur 16 Zimmer.

3-Sterne-Hotels:

• **Pensione La Calcina,** Dorsoduro 780, Tel. 041/5206466, Fax 041/5227045, Haltestellen „Accademia", Linie 1, 2 oder „Zattere" (direkt neben der Anlegestelle von Alilaguna, dem Flughafenzubringer!). Bequem ohne jegliche Brücken von beiden Schiffshaltestellen schnell zu erreichen. Das Hotel mit dem wohl besten Preis-Leistungsverhältnis der Stadt. Es ist allerdings angeraten, langfristig zu reservieren, denn das Traditions-Hotel ist leicht ausgebucht, da man sich hier so wohl fühlt, dass man beim Abreisen gleich wieder den nächsten Aufenthalt bucht. Es gibt wohl kein Hotel mit einer schöneren Frühstücksterrasse in Venedig: Aufwachen und auf einem Ponton im Giudecca-Kanal frühstücken! Beim Buchen unbedingt ein Zimmer mit Blick erbitten!

Das Hotel Calcina hat eine besonders privilegierte Lage am Canale della Giudecca

● **Avogaria,** Dorsoduro1629, Calle dell'Avogaria, Haltestelle „San Basilio", Linie 2, 8, 61, 62, N, Tel. 041/2960491, Fax 041/5205741. Ohne Brücken zu erreichen! Die Geschwister *Francesco* und *Antonella Pugliese* haben sich die richtigen Berufe ausgesucht: er Architekt, sie Köchin. Und so haben sie gemeinsam ihren Traum verwirklicht und ein winziges Designhotel (mit drei Zimmern, von denen zwei je einen eigenen kleinen Innenhof mit Sitzmöbeln haben) und einem kleinen, feinen Lokal in einer touristisch noch recht ruhigen, aber zentral gelegenen Ecke Venedigs geschaffen.

● **Abbazia,** Cannaregio 68, Calle Priuli dei Cavaletti, Haltestelle „Ferrovia", Linie, 1, 2. Vom Bahnhof aus nach links, direkt nach der Scalzi-Kirche in die erste Gasse nach links einbiegen. Tel. 041/717333, Fax 041/717949. Eine verkehrsgünstigere Lage gibt es wohl kaum: keine 200 Meter vom Bahnhof entfernt, ohne Brückenquerung und auch noch ruhig gelegen. Tipp einer Leserin, der gerne weitergegeben wird. Wann kann man schon mal so stilvoll und preislich dennoch angemessen in alten Klostermauern nächtigen? Im ehemaligen Kloster der Barfüßer-Karmelitermönche versteckt sich zudem einer der wenigen Gärten der Stadt. Eine kleine Oase.

● **Al Sole,** Santa Croce 136, Fondamenta Minotto, Haltestelle „Piazzale Roma", Linien 1, 41, 42, 51, 52, 61, 62, 71, 72, N, Tel. 041/710844, Fax 041/714398. Zwischen Bahnhof und Frari-Kirche. Eindrucksvoller, alter Palazzo mit schönem Garten. Die Gegend ist ruhig, doch man sollte darauf bestehen, ein Zimmer nach hinten zu bekommen, in der Gasse hallt jeder Schritt.

● **American,** Dorsoduro 628, Campo San Vio, Haltestelle „Accademia", Linien 1, 2, N, Tel. 041/5204733, Fax 041/5204048. 30 Zimmer und wer Glück hat, bekommt eines mit

Balkon zum Kanal. Ruhig und doch zentral in einem der schönsten Viertel der Stadt gelegen, mit grünem Innenhof. Wenige Minuten bis zur Haltestelle, das Guggenheim-Museum liegt fast um die Ecke. Und in der Kirche auf dem nahe gelegenen Campo finden anglikanische Gottesdienste statt - ein Kontrast zum italienischen Katholizismus.

- **Bel Sito & Berlino,** San Marco 2517, Campo Santa Maria del Giglio, Haltestelle „S. Maria del Giglio", Linie 1, Tel. 041/5223365, Fax 041/5204083. Elegantes Haus, das aber leider manchmal zu viele Pauschalgäste auf einmal beherbergt. Wer Glück hat, kann mit Blick auf die prächtige Kirche Santa Maria del Giglio wohnen. Nur ein Katzensprung zur Schiffshaltestelle und kaum weiter zum Markusplatz.
- **Belle Arti,** Dorsoduro 912 A, Rio Terà Foscarini, Haltestelle „Accademia", Linien 1, 2, N, Tel. 041/5226230, Fax 041/5280043. Kurzer, brückenloser Fußweg vom Accademia-Halt, gleich hinter der Akademie der Schönen Künste. Das Hotel mit begrüntem Innenhof war früher eine Schule. Der Umbau ist gelungen.
- **Bridge,** Castello 4498, Calle Sagrestia, Haltestelle „San Zaccaria", Linien 1, 6, 10, 20, 14, 41, 42, 51, 52, 61, 71, 2, N, Tel. 041/5205287, Fax 041/5202297. Unweit Campo Filippo e Giacomo, nicht ganz nah an den Schiffshaltestellen, aber der Weg lohnt sich - vom Schiff aus schnurgerade und ohne Brücken. Kleine Zimmer, im venezianischen Stil eingerichtet, herrliche alte Holzbalkendecken.
- **Hotel Ca' Formenta,** Castello 1650, Via Garibaldi, Tel. 041/5285494, Fax 041/520 4633, Haltestelle „Giardini", Linien 1, 2 und N. Ideale Lage für Besucher des Biennale-Geländes. Schön restaurierte Zimmer in modern-traditionellem Ambiente. Und bis zum Markusplatz kann man mit Blick auf die Salute-Kirche und das weite Panorama der Stadt gemütlich die Riva degli Schiavoni entlang flanieren.
- **Doge,** Santa Croce 1222, Lista Vecchia dei Bari, Calle del Figher, Haltestelle „San Biasio", Linie 1, Tel. 041/5242192, Fax 041/716693. Gegenüber dem Bahnhof gelegen, mit zehn Zimmern. Ziemlich klein und modern eingerichtet; unspektakulär, aber ordentlich.
- **Kette,** San Marco 2053, Piscina Moisè, Haltestelle „San Marco, Vallaresso", Linien 1, 2, N, Tel. 041/5207766, Fax 041/5228964. Liegt günstig zum Fenice-Theater. Nur drei Geh-Minuten bis San Marco und zur Schiffshaltestelle, aber doch versteckt und ruhig. Das Haus hat einen Lift, in Venedig eine Seltenheit und daher nicht zu unterschätzen.
- **Locanda San Barnaba,** Dorsoduro 2785-2786, Calle del Traghetto, Haltestelle „Ca' Rezzonico", Linie 1, Tel./Fax 041/2411233. Es gibt wenige Hotels, die so nahe an einer Vaporetto-Haltestelle liegen wie dieses. Dennoch ist es ruhig in der engen Gasse, die vom Campo San Barnaba abgeht. Schöne Zimmer und ein noch schönerer Innenhof. Von der Terrasse aus Blick auf einen kleinen Kanal. Sehr familiäre, herzliche Führung.
- **Locanda La Corte,** Castello 6317, Calle Bressana, Haltestellen „San Zaccaria", „Fondamente Nuove" oder „Rialto", Linie 1, Tel. 041/2411300, Fax 041/2415982. Schönes Hotel in einem Palazzo aus dem 14. Jh. unweit der Kirche Santi Giovanni e Paolo mit malerischem Innenhof. Weit bis zur nächsten Schiffsanlegestelle, daher eher etwas für Reisende, die gut zu Fuß sind. Es gibt aber eine eigene Anlegestelle für Wassertaxis.
- **Malibran,** Cannaregio 5864, Corte del Teatro Malibran, Haltestelle „Rialto", Linien 1, 2, N, Tel. 041/5228028, Fax 041/5239243. Die beste Lage für Besuche im wieder eröffneten Teatro Malibran: Näher geht es nicht. Zwischen der Haltestelle und dem Hotel ist mit dem Gepäck nur eine Brücke zu überwinden. Hat aber nur 29 Zimmer, Vorbuchung ist also angesagt, auch über Reiseveranstalter buchbar. Restaurant im Haus.
- **Locanda Sant'Agostin,** S. Polo 2344, Campo Sant'Agostin, Linie 1 bis Haltestelle „San Stae". Tel. 041/2759414, Fax 041/2753014. Im Piano Nobile eines Palazzos aus dem 16. Jahrhundert residieren und sich wie ein adeliger Venezianer aus längst vergangenen Zeiten fühlen. Sehr elegante, modern ausgestattete, aber mit historischen Möbeln versehene Räume in einem der authentischsten Viertel der Stadt, im quirligen Stadtteil San Polo. Eine ziemlich angesagte Kneipe ist gleich am Platz neben dem Hotel. Unweit von Campo San Giacomo da l'Orio, wo viele

kleine Lokale zum Essen und Trinken und Verweilen einladen.

● **Remedio,** San Marco 4412, Calle del Remedio, Haltestelle „San Zaccaria“, Linien 1, 6, 10, 20, 14, 41, 42, 51, 52, 61, 71, N, Tel. 041/5206232, Fax 041/5210485. Nur wenige Hundert Meter vom Markusplatz entfernt. Von der Haltestelle aus muss man das Gepäck allerdings über ein paar Brücken tragen. Die Zimmer sind für venezianische Verhältnisse teilweise sehr groß, manche mit Fresken an der Decke und venezianischem Terrazzo-Fußboden.

Obere Preisklasse: ab 300 €

4- und 5-Sterne-Hotels:

● **Hilton Molino Stucky,** Giudecca 810, Hotel-Shuttle von Markusplatz und Zattere, Haltestelle „Palanca“, Linien 2, N, Tel. 041/5221267, Fax 041/2723490. So etwas gab es in Venedig bisher noch nicht: 376 Zimmer in einem Hotel. Einzigartig auch der Blick von der Skyline-Bar tagsüber und vor allem nachts. Außen-Pool auf dem Dach mit Blick auf Stadt und Lagune. Eigentlich fast ein historisches Denkmal: Der imposante Bau war von 1895 bis Mitte 20. Jh. eine Getreidemühle. Es gab viel Widerstand gegen dieses Hotelprojekt, daher wurde es 2003 während der Umbauarbeiten kurzerhand abgefackelt. Man spricht von Brandstiftung. Aber das half nichts: Das Hotel wurde 2007 endlich eröffnet. Erlaubt einen völlig anderen Venedig-Genuss.

● **Cipriani,** Giudecca 10, Fondamenta San Giovanni, Haltestelle „Zitelle“, Linien 41, 42, 82, N, Tel. 041/5207744, Fax 041/5203930. Mitten im Grünen, mit eigenem Hafen. Shuttle-Service nach San Marco. November bis März geschlossen.

● **Grand Hotel Palazzo dei Dogi,** Cannaregio 3500, Fondamenta Madonna dell'Orto, Haltestelle „Madonna dell'Orto“, Linien 41, 42, 51, 52, Tel. 041/2208111, Fax 041/722278. Relativ neu, aber sehr gediegen. Abgelegen, dafür ruhig in einem schönen, wenig frequentierten Viertel der Stadt; Motorboot-Shuttle.

● **Gritti Palace,** San Marco 2467, Campo Santa Maria del Giglio, Haltestelle „Giglio“, Linien 1, 82, Tel. 041/794611, Fax 041/5200942. Ganz nah an der Schiffshaltestelle. Ein Traghetto zum anderen Kanal-Ufer ist auch vor der Tür. Bietet einen der aufmerksamsten Hotelservices der Stadt. Auch über Veranstalter zu buchen – günstiger!

● **Monaco & Grand Canal,** San Marco 1325, Calle Vallaresso, Haltestelle „Vallaresso“, Linien 1, 2, Tel. 041/5200211, Fax 041/5200501. Gerade spektakulär umgebaut. Gelungene Mischung zwischen alt und sehr modern. Allein ein Blick in die Halle und das Restaurant im ehemaligen Spielcasino „Ridotto“ ist anzuraten – oder ein Abend in der Pianobar?

● **Al Ponte Antico,** Cannaregio 5768, Calle dell' Aseo, Haltestelle „Rialto“, Linien 1, 2, N, A, dann ca. fünf Gehminuten am Fuß der Rialtobrücke vorbei über Campo Barolomeo bis Kaufhaus *Coin*. Hier eine Brücke! Nach dem Kaufhaus links in enge Gasse. Tel. 041/2411944, Fax 041/2411828. Wer mal ausprobieren möchte, wie man sich als Conte oder Contessa im Palazzo am Canal Grande fühlt, hat hier die beste Möglichkeit dazu. Traumhafte Zimmer wie in einem Märchenfilm. Sehr aufmerksamer Service. Und die Lage am Canal Grande, schräg gegenüber des Rialto-Marktes, ist einfach bestechend.

● **Hotel Bucintoro,** Castello 2135/a, Riva San Biagio, direkt neben dem Museo Navale gelegen, Haltestelle „Arsenale“, Linien 1, 41, 42, rund 200 Meter vom Anleger entfernt (eine Brücke!). Tel. 041/5289909, Fax 041/5280 938. Das Haus war einmal die Pension mit dem atemberaubendsten Ausblick der Stadt. Inzwischen wurde es zu einem 4-Sterne-Hotel umgebaut, aber es hat nichts von seinem heimeligen Charakter und der herzlichen Atmosphäre verloren. Der Komfort wurde vergrößert, die Preise der 20 Zimmer sind natürlich gestiegen. Aber dennoch ist das *Bucintoro* nach wie vor einen Tipp wert. Herrlich die Balkone, warm die Holzvertäfelung in den Räumen und der Empfang des Personals.

Jugendherbergen und kirchliche Institutionen

Die Jugendherberge und kirchliche Institutionen nehmen in der Regel **keine Kreditkarten.**

- Jugendherberge **Ostello di Venezia,** Giudecca, Fondamenta delle Zitelle 86, Haltestelle „Zitelle", Linien 41, 42, 82. Tel. 041/5238211, Fax 041/5235689, geöffnet von 7 bis 9.30 Uhr und von 13.30 Uhr bis Mitternacht. 60 Zimmer und 260 Betten, Frühstück im Preis (ca. 20 €) inbegriffen, bei Interesse Vollpension. Auf der Giudecca-Insel gelegen, mit Blick auf die Stadt.
- **Santa Maria della Pietà – Casa per ferie** Castello 3701, Riva degli Schiavoni/Calle della Pietà. Haltestelle „San Zaccaria" Linien 1, 82, 41, 42, 51, 52, Tel. 041/2443635, Fax 041/2411561. 18 Zimmer, 49 Betten, „große Bäder, kleine Zimmer aber mit guter Matratze, eine riesige Dachterrasse, weiträumige Aufenthaltsräume, sehr sauber", so lautet die Empfehlung einer Leserin. Gute Lage gleich an der Riva degli Schiavoni, einfach per Linienboot zu erreichen. 96 € im Doppelzimmer.
- Nicht nur für die Jugend ist die **Foresteria Valdese,** Castello 5170, Calle della Madonetta, unweit Campo Santa Maria Formosa, Tel. und Fax 041/5286797. Schöne Räume, Bett ca. 19 €, Doppelzimmer 44–74 €, je nachdem, ob mit oder ohne Bad.
- **Domus Cavanis,** Dorsoduro 895/896, Rio Terà Antonio Foscarini, Haltestelle „Accademia", Linien 1, 82, N, Tel. 041/5287374. Mit seinen 28 Zimmern eigentlich wie ein Hotel, aber es nennt sich *Foresteria,* Gästehaus, da es eine kirchliche Einrichtung ist. Gute Lage, bei der Haltestelle „Accademia", ruhig und ordentlich. Von außen nicht markiert, daher schwer zu finden. Es ist ein gelbes Haus, vom Canal Grande aus gesehen auf der linken Seite der breiten Gasse. Ca. 65 €/Person.
- **Casa Cardinal Piazza,** Cannaregio 3539 A, Fondamenta Gasparo Contarini, etwas abgelegen in der Nähe der Sacca della Misericordia im Palazzo Minelli, Haltestelle „M. dell' Orto", Linie 52 vom Bahnhof und Piazzale Roma, Tel. 041/721388, Fax 041/720233. 24 schöne Zimmer, einfach, hier fühlen sich auch Ältere wohl. Richtet sich ausdrücklich an Familien und Gruppen. Vollpension möglich.
- **Casa Ugo e Olga Levi,** San Marco 2894, gleich bei der Accademia-Brücke, Tel. 041/7867711, Fax 041/7867766. Es gibt nur 18 Zimmer, alle mit Bad. Wird gern für Kongressteilnehmer komplett gebucht.
- **Centro Culturale Don Orione Artigianelli,** Dorsoduro 909a, Zattere, Haltestelle „Zattere", Linie 2, 8, 51, 52, 61, 62, N. Ohne Brücke zu erreichen, wenig Meter vom Anleger entfernt. Tel. 041/5224077, Fax 041/5286214. Die 62 Zimmer in der riesigen Klosteranlage mit seinem weitläufigen Innenhof im Kreuzgang und den hallenartigen Fluren sind einfach aber zweckmäßig ausgestattet. Sie werden auch gerne von Gruppen und für Kongresse gebucht. Es gibt auch Drei- und Vierbettzimmer. Hier kann man sich auf die Spuren von rund 600 Jahren religiöser Geschichte machen. Die Lage des Hauses ist unvergleichlich zentral und gut erreichbar.

Wohnungen

Mitwohnzentralen

- Zimmer zum „Mitwohnen", aber auch Ferienwohnungen, vermittelt die Mitwohnzentrale von **Helga Anna Gross,** Castello 5448 A, Calle S. Antonio, Tel. 041/5231672, Fax 041/5208818, www.mwz-online.com.
- **Vacanze in Famiglia** nennt sich die Mitwohnzentrale in 30030 Campalto, Via Casilina 4, die auch für Venedig aktiv ist (Tel./Fax 041/900385).

Ferienwohnungen

Ferienwohnungen in Venedig vermitteln Immobilien-Agenturen. Die Preise und das Angebot können stark schwanken, sie liegen in der Regel eher im Luxusbereich. Großes Angebot im Internet, empfehlenswert sind:

- **Venice Real Estate srl,** San Marco 1130, Tel. 041/5210634, Fax 041/5207407, www.venicerealestate.it.
- **Views on Venice,** San Marco, Campo San Luca, Tel. 041/2411149, Fax 041/2770764, www.viewsonvenice.com.
- **Cheap Venice,** San Polo 402, Ramo Primo Galeazza, Tel. 041/2447626, Fax 041/2413417
- **www.sleepingvenice.com**
- **www.venrent.com**

Camping

Camping ist rund um Venedig auf dem Festland in Mestre, Marghera, Tessera, Favaro Veneto, Fusina, Oriago und Campalto möglich. In der Regel sind die Campingplätze mit öffentlichen Verkehrsmitteln, je nach Lage über Land oder auf dem Wasser, an Venedig angebunden.

Die besten Campingmöglichkeiten bieten sich jedoch auf einer großen Zahl von Plätzen auf der Venedig nordöstlich vorgelagerten **Halbinsel Cavallino-Treporti.** Hier drängt sich ein Campingplatz an den anderen und es besteht gute Schiffsanbindung nach Venedig und zum Lido.

Nicht alle Plätze sind billig. Ein Stellplatz mit zwei Personen kostet ab 27 € bis etwa 55 €. Hütten sind für 29–120 € zu haben. Eine gute Informationsquelle zu Campingplätzen rund um Venedig ist www.camping.it/germany/veneto/venezia. Ganz in der Nähe Venedigs liegen zum Beispiel:

- **Campeggio Ca' Pasquali Village,** Via Poerio, 33 Ca' Pasquali – Treporti, Tel. 041/9661110, Fax 041/5300797.
- **Campeggio Rialto,** Via Orlanda, 16 Campalto, Tel. 041/900785.
- **Campeggio Silva,** Via F. Baracca, 53 Cavallino, Tel. 041/968087, Fax 041/968087.
- **Camping Fusina,** Via Moranzani, 79 Fusina, Tel. 041/5470055, Fax 041/5470050.
- **Campeggio Miramare,** Lungomare D. Alighieri, 29 Ca' Savio – Punta Sabbioni, Tel. 041/966150, Fax 041/5301150.

Venicecard

Die **„Eintrittskarte"** für Venedig öffnet Besuchern der Lagunenstadt mit einem einzigen Ticket viele Türen. Die Venicecard gibt es in zwei Varianten und für einen, drei oder sieben Tage. Die **Venicecard Transport (blau)** gilt für die öffentlichen Verkehrsmittel und die Toiletten, die **Venicecard Transport & Culture (orange)** erlaubt darüber hinaus noch den Eintritt in viele Museen der Stadt. Zusätzlich kann zu jeder Kategorie die Schiffsverbindung von und zum Flughafen oder ein Parkplatz gebucht werden.

Der **Junior-Tarif** geht bis 29 Jahre, alle, die älter sind, müssen die Karte zum **Senior-Tarif** kaufen. Volljährige dürfen darüber hinaus mit der Karte das Kasino der Stadt kostenlos besuchen. Die *Venicecard* kann im Voraus gebucht werden, entweder im Internet unter www.hellovenezia.com, unter „Venicecard" (in Italienisch und Englisch) oder unter der Callcenter-Nummer 0039-041-24 24 zwischen 8 und 19.30 Uhr. Dort erhält man eine Buchungsnummer und Infos darüber, wo man die Karte abholen kann. Bei Vorausbuchung gibt es Skonto. Vor Ort in Tourist-Infos oder an Schiffshaltestellen zu erhalten. Wer im Zentrum in einem Hotel wohnt, wenig Schiff fährt und keine öffentlichen Toiletten braucht, ist mit der blauen Karte wohl nicht richtig bedient. Da ist eher eine reine Actv-Schiffskarte für 1 bis 3 Tage angesagt.

Es gibt auch einen **Alilaguna-Zuschlag** zu den Karten. Gilt für Flughafen-Schiff-Shuttle. Lohnt sich!

Preise:
- 3 Tage blau Jun./Senior 47 €/48 €
- 3 Tage orange Jun./Sen. 66 €/73 €
- 7 Tage blau Junior/Senior 67 €/68 €
- 7 Tage orange Jun./Sen. 87 €/96 €

Was kaum bekannt ist: Mit der Venicecard bekommt man in vielen Geschäften, Restaurants und Einrichtungen **Ermäßigungen.** Wo und wieviel, das steht auf der Internetseite. Man muss aber immer extra danach fragen und seine Karte vorzeigen. Zudem ist die einzelne Toilettenbenutzung öffentlicher WC-Analgen mit 1,50 € sehr teuer. Diese ist bei den *Venicecards* aber inbegriffen (2x pro Tag!).

Waschsalons und Reinigungen

Mit schmutziger Wäsche tut man sich in Venedig schwer. Wer in einem der luxuriösen Hotels wohnt, kann den Hotelservice in Anspruch nehmen, doch in den weniger noblen Etablissements ist man auf Eigeninitiative angewiesen, wenn man saubere Kleidung braucht. Wäschereien *(lavanderie)* – in Kombination mit chemischer Reinigung – sind in Italien teuer. Und was in anderen Ländern gang und gäbe ist, erreicht Italien nur langsam: Waschsalons. Aber es gibt immerhin schon drei in Venedig: Die **Lavanderia Bea Vita** liegt unweit der Bahnhofsbrücke, Ponte dei Scalzi, wenn man in Richtung Scuola di San Rocco läuft, in der Calle Chioverette, Santa Croce 665 B, täglich von 8 bis 22 Uhr geöffnet. Nahe dem Markusplatz liegt **Euro Lavanderie Fai da Te,** San Marco 4826, Ruga Giuffa, täglich von 8.30 bis 23 Uhr geöffnet. Nur drei Minuten zu Fuß vom Bahnhof bei der Ponte delle Guglie liegt **Speedy Wash,** Cannaregio 1519, Rio Terrà San Leonardo, täglich von 8 bis 23 Uhr.

Zeitungen

Venedig hat zwei Tageszeitungen: **„Il Gazzettino“,** die am weitesten verbreitet ist und mit Regionalausgaben auch in Städten auf dem Festland erscheint, und **„La Nuova Venezia“.** Welche besser oder informativer ist, das ist eine Glaubensfrage. In beiden findet man täglich Veranstaltungskalender, Hochwasservorhersage und Notrufnummern sowie Notdienste der Apotheken und Ärzte. „Il Gazzettino“ hat freitags eine Magazinbeilage, *Soprattutto,* mit einem Spezialteil über Veranstaltungen in Venetien und im Friaul. Kostenlos erhältlich in Bars, Bäckereien etc. ist „Il Venezia“.

Ausländische Zeitungen finden sich an nahezu jedem Kiosk, insbesondere aber in den stark von Touristen frequentierten Teilen der Stadt und am Bahnhof.

044ve Foto: ml

Die Stadt und ihre Bewohner

035ve Foto: bw

203ve Foto: ml

Gondolieri unter sich

Venedig ist nicht nur eine Stadt der Touristen. In den abgelegeneren Vierteln kann man durchaus auch am Alltagsleben teilhaben: In der Stadt ist selbst das Wäschetrocknen ein Kunstwerk

Welche andere Stadt schafft es, mit so vielen symbolischen Bildern verbunden zu werden? Sei es Markuslöwe, Gondel oder Rialto-Brücke: Selbst wer noch nie in der Stadt war, erkennt sie an ihren Zeichen

Venezia – la Serenissima

„Man kann alle Städte der Welt gesehen haben und doch überrascht sein, wenn man in Venedig ankommt."

Montesquieu

Was Montesquieu schon im 18. Jh. festgestellt hat, gilt auch heute noch uneingeschränkt. Wer das erste Mal nach Venedig kommt, wird nicht nur überrascht sein, sondern auch überwältigt, vielleicht sogar schockiert. Und dann kristallisiert es sich schnell heraus, ob man die Stadt liebt oder hasst. Wer sie als „Wiederholungstäter" besucht – es gibt eine ständig wachsende Zahl von Venedig-Fans – ist immer wieder aufs Neue gepackt und verfällt ihr immer mehr. Die **Serenissima,** die „Durchlauchte" oder „Heiterste", wie Venedig auch gern mit seinem Ehrennamen aus der Zeit der venezianischen Republik genannt wird, ist eine bewährte Verführerin. Es gibt wenige Städte, die einen vergleichbaren Zauber ausüben. Geprägt durch Stein, Wasser und Licht vermag die Lagunenstadt Besucher auf vielfältige Weise in ihren Bann zu ziehen.

Venedig ist ein regelrechtes **Paradies für Kunstfreunde.** Allerdings ist der Kunstliebhaber auf dem beschränkten Raum des *centro storico,* wie sich das Zentrum von Venedig nennt, beileibe nicht allein. Vor den Gallerie dell'Accademia, kurz Accademia genannt, steht man sich an Herbsttagen gut und gerne eine Stunde lang die Beine in den Bauch, bevor man Einlass zu den Kunstschätzen gewährt bekommt, und vor den Sonderausstellungen im Palazzo Grassi mäandern die Schlangen der Wartenden oft Hunderte von Metern in die angrenzende Gasse hinein. Doch man muss nicht nur die Musentempel besuchen. Die Stadt bietet auf Schritt und Tritt Kunst und Kultur. Es gibt kaum eine Kirche, in der nicht Gemälde großer Künstler zu bestaunen sind (teils kostenlos, teils gegen Entgelt). Und hinter jeder Straßenecke lauert Geschichte.

Venedig wird häufig als **Freiluft-Museum** apostrophiert. Aber es ist mehr, wenn man versucht, nicht nur Kultur (und Spezialitäten) zu konsumieren, sondern auch Kontakt zu den Einwohnern aufzunehmen, auch wenn man kein oder nur wenig Italienisch spricht. Die Venezianer sind **herzliche, zugängliche Menschen,** die sich im Laufe der Jahrzehnte und Jahrhunderte allerdings eine Art Schutzpanzer zugelegt haben, der sie die Touristeninvasion ertragen lässt und den man erst einmal durchdringen muss, um sie näher kennen lernen zu können. Die Venezianer schützen sich eben gegen ein Leben im Museum.

Venedig ist aber auch ein **Fest für die Sinne:** Alle Sinne werden in dieser Stadt angesprochen. Nicht nur die **Augen,** auch die Nase wird mehr als in anderen Städten gefordert, denn hier liegen alle **Gerüche** in der Luft, die bei den verschiedenen Aktivitäten eines lebendigen Alltags aufsteigen. Nichts wird von Autoabgasen überdeckt! Die Düfte aus Bäckereien oder Konditoreien ziehen durch die engen Gassen ebenso wie der Geruch nach Fäulnis bei Niedrigwasser im Sommer. Aber auch Hochwasser fordert die Nase auf seine eigene Weise. Sogar Metzgereien und Maskenläden haben ihren eigenen Duft und je enger die Gassen, desto intensiver können die Besucher dem Alltagsleben mit der Nase auf die Spur kommen.

Wer meint, Venedig sei durch seine Autolosigkeit eine stille Stadt, irrt gewaltig. Die steinernen Gassen tragen den Hall der Schritte weiter, als man dies aus „normalen" Städten kennt. Wasser und Schiffe (und sogar singende Gondoliere) können erheblichen **Lärm** machen.

Was den Geschmackssinn angeht, so hängt es von den kulinarischen Vorlieben der Besucher ab, ob die Geschmacksnerven gekitzelt oder gestresst werden. Die **venezianische Küche** ist deftig, wenig raffiniert, aber ehrlich. Doch in vielen Touristen-Lokalen kann man auch hereinfallen. Dabei bietet Venedig noch mehr als nur Restaurant-Vergnügen. Es ist die Stadt der *ombre,* der winzigen Gläschen Weiß- oder Rotweins aus dem venezianischen Hinterland, die man zu jeder Tages- und Nachtzeit konsumiert. Sie ist auch die Stadt der *cicchetti* (venez. *cicheti*), kleiner Leckereien, im Stehen am Tresen einer Bar zu essen, und sie ist die Stadt der *tramezzini,* dreieckiger Weißbrotscheiben, die einzig die Funktion haben, leckere Füllungen zusammenzuhalten.

Und der **Tastsinn:** Hier sind eher die Füße als die Hände angesprochen, denn Venedig nähert man sich auf einzigartige, eigenartige Weise **zu Fuß.** Und dadurch geht alles langsamer, man verliert den Bezug zum Jetzt und den Bezug zur Zeit, wird seltsam losgelöst und taucht dennoch völlig ein. Man nimmt intensiver wahr. Vergangenheit und Zukunft verschmelzen zu einer ganz eigenen venezianischen Gegenwart. Die Außenwelt und das Tempo, das auf dem Festland herrscht, verlieren sich vollkommen.

Venedig stellt sich uns aber auch als eine **Stadt der Zeichen** dar. Welche andere Stadt schafft es, mit so vielen **symbolischen Bildern** verbunden zu werden? Der unzählige Male variierte Markuslöwe, die Gondel mit ihrem gezackten Bugeisen, der Doge mit seiner charakteristischen Hornmütze, die vier Bronzepferde auf der Markuskirche, die Geometrie des Markusplatzes mit seinen Tauben, das Fragezeichen des Canal Grande, das Wasser in den Kanälen und der Lagune, das Meer, das Venedig Leben und Reichtum gegeben hat und jetzt auch an seinem Untergang beteiligt ist. Selbst wer noch nicht in der Stadt war, erkennt sie an ihren Zeichen.

Venedig ist heute aber auch eine **Stadt der Probleme,** eine Stadt, die weit davon entfernt ist, die *Serenissima,* die Heitere, zu sein. Und dabei ist das größte Problem nicht, dass sie in der Lagune versinkt. Das **Wasser** macht ihr natürlich zu schaffen. Es knabbert an allen Ecken, von Jahr zu Jahr heftiger und fordernder. Einen Höhepunkt erlebte Venedig zuletzt von Dezember 2008 bis Januar 2009, als die Serie von extremen Hochwassern gar nicht mehr abreißen wollte. Aber wenn die Stadt unterginge, so ließe sich unqualifiziert und boshaft behaupten, dann in erster Linie nicht wegen des vielen Wassers, sondern vom Gewicht der vielen Touristen.

Sie geht aber auch in einem metaphorischen Sinne unter, denn sie wird vereinheitlicht. In unseren Tagen wird ihr die Individualität genommen: Marktstände am Rialto-Markt sind plötzlich, einer neben dem anderen, aus pflegeleichtem grünen Metall. Die wunderbar antiquierten silbernen Zeitungspavillons werden schrittweise durch einheitliche Kioske auf Rollen ersetzt. Jede Traghetto-Haltestelle hat das gleiche grüne Hinweisschild. Kleine Tante-Emma-Läden machen einem Maskenladen nach dem anderen Platz.

Doch noch etwas ist ein viel größeres Problem als das Hochwasser: der **Exodus.** Die Stadt verliert mit rasender Geschwindigkeit ihre Einwohner. Lebten 1951 noch 175.000 Menschen im *centro storico,* den sechs Stadtteilen rund um den Canal Grande, so sind es heute nur noch rund 60.000 und die sind meist alt, denn die Jugend sucht den Komfort und die bezahlbaren Mietpreise des Festlands. Setzt man das in Relation zu rund **20 Millionen Touristen,** die Venedig pro Jahr besuchen, und zu 125.000 Besuchern, die sich an jedem Karnevals-Tag durch die Stadt zwängen, so sind dies erschreckende Zahlen.

204ve Foto: ml

Auf Schlamm gegründet – die Geschichte der Lagunenstadt

Ursprünglich war **„Venetia"** nur eine Region, zusammen mit Istrien die zehnte der Regionen, in die der römische Kaiser *Augustus* das italische Territorium unterteilt hatte. Sie umfasste das Gebiet des heutigen Venetien, Friaul und Trient. Doch im Laufe der Jahrhunderte ist aus der urspünglichen, kontinentalen Region „Venetia" das maritime „Venezia" geworden.

Wie ging das vor sich? Angeblich wurde Venedig am **25. März 421 gegründet,** genau zur Mittagsstunde, was aber sicher in den Bereich der Legenden zu verweisen ist. Vom Mythos losgelöst gesehen, ist die Entstehung Venedigs das Ergebnis jahrhundertelang währenden Wandels und langsamen Fortschritts. Ausgelöst wurde sie im 6. Jh. durch die Flucht der Bevölkerung vom Festland, das inzwischen byzantinische Provinz geworden war, in die Lagune. Damit wollten sie den Langobarden entkommen.

Die Gruppe von rund 120 Inseln, auf der Venedig sich schließlich ausdehnte, ist Teil der in steter Veränderung begriffenen „Laguna Veneta". Sie ist ein Wattenmeer, das von der offenen Adria durch schmale Landstreifen oder Dünenkämme, *Lidi* genannt, abgetrennt wird und mit ihr nur an drei Stellen verbunden und für die Wasserzirkulation (Gezeiten) und den Verkehr geöffnet ist. Bedeutung gewannen die Laguneninseln erst im 6. und 7. Jh., in der Zeit der Völkerwanderungen: als Zufluchtsorte, die zunächst wohl nur vorübergehend, später kontinuierlich bewohnt wurden.

Venedig und seine Vorgängersiedlungen waren nach dem Untergang Westroms Bestandteil des **Oströmischen Reiches** und dessen Außenposten bzw. defensiver Brückenkopf. Sie wurden von Ravenna aus von einem oströmischen Tribunen kontrolliert und standen unter dem Schutz des Exarchen von Ravenna. Statt dieses Tribuns wurde 697 ein *Duca,* heute **Doge** genannt (lat. *dux,* Führer), gewählt. Dieser Doge, *Paoluccio Anafesto,* ist der erste in einer langen Reihe von insgesamt 120 Dogen, die Venedig bis zum Jahre 1797 regierten. Die Dogen bedurften zunächst noch der Bestätigung durch Ostrom, waren de facto als Volksführer und Kriegsherren aber bald selbständig. Ihre Macht nahm zu, je schwächer Ostrom wurde.

Ab etwa dem Jahr 1000 begann dann ein rasanter Aufstieg zu der **Weltmacht,** die Venedig bis etwa 1500 blieb. Bedeutend für die Geschichte Venedigs ist in diesem Zusammenhang die so genannte „Translatio", die Überführung des Leichnams des **Evangelisten Markus** nach Venedig. Die Reliquien waren 828 von zwei venezianischen Kaufleuten, *Rustico da Torcello* und *Bon da Malamocco,* unter

1797 bemächtigten sich die Franzosen der Pferde von San Marco: Ein Symbol verschwindet! Doch das Wahrzeichen kehrte zurück

Stadt und Bewohner

einer Ladung Schweinefleisch verborgen an den islamischen Zollaufsehern vorbeigeschmuggelt und in die Lagune transportiert worden. Markus ist wichtig für Venedig, da die Stadt und deren Bewohner durch ihn eine Integrationsfigur gewannen und sie den Löwen, das Symbol des Schutzheiligen, zum Sinnbild des jungen Staates machten. Die religiöse Symbolgestalt wurde aber durchaus auch für rein irdische Zwecke benutzt. So baute man ihr z.B. in Form der Markusbasilika zwar einen kostbaren Schrein, weihte sie aber nicht als Bischofssitz, sondern als Staatskirche und Hauskapelle der Dogen.

Dem Aufstieg vorangegangen war der für Venedig glückliche Ausgang der Auseinandersetzungen zwischen Ostrom und zunächst den **Langobarden,** dann den **Franken** mit den Königen *Pippin dem Kleinen* und dessen Sohn *Karl dem Großen.* Dieser dehnte sein Reich 788 bis Istrien aus, so dass Venedig praktisch umklammert war. In dieser Zeit kam es zu einer starken Besiedlung des Rivus altus, des heutigen Rialto. Karls Sohn *Pippin* griff 809 Venetien an. Die Veneter waren nun Untertanen des Kaisers in Aachen. Kurz darauf wurde der Regierungssitz unter dem Dogen *Angelo Partecipazio* von Malamocco nach Rivus altus (Rialto) verlegt, wenig später in das Gebiet des heutigen Markusplatzes. Dort lag damals noch der Gemüsegarten der Nonnen des Klosters San Zaccaria. Die Äbtissin gestattete jedoch den Bau der Residenz der Dogen dort, wo noch heute der **Dogenpalast** steht.

041ve Foto: bw

Als Gegenleistung erwirkte sie das Recht, den Dogenhut zu besticken und diesen dem Dogen jedes Jahr anlässlich eines Höflichkeitsbesuches zu überreichen.

Byzanz erreichte auf diplomatischem Wege (gegen Anerkennung der gleichberechtigten Kaiserwürde Karls des Großen bzw. des Imperium Christianum) 812 im **Friedensvertrag von Aachen** die Rückgabe Venetiens. Seit dieser Zeit saß Venedig quasi „zwischen zwei Stühlen" – was allerdings als Chance gesehen und genutzt wurde. Die Stadt konnte sich im Machtvakuum zwischen westlichem und östlichem Reich formen und stabilisieren und schließlich expandieren. Damit war der außenpolitische Rahmen bis 1204, bis zur **Eroberung von Byzanz** (Konstantinopel) durch den Dogen

Enrico Dandolo und das Heer des vierten Kreuzzuges, umrissen. Venedig gewann zunehmend eine Brückenfunktion zwischen Ost und West.

Im 9. Jh. begannen die Venezianer in größerem Umfang mit der Produktion von Schiffen, die für den Fernhandel tauglich waren. Allmählich entwickelte sich die Republik zu einer **Seemacht,** die den Orient-Handel und den Handel mit Byzanz kontrollierte. Durch die **Eroberung Dalmatiens** im Jahre 1000 sicherte sich Venedig schließlich ein Rekrutierungsgebiet für Sklaven und Ruderer und festigte seine Vormachtstellung in der Adria. Die auch heute noch alljährlich gefeierte so genannte „Vermählung des Dogen mit dem Meer" *(Sposalizio del mar)* am Himmelfahrtstag vor der Kirche San Nicolò auf dem Lido erinnert an den damaligen Seesieg über die Dalmatiner.

Der Beginn dieser Zeremonie markiert einen der ersten Höhepunkte der Geschichte Venedigs, als die Stadt im Jahre 1177 durch den Dogen *Sebastiano Ziani* die Versöhnung zwischen Kaiser *Friedrich Barbarossa* und Papst *Alexander III.* in der Markusbasilika herbeiführte und dies unter Entfaltung märchenhafter Pracht feierte.

Zur Verteidigung der neuen Besitzungen und der Handelsvormacht im Orient waren große Anstrengungen erforderlich, ebenso in der **Auseinandersetzung mit Genua.** Genua und Venedig stritten sich beinahe 130 Jahre lang um die Handelsvormacht im Mittelmeer. Der Konflikt kulminierte schließlich 1378 und führte zur Eroberung der Stadt Chioggia, direkt vor der Haustür von Venedig gelegen, durch Genua. Doch letztlich wurden die Genueser besiegt und verloren daraufhin an politischer und wirtschaftlicher Bedeutung. Indirekt hatten die Auseinandersetzungen mit Genua aber auch fürchterliche Auswirkungen auf Venedig: Aus der genuesischen Kolonie Jaffa am Schwarzen Meer hatten Reisende 1348 die **Pest** eingeschleppt. Sie raffte innerhalb kürzester Zeit knapp drei Viertel der Bevölkerung hinweg.

Das 14. und vor allem das 15. Jh. markierten den Beginn der Glanzzeit von Staat und Stadt, unter anderem durch die **Ausdehnung auf das italienische Festland,** die so genannte *terra ferma,* wo bis dahin ein Kampf „aller gegen alle", also der einzelnen Stadtstaaten untereinander stattgefunden hatte. Die Ausdehnung nach Padua, Vicenza, Verona, Udine, Belluno, Bergamo und Brescia ist eng verbunden mit dem Dogen *Francesco Foscari.* Venedig wurde neben einer Seemacht auch zu einer **Territorialmacht.**

Doch diese Ausdehnung hatte nicht nur positive Folgen. Venedig wurde dadurch im 16. Jh. auch in **internationale Kriege** hineingezogen. In der so genannten Liga von Cambrai verbündeten sich Papst, deutscher Kaiser, Frankreich und Spanien gegen Venedig. Die Republik drohte erobert zu werden, doch Uneinigkeiten der Bünd-

Der Dogenpalast war einst Sitz der Staatsoberhäupter der Republik Venedig. Heute ist das riesige Gebäude zu besichtigen. Selbst die Fassade ist imposant

nispartner erlaubten es Venedig, die Festlandsbesitzungen wieder zurückzuerobern. Venedig aber war von da an keine Großmacht mehr. Im 15. Jh. kam ein anderes Ereignis erschwerend hinzu: Nachdem *Vasco da Gama* 1498 den Seeweg nach Indien entdeckt hatte, musste sich der Handel neu orientieren. Die alten venezianischen Handelswege wurden bedeutungslos. Länder wie Spanien, Portugal, England und Holland profitierten davon auf Kosten Venedigs.

Venedig wurde allmählich zum **unbedeutenden Kleinstaat.** Schließlich war die Stadt einfach zu klein und zu dünn besiedelt, um sich gegen die sich bildenden Nationalstaaten behaupten zu können. Doch kulturell zählt diese Zeit zu den fruchtbarsten der Stadt. Dann folgte schnell das **Ende der Republik** als eine Folge der Revolutionen in Europa. Venedig war ein Fossil, ein Relikt geworden, das zu beseitigen **Napoleon** ausgezogen war. Am 12. Mai 1797 schließlich dankte der letzte Doge, *Lodovico Manin,* ab: Die Adelsrepublik war von Napoleon aufgelöst worden. Von den 500 Mitgliedern des Großen Rates stimmten nur 30 für den Erhalt des Staates.

Was dann kommt, ist ein nationales Hin und Her. Zunächst ziehen französische Truppen in die Stadt ein. In dieser Zeit bemächtigen sich die **Franzosen** auch der Pferde von San Marco und bringen sie am 7. Dezember nach Paris – ein Symbol verschwindet! Am 18. Januar 1798 ziehen die Franzosen ab und **Österreicher** besetzen die Stadt. 1805 werden Venedig und Venetien nach der so genannten Dreikaiserschlacht von Austerlitz bis 1814 dem napoleonischen Königreich Italien zugeschlagen. Dann wird das Gebiet erneut österreichisch. Erst 1866 verliert Österreich Venedig dann gänzlich. Die Stadt gehört fortan zum **Königreich Italien.** Doch die Österreicher hinterließen Spuren: Spezialitäten wie *Spritz, Kipferl* oder *Strudel* gehören heute noch zur venezianischen Küche, ebenso wie die Trachtenhüte und Lodenmäntel in den Gassen der Stadt zur Winterzeit. Nach dem Untergang der Republik durch den Verlust der *terra ferma* und damit verbunden der wirtschaftlichen Grundlagen kommt es zu einem **Verfall der Stadt,** von dem sich Venedig trotz des zunehmenden Tourismus bis heute nicht erholt hat.

Selbst die Eingemeindung der Industriestädte Mestre und Marghera auf dem Festland konnten diesem Verfall nicht entgegenwirken. Dort wurden zwar viele Arbeitsplätze geschaffen, doch die Giftstoffe, die ins Wasser und in die Luft abgegeben werden, gefährden die Lagunenstadt. Bereits 1846 war Venedig über einen Eisenbahndamm an das italienische Eisenbahnsystem angebunden worden. Nach der Eröffnung des Suezkanals 1869 wuchs Venedigs Bedeutung als Hafenstadt wieder. Dennoch ist der **Tourismus** bis heute die größte Einnahmequelle der Stadt. Er förderte auch die Einrich-

Mit schwimmenden Stautoren soll Venedig in Zukunft vor Hochwasserkatastrophen geschützt werden. Jahrelang hatte man dafür mit dem Modell Mose experimentiert

tung **kultureller Großveranstaltungen:** 1895 wurde die Kunstbiennale, die Biennale d'Arte, ins Leben gerufen. 1932 folgte das Filmfestival, 1979 wurde der Karneval wiederbelebt.

Während des Ersten Weltkriegs bombardierten zwar österreichisch-ungarische Verbände die Stadt, doch wie auch später im Zweiten Weltkrieg blieb Venedig weitgehend unbeschädigt. Zum größten Problem entwickelte sich im Laufe der Jahrzehnte vielmehr der **Exodus:** Die Venezianer verlassen ihre Stadt und ziehen aufs Festland, um nur zum Arbeiten ins *centro storico* zu kommen. Ein Grund sind teure Wohnungen, die zum Teil in schlechtem Zustand sind. Ein weiterer Grund ist aber auch darin zu sehen, dass es fast nur noch Arbeitsplätze im Dienstleistungssektor gibt: Der Fremdenverkehr erfordert viel – zum großen Teil schlecht bezahlte – Dienstleistung, zudem beherbergt Venedig als Hauptstadt der Region Veneto zahlreiche Verwaltungssitze, die täglich viele Beamte als Pendler in die Stadt ziehen.

Neben dem Exodus ist das größte Problem des modernen Venedig das **Hochwasser.** Bereits im 18. Jh. hatten die Venezianer mit dem Bau der Murazzi, wellenbrechender Deiche vor den südlichen Lidi, die bis auf eine Länge von 15 Kilometern anwuchsen, versucht, dem Hochwasser Herr zu werden. Doch das Jahrhunderthochwasser in Form einer gigantischen Flutwel-

042ve Foto: bw

le, das am 4. November 1966 die Stadt heimsuchte, zerstörte diese Dämme erheblich, so dass das Wasser in die Lagune und die Stadt eindringen konnte und Venedig an seinen tiefsten Stellen bis nahezu zwei Meter unter Wasser setzte. Weltweit wurden daraufhin Hilfsmaßnahmen für Venedig gefordert und Sanierungs- und Erhaltungsprojekte initiiert. Die Stadt wurde schließlich auch in die Liste des Weltkulturerbes der UNESCO aufgenommen.

Die Dogenrepublik und ihre Staatsinstitutionen

Der **Große Rat** als oberstes Organ des venezianischen Staates besaß grundsätzlich unbeschränkte Macht, insbesondere hinsichtlich der Gesetzgebung und dem Einsetzen von Behörden und Beamten sowie im Hinblick auf Entscheidungen über Krieg und Frieden. Er war aber aufgrund seiner Größe mit mehr als 2000 Personen viel zu schwerfällig, um alle Entscheidungen selbst zu treffen. Daher delegierte er an Unterinstanzen, die alle aus Mitgliedern des Großen Rates bestanden.

Die **Dogen,** Staatsoberhäupter der Republik Venedig, wurden schon von *Petrarca* im 14. Jh. als „mit Ehren angetane Sklaven der Republik" bezeichnet. So versteht sich, dass der Doge oft knieend vor dem Markuslöwen dargestellt wird. Er fungierte als „primus inter pares", hatte aber mehr Einfluss dadurch, dass er in allen Gremien den Vorsitz hatte. Doch er unterlag auch privat strengster Zensur. Die Dogenwahl erfolgte nach einem höchst komplizierten System, das eingesetzt wurde, um Bestechungen zu vermeiden. Der Gewählte war verpflichtet, die Wahl zum Dogen anzunehmen. Ein leichtes Leben hatte er dann nicht mehr, da er eine Fülle von Aufgaben und Beschränkungen auf sich nehmen musste. Im Laufe der Jahrhunderte wurde die Stellung des Dogen schrittweise entmachtet, bis er schließlich nur mehr eine Repräsentationsfigur war.

Ein wichtiges Gremium im venezianischen Staatsgefüge war die **Signoria,** bestehend aus dem Dogen, je einem Berater aus den sechs Sestieri (Stadtvierteln) und den drei Vorständen der Quarantia. Der Doge konnte nichts allein entscheiden, sondern nur in Übereinstimmung mit seinen Beratern, die ihn in diesem Rahmen kontrollieren konnten – und sollten.

Der **Senat** hatte zunächst 60 Mitglieder und wurde schrittweise erweitert auf 300 im 16. Jh. Mitglieder waren auch die Vertreter der Signoria, also auch der Doge. Der Senat war bis zum 16. Jh. wichtigstes politi-

205ve Foto: ml

Der Doge, das Staatsoberhaupt der Republik Venedig, kniet vor dem Markuslöwen: Er ist der Sklave der Republik

Im Laufe der Jahrzehnte wurden viele Projekte zum Schutz der Stadt vor Wassermassen geplant, durchdacht, erprobt und schließlich immer wieder verworfen. Im Dezember 2001 schließlich fand ein seit Anfang der 1980er Jahre wieder und wieder diskutiertes Projekt, das schon lange tot geglaubt war, seinen Abschluss. In den nächsten Jahren sollen **schwimmende Stautore,** die sich mit Luft füllen lassen und bei drohender Hochwasserflut hochgeklappt werden, die Öffnungen zum Meer verschließen. Mose ist das größte Infrastrukturprojekt der italienischen Nachkriegsgeschichte. 2003 hatte Ministerpräsident Silvio Berlusconi den Grundstein für die umstrittenenen **Hochwassersperren** vor den Lidi der Stadt gelegt.

Der **Brand** des traditionsreichen, weltberühmten **Opernhauses La Fenice** hatte 1996 die Gemüter der Weltöffentlichkeit bewegt. Weltweit wurden riesige Summen für seinen Wiederaufbau gesammelt. 2004 kam es nach langjährigen Problemen endlich zur Wiederinbetriebnahme des traditionsreichen Theaters. Ein zweiter Brand erschütterte im Jahre 2003 die Öffentlichkeit. Der ehemalige Industriebau **Molino Stucky** auf der Giudecca ging kurz vor dem Ende seiner Renovierung als Hotel- und Kongresscenter in Flammen auf. Die Venezianer vermuten Brandstiftung, da der Löschhubschrauber just an diesem Tag nicht einsatzfähig war. 2007 wurde es als größtes Hotel der Stadt mit 376 Betten als Teil der Hilton-Kette eröffnet.

Revolutionärste Neuerung im Rahmen der vielfältigen Bauvorhaben in Venedig ist, nachdem es jahrhundertelang nur drei Brücken über den Canal Grande gab, der Bau einer **Brücke** zwischen Bahnhof und Piazzale Roma.

sches Organ des Staates mit umfassenden Kompetenzen. Die **Quarantia,** wie der Name sagt ein Gremium von 40 Mitgliedern, war der Oberste Gerichtshof (Berufungsgericht).

Der **Rat der Zehn** wurde 1310 gegründet. Er entwickelte sich zum wichtigsten Kontrollorgan, wobei letztlich alle anderen Staatsorgane seiner Kontrolle unterlagen. Man könnte auch vom obersten Verfassungsschutz sprechen, allerdings waren die Kompetenzen faktisch uneingeschränkt. Aus dem Rat der Zehn gingen schließlich 1539 die **Staatsinquisitoren** hervor. Sie zogen wesentliche Teile der Macht des Rates der Zehn an sich und waren die Institution, deren Wirken noch heute in Form vieler – erfundener oder wahrer – Gruselgeschichten präsent sind. Gefängnis der Staatsinquisition waren die so genannten *piombi,* die Bleikammern unter dem Dach des Dogenpalastes, deren wohl bekanntester Insasse der Frauenheld *Casanova* war.

Im venezianischen Staatsgebilde herrschte das **Prinzip des Misstrauens,** das Kontrolle und Gegenkontrolle notwendig machte. Dabei überschnitten sich die Kompetenzbereiche der einzelnen Staatsorgane häufig und auf ziemlich undurchsichtige Weise. Um dem Einzelnen nicht zu viel Macht zuwachsen zu lassen, waren die Amtszeiten kurz – je wichtiger ein Amt, desto kürzer die Amtszeit, teilweise nur sechs Monate. Auf Lebenszeit gewählt wurden der Doge (der aber vom Großen Rat absetzbar war), die **Prokuratoren von San Marco,** die politisch machtlos waren und im Wesentlichen nur zu repräsentieren hatten, und der **Großkanzler,** eine Art Bürochef des Dogen, der in keinem Gremium stimmberechtigt war.

Der spanische Stararchitekt *Santiago Calatrava* hat eine gewagte Glaskonstruktion von 88 Metern Länge entworfen. Eröffnung sollte bereits 2004 sein. Jahrelang standen nur die Fundamente, denn das Transportproblem der Glas-Stahl-Teile unter den Brücken Venedigs ließ sich nicht lösen. Zudem gab es Probleme mit der Statik der Fundamente. Im August 2007 schließlich war es soweit. Seitdem schlägt die neue Brücke auf rund 94 Metern einen grazilen Bogen über den Kanal zwischen Busbahnhof und Bahnhof: **Ponte della Constituzione,** Verfassungsbrücke.

Unter anderem wegen der ungelösten Hochwasserproblematik und der von den Einheimischen nicht sehr geliebten Hochwassertore, deren Bau inzwischen begonnen wurde, wählten die Venezianer 2005 wieder ihren langjährigen, bei der letzten Wahl nicht angetretenen **Bürgermeister** *Massimo Cacciari*. Im selben Jahr wurde ein Architekturwettbewerb für eines der größten Bauvorhaben der Stadt prämiert. Der Preisträger soll auf dem Lido für die alljährlichen Filmfestspiele einen **Kino-Palast** mit dem größten Vorführsaal der Welt bauen. Im Herbst 2008 wurde dann der Grundstein für das ambitionierte Vorhaben gelegt. In seinen Ausmaßen soll der Kino-Palazzo an das Kolosseum in Rom heranreichen. Der künftige *Palazzo del Cinema* wird das futuristische Design einer goldenen Muschelschale haben und soll 2700 Gästen auf einer Fläche von 3500 Quadratmetern in

406ve Foto: bw

drei großen Sälen Platz bieten. Den Zuschlag hatte der Entwurf des französisch-algerischen Architekten *Rudy Ricciotti* bekommen. Der Entwurf für den neuen Kinopalast sei von *Federico Fellinis* Realismus inspiriert, heißt es in einer Pressemeldung der Filmfestspiele. Er soll das alte Gebäude aus den 1930er Jahren weitgehend ersetzen. 70 Millionen Euro sind für das gigantische Vorhaben veranschlagt, welches zum Beginn des 68. Filmfestivals, zum 150. Jahrestag der Einigung Italiens, im Jahr 2011 eröffnet werden soll. Das Geld soll vom Staat, der Stadt und der Region aufgebracht werden. Der neue Gebäudekomplex wird auch Platz für Kongresse bieten.

Eine „Infrastrukturmaßnahme" verändert Venedigs Erscheinungsbild nachhaltig: Seit März 2008 wird die **Taubenkolonie** auf dem Markusplatz ausgehungert, was bedeutet: Mais verkaufen und Füttern verboten. 100.000 Tiere sollen auf dem Markusplatz leben. Durch ihre Exkremente zerstören sie den Kalkstein, aus dem Venedig gebaut ist.

Ein Blick in die Vergangenheit:
Bis 2008 verkauften fliegende Händler Taubenfutter auf dem Marktplatz. Das ist nun bei drastischen Strafen verboten

Venedig wird modern – die Stadt verändert sich

„Das" Standardwerk unter den Reisebüchern zu Venedig ist ein kunsthistorischer Führer aus dem Jahr 1926. *Giulio Lorenzettis* „Venezia e il suo estuario" („Venedig und seine Lagune") gibt es in unveränderter Form noch heute. Es ist noch immer ein Verkaufsschlager und wird regelmäßig neu gedruckt. Durch seine Zeitlosigkeit beweist es, dass sich in Venedig über Jahrzehnte hinweg wohl nichts verändert hat. Oder doch?

Doch! Venedig wird modern. Und das mit Macht. Während sich über Jahrzehnte, ja fast über Jahrhunderte hinweg, nichts in der Stadt getan hat, verändert die alte Dame in der Lagune gerade nicht nur ihr Kleid, sondern sogar ihr Gesicht. Dabei begnügt sie sich nicht mit einer Anti-Falten-Creme, um Runzeln oder Altersflecken zu glätten und zu überdecken, wie sie es bislang getan hat. Nein, man setzt ihr sogar das Skalpell an. Die Stadt wird „geliftet"!

Wie modern die altehrwürdige Serenissima wird, das können Besucher nicht nur auf Schritt und Tritt in den vielen **Lokalen neuen Outfits** mit Glas, Chrom und Minimalismus feststellen. Auch die meisten **Hotels,** die neu eröffnen, haben nur noch außen ihre altertümliche Palazzo-Fassade mit dem um die gotischen Fenster bröckelnden Verputz. Die meisten versuchen nicht mehr, den Charme der alten Zeiten zu imitieren, sondern setzen beim Interieur bewusst auf modernes Design und auf scharfe Kontraste.

Eine urbanistische Modernisierungsmaßnahme konnte im Februar 2009 allerdings in letzter Minute verhindert werden: *Coca Cola* sollte „Sponsor" der Stadt werden und hätte dafür überall im historischen Zentrum Venedigs Getränke-Automaten aufstellen dürfen. Venedig in Rot-Weiß!? 2,1 Millionen Euro wäre das dem Konzern wert gewesen. Für Venedig eine willkommene Finanzspritze, um die chronisch klammen Finanzen der Lagunenstadt aufzubessern. Für die Venezianer unvorstellbar. Der Protest war groß, zu groß. Bürgermeister *Massimo Cacciari* musste schnell einen Rückzieher machen. Jetzt hat er ein neues **Sponsoren-Konzept** ausgeschrieben.

Ebenfalls auf Sponsoren verlassen möchten sich die venezianischen Stadtoberhäupter bei der **Neugestaltung der Accademia-Brücke** über den Canal Grande. Ende April 2009 wurde ein Wettbewerb ausgeschrieben, um die 1932 als hölzernes Provisorium gebaute Brücke zu erneuern. Der Umbau, bei dem die Stahlträger-Konstruktion der aktuellen Brücke erhalten und nur der hölzerne Teil neu gemacht werden soll, darf die Stadt keinen Cent kosten. Außerdem soll die Brücke für Behinderte benutzbar werden. Das ist Teil eines umfassenden Planes, ganz Venedig behindertenfreundlich zu machen. Das Brücken-Konzept sieht eine komplett von Sponsoren finanzierte Lösung vor. Fünf Millionen Euro sind für die Erneuerung veranschlagt. Ein „Zuckerl" für die Finanziers: Die Brücke darf dann in Zukunft den Namen des Sponsors tragen. Wird es also möglicherweise bald eine „Coca-Cola-Brücke" über den Kanal geben?

Komplett neu gebaut wird ein von Geisterhand betriebener Zug, der Besucher von den Parkplätzen und Parkhäusern auf der Insel Tronchetto bis zum Busbahnhof auf dem Piazzale Roma transportieren wird. **„People-Mover"** nennt sich der Zug, der ab Anfang 2010 pro Stunde 3000 Personen in führerlosen Kabinen in die Stadt befördern soll. Für einen Euro soll dann die 867 Meter lange Strecke über zwei Kanäle in nur drei Minuten zu bewältigen sein. Bereits für 2008 geplant, war das Vorhaben wegen der Zusammenarbeit vieler Institutionen – von der Kommune über die Kirche, die Wasserschutzpolizei oder das Denkmalamt – verzögert worden. Im Augenblick steht schon ein Großteil der Fundamente auf der Parkplatzinsel Tronchetto, bei der Mittelstation an der Stazione Marittima und am Endbahnhof zwischen den Parkhäusern an Piazzale Roma. Auch Teile der Stahlkonstruktion, welche die österreichische Firma *Doppelmayr Cable Cars* konzipiert hat, sind schon zu sehen. Die zwei Züge – die je 200 Personen transportieren können und auf einer Stahlfahrbahn (nicht auf Gleisen!) auf luftgefüllten Rädern, an Seilen von Elektromotoren betrieben hin- und hergezogen werden – fahren an der Mittelstation aneinander vorbei, bevor sie dann an Tronchetto oder an Piazzale Roma in die Bahnhöfe einlaufen. Der Ausstieg an Piazzale Roma wird

407ve Foto: di

im zweiten Stock des bereits vorhandenen Parkhauses sein, so dass dort keine raumgreifenden Umbauten zwischen den Gebäuden vorgenommen werden müssen.

Der People-Mover ist Teil eines umfangreichen **Projektes zur Umgestaltung des Eingangstores zur Stadt.** Piazzale Roma, neben dem Kopfbahnhof Santa Lucia und dem Hafen, das Tor Venedigs, soll ein komplett neues Gesicht bekommen. Der Platz wird dafür gründlich aufpoliert werden. Dazu ist ein verbessertes Wegenetz vorgesehen, ein einheitliches und übersichtliches Schildersystem für Busbahnhof und Schiffsanlegestellen, sowie eine sicherere Wegführung für Fußgänger, die bisher auf dem Platz eher den Rang störender Verkehrsteilnehmer haben. Für sie denkt man an eine Brücken- oder Tunnellösung.

Die ersten Arbeiten zur Generalüberholung begannen im Mai 2009. Doch damit nicht genug. Zwischen den großen alten Parkhäusern des Piazzale Roma und dem Hafengelände erstreckt sich ein riesiges, heute brach liegendes Terrain, das früher als Lokomotiv-Depot genutzt wurde. Mit

In einer Computeranimation hat Piazzale Roma bereits ein neues Gesicht: Ab 2010 werden Besucher vom Parkplatz Tronchetto aus mit einer führerlosen Bahn zwischen den Parkhäusern ankommen

40.000 Quadratmeter Fläche übertrifft es bei weitem die Größe des Markusplatzes. Ein beachtliches städtebauchliches Areal! Für diese Flächen war 2008 ein Architektur-Wettbewerb ausgeschrieben, den der Mailänder Architekt *Mauro Galantino* gewonnen hat. Hier, wo sich auch die Zwischenstation des *People-Movers* befinden wird, werden ein Parkhaus mit 2400 Plätzen, ein Hotel, Büros und Läden entstehen. Dafür sind 63 Millionen Euro vorgesehen. Dazu addieren sich die 70 Millionen Euro für das gigantische Vorhaben des Kinopalastes auf dem Lido. Ganz abgesehen von den Milliardeninvestitionen für das Hochwasserprojekt an den Lido-Pforten: So pleite kann Venedig gar nicht sein!

Die moderne **Ankunftsachse** verläuft für Besucher, die mit dem Auto anreisen, in Zukunft vom Parkplatz auf der Insel Tronchetto über den People-Mover zum Piazzale Roma. Von dort geht es über den (oder unter dem) aufgehübschten Platz und weiter über die sanft geschwungene Glasbrücke des spanischen Architekten *Calatrava*. Sie war 2008 als vierte Brücke über dem Canal Grande eröffnet worden und verbindet den Busbahnhof mit dem Bahnhof.

Von da aus muss man dann allerdings konventionell weiter kommen: zu Fuß oder mit den althergebrachten Vaporetto-Schiffen übers Wasser. Allerdings ist auch hier moderne Technik eingezogen: Die Tickets für den öf-

408ve Foto: bw

fentlichen Verkehr sind nun elektronisch und müssen nicht mehr zum Entwerten in eine Stempelmaschine gesteckt, sondern nur noch an einem Lesegerät vorbei geführt werden. *Imob* nennt sich das System.

Auch den Besuchermassen versucht man mit modernen Steuerungsmethoden Herr zu werden: über den Geldbeutel! Die Stadtoberen meinen, es müsse für Touristen doch attraktiv sein, dann zu kommen, wenn es in der Stadt gerade besonders billig ist: Preiswertere Schiffskarten, günstigere Museumseintritte, sogar der Toilettenbesuch soll dann kostengünstiger sein, wenn die Stadt nicht so voll ist. Wer sich also für eine auf **www.veniceconnected.com** als grün und damit als besucherärmer markierte Reisezeit entscheidet und seine möglichen Fortbewegungs-, Bildungs- und „Entsorgungs"-Bedürfnisse durch eine Internetbuchung im voraus befriedigt, der kommt billiger weg. Und zudem wird er vom elektronischen System erfasst. Er hilft dann als gläserner Besucher mit, dass Venedigs Tourismusverantwortliche die Besucherströme zukünftig anders steuern können. Das heißt: Das Pinkeln in Venedig wird dann günstiger, wenn man flexibel ist, sich von den Preisen fernsteuern lässt und seine Reise spontan in einen anderen, von veniceconnected.com vorgeschlagenen Zeitraum verlegt. Schöne Illusion, verheißungsvolle Manipulation oder schafft es ein solches System tatsächlich, dass Venedig in der Hauptreisezeit weniger Besucher verkraften muss?

Auch für die Stromgewinnung wird auf modernste Techniken gesetzt. Der Hafen der Lagunenstadt Venedig strebt in der Energieversorgung Autarkie an und plant zu diesem Zweck den Bau eines **Algenkraftwerks,** wie die Hafenverwaltung im März 2009 bekannt gegeben hat. Die Anlage – es wäre die dritte dieser Art in Europa und die erste in Italien – soll in zwei Jahren betriebsbereit sein und durch Verbrennung der aus dem Meer geförderten Biomasse 40 Megawatt Strom liefern. Der Strom aus dem 200 Millionen Euro teuren Kraftwerk soll nicht nur den Hafen versorgen, sondern zugleich helfen, das sensible Ökosystem der Lagune zu bewahren. Nach den Plänen der Venezianer werden die Algen zunächst im Labor kultiviert. In Zylindern soll dann durch Wasser, Kohlensäure und Sonnenlicht eine Photosynthese ausgelöst werden. Die daraus gewonnene Biomasse wird anschließend zu Bio-Brennstoff verarbeitet.

Selbst in der Museumslandschaft Venedigs wird in Zukunft auf „modern" gesetzt. Gegenwartskunst wird die Stadt künftig nicht nur im zweijährigen Turnus während der Kunst-Biennale in den Giardini dominieren. Sie wird im neuen Kunstmuseum **„Punta della Dogana – François Pinault Foundation"** vielmehr kontinuierlich einen kräftigen Kontrapunkt zur alten Kunst setzen, zur heimischen

Ponte della Costituzione, „Verfassungsbrücke", heißt die Glaskonstruktion, die seit Ende 2008 als vierte Brücke den Canal Grande überspannt

Kunstgeschichte, die in den traditionellen Museen der Stadt, den Scuole und den Kirchen zu sehen ist. Wurde moderne Kunst bisher nur im wuchtigen Palazzo Venier dei Leoni am Canal Grande der Guggenheim-Collection zur Schau gestellt, wird in Zukunft an der Spitze der Stadt, in den exponierten Bauten der ehemaligen Zollstation der Seerepublik, ein weiteres Museum zur Auseinandersetzung mit Kunst der Gegenwart einladen. Am östlichsten Ende des Stadtteils Dorsoduro, dort, wo – unweit des Dogenpalastes – der Canale della Giudecca in den Canal Grande mündet, hat der japanische Architekt *Tadao Ando* in dem triangelförmigen Gebäude aus dem 17. Jahrhundert auf 4500 Quadratmetern Ausstellungsraum für die Sammlung des französischen Milliardärs *François Pinault* geschaffen. Wo seit dem 15. Jahrhundert die Kaufleute der Serenissima zum Abladen und zur Verzollung der auf dem Seeweg eintreffenden Waren angelandet waren, trifft sich jetzt die Kunstwelt. *Pinaults* Sammlung der Gegenwartskunst umfasst rund 2500 Werke und gehört weltweit zu den größten ihrer Art. Jahrelang war man davon ausgegangen, dass Guggenheim sich in direkter Nähe zu dessen ursprünglichem Museum in die Zollgebäude erweitern würde. Es hatte sogar konkrete Pläne gegeben. Umso größer war die Überraschung, als Bürgermeister *Massimo Cacciari* bekannt gab, *Pinault* würde den Zuschlag bekommen. Das neue Museum ergänzt die Sonderausstellungen des Palazzo Grassi (der ebenfalls *Pinault* gehört und von *Ando* umgebaut wurde) mit einer Dauerausstellung seiner Werke. Eröffnung war im Juni 2009, parallel zum Beginn der 53. Kunst-Biennale.

Ganz klar, dass einem solchen Schwergewicht moderner Kunst auch die alteingesessene **Biennale** etwas entgegen setzen musste. 2009 wurde prompt die Fläche vergrößert, auf der sich die Kunst zur 53. Esposizione Internazionale d'Arte präsentierte. Es kamen 6000 Quadratmeter für den Sonderausstellungsbereich in Gebäuden des Giardino delle Vergini neben dem Arsenale hinzu. Außerdem zog die Biennale wieder zurück an den Canal Grande, um näher bei den anderen Institutionen moderner Kunst zu sein: Nach Jahren der Sanierung konnte die Ca' Giustinian wieder als Biennale-Stammhaus genutzt werden. Darüber hinaus wurde verkündet, dass der ehemalige Italienische Pavillion in den Giardini auch künftig das ganze Jahr über als **„Palazzo delle Esposizioni"**, als Ausstellungspavillion für Aktivitäten der Biennale offen steht. Dass mit 77 Ländern 2009 die Beteiligung von Künstlern so hoch war wie nie zuvor, ist dann nur noch das Tüpfelchen auf dem i der Superlative für die moderne Kunst in Venedig.

Jahrhundertlang war „die Spitze Venedigs", das flache Gebäude vor der Salute-Kirche auf Dorsoduro, ein Zolllager. Jetzt hat sich dort das Museum „Punta della Dogana – François Pinault Foundation" ausgebreitet. Vom Turm der Kirche auf der Insel San Giorgio Maggiore hat man einen herrlichen Blick auf das neue Museum

409ve Foto: bw

Die Venezianer – dialektsprechende Inselbewohner mit Lokalpatriotismus

Es soll tatsächlich auch heute noch Venezianer geben, die aus dem Viertel, in dem sie geboren wurden und leben, noch nicht herausgekommen sind. Man hört bisweilen von Einheimischen, die nie den Canal Grande überquert oder den Markusplatz gesehen haben. Die Venezianer sind selbstzufrieden und in sich gekehrt und dabei doch weltoffen und weitsichtig. Sie sind ein **sonderbares Völkchen,** das in seiner Mentalität auch heute noch durch die Geschichte geformt ist, durch die Notwendigkeit der Flucht in ein eigentlich unbewohnbares Areal auf Sumpfinseln im Malaria-Gebiet. Denn es flohen die Mutigeren und Kräftigeren, und die Lebensbedingungen, die sie vorfanden, führten – frei nach Darwinscher Evolutionstheorie – sicher zu einer weiteren Auslese.

Die Lagunenbewohner waren **Pioniere,** vergleichbar etwa den Siedlern im Wilden Westen, und diese Mentalität und der eigene Charakter sind auch heute noch spürbar. Doch die Venezianer wurden zusätzlich geprägt durch den **Erfolg,** den sie über Jahrhunderte hinweg hatten, und durch das, was sie erreichten: einen stabilen Staat für 1100 Jahre, eine Verfassung, die über 400 Jahre lang unverändert blieb, eine Stadt, die in unermesslichem Reichtum lebte, die Stadt mit der mächtigsten Flotte, dem größten und leistungsfähigsten Arsenal, Anziehungspunkt für die größten Künstler und Gelehrten, für Jahrhunderte „die" Weltstadt, später die Hauptstadt der Freude und Ausgelassenheit. Und von all dem ist in Venedig auch heute noch etwas zu spüren.

Die Kontakte mit fremden Ländern, die vielen Besucher, die schon vor Jahrhunderten in der Stadt ein und aus gingen, ließen in der venezianischen Seele noch **andere Mentalitäten** reifen. Viel unterschiedliches Blut fließt in den Adern eines „echten" Venezianers: slawisches vielleicht und österreichisches, ganz sicher aber orientalisches. „Mürrisch, aber berechnend ist der Blick seines hellen Auges und sein Mund rätselhaft. Seine Nase ist sehr ausgeprägt, gleich der Nase eines Granden aus der Renaissance-Zeit, und seiner ganzen Art haftet eine gewisse simple Arglist und Selbstgefälligkeit an wie bei einem Menschen, der ein Vermögen gemacht hat durch leicht anrüchige Geschäfte mit Artischocken. Gelegentlich verbirgt sich in seinem Blick ein Schimmer verstohlener Verachtung, und sein Lächeln ist zurückhaltend. Gewöhnlich ist er ein Mensch von vornehmer Distanz, höflich, zuvorkommend. Sie sind zugleich distanziert, misstrauisch und liebenswürdig". So charakterisiert der britische Venedig-Kenner *James Morris* in den 1960er Jahren die Venezianer und dem bleibt wenig hinzuzufügen.

Doch man muss wissen, dass Venezianer nicht gleich Venezianer ist. Jeder Distrikt, jeder lärmende Marktplatz hat seine eigene, **unverwechselbare Atmosphäre** – hier barsch, dort zuvorkommend, hier schlicht, dort weltgewandt. Selbst der **Dialekt** wandelt sich von Viertel zu Viertel (⇨„Praktische Reisetipps A–Z: Sprache"). Es gibt tatsächlich Wörter, die am einen Ende von Venedig gebräuchlich, am anderen unbekannt sind.

„Wo aber ist das Volk von Königen geblieben?", fragt *August von Platen* in einem seiner venezianischen Sonette. Aus heutiger Sicht kann man diese Frage in doppeltem Sinne verstehen: so wie sie gemeint ist, nämlich melancholisch im Rückblick auf die großen Jahrhunderte und die Taten der Republik und der sie tragenden Figuren, aber man kann die Verszeile auch so verstehen, dass es einfach schwierig ist, Angehörige dieses venezianischen Volkes überhaupt noch zu finden in dem teilweise unendlichen und erdrückenden Meer der Touristen, von dem sich die Venezianer absondern und abheben, durch Stille – und durch gute Manieren. Das Blut in den Adern einer Stadt sind eben nicht ihre Sehenswürdigkeiten, die Kirchen und Paläste, Museen und Galerien, sondern ihre **Bewohner,** und die stimmen ganz offensichtlich mit den Füßen ab, verlassen die Stadt und ziehen aufs Festland.

Oft genug hört man, die Venezianer seien arrogant und abweisend. Das mag auf den ersten Blick zutreffen, entspricht aber überhaupt nicht der Realität. Man trifft vielmehr überall auf

Höflichkeit, Herzlichkeit, ja Freundschaft (dies mit etwas Zurückhaltung), wenn man den Venezianern höflich und unaufdringlich entgegentritt, nach Möglichkeit mit ein paar Worten Italienisch. Kritiker mögen sich vorstellen, was es heißt, in einer Stadt zu leben, die eng und klein ist, kaum Ausweich- und Rückzugsmöglichkeiten bietet und jährlich von mehr als elf Mio. Menschen besucht bzw. heimgesucht wird.

Stadtgeografie – der Weg durchs Labyrinth

Ein Blick auf den **Stadtplan** zeigt es: Venedig ist ein von Ost nach West springender **Fisch,** der sich in das Maul eines kleineren Fisches verbissen hat und versucht, ihn zu verschlingen. Doch die Fische hängen an der Angelschnur, sie können nicht entkommen. Ein vielsagendes Bild: nicht nur, dass Wasser das vorherrschende Element der Stadt ist und sich ihr Reichtum und Ruhm darauf begründen, auch die Angelschnur hat Symbolcharakter. Mit dem Bau der vier Kilometer langen Brücke für Eisenbahn und Autos im 19. Jh., dem Ponte della Libertà, endete symbolträchtig der Mythos von der Souveränität der Stadt. Venedig war nun nicht mehr die Königin der Meere, sondern ans Festland angebunden und von ihm abhängig.

550 Quadratkilometer umfasst die Niedrigwasser- und Sumpfzone der venezianischen **Lagune.** Das Stadtgebiet an sich macht sieben Quadratkilometer aus. Man sagt, es gebe keinen zuverlässigen Stadtplan Venedigs, keinen, auf dem alle Wege verzeichnet sind. Das stimmt zwar so nicht ganz, aber ein Plan, auf dem alle noch so kleinen Gassen und Kanäle eingezeichnet sind, ist zu umfangreich für den normalen touristischen Gebrauch.

Die auf **über 100 Inseln** erbaute Stadt hat zwei miteinander verwobene, sich gegenseitig bedingende und korrespondierende Verkehrsnetze: zum einen die **Wasserwege** und diese entsprechen im Wesentlichen den Wasserflächen, wie sie von Natur aus zwischen den einzelnen Inseln bestanden, zum anderen die **Fußwege,** die die unterschiedlichsten Namen tragen (⇨Exkurs „Straßen gibt es in Venedig nicht"). Der Lastenverkehr erfolgt fast ausschließlich auf dem Wasser. Doch früher bewegte man sich weit mehr auf dem Wasser als heute. Der reiche Adel früherer Jahrhunderte kam kaum auf den Gedanken, zu Fuß zu gehen. Er bediente sich fast ausschließlich seiner Privatgondeln. Heute findet der Individualverkehr überwiegend auf dem Lande statt, denn trotz des recht gut ausgebauten Netzes von Bootslinien ist Venedig eine **Stadt der Fußgänger.**

Die beiden Verkehrsnetze sind durch **Brücken** verklammert. Von ihnen gibt es mehr als 400. Mit einer Ausnahme, dem Ponte Tre Archi über den Canale di Cannaregio, haben alle dieselbe Grundform, die den jeweiligen örtlichen Gegebenheiten und Anforderungen angepasst ist: Ein gemauerter Bogen überspannt den Wasser-

045ve Foto: ml

lauf, darüber liegt eine trapezförmige Rampenführung mit zweimaliger Abknickung des Geländers. Interessant ist, dass es sich hier offensichtlich um eine Urform der Brücke schlechthin handelt, die besonders häufig auf dem Balkan, jedoch auch bis nach China anzutreffen ist.

Dass Venedig auf Inseln im Schlamm gebaut ist, kann man heute noch nachvollziehen, wenn man bei Niedrigwasser von einem der Türme über die Lagune blickt

Die Inseln, auf denen Venedig steht, sind überzogen mit einem Netz aus – teilweise atemberaubend engen – **Calli,** schluchtartigen Gassen, und **Campi,** Plätzen verschiedenster Größe und Form. Sie sind zumeist recht klein (und heißen dann *Campielli*). Beim Schlendern in diesem Netz erlebt man den Wechsel zwischen Weitung und Verengung als lebendigen Rhythmus, Atembewegungen vergleichbar. Die Orientierung ist oft schwierig genug, teils, weil sich durch die Enge der Gassen die Himmelsrichtung schwer ausmachen lässt, teils aber auch, weil man durch immer neue Sehenswürdigkeiten abgelenkt wird, schließlich jedoch, weil man im scheinbar systemlosen Gassengewirr

Sechs Stadtteile mit 29.254 Hausnummern

Die Einteilung des Stadtgebietes in sechs Stadtteile (Sestieri) erfolgte 1169. Jeder Bezirk hat seine spezielle Charakteristik. **San Marco,** das Herz der Stadt, umfasst das Wirtschafts- und Machtzentrum Venedigs. **San Polo,** auf der anderen Seite des Canal Grande gelegen, ist einer der am dichtesten bewohnten Stadtteile. Der Campo San Polo ist neben dem Markusplatz der zweitgrößte Platz. Gleich daneben liegt **Santa Croce,** der Stadtteil, zu dem auch die Parkplatz-Insel Tronchetto sowie die Bus- und Autodrehscheibe des Piazzale Roma gehören. **Cannaregio** verdankt seinen Namen dem Schilfrohr, das am sumpfigen Lagunenrand wuchs. Dieser Stadtteil gilt traditionell in weiten Teilen als Arbeiterviertel. **Castello** liegt im Schwanz des „springenden Fisches" und ist weitgehend vom dort angesiedelten Industrie- und Werftkomplex des Arsenals und von den im Mittelalter planmäßig angelegten Arbeitersiedlungen geprägt. **Dorsoduro,** der „harte Rücken", erinnert durch seine Namensgebung an den felsigen Untergrund, auf dem dieser Bezirk gebaut ist. Die Gegend gilt heute in weiten Teilen als Künstlerviertel, das mit Arbeiterregionen und dem volkstümlichen Viertel um den Campo Santa Margherita rivalisiert.

Zum Labyrinth werden diese Stadtteile in erster Linie dadurch, dass alle Häuser eines Sestiere fortlaufend nummeriert sind und die **Nummerierung** sich somit nicht auf die Gassen bezieht. *Napoleon* hat diese Systematik eingeführt, an der bis heute festgehalten wird. Sich zurechtzufinden ist schwer, denn es gibt 29.254 Hausnummern in Venedig, die ohne jede erkennbare Logik verteilt sind. Die Briefträger gehören zu den Wenigen, die das Chaos beherrschen, aber auch nur, weil sie mit eiserner Strenge vorgehen und von der 1 bis zur letzten Nummer ihres Bezirks ein Haus nach dem anderen ablaufen. Um herauszufinden, wo zum Beispiel das Haus „Santa Croce 1357" ist, bedient man sich am besten des so genannten **Indice anagrafico,** eines Buches, das für jede Hausnummer den Namen der Gasse, in der das Haus liegt, angibt. Nur so hilft dann auch der Stadtplan weiter.

047ve Foto: ml

046ve Foto: bw

ohne Stadtplan oft genug in die Irre läuft und sich in Sackgassen und Innenhöfen verliert. Gedanken an ein Labyrinth sind hier nicht abwegig.

Doch das Labyrinth Venedig hat ein **System,** allerdings leider keines, das sich dem Besucher auf den ersten Blick erschließt, denn die venezianische Stadtgeographie hat es in sich.

Vom Campanile auf dem Markusplatz hat man einen herrlichen Blick über Stadt und Lagune und – manchmal – bis zu den Alpen

Venedig ist in sechs relativ eigenständige Stadtteile unterteilt, die so genannten **Sestieri** („Sechstel", ⇨Exkurs). Die Campi, insbesondere die größeren, waren und sind Zentren des öffentlichen Lebens und der Kommunikation. Häufig finden sich Kirchen mit den ihnen zugeordneten **Scuole** (⇨Exkurs „Prächtige Bauten und karitative Unterstützung: die venezianischen Scuole") und den für Venedig typischen Brunnenköpfen, *Vere da Pozzo* genannt und überwiegend in Form kunstvoll gestalteter Säulen-Kapitelle herausgebildet. Gut 3000 bis 4000 soll es davon in Venedig geben (⇨Exkurs „Das lebenspendende Nass: Woher kommt Venedigs Trinkwasser?").

Auf den Plätzen finden sich auch zahlreiche **Palazzi** der vormals adeligen Schicht. Die zum Campo führenden Portale sind eigentlich die unwichtigen Eingänge, während die Haupteingänge früher zum jeweiligen Kanal lagen. Genauso, wie es nur einen Platz (Piazza) gibt, den Markusplatz, so hat Venedig auch nur einen wirklichen Palazzo, den Dogenpalast (Palazzo Ducale). Alle andern Palazzi heißen gemäß dem venezianischen Sprachgebrauch einfach **Ca',** als Abkürzung für *casa* (Haus). Die Lücken zwischen den Kirchen- und Prachtbauten füllen die weniger aufwändig dekorierten Wohnhäuser der Bürger.

Architektur – stilreich und steinreich, doch oft zusammengeklaut

In Venedig sind Stile aller kunsthistorischen Epochen vertreten, von der vorromanischen Zeit über die Romanik byzantinischer Prägung bis zur Moderne. Weil die Stadt viele Jahrhunderte lang ungeheuer reich war, konnten die jeweils besten Künstler ihrer Zeit angeworben werden. Im Folgenden werden wichtige Ausdrucksformen venezianischer Architektur vorgestellt.

Zunächst muss man sich ein Bild machen können, worauf die Stadt gründet. Der Untergrund Venedigs besteht aus **Sandbänken,** die knapp unter bzw. über der Wasseroberfläche liegen. In diesen instabilen Baugrund wurden zwei bis vier Meter lange Lärchen- oder Eichenpfosten, so genannte *pali,* getrieben, in konzentrischen Kreisen bis in die Tiefe der darunter liegenden Tonschicht. Darauf wurde ein Gerüst aus liegenden Balken befestigt, auf denen ein Fundament, meist aus istrischem Kalkstein, geschichtet wurde, auf dem man dann die einzelnen Häuser oder Kirchen errichtete. Die Hohlräume zwischen den Stämmen wurden mit Sand und Schlick aufgefüllt.

Es gibt unzählige **Kirchen** in Venedig, einige Bauformen sind besonders häufig vertreten. Es finden sich zum Beispiel **Zentralkuppelkirchen** wie San Marco, San Giacomo del Rialto oder San Salvatore. Die Form einer **Basilika** haben Santa Maria e Donato und die Bettelordenskirchen wie Santa Maria Gloriosa dei Frari oder die Bauten Palladios, Il Redentore und San Giorgio Maggiore. Als schöne Beispiele für **Saalkirchen** gelten SS. Apostoli, Santa Maria dei Miracoli, San Zulian oder San Moisè.

Die wesentlichste Leistung der venezianischen Architektur besteht in der Entwicklung und Ausformung des venezianischen **Palastes.** Die großen Familien Venedigs konnten für ihre Paläste eine völlig andere Architektur wählen, als die Familien, die auf dem Festland wohnten, wo Sicherheits- und Verteidigungsaspekte im Vordergrund standen. Dies war für die Venezianer bedeutungslos. Trotzdem wurden die Bauten durchaus mit starken Portalen und gut vergitterten Fenstern gegen Übergriffe von außen geschützt. Der venezianische Palast diente nicht nur

048ve Foto: ml

als Wohn- und Repräsentationsbau, sondern war meist ein so genanntes *casa-fontego,* also **Wohn- und Handelshaus** zugleich.

Venedig bietet auf engstem Raum eine Vielzahl an Stilen

In der Mitte des Erdgeschosses liegt der so genannte *andron,* ein breiter Korridor, der den Bau in seiner ganzen Tiefe durchquert und als Magazin dient. Zu beiden Seiten befinden sich kleinere Räume, Geschäftsräume und Büros. Das erste Obergeschoss ist der *piano nobile,* die „edle Etage", die die

Wohn- und Repräsentationsräume der Besitzer umfasste. Dieses Geschoss ist ebenso gegliedert, wie das Erdgeschoss: Dem *andron* entspricht hier der *portego* oder *salone*. War der venezianische Palast in früheren Zeiten zweigeschossig, so wurde er später um ein Stockwerk erweitert und erhielt auch teilweise Zwischengeschosse *(mezzanini)*. In den oberen Geschossen lagen die Räume für entferntere Familienangehörige, unter dem Dach die für die Dienerschaft. Manche Paläste wurden auch von zwei Familien bewohnt, zu erkennen daran, dass sie zwei Portale an der Wasserseite haben. Die Paläste waren mit feinstem Kunsthandwerk und unerhörter Pracht ausgestattet. Sie stellen jeweils ein Gesamtkunstwerk dar, für das es keinen Vergleich gibt. Für uns sind – mit wenigen Ausnahmen – nur mehr die Fassaden zu besichtigen, die die dahinterliegende Aufteilung widerspiegeln. Die vollkommenste Ausprägung erhielt der venezianische Palast in der Gotik, dem Stil, an dem die Venezianer länger festhielten, als andere Städte. Der glanzvollste Palast dieser Epoche ist die Ca' d'Oro am Canal Grande, heute ein Kunstmuseum.

Die **Bürgerhäuser** Venedigs unterscheiden sich von den Palazzi durch ihre Bauweise. Häufig wurden die Häuser um **Höfe** herum errichtet (in die man sich heute oft genug verläuft). Die **Kamine** wurden oft vor der Hauswand hochgezogen, was ebenso dem Feuerschutz diente wie die charakteristischen Schornsteine der Stadt. Die Verteilung der Fenster nimmt das Motiv der Palastfassade auf. **Dachterrassen** *(altane)* ermöglichen den Gang aus der Dunkelheit der Gassen zum Licht, **Erker** *(liagò)* den Blick aus den Wohnungen in die Gassen. Eine besondere Art des Bauens sieht man auch heute noch im Ghetto, wo Platzmangel und hohe Bevölkerungsdichte

Straßen gibt es in Venedig nicht

In Venedig gibt es eine einzige Straße, die auch so heißt, die *Strada Nuova*. Alle anderen Fußwege sind Gassen, *calli* (Einzahl *calle*, vom Lateinischen *callis*, Pfad). Davon gibt es ungefähr 3000. Sie werden allerdings nicht immer *calle* genannt, sondern manchmal auch *calletta* (kleine Gasse), *piscina, crosera* oder auch *rio ter(r)à*, wenn es sich um einen zugeschütteten Kanal handelt. Eine *ruga* ist eine Gasse, an der viele Geschäfte gelegen sind. Der Ausdruck leitet sich vom Französischen *rue* ab. *Ramo* nennen sich kleine Seitengassen, die meist Sackgassen sind. Ist die Uferseite eines Kanals begehbar, so wird sie *fondamenta* genannt. Die breitesten Uferwege sind die Zattere, die Flaniermeile gegenüber der Insel Giudecca, die Riva degli Schiavoni in der Verlängerung von San Marco und die Fondamente Nuove im Norden der Stadt. Als *Sottoportego* bezeichnet man eine kurze, überdachte Passage, die durch ein Gebäude hindurchführt. *Saliz(z)ada* heißen in Venedig die Gassen, die als erste gepflastert waren. Der Name leitet sich von *selciata*, gepflastert, ab. Plätze gibt es in Venedig nur einen einzigen, den Markusplatz (Piazza di San Marco). Alle anderen nennen sich *campo* oder *campiello*, Feld oder kleines Feld.

Manche Gassen Venedigs haben sehr sonderbare Namen. Es gibt zum Beispiel einen *Rio terà degli Assassini*, eine „Mördergasse", den *Ponte dei Squartai*, die „Brücke der Viergeteilten", einen *Ponte delle Tette*, die „Brücke der Brüste", aber auch einen *Ponte della Donna Onesta*, die „Brücke der ehrbaren Frau", oder eine *Calle del Amor dei Amici*, eine „Gasse der Liebe der Freunde". Natürlich gehört zu jedem dieser sprechenden Namen eine Legende. Aufschluss darüber geben (leider nur für Leser, die des Italienischen mächtig sind) drei Comic-Bände, in denen die interessantesten Legenden und Geschichten rund um die venezianischen Ortsbezeichnungen in unterhaltsamen Bildergeschichten erzählt werden: „I Nizioleti raccontano" von *Paolo Piffarerio* und *Piero Zanotto* (Edizioni Hunter 1996/1997/2002).

049ve Foto: ml

Häuser entstehen ließen, die man immer wieder aufstockte. Noch eine Besonderheit hat Venedig: Eingebettet zwischen Rii, Calli, Campi und Häusern finden sich meist hinter hohen Mauern **verborgene Gärten.** Sie sind selten einsehbar und im Stadtbild daher kaum wahrzunehmen. So prägt sich einem Venedig als vegetationsarme Stadt ein, in der der Wechsel der Jahreszeiten fast nicht zu sehen ist.

Die Dekorationen der **Fassaden** vieler Palazzi und unzähliger Kirchen erinnern an die regen Reise- und Handelsaktivitäten der Venezianer in früheren Jahrhunderten: In aller Herren

Länder haben sich die Venezianer das „zusammengeklaut", womit sie ihre Stadt schöner machen wollten. Die vier Pferde von San Marco etwa kommen aus Konstantinopel, viele Säulen und Reliefs an Kirchen und Palästen wurden ebenfalls aus dem Orient „importiert". Die **Säulen** auf der Piazzetta vor dem Dogenpalast gehörten ursprünglich zu einer Dreiergruppe, eine von ihnen versank nach der Ankunft aus dem Orient beim Abladen vor der Piazzetta im Wasser. Der links vom Eingang stehende **Löwe,** der mit grimmigem Blick in Gesellschaft zweier Artgenossen das Portal des Arsenals bewacht, stand ursprünglich im griechischen Seehafen von Piräus. Die Liste der schmückenden Elemente aus aller Welt ließe sich beliebig fortsetzen.

Das Bild Venedigs wird durch drei Materialien bestimmt: Ziegel, istrischen Kalkstein und Marmor, wobei der widerstandsfähige **istrische Kalkstein** *(pietra d'Istria)* nicht nur als Schmuck diente, sondern auch zur Festigung, sei es in Fassaden oder Fundamenten, als Wassersperre in Ziegelwänden oder für Brunnen und Stufen. **Marmorelemente** wurden auch für Altäre verwendet. Seit dem Mittelalter kam der Marmor meist auf Handelsschiffen ins Land, die aus dem Osten zurückkehrten. Aus **Backstein** bestehen sowohl die Wände einfacher Häuser als auch die der Paläste. Die Gotik zeichnet sich vor allem durch den immer wieder gerne verwendeten roten Veroneser Kalkstein aus. Sandstein wurde nur selten verwendet, da er sehr empfindlich ist.

Im 15. und 16. Jh. wurden von überall her **antike Säulen** importiert. Anstückelungen verraten dem Betrachter oft, dass die Säulen ursprünglich aus anderen Zusammenhängen stammen. Bei der Restaurierung der Miracoli-Kirche beispielsweise sind erst vor kurzem Platten mit römischen Inschriften und frühmittelalterlichen Reliefs auf der Rückseite gefunden worden. Häufig wurden auch erbeutete Säulen aus edlen Steinen wie rotem oder grünem **Porphyr** in Scheiben geschnitten, poliert und als farblich dekorative Elemente verwendet. Die schönste und größte Porphyrplatte findet sich seit dem 15. Jh. am Portal der Kirche Madonna dell'Orto.

037ve Foto: bw

Venedigs sechs Seelen: die Sestieri

300ve Foto: bw

206ve Foto: bw

Auf dem Markusplatz ist man fast nie allein

Warten auf Kundschaft vor der Frari-Kirche

Sogar für die Gondeln gibt es in Venedig spezielle Verkehrsschilder

Überblick

Das historische Venedig, das *centro storico* rund um den Canal Grande, ist in sechs Stadtbezirke, die so genannten **Sestieri,** eingeteilt (⇨Exkurs „Sechs Stadtteile mit 29.254 Hausnummern"). Jeder dieser Bezirke ist eine kleine Welt für sich, ist von den anderen sehr verschieden und hat eine eigene „Seele". Unser Blick auf die Stadt beginnt in Bahnhofsnähe, dort, wo heutzutage die meisten Besucher ankommen. Der Bahnhof gehört zum Sestiere Cannaregio, Castello und San Marco schließen sich im Osten an. Auf der Südseite des Canal Grande finden sich Santa Croce und San Polo sowie der Dorsoduro, zu dem auch die Insel Giudecca gehört. Diese Sechsteilung des aus vielen kleinen Inselansiedelungen zusammengewachsenen Stadtgebietes erfolgte 1169.

Routen durch die Sestieri: von einem Punkt zum nächsten

Beim Gang durch die einzelnen Stadtteile wird das Offensichtliche, das Wohlbekannte, das, was sich wegen seiner Berühmtheit dem Besucher am einfachsten erschließt, nicht unbedingt in den Mittelpunkt gestellt. Vielmehr soll auch das Venedig gezeigt werden, das sich abseits der bekannten Routen, hinter Fassaden, in Höfen, in dunklen Gassen oder in abgelegenen Ecken der Stadt verbirgt.

Bei der Vorstellung der Stadtteile werden keine ausgesprochenen Rundgänge angeboten, sondern die wichtigsten, aber auch weniger bekannte **Sehenswürdigkeiten** in einer sinnvollen Reihenfolge vorgestellt, von einem jeweils leicht zugänglichen Startpunkt aus. Ein Start ist aber überall entlang der vorgeschlagenen Route möglich. Ebenso wie man jederzeit wieder aussteigen und sich in anderen Gassen verlieren kann. Hinter dem Namen der Sehenswürdigkeit gibt die **Zahl in Klammern (XY)** den Legendenpunkt auf der Karte wieder. In einer Stadt wie Venedig, in der es so schwierig ist, sich räumlich zu orientieren, ohne hinter der nächsten Straßenecke unvermittelt in einer Sackgasse zu landen, ist es notwendig, den exakten Weg zu den einzelnen sehenswerten Objekten zu beschreiben. Dadurch ergeben sich zwangsläufig Routen durch jedes einzelne Viertel. Diese **Touren** sind aber nicht als Tagestouren gedacht, denn dann wären sie „Gewaltmärsche". Man kann vielmehr an jedem Punkt ein- oder aussteigen. Der Canal Grande – das Rückgrat der Stadt – wird vom Linienschiff aus betrachtet, gesondert am Ende des Kapitels beschrieben.

Hinweise auf Restaurants, Bars oder Snackmöglichkeiten und Beschreibungen der interessanten Museen finden sich der Übersichtlichkeit halber in eigenen Kapiteln: **Einkehr-Empfehlungen** sind im Kapitel „Praktische Reisetipps A–Z" unter dem Stichwort „Essen und Trinken" zu finden. Den **Museen** und ihren Schätzen ist ein eigenes Kapitel gewidmet.

Öffnungszeiten von Kirchen sind nicht angegeben, da sie sich ständig ändern. Meist sind sie zwischen 10 und

053ve Foto: ml

12 und von 15 oder 16 bis gegen 17 oder 18 Uhr zu besichtigen.

16 wichtige Kirchen wie z.B. die Frari-Kirche, Madonna dell'Orto oder Santa Maria del Giglio haben sich zu dem **Projekt „Chorus"** zusammengeschlossen und bieten durchgehende Öffnungszeiten ohne Mittagspause an. Mit einem Sammelticket für 9 € kann man alle 16 Kirchen besuchen. Einzeln kostet der Eintritt 3 €. Im Internet ist „Chorus" zu finden unter www.chorusvenezia.org (auch auf Englisch). Die Preise befinden sich in der Rubrik „informations". Chorus-Kirchen sind Montag bis Samstag von 10 bis 17 Uhr geöffnet. Sonntag geschlossen.

Da sich Venedigs Stadtgefüge durch ein extrem unübersichtliches System von kleinen und kleinsten Gassen und Durchgängen auszeichnet, empfiehlt es sich, zusätzlich zu den hier abgedruckten Ausschnittsplänen, die nur Anhaltspunkte geben können, einen **Stadtplan** zu erstehen, der auch die ganz kleinen Wege und Verbindungsgänge wiedergibt. In der Regel sind die Pläne, die es vor Ort in Buchhandlungen zu kaufen gibt, empfehlenswert. Von rein touristischen Stadtplänen, in denen beispielsweise die Palazzi dreidimensional eingezeichnet sind, ist abzuraten.

Das Reiterstandbild Colleonis thront vor der Fassade der Scuola Grande di San Marco im Sestiere Castello

Cannaregio

Der Stadtteil Cannaregio liegt nördlich des Canal Grande. Er erstreckt sich vom Bahnhof bis zu der Brücke beim Fondaco dei Tedeschi (Hauptpost bei Rialto) und der vor der Kirche Santi Giovanni e Paolo. Im Norden öffnet sich der Stadtteil zur Lagune. Sein Name geht zurück auf das Schilfrohr, das am sumpfigen Lagunenrand wuchs. Cannaregio hat durch die Anlage der breiten, völlig unvenezianischen Strada Nuova, die zusammen mit der Lista di Spagna und dem Rio terà San Leonardo die Verbindung zwischen Bahnhof und dem Campo dei Santi Apostoli herstellt, erhebliche Veränderungen erfahren. In der Strada Nuova ist Cannaregio sehr belebt durch die zahlreichen überwiegend einfacheren Geschäfte. Unweit des Ponte delle Guglie finden sich viele Marktstände, auch mit Souvenirs. Parallel zu diesen Straßenzügen verlaufen weiter nördlich mehrere lange Kanäle mit breiten Uferwegen. Hier liegen vor allem einfachere, teilweise auch ärmliche Viertel, in denen sich Besucher manchmal wie in einer verlassenen Stadt vorkommen können. Doch es macht Spaß, dort herumzuschlendern und in den kleinen Bars oder Osterien nach Art der Einheimischen eine *ombra* zu trinken (⇨Exkurs „Andiamo per ombre? Oder: Warum man in Venedig Schatten konsumiert").

054ve Foto: bw

Rund um den Bahnhof

Der Bahnhof Venedigs, **Venezia S. Lucia (1)** trägt den Namen der 1860 abgerissenen Kirche Santa Lucia. Relativ unbeachtet gleich neben dem modernen Bahnhofsgebäude aus dem Jahre 1954 und zu Füßen der Brücke **Ponte degli Scalzi (2)** von 1934 steht die Barfüßerkirche **Santa Maria di Nazareth, Chiesa degli Scalzi (3,** *Scalzi* = Barfüßer). Ihre zweistöckige Marmorfassade spiegelt den Typus römischer Kirchenfassaden wider. Mit ihr hat *Giuseppe Sardi* 1683 bis 1689 die einzige Fassade der Stadt aus Carrara-Marmor geschaffen. Auch das Innere der gewölbten Saalkirche, die 1670 nach Entwürfen von *Baldassare Longhena* gebaut wurde, orientiert sich an römischem Barock. Hervorzuheben ist vor allen Dingen die gewaltige Architektur des Hochaltars.

Wer aus dem Bahnhof tritt, sich nach rechts wendet und am Ufer entlang um das große Gebäude am Wasser herum geht, gelangt zu Venedigs jüngstem Bauwerk: Zur erst im September 2008 eröffneten vierten Brücke der Stadt, der **Ponte della Constituzione (40).** Der Entwurf des sanft geschwungenen Verkehrsbauwerks aus Stahl, das mit seinen 94 Metern Länge den Bahnhof mit der Piazzale Roma verbindet, stammt von *Santiago Calatrava* und ist mit Glasstufen versehen. Die neue Brücke ermöglicht eine direkte Verbindung zwischen dem Ort, an dem in Venedig die Touristenbusse und Pkw ankommen, mit dem Kopfbahnhof. *Calatrava* hatte den Auftrag bereits 1999 erhalten, die Baustelle der Brücke stand jedoch jahrelang still, weil sich Abweichungen der Maße ergeben hatten. Die fertig montierten Teile der Brücke gammelten derweilen auf einem Lagerplatz vor sich hin.

Die Straße, die vom Bahnhof Richtung Nordosten führt, nennt sich **Rio terà Lista di Spagna.** Ihren Namen hat sie von einem zugeschütteten Kanal, der in einen Gehweg umfunktioniert wurde *(rio te(r)rà),* und daher, dass dort früher die spanische Botschaft lag. Straßen, die zu Botschaften führen, tragen in Venedig den Namen *Lista.* Die Straße endet am **Campo San Geremia (4),** der von vier Marmorbrunnen und zwei bedeutenden Gebäuden dominiert wird, der Kirche San Geremia und dem Palazzo Labia.

Die Chiesa degli Scalzi liegt am Fuß der Bahnhofsbrücke. Links ist ein Teil des modernen Bahnhofs zu sehen

Kirche San Geremia (5)

Die Kirche fällt durch ihren hohen, romanischen **Backstein-Campanile** auf. In der 1753 umgebauten Kirche werden seit 1860 die Reliquien der Märtyrerin *Lucia* aus Syrakus aufbewahrt. Sie lagen ursprünglich in der Kirche, die dem Bahnhof weichen musste. Am Ehrentag Lucias, dem 13. Dezember, pilgern Venezianer in die Kirche und bitten um **Sehkraft und Heilung ihrer Augenkrankheiten.**

Palazzo Labia (6)

Im rechten Winkel zur Kirchenfassade steht der mächtige Palazzo Labia, eines der prachtvollsten Gebäude der Stadt. Die ursprünglichen Besitzer kamen aus Katalanien. Sie hatten sich 1646 den Eintrag ins Goldene Buch der Stadt mit viel Geld erkauft. Amüsant ist in diesem Zusammenhang eine Geschichte aus dem Leben des Hausherrn, der am Ende eines Festes das benutzte goldene Geschirr aus dem Fenster in den Kanal werfen ließ, mit den lautmalerischen Worten „L'abbia o non l'abbia, sarò sempre un Labia" (Ob ich's habe oder nicht, ich werde immer ein Labia sein). Allerdings: Auf dem Grunde des Kanals hatte er Netze gespannt, um das Geschirr wieder einzuholen.

Erbaut wurde der Palazzo 1720 bis 1750. Sein Manko: Er liegt nicht am Canal Grande. Die Besitzer konnten also nicht mit einer Fassade an der prachtvollen Wasserstraße prunken und mussten den Standortnachteil durch eine außergewöhnliche Innenausstattung wettmachen. Im ersten

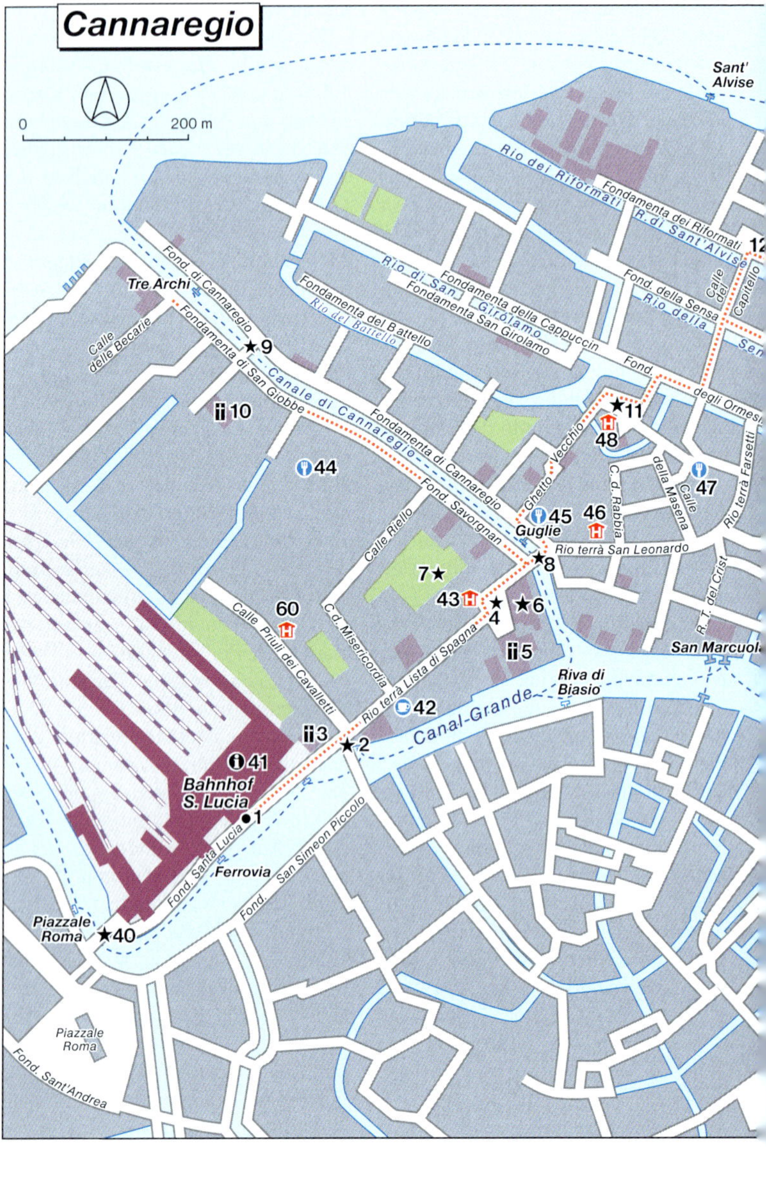
Cannaregio
0
200 m
Sant' Alvise
Rio dei Riformati
R. di Sant'Alvise
Fondamenta dei Riformati
12
Calle del Capitello
Fond. della Sensa
Rio della Sensa
Rio di San Girolamo
Fondamenta della Cappuccin
Fondamenta San Girolamo
Fondamenta del Battello
Rio del Battello
Fond. di Cannaregio
Tre Archi
Fondamenta di San Giobbe
Calle delle Becarie
★9
Canale di Cannaregio
Fondamenta di Cannaregio
Fond. degli Ormesini
★11
48
10
44
Ghetto Vecchio
C. d. Rabbia
della Masena
Calle
47
Rio terrà Farsetti
Fond. Savorgnan
45
46
Guglie
Rio terrà San Leonardo
★8
Calle Riello
7★
43
★4
★6
5
R. T. del Cristo
San Marcuola
60
Calle Priuli dei Cavalletti
C. d. Misericordia
Rio terrà Lista di Spagna
Riva di Biasio
42
Canal Grande
3
★2
41
Bahnhof S. Lucia
1
Fond. Santa Lucia
Ferrovia
Fond. San Simeon Piccolo
Piazzale Roma
★40
Piazzale Roma
Fond. Sant'Andrea

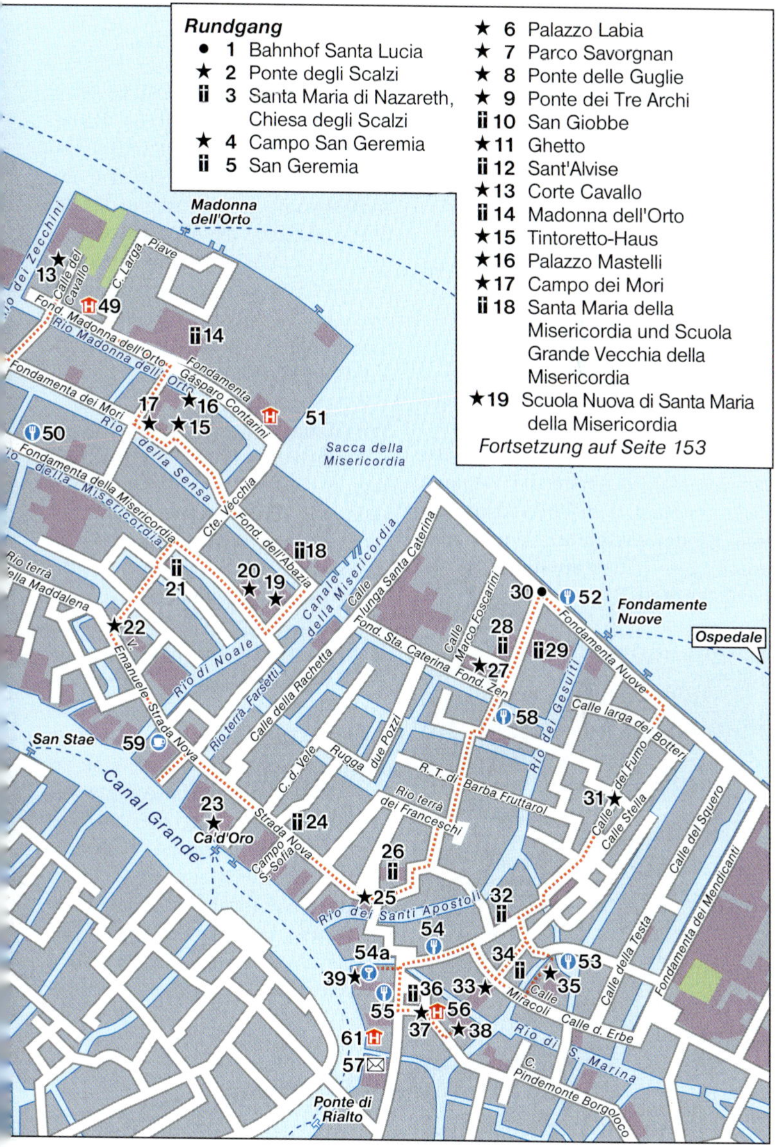
Rundgang
● 1 Bahnhof Santa Lucia
★ 2 Ponte degli Scalzi
3 Santa Maria di Nazareth, Chiesa degli Scalzi
★ 4 Campo San Geremia
5 San Geremia
★ 6 Palazzo Labia
★ 7 Parco Savorgnan
★ 8 Ponte delle Guglie
★ 9 Ponte dei Tre Archi
10 San Giobbe
★11 Ghetto
12 Sant'Alvise
★13 Corte Cavallo
14 Madonna dell'Orto
★15 Tintoretto-Haus
★16 Palazzo Mastelli
★17 Campo dei Mori
18 Santa Maria della Misericordia und Scuola Grande Vecchia della Misericordia
★19 Scuola Nuova di Santa Maria della Misericordia
Fortsetzung auf Seite 153
Madonna dell'Orto
Sacca della Misericordia
Fondamente Nuove
Ospedale
Fond. Madonna dell'Orto
Rio Madonna dell'Orto
Fondamenta Gásparo Contarini
Fondamenta dei Mori
Rio della Sensa
Fondamenta della Misericordia
Rio della Misericordia
Cte. Vecchia
Fond. dell'Abazia
Canale della Misericordia
Calle lunga Santa Caterina
Fond. Sta. Caterina
Fond. Zen
Calle Marco Foscarini
Fondamenta Nuove
Rio dei Gesuiti
Calle larga dei Botteri
Calle del Fumo
Calle Stella
Calle del Squero
Calle della Testa
Fondamenta dei Mendicanti
Rio terrà della Maddalena
V. Emanuele
Strada Nova
Rio di Noale
Rio terrà Farsetti
Calle della Rachetta
C. d. Vele
Rugga due Pozzi
R. T. di Barba Fruttarol
Rio terrà dei Franceschi
Campo Nova S. Sofia
Rio dei Santi Apostoli
Calle Miracoli
Calle d. Erbe
Rio di S. Marina
C. Pindemonte Borgoloco
San Stae
Canal Grande
Ca'd'Oro
Ponte di Rialto
Calle del Cavallo
C. Larga Piave

Stockwerk, dem *piano nobile,* finden sich herrliche **Freskomalereien** von *Giovanni Battista Tiepolo* mit Szenen aus der Geschichte von *Antonius* und *Kleopatra,* das bedeutendste Werk der venezianischen Dekorationskunst im 18. Jh.

• Der Palazzo ist nur nach telefonischer Voranmeldung unter Tel. 041/781277 oder 781111 mittwochs bis freitags von 15 bis 16 Uhr ohne Führung kostenlos zu besichtigen. Derzeit wird er restauriert.

Parco Savorgnan (7)

Vom Campo San Geremia aus führt eine winzige, versteckte Gasse neben einem Laden für Töpferwaren (Calle del Vergola) zu einem der wenigen Parks der Stadt, dem Parco Savorgnan (mit **Kinderspielplatz**). Eine wahre grüne Oase mitten im Trubel der lebendigen Stadt.

055ve Foto: bw

Ponte delle Guglie (8) und Ponte dei Tre Archi (9)

Die seit 1580 den Canale di Cannaregio überspannende **Brücke** Ponte delle Guglie verdankt ihren Namen den vier Obelisken auf dem Brückengeländer. Viel fotografiert sind ihre Maskenköpfe oder Fratzen, die den Brückenbogen zieren. Die zweite Brücke über den stark befahrenen und breiten Canale di Cannaregio ist der Ponte dei Tre Archi. Sie ist die einzige mehrbogige Brücke Venedigs und wurde 1688 gebaut.

San Giobbe (10)

Westlich des Ponte dei Tre Archi liegt in dieser recht verlassenen Gegend die **Franziskanerkirche** San Giobbe, die gerade renoviert wurde. Die Kirche, eine der frühesten der Stadt im **Renaissance-Stil,** wurde 1450 von *Antonio Gambello* begonnen und nach 1471 von *Pietro* und *Tullio Lombardo* vollendet. Durch ein wunderschönes Marmorportal in der einfachen Fassade geht es in das Innere der venezianischen Saalkirche mit Kapellenreihen an der linken Wandseite und schönem Presbyterium. Von der früheren Ausstattung finden sich heute einige der Meisterwerke in der Accademia. Auffallend ist in der zweiten Kapelle links die Ausstattung im toskanischen Stil mit Majolikareliefs. Von kristalliner Klarheit und leuchten-

Von der Brücke Ponte delle Guglie blickt man auf Marktstände mit Lebensmitteln und Souvenirs

der Schönheit ist der überkuppelte Renaissancechor von *Pietro Lombardo.* Im Fußboden versenkt liegt eine große bronzene Grabplatte für den Dogen *Cristoforo Moro,* dem die Kirche ihre Ausstattung verdankt.

Am Ende der Fondamenta steht das ehemalige **Schlachthaus** aus dem 19. Jh., heute Teil der Universität.

Das Ghetto (11)

Zurück zum Ponte delle Guglie: Hier geht es auf der Fondamenta di Cannaregio links hinter der Brücke die zweite Gasse - neben dem koscheren Restaurant Gam-Gam - unter einem niedrigen Durchgang hindurch ins Ghetto. Gelbe Schilder mit hebräischen Schriftzeichen weisen den Weg. Dieser Teil Cannaregios ist eine eigene, in sich geschlossene Welt. Von hier aus breitete sich die Bezeichnung „Ghetto" für den Zwangswohnbezirk von Juden rasch in ganz Europa aus. Die Bezeichnung kommt von den **Kanonengießereien,** die ursprünglich in diesem Stadtbezirk lagen. Den Fluss des geschmolzenen Metalls nannte man *ghetto* oder *getto.* Der Begriff wurde auf das Judenviertel übertragen.

Geschichte des Ghettos

Erstmals sollen Juden etwa im 10. Jh. in die florierende Stadt gekommen sein. Sie waren traditionell in ihren wirtschaftlichen Entfaltungsmöglichkeiten massiv eingeengt, da ihnen die Mitgliedschaft in den Zünften verwehrt war und sie kein Handwerk ausüben durften. Zudem war ihnen Im-

★20 Palazzo Lezze
⛪21 San Marziale
★22 Paolo Sarpi
★23 Ca' d'Oro
⛪24 Santa Sofia
★25 Scuola del Angelo Custode
⛪26 Santi Apostoli
★27 Palazzo Zen
⛪28 Oratorio dei Crociferi
⛪29 Chiesa dei Gesuiti Santa Maria Assunta
●30 Fondamente Nuove
★31 Gianni Basso, Drucker
⛪32 San Canciano
★33 Palazzo Bembo e Boldù
⛪34 Santa Maria dei Miracoli
★35 Palazzo Soranzo-Van Axel
⛪36 San Giovanni Crisostomo
★37 Corte Prima del Milion
★38 Teatro Malibran
★39 Campiello del Remer
★40 Ponte de la Costituzione (Calatrava)

Sonstiges
41 Tourist-Info
42 Konditorei Dal Mas
43 Alloggi Gerotto Calderan
44 Ristorante La Moeca
45 Gam-Gam
46 Hotel Arcadia
47 Bentigodi Osteria da Francesca
48 Locanda del Ghetto
49 Grand Hotel Palazzo dei Dogi
50 Ostaria da Rioba
51 Casa Cardinal Piazza
52 Algiubagiò
53 Osteria da Alberto
54 Enoteca Boldrin
54a Taverna del Campiello Remer
55 Fiaschetteria Toscana
56 Malibran
✉57 Post
58 Trattoria Storica
59 Ardidos Coffee
60 Hotel Abbazia
61 Ai Ponte Antico

207ve Foto: ml

Ziemlich unscheinbar ist der Eingang zum Ghetto Vecchio, der früher versperrbar war. Gelbe Schilder weisen in italienischer und hebräischer Sprache den Weg

mobilienbesitz verboten. Im Gegensatz zu den Christen durften sich die Juden aber Geldgeschäften widmen, Zinsen berechnen und als Händler tätig werden. Auch der Arztberuf war ihnen zugänglich. Insbesondere durch die Bankierstätigkeit entstanden vereinzelt große Reichtümer, die meisten Juden aber waren arme kleine Händler. In Venedig lebten sie sicher, Verfolgungen oder Pogrome gab es nie. Sie mussten aber immer wieder Verträge mit dem Senat aushandeln – und für das Recht zu bleiben kräftig bezahlen.

Auch sonst zog die Republik aus der Anwesenheit der Juden vielfältigen Nutzen.

Stark angewachsen ist die jüdische Bevölkerung Venedigs nach 1500, nach der Vertreibung der Juden aus Spanien und Portugal. Venedig war aus Sicherheitsgründen ein **gesuchter Zufluchtsort.** Nach der Niederlage der Venezianer bei Agnadello 1509 und angesichts des Vorrückens der Truppen der Liga von Cambrai flohen viele Juden und kamen nach Venedig.

Bis 1516 lebten sie über die ganze Stadt verteilt. Mit Dekret vom 25. März 1516 wurden sie jedoch in das **Ghetto** eingewiesen. Es liegt auf einer Insel mit damals nur zwei Zugängen, die gut bewachbar waren und abends versperrt wurden. Vermutlich reagierte die Regierung Venedigs mit dieser Maßnahme auf eine antisemitische Stimmung in der Stadt, die von kirchlicher Seite kräftig geschürt wurde. So war die Unterbringung im Ghetto auch eine Schutzmaßnahme für die Juden. Das **Ghetto N(u)ovo** („Neues Ghetto“) war bald überfüllt, so dass es 1541 um das **Ghetto Vecchio** („Altes Ghetto“, so genannt wegen der dort gelegenen ältesten Schmelzereien) und 1633 um das **Ghetto Novissimo** („Neuestes Ghetto“) erweitert wurde. Trotzdem gab es für die etwa 5000 Einwohner wenig Platz. So kam es, dass die Häuser damals bis zu zehn Stockwerke hoch gebaut wurden – und das bei einer extrem niedrigen Geschosshöhe von etwa 1,60 Meter.

Außerhalb des Ghettos mussten die Juden Erkennungszeichen tragen. Im

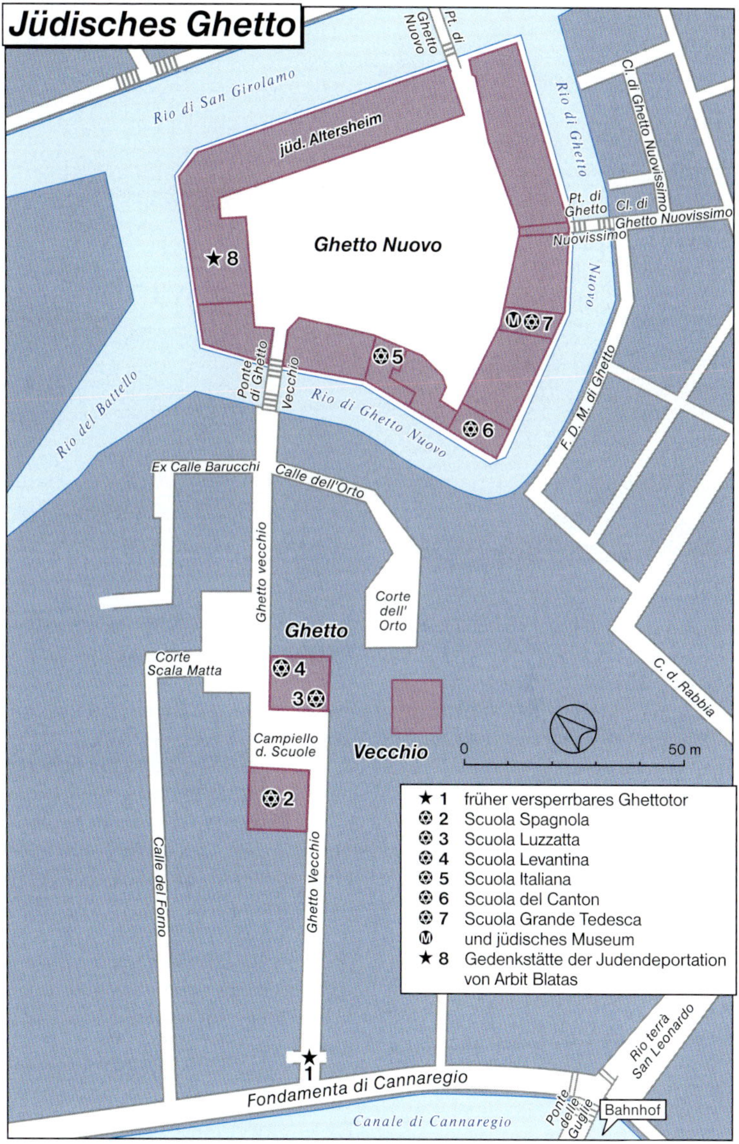
Jüdisches Ghetto
Rio di San Girolamo
jüd. Altersheim
Pt. di Ghetto Nuovo
Rio di Ghetto
Cl. di Ghetto Nuovissimo
Pt. di Ghetto Nuovissimo
Cl. di Ghetto Nuovissimo
Nuovo
Ghetto Nuovo
Rio del Battello
Ponte di Ghetto Vecchio
Rio di Ghetto Nuovo
F. D. M. di Ghetto
Ex Calle Barucchi
Calle dell'Orto
Ghetto vecchio
Corte dell' Orto
Ghetto
Vecchio
Corte Scala Matta
Campiello d. Scuole
C. d. Rabbia
0
50 m
Calle del Forno
Ghetto Vecchio
Fondamenta di Cannaregio
Canale di Cannaregio
Ponte delle Guglie
Rio terrà San Leonardo
Bahnhof
★ 1 früher versperrbares Ghettotor
2 Scuola Spagnola
3 Scuola Luzzatta
4 Scuola Levantina
5 Scuola Italiana
6 Scuola del Canton
7 Scuola Grande Tedesca
M und jüdisches Museum
★ 8 Gedenkstätte der Judendeportation von Arbit Blatas

057ve Foto: bw

Ghetto entwickelte sich ein blühendes Gemeinschaftsleben (man war ja auf Leben und Tod aufeinander angewiesen) mit Wohlfahrtseinrichtungen, Theater, Musik und Buchdruck auf hohem Niveau sowie Synagogen, die jedoch entsprechend den christlichen Laienbruderschaften *scuole* hießen. Gab es 1719 noch neun, so sind es heute nur noch fünf.

Napoleon befreite 1797 die Juden zwar aus dem Ghetto, unter den Österreichern mussten sie jedoch wieder dort leben. Gleichberechtigte Bürger wurden sie erst im Königreich Italien. Zu Zeiten *Mussolinis* gab es zunächst keine größeren Judenverfolgungen, das änderte sich erst nach der Kapitulation Italiens und der kurz darauf erfolgten Besetzung des Landes durch deutsche Truppen im September 1943. Am 17. August 1944 wurden mehr als 200 Juden verschleppt, kaum einer kam zurück.

Die ersten Juden kamen im 10. Jh. nach Venedig. Im 16. Jh. wurden sie ins Ghetto eingewiesen

Jüdische Bevölkerung heute

Heute leben noch etwa 450 Juden in der Stadt, die meisten von ihnen außerhalb des Ghettos. Sie sind die Hüter eines einzigartigen Schatzes von **fünf Synagogen** aus dem 16. Jh. Etwas Vergleichbares gibt es wohl nirgends sonst auf der Welt. Aber auch für den malerischen alten **jüdischen Friedhof auf dem Lido** sind sie verantwortlich. Zu besichtigen mit englischsprachiger Führung zwischen 10 Uhr und 17.30 Uhr (Winter bis 16.30 Uhr), jede volle Stunde. Buchung im Jüdischen Museum, Tel. 041/715359). Es gibt auch eine Thoraschule, einen jüdischen Kindergarten, den sechs Kinder besuchen, und ein jüdisches Altenheim mit zehn Bewohnern.

Rundgang durch das Ghetto

Der Weg führt durch das Ghetto Vecchio, vorbei an der jüdischen Bäckerei Volpe über den Campiello delle Scuole, wo eine Gedenktafel an die 200 ermordeten Juden erinnert, zum Campo del Ghetto Nuovo und weiter rechts durch einen niedrigen Durchgang zum Ghetto Nuovissimo.

Im **Ghetto Vecchio** sind die beiden Synagogen am Campo delle Scuole mit Führungen zu besichtigen. Die **Scuola Spagnola** und die **Scuola Levantina** sind prunkvoll ausgestattet und gehörten den reicheren sephardischen (spanischen) Juden. Da jeweils nur eine der beiden beheizbar ist, werden sie wechselweise je nach Jahreszeit benutzt. Die Innenräume beider Synagogen wurden vom Architekten *Baldassare Longhena* entworfen bzw. umgebaut. In der levantinischen arbeitete der berühmte Schnitzer *Andrea Brustolon,* der auch in der Ca' Rezzonico tätig war. In der spanischen gibt es, was für Synagogen unüblich ist, eine Orgel. Die Räume tragen alle Charakteristiken venezianischer Prunksäle mit üppigen Verzierungen und Vergoldungen sowie roten Vorhängen.

Im **Ghetto Nuovo** liegt in der Nordost-Ecke das niedrige Altersheim. Bronzetafeln eines litauischen Künstlers erinnern an die Deportationen, rechts davon stehen die Namen der venezianischen Opfer. In Richtung Ghetto Nuovissimo finden sich niedrige Arkaden. An dieser Stelle standen die „Bänke" der Geldwechsler und -verleiher. Rechts vom Durchgang zum Ghetto Nuovissimo geht es ins **Museo Ebraico** (⇨Kap. „Museen"), wo sehr empfehlenswerte Führungen durchs Ghetto und durch drei der Synagogen angeboten werden. Ein gut sortierter Buchladen ergänzt das Angebot.

Die Synagogen im Ghetto Nuovo liegen etwas versteckt, denn sie sind in den oberen Stockwerke der Gebäude untergebracht, da über ihrem Dach nur der Himmel sein durfte. Man muss wissen, worauf zu achten ist, um etwas von ihnen zu entdecken: Sie tragen kleine Kuppeln mit Laternen. Die **Scuola Grande Tedesca,** die älteste (1528), gehört zum Museo Ebraico. Sie wurde im 18. Jh. umgebaut und theaterähnlich gestaltet sowie mit einer eleganten, vergoldeten Frauenempore versehen. Sie ist eine der ältesten erhaltenen Synagogen des deutschen Judentums. Die aschkenasische (ostjüdische) **Scuola del Canton** (1531/32) liegt in dem Haus mit Vorbau rechts vom Museo Ebraico. Ihr Inneres ähnelt eher christlichen Kirchen. Die danebenliegende **Scuola Italiana** aus dem Jahre 1575 ist auch mit einer Führung zugänglich.

Vom Ghetto zum Campo dei Mori

Zur Kirche Sant'Alvise

Der breiteste Ein- bzw. Ausgang des Ghettos liegt im Ghetto Nuovo in Richtung Norden. Eine schmiedeeiserne Brücke führt dort über den Rio di San Girolamo. Hier scheint die Zeit stehengeblieben zu sein: breite Fondamente, auf denen Hausfrauen und Fischer ihren Alltagsgeschäften nachgehen, wo vor den kleinen Läden ein Schwätzchen unumgänglich ist und wo in den Bàcari ein schnelles Gläschen Wein bei einem typisch venezianischen Häppchen konsumiert wird.

Auf der Fondamenta degli Ormesini führt der Weg nach links in Richtung Nordwesten und noch vor der nächsten Brücke rechts in die erste Gasse, die Calle Turloni, bis zum Rio della Sensa. Dort geht es über die Brücke und die Calle dei Riformati entlang bis zur Fondamenta dei Riformati. Nach rechts geht es weiter bis zur Kirche **Sant'Alvise (12)** aus dem 14. Jh.

Bekannt ist diese dem Bischof *Ludwig von Toulouse* (venezianisch *Alvise* genannt) geweihte Kirche für ihren von Säulen getragenen Nonnenchor. In dieser Form ist er der erste in Venedig. Sant'Alvise wird in erster Linie wegen ihrer **Gemälde von Giovanni Battista Tiepolo** besucht, die einen der Höhepunkte der Malkunst des 18. Jh. darstellen. An der rechten Langseite finden sich zwei Frühwerke („Geißelung" und „Dornenkrönung"). Bedeutender ist „Christus auf dem Weg zum Kalvarienberg": Der pompöse Zug mit römischen Feldzeichen hält inne, weil Christus, in leuchtendes Rot und Blau gekleidet, unter dem Kreuz zusammengebrochen ist. In der Ferne stehen die Kreuze auf dem Golgatha-Hügel.

Madonna dell'Orto

Um zur Kirche Madonna dell'Orto zu gelangen, geht man über die Brücke vor der Kirche Sant'Alvise und durch die Calle del Capitello, dann links die Fondamenta della Sensa entlang bis auf Höhe der nächsten Brücke. Dort geht es links in die Calle Loredan und weiter über den Rio della Madonna dell'Orto. Hier kann man im **Corte Cavallo (13),** im „Pferdehof", in die Geschichte der Stadt blicken. Er erinnert an die Gießerei, in der 1486 bis 1496 *Andrea Verrocchio* sein Reiterstandbild des *Bartolomeo Colleoni* für den Platz vor der Kirche Santi Giovanni e Paolo (siehe dort) gießen ließ.

Die Fondamenta nach rechts entlanggehend, erreicht man die Kirche **Madonna dell'Orto (14).** Der Name geht zurück auf den Fund einer Madonnen-Statue im Jahr 1377, die in einem der dortigen Gemüsegärten vergraben war. Madonna dell'Orto ist die Grabeskirche von *Jacopo Robusti,* genannt **Tintoretto,** der eine Vielzahl von Meisterwerken in Venedig schuf. Der Name von Tintorettos Hauskirche („Madonna im Gemüsegarten") erinnert an die zahlreichen Gärten, die hier in früheren Zeiten das Stadtbild dominierten.

Die hohe Backsteinfront der Kirche gehört zu den prächtigsten **spätgotischen Fassaden** Venedigs. Stilelemen-

058ve Foto: bw

Die Backsteinfront der Kirche Madonna dell'Orto zählt zu den prächtigsten spätgotischen Fassaden der Stadt

te von der Romanik über die Gotik bis zur Renaissance zeugen von der langen Entstehungsgeschichte. Ungewöhnlich ist der Glockenturm aus dem 15. Jh. mit einer Zwiebelkuppel. In den Dachschrägen der Seitenschiffe stehen die zwölf Apostel. Die Kirche zeigt eine bewegte, schwingende, ja fast schäumende Portalbekrönung an der Schauseite. Das Innere ist von eindrucksvoller Größe und überraschender Helligkeit.

Von der künstlerischen Ausstattung der Kirche, die viele Gemälde von Tintoretto enthält, ist besonders der erste Seitenaltar rechts von *Cima da Conegliano* mit Johannes dem Täufer und Heiligen hervorzuheben (1495). Über der Tür zur St.-Maurus-Kapelle rechts neben dem Altar findet sich **Tintorettos „Tempelgang Mariens"** von 1552. Er zeichnet sich durch eine kühne Bildaufteilung mittels einer Treppe aus, die in schräg ansteigendem Verlauf das Bild beherrscht und von staunenden Figuren gesäumt wird. Das kleine Mädchen Maria schreitet dem hoch oben wartenden Erzpriester selbstsicher und lichtumflossen entgegen. In der Maurus-Kapelle finden sich die Statue der Madonna dell'Orto aus dem 14. Jh. sowie 28 Bilder venezianischer Heiliger von *Palma d. J., Matteone Ponzone* u.a. Die Hauptapsis ist mit mehreren bedeutenden Gemälden Tintorettos ausgestattet. Die „Anbetung des goldenen Kalbes" (li.) und das „Jüngste Gericht" (re.) sind Frühwerke.

Tintorettos Wohnhaus (15) und Palazzo Mastelli (16)

Tintoretto wohnte und starb (am 31. Mai 1594) im Haus Cannaregio 3399, nicht weit von Madonna dell' Orto entfernt an der Fondamenta dei Mori. Die Uferstraße verdankt ihren Namen der reichen griechischen Kaufmannsfamilie *Mastelli,* die im 12. Jh. dort den gleichnamigen Palazzo errichten ließ, dessen Fassade von der Kirche aus links neben der Brücke am Canale Rio Madonna dell'Orto zu sehen ist. Sie stammte aus dem griechischen Morea, daher der Name „dei Mori" – also keine Andeutung an „Mohren". Ihr Palazzo ist an einem **Kamelrelief,** dem Markenzeichen ih-

059ve Foto: bw

Auf dem Campo dei Mori sind einige „Mohren“ mit Turbanen verewigt. Bruder Rioba hat im 19. Jh. eine Nase aus Metall verpasst bekommen

res Gewürzhandels, in der Fassade zum Kanal leicht auszumachen. Neben dem Kamel bietet die Fassade aber noch mehr interessante Details: Die Ecksäule links im ersten Stock entpuppt sich als römischer Rundaltar. Rechts unten, knapp über dem Wasserspiegel, findet sich eine kleine Brunnenschale im arabischen Stil, die bis vor wenigen Jahren den vorbeifahrenden Gondolieren Erfrischung bot.

In den an ihren Turbanen erkennbaren Figuren verewigten sich die Handelsleute *Rioba, Sandi* und *Afani Mastelli* auf dem **Campo dei Mori (17)** und entlang der Fondamenta. Doch wer ist der vierte „Mohr“, der in einer Nische hinter einer Ecke von Tintorettos Haus steht? Forscher sagen, er sei der treue Diener der Familie. Die Figuren aus dem 13. oder 14. Jh. erinnern an die Zeiten, in denen auf diesem heute stillen Platz Waren aus aller Herren Länder gelagert wurden, als Venedig noch wichtigster Umschlagplatz Europas für den Orienthandel war. Der Bruder *Rioba* – der Name ist neben seinem Kopf eingemeißelt – ist leicht an seiner metallenen Nase zu erkennen, die ihm im 19. Jh. verpasst wurde. Interessant ist, dass all diese Figuren zur Zeit ihres Entstehens bunt bemalt waren, wie überhaupt ganz Venedig in seiner Blütezeit eine farbenfrohe Stadt mit bunten Fassaden war.

Über die Strada Nova zu den Fondamente Nuove

Campo dell'Abbazia

Weiter auf der Fondamenta dei Mori, am Haus mit dem Bären im Wappen links und sofort wieder rechts, an einer ehemaligen Gondelwerft vorbei, gelangt man zum Campo dell'Abbazia, der sich zu zwei Kanälen hin öffnet. Hier stehen bei einer Holzbrücke an dem hübschen, mit Backsteinen gepflasterten Platz die Backsteinkirche **Santa Maria della Misericordia** und die **Scuola Grande Vecchia della Misericordia (18),** beide nicht zugänglich. Die Kirche wurde im 10. Jh. gegründet, die Scuola im 13. Jh. Hinter der Kirche erstreckt sich die Sacca della Misericordia, ein tief einschneidendes Lagunenbecken, hinter dem sich ein weiter Blick zur Friedhofsinsel San Michele und nach Murano öffnet.

Canale della Misericordia

Über die Brücke und um die nächste Ecke rechts, etwas weiter südlich am nächsten parallel verlaufenden Kanal, steht das imposante Backsteingebäude der **Scuola Nuova di Santa Maria della Misericordia (19),** das 1583 nach Plänen von *Jacopo Sansovino* errichtet wurde, jedoch unvollendet blieb. Zuletzt wurde es als Sporthalle genutzt. Gleich daneben steht der prächtige **Palazzo Lezze (20),** von *Baldassare Longhena* 1670 erbaut. Hier erlaubt die Fondamenta della Misericordia langes, entspanntes Schlendern am Wasser entlang, das nicht durch die Lektüre des Stadtplans unterbrochen werden muss, da es keine unvorhergesehenen Sackgassen oder unvermittelt am Wasser endenden Wege gibt.

Nachts lebt diese Ecke der Stadt ganz plötzlich auf. Einige **Szene-Kneipen** entlang der Fondamenta haben schon so etwas wie Kult-Charakter, oft wird Live-Jazz gespielt. Viele Nationen finden sich hier in den Lokalen wieder: Es gibt mexikanische, syrische, arabische, aber auch traditionell venezianische Kneipen und Restaurants (⇨Reisetipps A–Z: „Essen und Trinken" und „Nachtleben").

San Marziale und Santa Fosca

Über die nächste Brücke geht es auf Höhe der Calle del Zoccolo über den Canale della Misericordia, vorbei an der Kirche **San Marziale (21)** mit Deckenfresken von *Sebastiano Ricci.* Am zweiten Altar rechts findet sich ein Altarblatt *Tintorettos.*

Geradeaus weiter über die Brücke Santa Fosca, auf der wie auf dem Ponte dei Pugni beim Campo San Barnaba im Stadtteil Dorsoduro Fußpositionen für Faustkämpfer eingelassen sind, gelangt der Besucher zur Kirche **Santa Fosca.** Wichtiger als die Kirche ist der Platz davor. Hier steht ein **Standbild** des venezianischen Servitenpaters **Paolo Sarpi (22),** der im 17. Jh. eine treibende Kraft in den Unabhängigkeitsbestrebungen der Republik von der römischen Kurie war.

Die Strada Nova entlang

Unweit der Kirche betritt man beim Überqueren des Rio di Noale die 1871 eingeweihte, zehn Meter breite Strada Nova, der viele alte Häuser zum Opfer fielen. Sie verläuft parallel zum Canal Grande in Richtung Rialto. Hinter der Brücke steht an der Ecke die Kirche **San Felice** aus dem 16. Jh.

Einige Hundert Meter weiter zweigt rechts eine enge, unscheinbare Gasse (Calle di Ca' d'Oro) Richtung Canal Grande ab, sie ist der Zugang zur **Ca' d'Oro (23,** Galleria Franchetti), einer der bedeutendsten Kunstsammlungen Venedigs (⇨Kap. „Museen"). Die restaurierte Fassade ist mit gotischen Marmorelementen und vielfarbigem Marmor verkleidet und war ursprünglich mit Blattgold bedeckt, daher der Name „Goldenes Haus", *Ca' d'Oro.*

Wer auf den Spuren deutscher Künstler in Venedig wandelt, wird u.a. in der

Kirche **Santa Sofia (24)** fündig. Hier ziert ein Bild des Schwaben *Joseph Heintz* aus dem 17. Jh. den Hochaltar. Die Kirche ist linker Hand hinter einer Hausfassade neben einem Schmuckgeschäft allerdings nur schwer auszumachen.

Weiter geht es auf der Strada Nova bis zur früheren **Scuola del Angelo Custode (25)** auf dem Campo dei Santi Apostoli, die heute die evangelisch-lutherische Gemeinde beherbergt: „Evangelische Kirche AC" ist außen angeschrieben. Hinter dem „AC" verbirgt sich „Augsburger Confession". Hier finden regelmäßig an jedem zweiten und vierten Sonntag des Monats deutschsprachige Gottesdienste statt. Die deutsche Pfarrerin kommt dazu aus den Kurorten der Euganeischen Hügel um Abano nach Venedig.

Santi Apostoli (26)

Der Campo hat seinen Namen von der Kirche Santi Apostoli, die im 16. Jh. gebaut wurde. Auffallend ist ihr Campanile, einer der höchsten der Stadt. Am schmucklosen Äußeren der Kirche sticht nur ein überkuppelter Quader ins Auge, die Cappella Corner. Das Innere der weiten Saalkirche hat keine besonderen Höhepunkte. Einzig die Ende des 15. Jh. als Grablege der Familie *Corner* von *Mauro Codussi* gebaute **Cappella Corner** fällt auf. Hier wurde 1510 die Königin von Zypern, *Catharina Cornaro,* eine Tochter Venedigs, bestattet. Ihr Leichnam wurde Ende des 16. Jh. in die Kirche San Salvatore überführt. Die Kapelle gehört zu den schönsten Räumen der venezianischen Frührenaissance. Vier frei stehende Säulen tragen die Kuppel wie einen Baldachin. Den Altar schmückt ein Bild von *Giovanni Battista Tiepolo.*

Rund um die Chiesa dei Gesuiti

Der **Campo Santi Apostoli** ist ein wichtiger Kreuzungspunkt Richtung Bahnhof, Rialto und Fondamente Nuove. Hier führt der Weg rechts an der Kirche vorbei parallel zu ihr und dann geradeaus, zunächst über den Campiello drio la Chiesa und durch den Rio terà dei Franceschi, der zum Rio terà dei Santi Apostoli wird, und weiter durch die Salizzada del Spezier und die Salizzada Salimàn. Die Brücke am Rio di Santa Caterina führt zum Campo und zur Chiesa dei Gesuiti. Von der Brücke aus sieht man aber zuerst links den **Palazzo Zen (27)** mit einer Mischung aus byzantinischen Formen und Renaissance-Elementen.

Gleich anschließend folgt das Hospital des Crociferi-Ordens, dem der religiöse Komplex vor den Jesuiten gehörte. Das Oratorium der Kreuzritter **(Oratorio dei Crociferi, 28),** erkennbar an seinen vier Kaminen, ist mit einem Gemäldezyklus zu deren Geschichte von *Jacopo Palma il Giovane* (1583–91) geschmückt (geöffnet Mai bis Oktober Donnerstag bis Samstag 10–12 Uhr, die Öffnungszeiten sind aber sehr flexibel).

Die Jesuiten durften sich erst spät in Venedig niederlassen (1657), taten es dann aber mit gewohntem Prunk in der **Chiesa dei Gesuiti Santa Maria Assunta (29).** Die gewaltige, vorspringende Fassade sprengt etwas den Rahmen venezianischer Architektur. Betritt man den Innenraum der 1730 gebauten Kirche, so stockt einem der Atem. Dies nicht so sehr wegen der Pracht der Architektur, sondern wegen der Auskleidung der gesamten Kirche an Wänden und Säulen mit brokatartigen Mustern, ausgeführt in weißem und grünem Stein. Was wie Teppiche und Tapeten aussieht, sind tatsächlich Intarsien aus Stein. Selbst die Altarstufen täuschen das Auge: Ein Läufer scheint sich über sie zu ziehen – doch auch er ist Stein. Luxus in Stein war immer ein Zeichen der Jesuiten.

Höhepunkt der Ausstattung ist das Altarblatt des letzten Seitenaltars links,

„Gutenbergs Sohn" lebt in Venedig: Gianni Basso

„Il figlio di Gutenberg", Gutenbergs Sohn, nennt sich *Gianni Basso,* der als Berufsbezeichnung einfach „stampatore a Venezia" angibt, Drucker in Venedig. Selten trifft man einen Menschen, der seinen Beruf mit so viel Stolz ausübt wie er. Er arbeitet in seiner winzigen Werkstatt in der Calle del Fumo unweit der Fondamente Nuove. Sein Handwerk hat er zwölf Jahre lang bei den Armeniern auf der Insel San Lazzaro degli Armeni gelernt. Sie sind berühmt für ihre Druckkunst. Heute ist *Gianni* der einzige Drucker in Venedig, der von Hand druckt. Doch glücklicherweise kann er seine Kunstfertigkeit an seinen Sohn weitergeben. Eigentlich, so meint er, müsse er unter Denkmalschutz gestellt werden, denn er repräsentiere einen Berufszweig und eine Kunst, die in Venedig eine jahrhundertealte Tradition darstellt. Zudem sei er sogar weltweit der einzige, der noch auf diese althergebrachte Weise drucke. *Gianni* pflegt seine alten Maschinen, an denen er noch jedes Blatt Papier und jede einzelne Visitenkarte von Hand druckt, mischt die Farben selbst und stellt die Druckstöcke aus winzig kleinen Bleibuchstaben individuell zusammen. Unglaublich viele verschiedene Schrifttypen hat er in den flachen Schubläden. Viele davon konnte er von den armenischen Mönchen auf der Insel San Lazzaro degli Armeni übernehmen, als diese in den 1970er Jahren ihren Hand-Druckbetrieb aufgaben.

Bereits im 14. Jh. wurden die Grundlagen für die spätere Entwicklung eines überregionalen Druckzentrums in Venedig gelegt. Die Stadt lag günstig an der Grenze zwischen lateinischer, griechischer, germanischer und slawischer Welt, und durch Venedigs florierendes Handelsnetz konnten die Bücher leicht über die Handelswege in verschiedene Sprach- und Kulturgebiete verbreitet werden. 1469 beginnt die Geschichte des Buchdrucks in Venedig. Viele deutsche Drucker ließen sich damals in der Stadt nieder. Von großer Bedeutung für den venezianischen Buchdruck im 15. Jh. war *Aldus Manutius.*

Wie bedeutend Venedig damals war, illustrieren Zahlen: Zwischen 1470 und 1500 gab es in der Stadt 154 Unternehmen, die in diesem Zeitraum rund 3000 Editionen mit insgesamt zwei Millionen Exemplaren herausgaben. Bis zum Ende des 16. Jh. gab es hier 200 Druckereien. Damit lag Venedig an der Spitze aller italienischen Städte. Dann ging es jedoch im 18. Jh. abwärts und nach dem Fall der Republik Venezia 1797 brach der venezianische Buchmarkt endgültig zusammen.

Tizians „Laurentius-Martyrium" aus den Jahren 1556 bis 1559, eine Marterszene im nächtlichen Dunkel: Im Vordergrund ist der Heilige auf dem Rost zu sehen, umgeben von ungerührt das Feuer schürenden Folterknechten. Dem Licht des Feuers antwortet ein überirdisches Licht, das vom Himmel auf den Heiligen fällt und dem er sich zuwendet. In der Sakristei neben dem Altar links hängt ein Abendmahl-Zyklus von *Palma d.J.*

Fondamente Nuove (30)

Auf der Salizzada degli Specchieri geht es zu den Fondamente Nuove. Diese Uferbefestigung wurde erst Ende des 16. Jh. angelegt. Da sie starken Winden ausgesetzt ist, war die Fondamenta hier immer nur Verbindungsweg, nie Flaniermeile wie die Zattere im Süden. Hier halten die **Linienboote,** die nach San Michele, Murano, Burano, Torcello, Sant'Erasmo und Vignole übersetzen. Kleine **Kneipen und Bars** fordern zum Verweilen auf. In ihnen treffen sich die Besatzungsmitglieder der Linienboote und die Handwerker der Umgebung. An den Fondamente Nuove und in den angrenzenden Gassen sind wegen der Nähe zum Friedhof viele Steinmetze und Schmiede angesiedelt, besonders in der **Calle del Fumo.** Hier hat auch *Gianni Basso,* der letzte Drucker der Stadt, seine kleine **Werkstatt** (**31,** ⇨Exkurs).

Die Kirche Santa Maria dei Miracoli ist innen wie außen besonders schön

Rund um die Kirche Santa Maria dei Miracoli

Zur ungewöhnlichsten Skulptur Venedigs

Das Labyrinth aus engen, dunklen Gassen in der Verlängerung der Calle del Fumo führt auf die Kirche **San Canciano (32)** zu, die drei Märtyrerbrüdern aus Aquileia geweiht ist. Nach links geht es in den Campo Santa Maria Nova, von dem aus man bereits jenseits des gleichnamigen Rio den Chor der Kirche Santa Maria dei Miracoli sieht. Doch lohnt sich ein näherer Blick in den angrenzenden Campiello di Santa Maria Nova: An der (der Öffnung des Platzes gegenüber liegenden) Fassade des **Palazzo Bembo e Boldù (33)** ist weit oben eine der ungewöhnlichsten Skulpturen der Stadt angebracht, ein **Chronos** aus dem 16. Jh., der die Zeit beherrscht. Oder ist es ein Saturn mit einer Sonnenscheibe in der Hand?

Santa Maria dei Miracoli (34) steht isoliert wie eine kleine Schmuckschatulle am Ufer des Rio. Sie wurde 1481 bis 1489 von *Pietro Lombardo* und seinen Söhnen für ein wundertätiges Madonnenbild aus dem Jahre 1408 errichtet, das heute auf dem Hochaltar der Kirche steht. Es ist die schönste Saalkirche der italienischen Frührenaissance. Der Bau steht, wenngleich eng, so doch – für Venedig ungewöhnlich – rundum frei und kann von zwei Brücken aus gut betrachtet werden.

Im Inneren folgt auf den etwas dunklen Saal der lichte Chorraum mit kristallähnlichem Aufbau. Der Chor liegt

060ve Foto: bw

14 Stufen erhöht, in Erinnerung an den Tempelgang Mariens. Hier konzentrieren sich Licht und Farbspiel der verschiedenen Steine, die in die Wände eingelegt sind, und das Dekor von Pilastern, Kapitellen, Balustrade und Altareinfassung. Über dem Schiff erhebt sich ein Tonnengewölbe mit hölzernen Kassetten, in denen Propheten und Heilige dargestellt sind.

Neben der Kirche steht der spätgotische **Palazzo Soranzo-Van Axel (35),** sein Portal ist eine schöne Schnitzarbeit aus der Zeit der Gotik.

San Giovanni Crisostomo (36)

Vor der Fassade der Miracoli-Kirche geht es über die Brücke und die Calle dei Miracoli entlang bis zur Salizzada San Canciano und von dort in die Salizzada San Giovanni Crisostomo zur gleichnamigen Kirche, deren Außenbild kaum zu erfassen ist, da die Gasse und die Campi so eng angrenzen. 1497 als spätes Meisterwerk *Mauro Codussis* begonnen, ist der Bau ein Beispiel einer venezianischen **Kuppelkirche der Renaissance.** Die Ausstattung enthält drei herausragende Werke: am Hochaltar die Darstellung „San Crisostomo mit Heiligen" von *Sebastiano del Piombo,* zwischen 1509 und 1511 entstanden. Im rechten Querarm hängt ein Alterswerk *Giovanni Bellinis* (1513–16), der hl. *Hieronymus* mit den Heiligen *Augustinus* (re.) und *Christophorus* (li.). Gegenüber im linken Querarm befindet sich ein Hauptwerk *Tullio Lombardos* von 1502, eine Relieftafel mit Marienkrönung.

Rund um das Teatro Malibran

Rechts an der Kirche vorbei geht es unter einem Torbogen zur **Corte Prima del Milion (37),** auf die anschließend die Corte Seconda del Milion folgt. Hier stand das Wohn- und Sterbehaus von **Marco Polo** (1254–1324), der nach China gereist war, dort am Hofe des mongolischen Kaisers einen hohen Rang bekleidete und mit großen Schätzen beladen mehr als 24 Jahre später nach Venedig zurückkehrte. Die Reichtümer trugen ihm den Spitznamen „il Milion" ein. Ihm wird eine weitere historische Tat zugeschrieben: die Einführung der Nudel in Europa.

Gleich daneben geht es in den Hof des **Teatro Malibran (38),** das lange wegen Renovierung geschlossen war und vorübergehend das abgebrannte Fenice-Theater ersetzt hat.

410ve Foto: bw

Ungewöhnlicher Blick auf die Rialto-Brücke

Schräg rechts gegenüber der Kirche San Giovanni Crisostomo führt, gleich neben dem Restaurant Fiaschetteria Toscana, eine Stichgasse bis zum Canal Grande, von deren Dunkelheit und gewundenem Verlauf man sich nicht abschrecken lassen sollte. Vom byzantinischen **Campiello del Remer (39)** aus mit seiner schönen venezianischen Freitreppe und dem Brunnenkopf hat man einen herrlichen Blick auf die Rialto-Brücke und den Markt gegenüber. Man kann hier vormittags aber auch gut der venezianischen Müllabfuhr bei ihrer beschwerlichen und ungewöhnlichen Art der Müllbeseitigung zusehen oder in einem gemütlichen Lokal ausruhen und von dort den Blick aufs Wasser genießen. Hier, unweit der Rialto-Brücke, stoßen drei Sestieri zusammen: An Cannaregio grenzen Castello und San Marco.

Vom Campiello del Remer aus hat man einen schönen Blick auf Rialto. Vormittags herrscht hier reger Lieferbetrieb

Castello

Der Stadtteil Castello liegt im „Schwanz des Fisches", der Venedig darstellt. Dieser Ostteil der Stadt ist der größte und facettenreichste der Sestieri. Der Bezirk vermittelt extrem unterschiedliche Eindrücke von seinen Bewohnern, seinem städtischen Leben, von Architektur und kunstgeschichtlichen Schätzen. Es gibt touristische Bezirke wie etwa die Riva degli Schiavoni und die Gegend um die Kirche Santi Giovanni e Paolo. Daran schließt sich ein interessanter industrieller Bezirk an, das Arsenal. Eher meditativ wirkt die Gegend um S. Giorgio degli Schiavoni und S. Giorgio dei Greci, während das Gassengewirr in der Nähe des Eingangs zum Arsenal als folkloristischer Bezirk bezeichnet werden kann. Um den Rio terà Garibaldi und in der Umgebung von San Pietro di Castello wird Venedig an seinen Ausläufern zur Fischer- und Arbeiterstadt. Ein völlig andersartiger Eindruck bietet sich am Biennale-Gelände – die Pavillons sind in der ausstellungsfreien Zeit leider nur von außen erkennbar. Gesichtslos ist dagegen der östliche Zipfel Venedigs, Sant'Elena, mit Mietskasernen und ohne Wasserstraßen.

Rund um Santi Giovanni e Paolo

Die Basilika (1)

Von der Kirche Santa Maria dei Miracoli im Stadtteil Cannaregio aus (s. dort, Ende des vorangehenden Kapitels) geht man bei deren Apsis über die Brücke und läuft über die Fondamenta Piovan und die Calle larga Giacinto Gallina direkt auf die Fassade der Kirche zu. Die Basilika Santi Giovanni e Paolo, venezianisch **„San Zanipolo"** genannt – beide Heiligennamen werden hier auf venezianische Art zu einem Wort zusammengezogen –, ist die **Klosterkirche der Dominikaner.** Sie waren 1232 von Papst *Gregor IX.* mit der Durchführung der Inquisition betraut worden, die unzähligen von angeblichen Ketzern das Leben kostete. In Venedig jedoch war ihre Macht begrenzt, da hier die Beauftragten der Inquisition unter staatlicher Kontrolle standen.

Die Kirche ist ein **gewaltiger Backsteinbau** mit einer unvollendeten Fassade, die von einem Marmorportal dominiert wird, in der Elemente der Gotik (Spitzbogen) und der Renaissance (freistehende Säulen) vereint sind. San Zanipolo bildet mit der benachbarten Scuola di San Marco und dem Reiterstandbild des Colleoni ein eindrucksvolles und harmonisches Ensemble, das durch die schönen Wohnhäuser um den Campo und am Rio zusätzliche Abrundung erfährt. Ab dem 14. Jh. endeten hier die prachtvollen Begräbnisprozessionen für die Dogen.

San Zanipolo hat beeindruckende Ausmaße. Die Kirche ist 101,50 Meter lang und entstand im Wesentlichen im 14. Jh., während einzelne Partien wegen finanzieller Schwierigkeiten erst im 15. Jh. vollendet wurden. Dem Armutsideal der Dominikaner entsprechend, ist sie weitgehend schmucklos

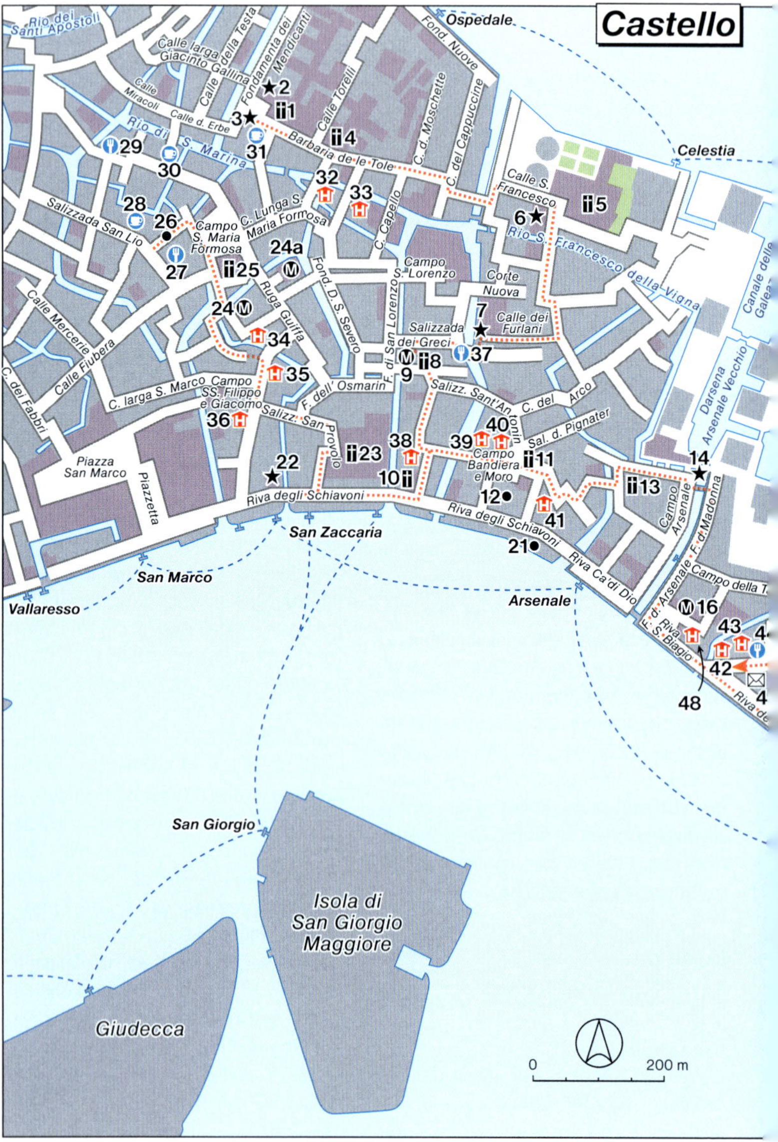
Castello
Ospedale
Celestia
San Zaccaria
San Marco
Vallaresso
Arsenale
San Giorgio
Isola di San Giorgio Maggiore
Giudecca
Piazza San Marco
Piazzetta
Riva degli Schiavoni
Riva Ca'di Dio
Campo Bandiera e Moro
Campo S. Maria Formosa
Campo SS. Filippo e Giacomo
Campo S. Lorenzo
Corte Nuova
Salizzada San Lio
Salizzada dei Greci
Barbaria de le Tole
Fondamenta dei Mendicanti
Rio di S. Marina
Rio S. Francesco della Vigna
Darsena Arsenale Vecchio
Canale delle Galeazze
0 200 m

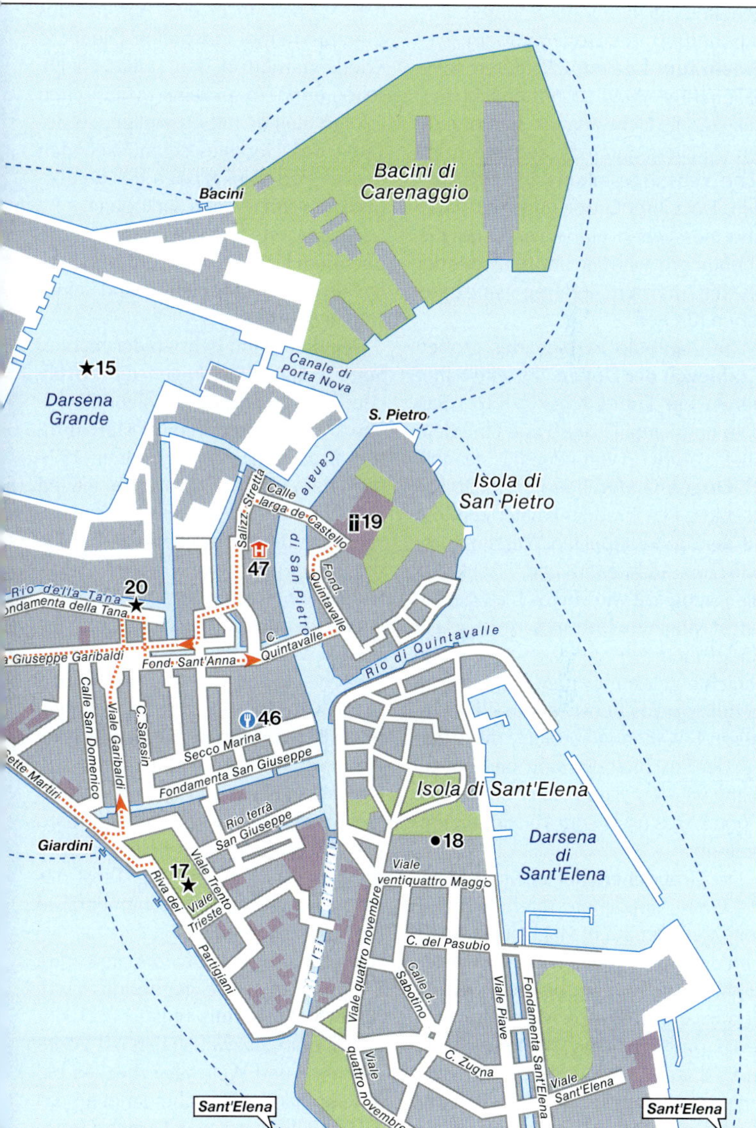
Bacini di Carenaggio
Bacini
Canale di Porta Nova
★15
Darsena Grande
S. Pietro
Isola di San Pietro
Canale di San Pietro
Calle larga de Castello
Salizz. Stretta
19
47
20
Rio della Tana
Fondamenta della Tana
Giuseppe Garibaldi
Fond. Sant'Anna
C. Quintavalle
Fond. Quintavalle
Rio di Quintavalle
46
Calle San Domenico
Viale Garibaldi
C. Saresin
Secco Marina
Fondamenta San Giuseppe
Sette Martiri
Rio terrà San Giuseppe
Giardini
17
Viale Trento
Viale Trieste
Riva dei Partigiani
Isola di Sant'Elena
18
Darsena di Sant'Elena
Viale ventiquattro Maggio
Viale quattro novembre
C. del Pasubio
Calle d. Sabotino
Viale Piave
Fondamenta Sant'Elena
C. Zugna
Viale Sant'Elena
Sant'Elena
Sant'Elena

gehalten, glänzt jedoch durch ihre Ausstattung mit Dogengräbern. Der **Innenraum** beeindruckt durch seine hallenartige Weite. Hier herrscht eine einzigartige Lichtsituation, hervorgerufen vor allem durch die außergewöhnliche Fenstergestaltung in den Apsiden. Trotz ihrer Größe und ihrer schier unermesslichen Höhe wirkt das Kircheninnere wärmer und einladender als die meisten anderen venezianischen Kirchen.

San Zanipolo ist eine der großen **Grablegen der Dogen.** Sie wird daher neben der Frari-Kirche (⇨Kap. „San Polo und Santa Croce“) auch mit dem Titel „Pantheon von Venedig“ geadelt. **27 Dogen** fanden hier ihre letzte Ruhestätte. Die Grabdenkmäler gehören zu den bedeutendsten Werken europäischer Architektur und Plastik. Da die Kirche fast wie ein reich ausgestattetes Museum bestückt ist, wie ein Bilderbuch zur venezianischen Geschichte gelesen werden kann und eigentlich jedes Kunstwerk in ihrem Inneren Erwähnung verdient, muss hier bei der Beschreibung sehr stark ausgewählt werden. Eintritt 2,50 € (nicht im *Chorus-Pass* und in der *Venicecard* enthalten!).

Die **Grabdenkmäler** sollen nicht nur die Erinnerung an die Toten wach halten, sondern auch Macht und Ansehen des Staates demonstrieren. Gleich rechts vom Eingang beeindruckt das Grabmal von **Pietro Mocenigo** von 1481 dadurch, dass der Doge nicht auf seinem Sarkophag liegt, sondern energisch blickend auf ihm steht. Es wurde von *Pietro Lombardo* und seinen Söhnen *Tullio* und *Antonio* aus Carrara-Marmor geschaffen. Die sechs Kriegerstatuen in den seitlichen Nischen erinnern an seine militärischen Erfolge. Reliefs mit Darstellungen der Taten des Herkules schmücken den Sockel. Personifikationen der drei Lebensalter stützen den Sarkophag.

Die gesamte Innenseite der Fassade über dem Eingang wird vom Mausoleum des **Alvise Mocenigo** und seiner Frau eingenommen.

Der Rundgang geht an der rechten Seite weiter. Dort liegen die sterblichen Überreste eines weniger glücklichen Kriegsherren. Hier ist **Marcantonio Bragadin** verewigt, dem 1571 nach dem Fall Famagostas, der letzten venezianischen Zitadelle auf Zypern, von den Türken bei lebendigem Leibe die Haut abgezogen wurde. Seine Haut konnte schließlich aus Istanbul entwendet und hier in einer Urne beigesetzt werden.

Rechts neben der Cappella di San Domenico (Hinweistafel) füllt ein pompöses Mausoleum der Dogen **Bertuccio und Silvestro Valier** sowie der Dogaressa **Elisabetta Querini** nahezu die ganze Wand. Die drei posieren wie Theaterdarsteller beim Schlussapplaus vor dem Vorhang. Es ist das jüngste und zugleich monumentalste Dogengrab Venedigs.

In der Apsis beeindrucken drei Dogenmonumente: rechts das Grab **Michele Morosinis** (gest. 1382), der auf einem von zwei Engeln mit Weihrauchfass und Weihwasserbecken behüteten Sarkophag ruht, daneben das Grabmal für **Leonardo Loredan** (gest.

1521), der die Geschicke der Republik in der Liga von Cambrai lenkte. Das erst 1572 fertig gestellte Monument zeigt den Dogen zwischen zwei weiblichen Allegorien der Venezia (links) und der Liga von Cambrai (rechts) sitzend und zwischen ihnen vermittelnd. Auf der linken Seite erblickt man das Monument für **Andrea Vendramin** (gest. 1478), von *Tullio, Pietro* und *Antonio Lombardo* ausgeführt, eine der vollendetsten Schöpfungen der venezianischen Renaissance. Unter einem Triumphbogen liegt der Doge auf einer von zwei Adlern und einem geflügelten Rad gestützten Bahre.

Im mittleren Joch des linken Seitenschiffes schließlich ruht **Tomaso Mocenigo** (gest. 1423) in einem Grabmonument, das den Übergang von der Gotik zur Renaissance dokumentiert. Ein Stoffbaldachin hüllt den Sarkophag und den darauf ruhenden Dogen seitlich ein. Die Muschelnischen darunter lassen schon die Renaissance erkennen.

Beim **Bilderschmuck** sticht im zweiten Joch des rechten Seitenschiffes gleich beim Eingang das **Triptychon** des hl. *Vinzenz Ferrer,* eines spanischen Dominikanerpredigers, hervor. Ihn flankieren die Heiligen *Sebastian* und *Christophorus.* Im unteren Teil werden die Wunder des Heiligen dargestellt. Der Altar wird *Giovanni Bellini* zugeschrieben, was jedoch nicht erwiesen ist.

Das Querschiff an der rechten Stirnwand weist ein großes **gotisches Fenster** auf. Um 1470 in Murano entstanden, zeigt es (von li. nach re.) den hl.

Rundgang

⛪	1	Basilika Santi Giovanni e Paolo (San Zanipolo)
★	2	Scuola Grande di San Marco
★	3	Reiterstandbild für Bartolomeo Colleoni
⛪	4	Ospedaletto, Santa Maria dei Derelitti
⛪	5	San Francesco della Vigna
★	6	Palazzo Gritti
★	7	Scuola Dalmata S. Giorgio degli Schiavoni
⛪	8	San Giorgio dei Greci
Ⓜ	9	Ikonenmuseum in der Scuola di San Nicolò
⛪	10	Santa Maria della Pietà (o della Visitazione)
⛪	11	San Giovanni in Bragora
•	12	Campiello del Piovan
⛪	13	San Martino
★	14	Eingang z. Arsenal
★	15	Arsenalbecken
Ⓜ	16	Museo Storico Navale
★	17	Giardini Pubblici mit Biennale-Gelände
•	18	Sant'Elena
⛪	19	San Pietro in Castello
★	20	Stein mit Minimallängen der Fischarten
•	21	Riva degli Schiavoni
★	22	Hotel Danieli
⛪	23	San Zaccaria
Ⓜ	24	Fondazione Querini Stampalia
Ⓜ	24a	Museo Palazzo Grimani
⛪	25	Santa Maria Formosa
•	26	Calle del Paradiso

Sonstiges

🍴	27	Alle Testiere
☕	28	Boutique del Gelato
🍴	29	Osteria Al Portego
☕	30	Konditorei Didovich
☕	31	Konditorei-Bar Rosa Salva
🏨	32	Foresteria Valdese
🏨	33	Locanda Ss. Giovanni e Paolo
🏨	34	Ca' dei Conti
🏨	35	Hotel Bridge
🏨	36	Locanda Al Leon
🍴	37	Da Remigio
🏨	38	Santa Maria della Pietà - Casa per ferie
🏨	39	Palazzo Soderini
🏨	40	Hotel La Residenza
🏨	41	Al Nuovo Teson
🏨	42	Hotel Ca' Formenta
🏨	43	Toscana-Tofanelli
🍴	44	Trattoria Pizzeria Sottoprova
✉	45	Post
🍴	46	Dai Tosi
🏨	47	B&B Palazzetto Sponza
🏨	48	Bucintoro

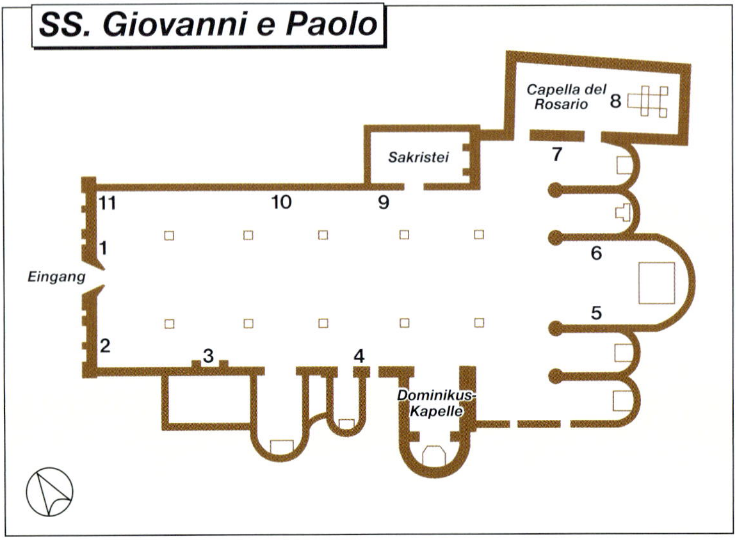

1 Grabmal des Dogen Alvise Mocenigo (†1577)
2 Grabmal des Dogen Pietro Mocenigo (†1423)
3 Polyptychon des Hl. Vinzenz Ferer (Mitte 15. Jh.) von Giovanni Bellini
4 Mausoleum des Dogen Valier
5 Grabmal des Dogen Leonardo Loredan (†1521)
6 Grabmal des Dogen Andrea Vendramin (†1478)
7 Grabmal Giovanni Dolfins (†1361)
8 Rosenkranzkapelle mit Deckengemälden von Veronese
9 Grabmal des Dogen Pasquale Malipiero (†1462)
10 Grabmal des Dogen Tomaso Mocenigo (†1423)
11 Grabmal des Dogen Giovanni Mocenigo (†1485)

Georg, die Kirchenpatrone *Johannes* und *Paulus* und *Theodor*. Rechts unterhalb dieses Fensters neben einem großen Dogenthron hängt das bedeutendste Altarbild der Kirche, die **„Almosenspende des hl. Antonius Pierozzi"** vom venezianischen Meister *Lorenzo Lotto*. Der hl. *Antonius* prüft die Bitten von Almosenempfängern unnachgiebig, während Gehilfen die Armen zurückweisen und die Geldsäcke nicht öffnen.

Links von der Apsis geht es in die **Cappella del Rosario,** von der Rosenkranzbruderschaft 1582 als Votivkapelle in Erinnerung an den Seesieg bei Lepanto von 1571 angelegt. Ursprünglich war sie mit Werken von *Tintoretto* und *Palma* ausgestattet, die jedoch 1867 einem Brand zum Opfer fielen. Anfang des 20. Jh. wurde sie mit Veronese-Bildern einer anderen, säkularisierten Kirche geschmückt.

Scuola Grande di San Marco (2)

Im rechten Winkel zur Kirchenfassade liegt die ehemalige Scuola Grande di San Marco. Nach einem Brand 1485 wurde sie in der heutigen Gestalt wieder aufgebaut, u.a. von der Lombardi-Familie (Pietro als Architekt, Tullio gestaltete die Reliefs des Erdgeschosses). Die **Fassade** gehört zu den wichtigsten Werken der Frührenaissance in Venedig. Sie ist wie die Miracoli-Kirche in farbigem Marmor gehalten. Einzigartig für Venedig sind die Reliefs im Erdgeschoss, die eine starke Tiefenwirkung haben.

Durch das Hauptportal betritt man die alten Räume der Scuola und gelangt dahinter in eine Gruppe mehrerer Kreuzgänge, wo seit 1809 ein **Krankenhaus** *(Ospedale civile)* untergebracht ist. Auch die Gebäude des Dominikanerklosters San Zanipolo gehören zum Krankenhaus. Eindrucksvoll ist ein Vordringen in das Krankenhausareal auch deshalb, weil man dort einen Einblick in das chaotisch anmutende italienische Gesundheitssystem bekommt. Dort werden in *Donna Leons* Krimis auch Commissario Brunettis Leichen seziert! Das Obergeschoss der Scuola ist nur nach telefonischer Anfrage (041/5294323) zugänglich.

Das Reiterstandbild Colleonis (3)

San Zanipolo ist umgeben von einem für Venedig typischen L-förmigen Campo. Am Schnittpunkt der beiden Schenkel des L steht das Reiterstandbild für **Bartolomeo Colleoni,** ein Hauptwerk der italienischen Renaissance vom Florentiner *Andrea Verrocchio.*

Wie kommt ein Pferd in die Stadt im Wasser? Die Republik war zu Colleonis Zeit reich genug, ein Söldnerheer zu unterhalten, Feldherren anzuheuern und entsprechend zu bezahlen. Ganz risikofrei war dieses Geschäft für die Feldherren nicht. Sie durften nicht zu erfolgreich sein, sonst war der Krieg zu rasch vorbei und sie hatten keine Einkünfte mehr. Und sie durften auch nicht zu erfolglos sein, sonst wurden sie zur Rechenschaft gezogen.

062ve Foto: bw

Hinter der prächtigen Fassade der Scuola Grande di San Marco verbirgt sich eines der Krankenhäuser der Stadt

Castello

063ve Foto: ml

Der aus Bergamo stammende Bartolomeo Colleoni, der 1448 in die Dienste Venedigs trat, starb 1475 und hinterließ ein immenses Vermögen. Von diesem vermachte er der Republik 100.000 Gulden, unter der Bedingung, dass sie ihm ein Reiterdenkmal vor San Marco errichte. Ein Denkmal eines Privatmanns vor dem Staatsheiligtum, der Markuskirche, war für die Serenissima natürlich inakzeptabel. Doch man stimmte der Bedingung zu – nicht ohne Hintergedanken. Colleoni starb und die Serenissima errichtete das Standbild vor San Marco, allerdings nur vor der gleichnamigen Scuola – und kassierte das Erbe.

Selbst der Schatten des Reiterstandbildes des Kriegsherrn Colleoni ist imposant

Grimmig blickt der Kriegsherr auf die Passanten herab. Er ist stummer Zeuge des Geschehens unter ihm und beobachtet auch diejenigen, die auf einen Espresso oder einen *caffè corretto,* einen mit einem Schuss Grappa „korrigierten" Kaffee, bei Rosa Salva verschwinden, in einer Bar, die sich ganz im Stil früherer Zeiten erhalten hat. Hier, beim bekanntesten Konditor der Stadt, treffen sich die Einheimischen auf einen Schwatz im Stehen.

Ospedaletto (4)

Hinter San Zanipolo steht das so genannte Ospedaletto, die kleine Kirche **Santa Maria dei Derelitti** mit ihrer barocken Fassade von *Baldassare Longhena* (1670–72). Sie ist viel zu gewaltig für die Enge einer venezianischen Calle, die hier schier gesprengt wird. Das ehemalige Hospital und Waisenhaus dient heute als Altenheim. Sehenswert ist das ovale Treppenhaus aus dem 18. Jh. Zu dieser Zeit hatten sich die Ospedali, von denen es vier in der Stadt gab, zu „Konservatorien" entwickelt, in denen oft erstklassige Musik unterrichtet wurde und die meist prachtvolle Konzertsäle besaßen.

• **Öffnungszeiten:** Ins Innere kommt man am besten, wenn im dortigen Oratorium Konzerte stattfinden, bzw. Donnerstag bis Samstag 15.30 bis 18.30 Uhr (in der Regel nur Ende März/Anfang April bis November).

Barbaria delle Tole

Durch weniger frequentierte, dafür um so volkstümlichere Gassen führt der Weg zur Kirche San Francesco della Vigna. Die **Gassen** tragen sprechende Namen wie die Barbaria delle Tole, „Holzspeicher" *(tole)*, wo die abstehenden Fasern der Bretter *(barbe)* abgehobelt wurden, und die Calle del Cafetier, die „Kaffeesieder-Gasse". Weiter geht es über den Campo de Santa Giustina und über die gleichnamige Brücke an der aufgelassenen Kirche **Santa Giustina** mit ihrer Longhena-Fassade vorbei. Jedes Jahr am 7. Dezember begab sich der Doge hierher, um des Seesieges gegen die Türken bei Lepanto (1571) zu gedenken, der auf den Jahrestag der Heiligen fiel.

San Francesco della Vigna (5)

An zahlreichen schönen Palazzi vorbei und durch die Calle San Francesco della Vigna geht es bis zur **dritten Franziskanerkirche** Venedigs (neben Frari und San Giobbe), San Francesco della Vigna. Der Name rührt vom **Weingarten** des Dogensohnes *Marco Ziani* her, der ihn 1253 der franziskanischen Ordensgemeinschaft der Minoriten als Baugrund schenkte. Der heutige Kirchenbau wurde 1534 nach einem Entwurf *Jacopo Sansovinos* begonnen, die weiß leuchtende Fassade aus den Jahren 1568 bis 1572 dagegen ist von *Andrea Palladio.* Er projizierte hier zum ersten Mal eine Tempelfront auf die Fassade einer christlichen Kirche. Hier ist dem hl. *Markus* der Legende nach ein Engel begegnet, als ihn ein Sturm in diese damals öde Gegend verschlagen hatte. **„Pax tibi Marce Evangelista meus"** sollen die Worte des Engels gewesen sein. Sie finden sich auf den meisten Abbildungen des Markuslöwen in das Buch geschrieben, das er mit seiner Pranke stützt. Wegen seiner Lage inmitten eines früher vom einfachsten Volk bewohnten Viertels ist der große gotische Klosterkomplex mit seinen **drei Kreuzgängen** einzigartig in der Stadt.

Der Innenraum der Kirche zeigt sich franziskanisch schlicht. Die Ausstattung jedoch ist reich und enthält zum Teil vorzügliche Werke. Besonders beachtenswert ist die „Sacra Conversazione" von *Veronese* im Hauptaltar.

Niemand kann dem Tod in Venedig so viele Seiten abgewinnen – ein Interview mit der Krimi-Autorin Donna Leon

Donna Leon wurde 1942 in New Jersey geboren und wohnt seit 1981 in Venedig. Vorher lebte und unterrichtete sie in der Schweiz, im Iran, in China und in Saudi-Arabien. Gegenwärtig lehrt sie englische Literatur an der Außenstelle der Universität Maryland bei Verona. Sie ist Amerikanerin, lebt in Venedig, schreibt über Italien und hat ihre größte Fangemeinde in Deutschland. In deutscher Sprache sind seit 1992 bereits 17 Bestseller um *Commissario Brunetti* erschienen. In den USA erscheinen ihre Krimis nicht mehr – niemand wollte sie lesen. Ins Italienische dürfen ihre Bücher nicht übersetzt werden, das will sie nicht. Denn in Italien lebt sie, fühlt sie sich wohl, hat ihre Freunde und will sich ihrem Gastland gegenüber nicht unhöflich zeigen. Da hält sich *Donna Leon* an das italienische Sprichwort „Spucke nicht in die Suppe, die du isst". Denn sie nimmt Missstände in der italienischen Gesellschaft ins Visier, hadert mit der Regierung, prangert die Kirche an.

502ve Foto: ©rm/dv

Donna Leon

Warum ist sie dann gerade in Deutschland so beliebt? „Das liegt nicht an meinen Büchern", sagt Donna Leon, „es ist vielmehr, weil die Deutschen eine ganz besondere Beziehung zu Venedig haben und weil sie um einiges gebildeter sind als die Amerikaner. Daher können sie Bücher wie die meinen und einen Kommissar schätzen, der griechische und lateinische Autoren im Original liest, Geschichte studiert hat und weint." Mit ihrer Kopfgeburt des charmanten, gebildeten Kommissars *Guido Brunetti,* des liebevollen Ehemanns und Vaters, der Höhen und Tiefen kennt wie jeder normale Sterbliche, ist Donna Leon ein Geniestreich gelungen. Dessen ist sie sich bewusst, sie meint mit ein wenig Understatement: „Ich war schon ganz schön clever, dass ich ihn so geschaffen habe. Eigentlich war es reiner Zufall. Aber ich wollte über jemanden schreiben, der ‚simpatico' ist, sympathisch."

Immer wieder streut sie italienische Sätze in ihr kultiviertes Ostküsten-Amerikanisch. Bisweilen, wenn sie sich ereifert, spricht sie ganz plötzlich wie ihr Kommissar Brunetti – in schönstem venezianischen Dialekt. Aber am italienischsten sind ihre Mimik und Gestik. Sie redet mit den Händen und den grünen, durchdringenden Augen, mit den Augenbrauen und den Denkerfalten auf ihrer Stirn, als wäre sie eine Italienerin.

Paola, Brunettis Ehefrau aus der venezianischen Oberschicht, transportiert *Donna Leons* Ideen. „Paola ist Donna. Paola unterrichtet Englisch wie ich, und sie hat meine verrückten politischen Ideen. Sie ist links, manchmal faschistisch ..." *Donna Leon* lebt wie die Brunetti-Familie im Herzen Venedigs und alle ihre Romane spielen dort. „Die Leiche aus meinem zweiten Roman ist direkt unter meinem Fenster gefunden worden", erklärt sie. „Ich will doch nicht durch die ganze Stadt rennen, um alles genau beschreiben zu können, wenn ich meine Romane schreibe. Daher nehme ich meinen Stadtteil, den kenne ich am besten." Wie sie dazu kam, Krimis zu schreiben? „Damn luck", verdammtes Glück - eine Antwort, die sie häufig gibt, denn glückliche Zufälle scheinen sich wie ein roter Faden durch ihr Leben zu ziehen.

Ihre Ideen bekommt sie aus der Zeitung: dem „Corriere", der „Repubblica" und vor allem aus dem venezianischen „Gazzettino". Sie widmet sich gesellschaftlichen Problemen, das Gassenlabyrinth Venedigs ist nur der Hintergrund. Sie hütet sich, in Venedig mit dem Finger auf andere Leute zu zeigen, gesteht aber: „Ich würde am liebsten mal jemanden während *Redentore* ermorden, da knallt es immer so laut." *Redentore* ist ein traditionelles Fest im Juli zum Gedenken an das Ende der Pest und wird mit Feuerwerk gefeiert.

„Damn luck" war es auch, dass *Donna Leon* vor 30 Jahren das erste Mal als Gast nach Venedig kam, dort Freundschaften schloss und sich dann vor 20 Jahren, als sie Saudi-Arabien verließ, entschloss, der Freunde wegen nach Venedig zu ziehen. „Das waren völlig emotionale Gründe, ich kam nicht etwa wegen Venedig", gesteht sie und kratzt damit sicher ein wenig an dem Mythos, man müsse Venedig um seiner selbst willen lieben. Doch schon heute gebührt ihr das Verdienst, die einzige Autorin zu sein, die Venedig so lange und ausführlich als Thema und Schauplatz verfolgt hat. Niemand zuvor hat dem Tod in Venedig so viele Seiten abgewinnen können wie *Donna Leon*.

Links vom Chor liegt die **Cappella Giustiniani** mit üppigem Reliefschmuck von *Pietro Lombardo* von etwa 1500. Die daneben liegende Sakristeitür führt zur Cappella Santa, deren Altar ein kostbares Bild von *Giovanni Bellini* aus dem Jahre 1507 enthält, ebenfalls eine „Sacra Conversazione" der Muttergottes mit dem segnenden Christuskind und zwei Heiligen. Die malerischen Kreuzgänge laden zum Ausruhen ein.

An der Ecke des Campo steht der Renaissancebau des **Palazzo Gritti (6),** der einst dem Dogen *Andrea Gritti* gehörte. Er ist mit der Kirche durch einen eigenartigen, überdachten Säulengang verbunden, der für einen päpstlichen Nuntius errichtet worden war. So konnte dieser unbeeinträchtigt vom Wetter und von der Berührung mit dem Volke von seiner Wohnung zur Kirche gelangen. Der Palazzo trägt daher auch den Beinamen **Nunziatura.**

Im Herzen von Castello

Scuola Dalmata S. Giorgio degli Schiavoni (7)

Nun wird es ein wenig schwierig, sich in den Gassen und auf den Plätzen, die hier ganz den Venezianern gehören, zurechtzufinden. Ohne detaillierten Stadtplan geht gar nichts mehr: Vom Campo neben der Franziskanerkirche unter dem Säulengang hindurch geht es über die Brücke von San Francesco und weiter den gleichnamigen Ramo entlang, hinein in die gleichnamige Salizzada und durch die

Salizzada delle Gatte rechts in den Campo delle Gatte (auch Campo Ugo Foscolo genannt).

Am Ende der Calle dei Furlani steht vor der Brücke Ponte de la Comenda ein künstlerischer Glanzpunkt Venedigs, die **Scuola Dalmata S. Giorgio degli Schiavoni.** Sie ist mit ihrer eleganten Fassade, auf der sich unter anderem Delfine tummeln, malerisch an dem besonders schönen Rio de Sant' Antonin gelegen. Berühmt ist dieses **Bruderschaftsgebäude der Dalmatiner** *(Schiavoni)* wegen der Gemälde **Vittore Carpaccios** (1501–11), die u.a. die *Georgs*-Legende sowie Szenen aus dem Leben der Heiligen *Hieronymus* und *Tryphon* darstellen. Die drei sind die Schutzheiligen der Dalmatiner. Eines der berühmtesten Gemälde Carpaccios ist „Georg mit dem Drachen". Bekannt geworden sind auch die Darstellung des *Hieronymus,* der einen Löwen ins Kloster führt, sowie das Bild des hl. *Augustinus* in seinem Studierzimmer.

• **Öffnungszeiten:** Montag 14.45–18 Uhr, Dienstag bis Samstag 9.15–13 Uhr und 14.45–18 Uhr, Sonntag 9.15–13 Uhr. Eintrittsgebühr!

Ehemaliges Griechenviertel

Die Fondamenta dei Furlani am Wasser entlang, über die Brücke Sant' Antonin, geht es geradeaus die **Salizzada dei Greci** entlang. Der Name der Straße weist auf die vielen Griechen hin, die bereits ab dem 11. Jh. in Venedig lebten. Dies ist unter anderem darauf zurückzuführen, dass sich Venedig seit seiner Frühzeit als eine Art Vorposten des byzantinischen Reiches verstand. Nach dem Fall von Byzanz 1453 suchten darüber hinaus viele von ihnen Zuflucht in der Stadt, so dass sie schon bald – neben den Juden – die größte nicht-katholische Gemeinde Venedigs bildeten.

Die Gegend um die Salizzada dei Greci entwickelte sich allmählich zu einem wahren Griechenviertel. Die Griechen errichteten neben einem Friedhof und einer Scuola auch private Wohnhäuser und eine Kirche. Dorthin gelangt der Besucher, wenn er im Anschluss an die Salizzada der Calle de la Madonna folgt und vor der Brücke nach links abbiegt zum Collegio Greco und zur Kirche **San Giorgio dei Greci (8).** Sie liegt in einem liebenswürdigen, ruhigen Garten und ist Mittelpunkt der griechischen Gemeinde, auch wenn diese allenfalls noch 200 Mitglieder umfasst. Das Äußere der Kirche entspricht dem einer italienischen Renaissance-Kirche. Besonders fällt jedoch ihr Turm auf, der fast so schief ist wie der der Kirche Santo Stefano. Im Inneren fühlt sich der Besucher angesichts der rein griechisch-orthodoxen Ausstattung wie in eine andere Welt entrückt, auch wenn sie keine herausragenden Werke enthält.

Dieser Einblick in die griechisch-orthodoxe Welt kann im benachbarten **Ikonenmuseum (9)** in der Scuola di San Nicolò intensiviert werden (⇨Kap. „Museen"). Das griechische Studienkolleg, das neben der Kirche unweit der Brücke liegt, ist die einzige Institution außerhalb Griechenlands, die sich byzantinischen Studien widmet.

Santa Maria della Pietà (10)

Von der Griechen-Kirche aus geht es weiter Richtung Osten, weg vom geschäftigen Zentrum Venedigs in die ruhigeren Viertel: Hinter der Kirche führt der Weg in die etwas versteckte Calle Bosello, anschließend links um die Ecke in die Calle de la Pietà. Wer den Kontrast zwischen den ruhigen Gassen des unverfälschten Venedig nur wenige Hundert Meter hinter den touristischen Zentren und den vielen Menschen an der Riva degli Schiavoni kurz erleben möchte, biegt nicht links ab, sondern folgt geradeaus der Calle de la Pietà bis zur heute profanierten Kirche Santa Maria della Pietà *(o della Visitazione)*, die als **Konzertsaal für Vivaldi-Musik** genutzt wird. Damit hat man sich nicht weit von der früheren Nutzung entfernt, war doch die Pietà die Spätbarock-Kirche, in der **Antonio Vivaldi** lange Zeit gewirkt hat (⇨Exkurs, „Der rote Priester"). Interessant ist die Kirche im Inneren, denn sie hat den Grundriss eines gedrungenen Ovals. Auf die frühere Funktion der Kirche als Oratorium weisen vergitterte Emporenöffnungen hin. Die heutige Kirche jedoch ist nur ein Nachbau. Zu Vivaldis Zeiten lag der Kirchenbau rechts daneben, wo heute das Hotel Metropole steht.

065ve Foto: bw

San Giovanni in Bragora (11)

Von der Weite und dem Lärm der Riva beim Erkunden des stilleren Venedig gestört, kann man sich – wie eine Schnecke in ihr schützendes Häuschen – wieder in die enge Gasse zurückziehen und dem Weg über die Brücke in Richtung **Campo Bandiera e Moro** folgen. Auf dem großen, meist leeren Platz fällt die bescheidene Fassade der Kirche von San Giovanni in Bragora auf. Der Ursprung des Namens der Kirche, die im 8. Jh. gegründet wurde, ist unklar. Der heutige Bau stammt aus dem 15. Jh. Das Innere ist besonders stimmungsvoll und hat eine kostbare Ausstattung. Hervorzuheben ist das Bildnis „Taufe Christi" von *Cima da Conegliano* hinter dem Hochaltar. Im linken Seitenschiff nahe des Eingangs steht der **Taufstein,** an dem *Antonio Vivaldi* getauft wurde. Die Kirche verwahrt auch den Taufschein des Komponisten, ist aber selten geöffnet.

In der Kirche Santa Maria della Pietà an der Riva degli Schiavoni war Vivaldi lange Zeit als musikalischer Direktor tätig

Wer möchte, kann einen Blick in den südlich der Kirche gelegenen **Campiello del Piovan (12)** werfen. Hier stehen gleich drei der für Venedig typischen Brunnenköpfe *(vere da pozzo)*. Auch hier verstecken sich, direkt hinter der belebten Riva degli Schiavoni, Ruhe und eine gewisse Magie des Unberührten. Es gibt weder Läden noch eine Bar noch einen Handwerksbetrieb – nichts, außer dem wirklichen Venedig der Venezianer.

San Martino: Kirche und Fest

Weiter geht es am östlichen Ende des Platzes Campo Bandiera e Moro durch die Calle Crosera bis zu deren Ende und dann links in die Calle Erizzo und über den Rio de la Ca' di Dio bis zur Kirche **San Martino (13),** 1550 erbaut nach Entwürfen des Architekten *Sansovino*. Die Kirche ist wegen ihres würfelförmigen Saalraumes architektonisch interessant. Sie ist dem hl. *Martin* geweiht. Am 11. November ziehen die Kinder Venedigs von Tür zu Tür, rumoren mit Töpfen und Deckeln und wollen etwas Geld und Süßigkeiten. Traditionell schenkt man ihnen Quittenbrot *(cotognata)* und gebackene Figuren von Martin und seinem Pferd, die fantasievoll mit bunten Bonbons verziert sind *(Sammartinos)*. In den Tagen vor dem 11. November sind die Konditoreien Venedigs voll mit diesem Backwerk in allen Größen.

Das Arsenal (15)

Entlang der Fondamenta de Fazza l'Arsenale ist es nur noch ein Katzensprung bis zum Eingangsportal der **Schiffswerft,** des Arsenale. Der Name

Der „rote Priester": Antonio Vivaldi

„Prete rosso", roter Priester, wurde *Antonio Vivaldi* (1678–1741) wegen seiner roten Haare genannt. Er ist der bekannteste musikalische Sohn Venedigs. Geerbt hat er sein Interesse für die Musik von seinem Vater, der Geiger im Orchester von San Marco war. Zunächst wurde Vivaldi Priester, aber schon bald gab er das Priesteramt auf und wurde Geigenlehrer. Als musikalischer Direktor am **Ospedale della Pietà,** auch **La Pietà** genannt, einer kirchlichen Wohltätigkeitseinrichtung für Mädchen, Waisenkinder und illegitime Kinder, komponierte er seine ersten Werke für Violine, später auch für andere Streich- und Blasinstrumente. Er war zudem Kapellmeister an der Markuskirche. Ihm verdankt die Musikwelt die Form des Solokonzertes mit Orchester. Er schrieb auch Opern, Sonaten und geistliche Musik.

In Venedig ist Vivaldi heute noch allgegenwärtig. Es vergeht kein Tag, an dem nicht irgendeines seiner Werke gespielt wird. Rivalisierende Musikgruppen in historischen Kostümen schlagen sich buchstäblich um die Gunst der Touristen. Ausschließlich Vivaldi gibt es in „seiner" Kirche, der **Chiesa di Santa Maria della Pietà** an der Riva degli Schiavoni. Es ist zwar reizvoll, den Komponisten in „seiner" Stadt zu hören, über die Qualität einiger dieser beinahe inflationär angebotenen Konzerte lässt sich jedoch streiten.

kommt vermutlich aus dem Arabischen: *Darsiná-a* bedeutet Arbeitsstätte. Das 32 Hektar große Gelände ist heute **Militärgelände** und deshalb nicht zugänglich. Nur durch das prachtvolle **Renaissanceportal** kann man ein wenig hineinblicken. Dieses Portal des bereits im 11. Jh. gegründeten Arsenals wurde 1460 errichtet und 1571 erneuert. Es ist wie ein Triumphtor gestaltet.

Interessant ist die Herkunft der das Tor bewachenden **Löwen:** Der linke ist ein Beutestück aus dem Hafen von Piräus, auf dem noch sehr schwach norwegische Runeninschriften aus dem Jahre 1040 zu erkennen sind. Der rechte stammt von der Straße zwischen Athen und Eleusis, der kleinere daneben soll von der „Heiligen Straße" auf der Insel Delos kommen. Unter dem Relief des schreitenden Markuslöwen erinnert eine Inschrift daran, dass die Hälfte der christlichen Flotte, die beim Seesieg von Lepanto 1571 zum Einsatz kam, im Arsenal gezimmert worden ist.

Als Venedig ab dem 14. Jh. verstärkt in die Produktion von Kriegs- und Handelsgaleeren einstieg, waren hier bis zu **16.000 Arbeitskräfte,** die so genannten *Arsenalotti,* beschäftigt. Sie waren zuständig für Bau, Reparatur und Ausstattung der venezianischen Staatsflotte. Das Arsenal wird sogar von *Dante* in seiner „Göttlichen Komödie" erwähnt, und *Sansovino* nennt es eine „Quelle der Macht und Fundament der Größe dieser Republik, zugleich aber ein Werk, auf das ganz Italien, ja, um es besser auszudrücken, auf das die ganze Christenheit stolz ist ...". Das Arsenal kann als erster Fließbandbetrieb der Welt angesehen werden. Aus vorgefertigten Teilen wurde hier ein Schiff pro Tag produziert. Es beherbergte auch Waffendepots, Munitionslager und Gießhütten für Eisen und Erz. Aus diesem Grund war eine rigorose Überwachung des Geländes erforderlich. Es wurde mit hohen Mauern umbaut und ist nur über zwei Eingänge zu betreten, vom Wasser und vom Land aus.

Ganz Castello war vom Arsenale geprägt. So waren die Bäckereien des Stadtteils stark mit der Produktion von Schiffszwieback beschäftigt, und ganze Viertel unweit des Rio terà Garibaldi wurden planmäßig als Matrosenquartier angelegt. Schon zur Zeit der Republik, etwa ab dem 12. Jh., gab es **sozialen Wohnungsbau,** die so genannte „Marinarezza". Bis zum Untergang der Republik 1797 blieb Venedig das **wichtigste Schiffbauzentrum der Adria,** doch das Ende Venedigs bedeutete auch das Ende des Arsenals, eines Ortes, der Weltgeschichte geschrieben und Venedig in der Renaissance zu einer der belebtesten Städte Europas gemacht hatte.

Was aus dem kaum genutzten Arsenale-Gelände werden soll, ist völlig offen. In letzter Zeit wird immer häufiger über eine mögliche Nutzung des Arsenals als Kulturstätte diskutiert. Auch die Umwandlung in einen Hotelkomplex ist im Gespräch. In letzter Zeit wurden seine Räumlichkeiten regelmäßig als zusätzlicher Ausstellungsraum für die Biennale genutzt. Er be-

066ve Foto: bw

eindruckt durch seine Weitläufigkeit und durch den gewollten Kontrast vom Charme verfallener militärischer Größe mit moderner Kunst. Wenn es nach den Wünschen des derzeitigen Oberbefehlshabers der Flotte geht, soll hier in naher Zukunft das weltgrößte Marinemuseum entstehen. Ein korrespondierendes Kulturzentrum ist ebenso angedacht. Doch noch entspricht das Projekt eher einer Vision als der Wirklichkeit.

Militärische Zone: Im Arsenal waren im Mittelalter bis zu 16.000 Arbeiter damit beschäftigt, in einem der ersten Fließbandbetriebe der Welt Schiffe zu bauen. Heute stehen die Räume größtenteils leer

Im „Schwanz des Fisches“

Museo Storico Navale (16)

Überquert man den Rio am Ponte del'Arsenal, öffnet sich durch den kleinen Durchlass des Kanals ein beschränkter Blick ins Innere der Wasserbecken der Werft. Auf der Fondamenta del'Arsenal geht es an flachen Werkstätten und Lagerräumen vorbei bis zum Campo San Biagio und dem dortigen Museo Storico Navale, das durch riesige Anker zweier österreichischer Kriegsschiffe markiert wird (⇨Kap. „Museen“).

Biennale-Gelände (17)

Geht man weiter an der Uferpromenade, an der häufig Ausflugsboote und auch größere Passagierschiffe bis hin zu riesigen Kreuzfahrtschiffen festmachen, so trifft man hinter der Parkanlage der **Giardini Pubblici** auf das Biennale-Gelände, das teilweise auch außerhalb der Biennale-Zeit Veranstaltungen bietet. (Die Biennale findet in ungeraden Jahren statt, also 2009, 2011 usw., von Juni bis Oktober.) Es ist ein einzigartiges Ensemble moderner Architektur mit Pavillons verschiedener Nationen, die von berühmten Architekten wie *Alvar Aalto, Carlo Scarpa* oder *Gerrit Thomas Rietveld* entworfen wurden. Ganzjährig lädt ein nettes Lokal am Eingang des Geländes zur Rast im Grünen ein. Die **Biennale d'Arte** ist eine der berühmtesten internationalen Kunstausstellungen (⇨„Reisetipps A–Z: Feiertage und Feste“). Sie wurde 1895 vom damaligen Bürgermeister Venedigs, *Riccardo Selvatico,* anlässlich der silbernen Hochzeit des italienischen Königspaares ins Leben gerufen.

Insel Sant'Elena (18)

Früher endete Venedig hinter den Biennale-Gärten, doch heute geht es weiter über eine Brücke auf die Insel Sant'Elena. Dieser Teil der Lagune wurde im 19. Jh. zugeschüttet und urbanisiert. Dorthin pilgern an Sonntagen die *Tifosi,* die Fans der venezianischen Fußballmannschaft, denn auf Sant' Elena befindet sich neben einer Marineschule auch das **Fußballstadion.**

Rund um den Rio terà Garibaldi

Zurück in Richtung Stadtzentrum kann man am Ende der Giardini Pubblici beim Zeitungskiosk über die Brücke und dann statt am Ufer entlang landeinwärts durch die Grünanlage der **Viale Garibaldi** spazieren. An deren Ende trifft man auf den breiten Rio terà Garibaldi. Der Name zeigt an, dass hier früher ein Kanal verlief, der zugeschüttet wurde. Ganz am Ende der Straße stößt man auf den verbliebenen Rest dieses Rio. Der Rio terà Garibaldi ist die breiteste Straße der Stadt. Sie ist umgeben von volkstümlichen **Wohnbezirken,** die wenig gefährdet sind, von Fremden aufgekauft und überlaufen zu werden. Wer hier schlendert, wird das Gefühl nicht los, in einen Intimbereich der Venezianer einzudringen. Hier finden sich die **billigsten Einkaufsmöglichkeiten** der Stadt, vom Supermarkt über Bäcker, Nudelmacher und Metzger bis hin zu Weißwaren-, Schuh-, Elektro- oder Weinläden. Vormittags gibt es an einem Marktstand frischen Fisch, ein paar Meter weiter werden auf einem Kahn Obst und Gemüse angeboten. Am Eingang zum Park befindet sich ein öffentliches WC.

Insel San Pietro

Die belebte Straße führt weiter am Kanal entlang auf die Isola di San Pietro zu mit der Kathedrale des antiken Olivolo. **Olivolo** – der Name kommt von den Ölbäumen, die in den Klostergärten der Lagune wachsen – ist eines der ältesten, wohl schon im 5. und 6. Jh. bewohnten Gebiete der Stadt. Hier erhob sich ursprünglich eine Festung, Castello, daher der Name des Stadtteils. Vom 7. Jh. bis 1807 war die Insel San Pietro Sitz des geistlichen

067ve Foto: bw

Oberhauptes der Stadt. Von den drei Brücken, die über den Kanal führen, hat man einen schönen Blick in malerische, scheinbar chaotische Bootswerften.

Die Kirche **San Pietro in Castello (19)** war früher eine beliebte Hochzeitskirche der Venezianer. Das geht wohl zurück auf einen Brautraub durch istrische Piraten im Jahre 941, bei dem es den Venezianern gelang,

Eine der wenigen grünen Oasen in der Stadt aus Stein sind die Giardini am Biennale-Gelände

Mancherorts scheint die Zeit stehen geblieben zu sein

diesen die Beute wieder abzujagen. An das Ereignis erinnerte die Republik alljährlich mit der Verheiratung von zwölf Bräuten auf Staatskosten, den so genannten zwölf Marien. Diese Tradition wird seit dem Karneval 2000 wieder aufgegriffen, wo man zwölf prächtig gekleidete junge Damen zum Markusplatz trug – ob sie dann wirklich verheiratet wurden, ist nicht bekannt geworden.

San Pietro in Castello ist die alte **Bischofskirche** der venezianischen Patriarchen, die erst 1807 nach San Marco übersiedelten. Die Republik legte offensichtlich Wert darauf, räumliche Distanz zum höchsten Vertreter der Kirche zu halten. Überhaupt war

208ve Foto: ml

das Verhältnis zur Kirche damals eher nüchtern. Die Venezianer sagten von sich selbst „prima Veneziani, poi Cristiani" und meinten damit, dass sie zunächst Venezianer und dann erst Christen seien.

Vor der Kirche liegt ein stiller, stimmungsvoller Platz, der beherrscht wird vom eindrucksvollen **Campanile,** den *Mauro Codussi* 1490 vollendet hat. Er gilt als der **schönste Turmbau der italienischen Frührenaissance** (nur die Bekrönung stammt aus dem 17. Jh.). Der Kirchenfassade liegen später modifizierte Pläne *Andrea Palladios* zugrunde. Insgesamt wirkt sie etwas steif. Der jetzige Bau wurde 1619 begonnen. Besonders wichtig ist der so genannte Sitz des hl. *Petrus,* die Cattedra di San Pietro, ein Marmorthron aus Antiochien mit islamischen Skulptur- und Inschriftfragmenten an der Rückenlehne.

Abstecher ins Gassengewirr

Zurück wird ein Weg gewählt, der mehr vom volkstümlichen Viertel Castello zeigt: direkt vor der Kirche über die eiserne Brücke Ponte San Pietro, entlang der Calle larga de Castello und nach links in den Campo Ruga. Hier scheint noch der Geist vergangener Zeiten zu wehen. Nirgends in Venedig finden sich malerischere Bilder der **Heiterkeit frisch gewaschener Wäsche.** Weiter geht es über den Platz und durch die Calle Ruga Crosera, die nächste Gasse (Calle Rielo) nach rechts und dort über die Brücke, dann ein paar Schritte nach links und in die Gasse San Gioachin, die wieder auf den Rio terà Garibaldi führt.

Wer einen kurzen Abstecher in ein weiteres, abseits gelegenes Gassengewirr wagt, wird mit einer ungewöhnlichen Sehenswürdigkeit belohnt. Direkt am Ende des Kanals gegenüber dem Gemüseboot geht es neben einer Bäckerei unter einem Durchgang in die enge und dunkle Gasse Calle Loredana. Sie endet am Rio della Tana und an den abweisenden Mauern der Corderie, der ehemaligen Seilerei des Arsenals. Gleich neben dem Ende der Gasse ist links ein **Stein (20)** aus der Zeit der Republik Venedig in die Wand eingelassen, der die **Minimallängen der gängigsten Fischarten** angibt, die auf dem Markt zugelassen waren. Ähnliche Maße finden sich auch auf dem Campo Santa Margherita und am Fischmarkt an Rialto.

Entlang der Riva degli Schiavoni

Durch eine der nächsten Gassen geht es zurück zum Rio terà Garibaldi und weiter bis zur breiten **Uferpromenade,** von der aus sich ein einmaliger Blick auf die Mündung des Canal Grande, die Salute-Kirche mit der vorgelagerten ehemaligen Zollstation und die Insel San Giorgio Maggiore öffnet. In entgegengesetzter Richtung taucht in der Ferne der Lido auf, erkennbar an seinem auch nachts weithin sichtbaren Campari-Schriftzug.

Das Ufer der Touristen

Ab der Brücke Ponte de la Ca' di Dio nennt sich die ungewöhnlich großzügige Uferbefestigung **Riva degli Schiavoni (21),** Ufer der Slawonier (Dalmatiner). Sie wurde erst im Jahr 1780 in ihrer heutigen Breite angelegt. Ab und an wird auch behauptet, dass ihr Name von den Sklaven, die dort gehandelt wurden, herrühre. Die Riva degli Schiavoni ist allerdings weniger die Promenade der Venezianer, die eher auf den Zattere am Dorsoduro lustwandeln, als das Ufer der Touristen. Getrübt wird der Eindruck der prachtvollen Flaniermeile auf weiten Strecken durch unzählige Kitsch-Verkaufsstände und „fliegende" Kunstmaler, die sich zumeist am dem Dogenpalast zugewandten Teil der Promenade vor den Traditonshotels wie dem Danieli versammeln.

Hotel Danieli (22)

Das Hotel Danieli selbst – eines der berühmtesten der Welt und auf höchstem Preisniveau – ist ein umgebauter gotischer Palast (14. Jh.), an dem vor allen Dingen das Treppenhaus imponiert. Es kann auf eine lange Tradition (seit 1840) und zahlreiche illustre Gäste zurückblicken. Hier weilten u.a. *George Sand, Alfred de Musset, Dickens, Proust* und *Balzac*. Doch gleich daneben ernüchtert den Betrachter eine der Bausünden Venedigs, der moderne Anbau des Hotel Danieli aus dem Jahr 1948. Einziger Pluspunkt ist seine

Terrasse mit einer unglaublichen Aussicht. Unvergesslich (aber auch unermesslich teuer): ein Abendessen im sinkenden Licht eines Sommertages. Ans Hotel schließen sich die **Prigioni** (Gefängnisse) und die **Seufzerbrücke** an, über die die Verurteilten in die Zellen gingen.

Von San Zaccaria nach Santa Maria Formosa

Dort, wo an der Riva degli Schiavoni die meisten Anlegestellen der Linienschiffe sind und der bronzene *Vittorio Emmanuele II.* seit 1887 von seinem Pferd herab auf das Gewimmel der Menschen blickt, führt ein unscheinbarer, enger Durchgang unter dem Sottoportego San Zaccaria zum **Campo San Zaccaria.** Der Sottoportego war ursprünglich der Eingang zum wichtigsten und elitärsten Frauenkloster der Republik, dem ursprünglich der Grund gehörte, auf dem heute San Marco und der Markusplatz liegen. Der stille Campo war früher als Privatbesitz des Benediktinerinnen-Klosters nachts verschlossen. Die Gebäude sind nicht mehr zugänglich, da sie nach dem Ende der Republik in eine Kaserne der Carabinieri umgewandelt wurden.

San Zaccaria (23)

San Zaccaria wurde 827 als Kloster gegründet. Die Kirche wurde erstmals Mitte des 10. Jh. gebaut. Aus dieser Zeit existiert noch eine (heute meist unter Wasser stehende) **Krypta** unter der Cappella di San Tarasio. Der Kirchturm (Campanile) rechts der Fassade stammt aus dem 12. Jh. Die **Fassade** ist eine der am reichsten gegliederten der venezianischen Frührenaissance. Sie ist mehrstöckig und fast vollständig mit Marmor verkleidet. Die Architektur zeigt zwei unterscheidbare Handschriften: Nach dem Tod des Baumeisters *Antonio Gambello* übernahm 1481 *Mauro Codussi* die Ausarbeitung. Ungewöhnlich ist die **Choranlage** mit Umgang und fünf Chorkapellen, die bedeutendste der Frührenaissance in Venedig und ganz Norditalien.

Zwei Katzen zu Füßen des Standbildes von Vittorio Emmanuele II. an der Riva degli Schiavoni

Ein Gemälde verdient unter der Vielzahl von herausragenden Werken besondere Bedeutung: das Altarbild im zweiten Altar des linken Seitenschiffes von *Giovanni Bellini.* Er hat es im Jahr 1505 im Alter von 70 Jahren geschaffen. Es ist im Sinne einer *sacra conversazione* als thronende Muttergottes mit Kind und den Heiligen *Petrus, Lucia, Katharina* und *Hieronymus* gestaltet.

Sehenswert ist auch die angrenzende **Cappella di San Tarasio,** ursprünglich der Chor des gotischen Vorgängerbaus der heutigen Kirche. Reste eines Fußbodenmosaiks zeigen, dass auch die gotische Kirche einen Vorgänger hatte. Mindestens drei Kirchen folgten aufeinander.

Zum Campo Santa Maria Formosa

Zum nächsten Ziel, dem Campo Santa Maria Formosa, führt wieder ein Labyrinth von Gassen, das den Besucher von den viel begangenen Routen wegführt und ihm das **ursprüngliche Venedig** erlebbar macht. Die Calle San Provolo führt rechts vom Campo vor San Zaccaria nach Westen auf den Campo San Filippo e Giacomo. Auf dem Campo geht es vor den Telefonzellen und dem Kiosk scharf rechts in die enge Gasse Calle drio la Chiesa und dann in die zweite Gasse links, die Calle a fianco la Chiesa – alles sehr originelle, sprechende Namen: Die Gassen heißen „Gasse hinter der Kirche" und „Gasse neben der Kirche"!

Am Kirchplatz Campo Zaninovo geht es rechts unter dem Sottoportego della Stua hindurch, an der Fondamenta del Remedio entlang und über die Brücke auf den Campiello Querini Stampalia. Hier findet sich hinter der Kirche Santa Maria Formosa die Kunstgalerie **Fondazione Querini Stampalia** (**24,** ⇨Kap. „Museen"). Dort werden die Ausstellungsstücke im vornehmen Ambiente eines venezianischen Patrizierhauses präsentiert. In seinen Räumen wird freitags und samstags um 17 und 19 Uhr Alte Musik gespielt.

Um die Kirche herum gelangen wir zu ihrer Fassade und auf den weitläufigen **Campo Santa Maria Formosa.** Der Platz, einer der größten und dabei intimsten der Stadt, wird von großen, schmucken Palazzi unterschiedlicher Stilrichtungen eingerahmt. Beherrscht wird er jedoch von der Kirche Santa Maria Formosa mit den beiden Fassaden zum Campo und zum Rio sowie ihrem Campanile, über dem Eingang zum Kanal von einer verzerrten Fratze bekrönt, die von vielen als hässlichste Maske Venedigs bezeichnet wird. Auf diesem Campo findet das venezianische Leben noch größtenteils ohne Touristen statt. Zur Zeit der Republik war er einer der Schauplätze der damals recht beliebten Stierkämpfe und öffentlicher Festlichkeiten.

Santa Maria Formosa (25)

Die Kirche Santa Maria Formosa steht fast völlig frei. Ihren Namen umrankt eine Legende: Im Jahre 639 soll dem hl. *Magnus* die Muttergottes in Form einer wohlgeformten (venezianisch: *formosa*) Frau erschienen sein. Sie befahl ihm, dort, wo er eine weiße Wolke über einer Insel schweben sehe, eine Kirche zu bauen. In der Tat gehört die Gegend um Santa Maria Formosa zu den am frühesten besiedelten Gebieten der Stadt.

Wichtigstes Kunstwerk im Inneren ist der Altar der hl. *Barbara* von *Jacopo Palma d.Ä.* im rechten Querhaus, der aus sechs einzelnen Bildern besteht (1510). In der Kirche hatten viele Scuole und Zünfte ihre Altäre und Kapellen, u.a. auch die Scuola dei Bombardieri, der Büchsenmacher, deren Schutzheilige Barbara ist.

Wer von hier aus einen Abstecher zu einem Kleinod venezianischer Palastarchitektur machen möchte, geht an der Kirche vorbei über die Brücke in die Ruga Giuffa und biegt dort gleich links in die erste kurze Gasse ein (Ramo Grimani, Castello 4858) zum **Palazzo Grimani (24a).** Nach 25 Jahren Restaurierung ist dort im Dezember 2008 endlich der Palazzo als Museum wieder eröffnet worden. Der von außen unscheinbare Bau wurde bald nach der Mitte des 16. Jhs. für *Giovanni Grimani,* den Patriarchen von Acquileia, errichtet und von den Nachkommen seines Bruders *Vettor* bis ins 19. Jh. bewohnt. Zu sehen ist die prachtvoll erhaltene Innenausstattung der Renaissance mit der festlichen Stuckdekoration, die sich an antiken römischen Vorbildern orientiert. Allerdings kann man den Palazzo nur nach telefonischer Voranmeldung (am Vortag unter Tel. 041/5200345) mit einer Führung besichtigen. Die bedeutende Antiken-Sammlung der Familie ist nicht zu sehen. Sie verblieb im Antikenmuseum am Markusplatz. Dennoch lohnt der Besuch.

Calle del Paradiso (26)

Es lohnt sich, mit dem Campanile im Rücken, geradeaus am Rio del Mondo Novo an der Fondamenta dei Preti entlangzugehen und über die Brücke Ponte dei Preti links unter einem gotischen Madonnenrelief mit zwei Wappen der Familie *Foscari* in die Calle del Paradiso zu schauen. Über den links und rechts weit hervorstehenden Holzkonsolen *(barbacani)* liegen kleine Mietwohnungen, die 1407 gebaut wurden.

Die Gasse findet an ihrem unteren Ende in einem weiteren gotischen Bogen ihren Abschluss. Hier findet sich auch eine der ungewöhnlichsten Buchhandlungen der Stadt, die **Libreria Filippi,** mit einem meist griesgrämig dreinblickenden Verleger, der sich Venedig-Publikationen verschrieben hat.

Vom Campo Santa Maria Formosa aus führen gelb-schwarze Wegweiser entweder in Richtung der Kirche Santi Giovanni e Paolo oder in Richtung Rialto und zum Markusplatz.

Dorsoduro

070ve Foto: bw

Der Stadtteil Dorsoduro ist der südlichste Teil der Stadt, zu dem auch die vorgelagerte Insel Giudecca gehört. Diese wird jedoch separat besprochen, da sie einen ganz anderen Charakter hat. Dorsoduro bedeutet „harter Rücken“, denn hier ist der Untergrund fester als im übrigen Stadtgebiet. Der Dorsoduro ist ein etwas abgelegener Bezirk und auch weniger von Touristen überlaufen. Die Gassen sind nicht so eng und die Häuser weniger hoch gebaut als in anderen Vierteln.

Viele Wasserwege und Campi machen den Dorsoduro zu einem lichten und freundlichen Stadtteil mit recht unterschiedlichen Gesichtern. Im Westen, in der Gegend von San Sebastiano und San Nicolò dei Mendicoli, wohnen, auch durch die Nähe des Hafens bedingt, überwiegend Arbeiter. Im Osten ist der Dorsoduro eine schicke, wesentlich feinere Adresse mit vielen kleinen Galerien. Hier sind die Gassen oft menschenleer, während im Westen, insbesondere am Campo Santa Margherita, temperamentvolles Leben herrscht. Man kann entspannt bummeln und verweilen, insbesondere auf der breiten Uferpromenade zum Giudecca-Kanal, den Zattere, mit hinreißender Kulisse und kleinen Kneipen sowie einer Eisdiele mit Sonnenterrasse, die unter Venezianern nahezu Kultcharakter hat.

Warten auf den nächsten Einsatz: Auf der Holzbrücke vor der Accademia hoffen Gondolieri auf Fahrgäste

Zwischen den Verkehrsadern Canal Grande und Giudecca-Kanal gelegen, ist der Stadtteil auf verschiedenen Wegen zu erreichen: mit den Vaporetto-Linien 1 (und 2) den Canal Grande entlang bis zu den Haltestellen Salute, Accademia oder Ca' Rezzonico, aber auch mit den Linien 51, 52, 61, 62 und 2 über den Giudecca-Kanal zu den Haltestellen Zattere oder San Basilio. Dies ist der kürzeste Weg vom Bahnhof oder von Piazzale Roma aus. Am reizvollsten ist die Anfahrt mit der Gondelfähre (Traghetto) über den Canal Grande, entweder von der Haltestelle Vallaresso zur Salute oder von Santa Maria del Giglio aus. Zu Fuß ist der Weg über die Accademia-Brücke am schönsten. Von der Brücke aus hat man einen herrlichen Blick auf den Dorsoduro und im Vordergrund die Accademia.

Gallerie dell'Accademia (1)

Geht man über die Accademia-Brücke in den Stadtteil Dorsoduro hinunter, so stößt man als erstes auf die Gallerie dell'Accademia, die berühmte **Gemäldesammlung venezianischer Kunst,** und die **Kunsthochschule** (Accademia di Belle Arti). Sie finden sich im weitläufigen ehemaligen **Klostergebäude,** in der Bruderschaft (Scuola) della Carità und deren aufgelöster Klosterkirche, Santa Maria della Carità. Die Accademia betritt man durch eine klassizistische Fassade von *Giorgio Massari.* Links daneben steht im rechten Winkel der ehemalige Kirchenbau aus der Spätgotik. In der Ecke zwischen den beiden Gebäuden liegt der unscheinbare Eingang zur Kunstakademie und zu einem schönen Kreuzgang. Der Komplex ist zwar derzeit wegen Restaurierung eingerüstet. Die Ausstellungsräume sind aber normal zugänglich.

Die Sammlung gehört zu den **bedeutendsten Kunstsammlungen der Welt.** Sie geht zurück auf eine „Akademie", zu der sich Maler und Bildhauer Venedigs 1750 zusammengeschlossen hatten. Staatliche Anerkennung erlangte sie unter ihrem ersten Präsidenten, *Giovanni Battista Tiepolo,* 1756. Neben dem Unterrichten und der Veranstaltung von Ausstellungen wurden schon bald Bilder gesammelt, besonders aus den Kirchen Venedigs, die während der Säkularisation aufgelassen worden waren. Umfangreiche private Stiftungen kamen hinzu. Die Sammlungen der Accademia bieten einen umfassenden Überblick über die venezianische Malerei bis zum Ende der Republik und ins 19. Jh. Einige wenige **Highlights** seien hier vorgestellt. Die **Nummerierung der Säle** folgt dem hier abgebildeten Plan, nicht der Benennung der Säle vor Ort! Es gibt aber im Museum in den einzenen Räumen Rundgangspläne in verschiedenen Sprachen.

• **Gallerie dell'Accademia (Accademia-Museum),** Dorsoduro 1050, Accademia-Brücke, Haltestelle Accademia. Geöffnet Montag 9–14 Uhr, Dienstag bis Sonntag 9–19 Uhr, am 1. Januar, 1. Mai und 25. Dezember geschlossen.

Saal 1

In Saal 1 hängen Gemälde des 14. und 15. Jh. Die Unterschiede regionaler Schulen sind hier, besonders für den Laien, noch kaum spürbar. Es überwiegen mehrteilige Altarretabeln (Polyptychon). Auf ein Werk von **Paolo Veneziano,** tätig 1333–58, den ersten namentlich fassbaren Künstler der Stadt, sei hingewiesen. Seine „Marienkrönung", aufgestellt in der Mitte des Saales, steht in so genannter veneto-byzantinischer Tradition. Das zentrale Bild wird flankiert von Szenen aus dem Leben Christi und von Heiligen, besonders des hl. *Franz.* Auch die Original-Decke aus dem 15. Jh. ist einen Blick wert.

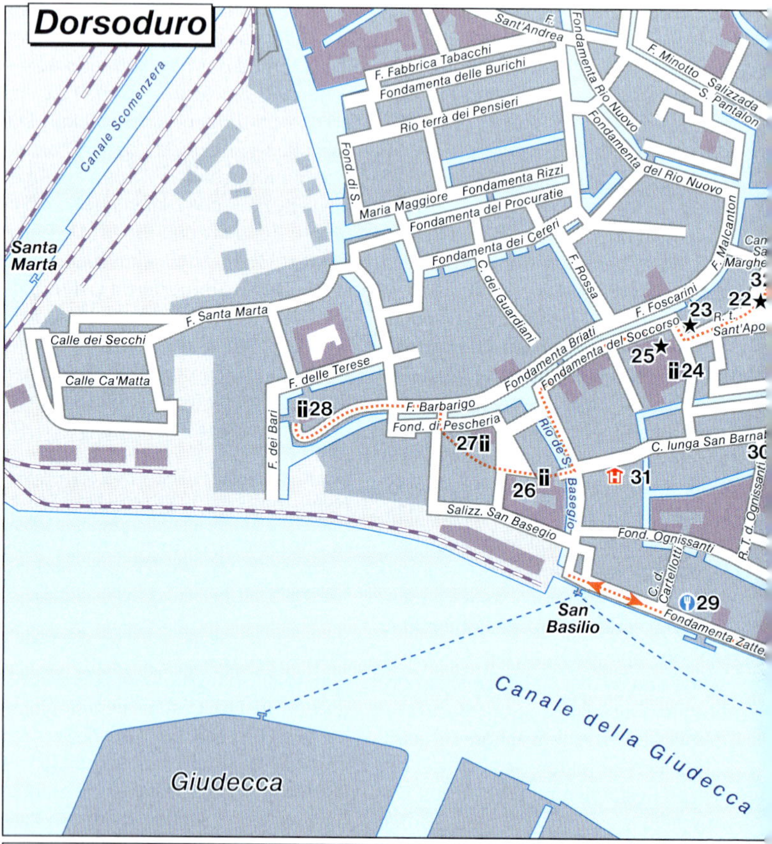

Rundgang

Ⓜ	1	Gallerie dell'Accademia
Ⓜ	2	Palazzo Cini
⛪	3	St. Georges Church
Ⓜ	4	Peggy Guggenheim Collection, Palazzo Venier dei Leoni
⛪	5	Madonna della Salute
Ⓜ	6	Pinacoteca Manfrediniana
★	7	Dogana da Mar
★	8	Punta della Dogana/ François Pinault Foundation
★	9	Saloni Ex Magazzini del Sale
⛪	10	Spirito Santo
★	11	Ospedale degli Incurabili
⛪	12	Gesuati-Kirche
★	13	Santa Maria della Visitazione, Geheimbriefkasten
★	14	Squero di San Trovaso
⛪	15	Chiesa di San Trovaso
★	16	Sottoportego del Casin dei Nobili
●	17	Ponte dei Pugni
Ⓜ	18	Ca' Rezzonico
★	19	Ca' Foscari
●	20	Feuerwehr
⛪	21	San Pantalon (San Pantaleone)
★	22	Scuola dei Varoteri
★	23	Scuola Grande dei Carmini
⛪	24	Santa Maria del Carmelo, I Carmini
★	25	Palazzo Zenobio
⛪	26	San Sebastiano

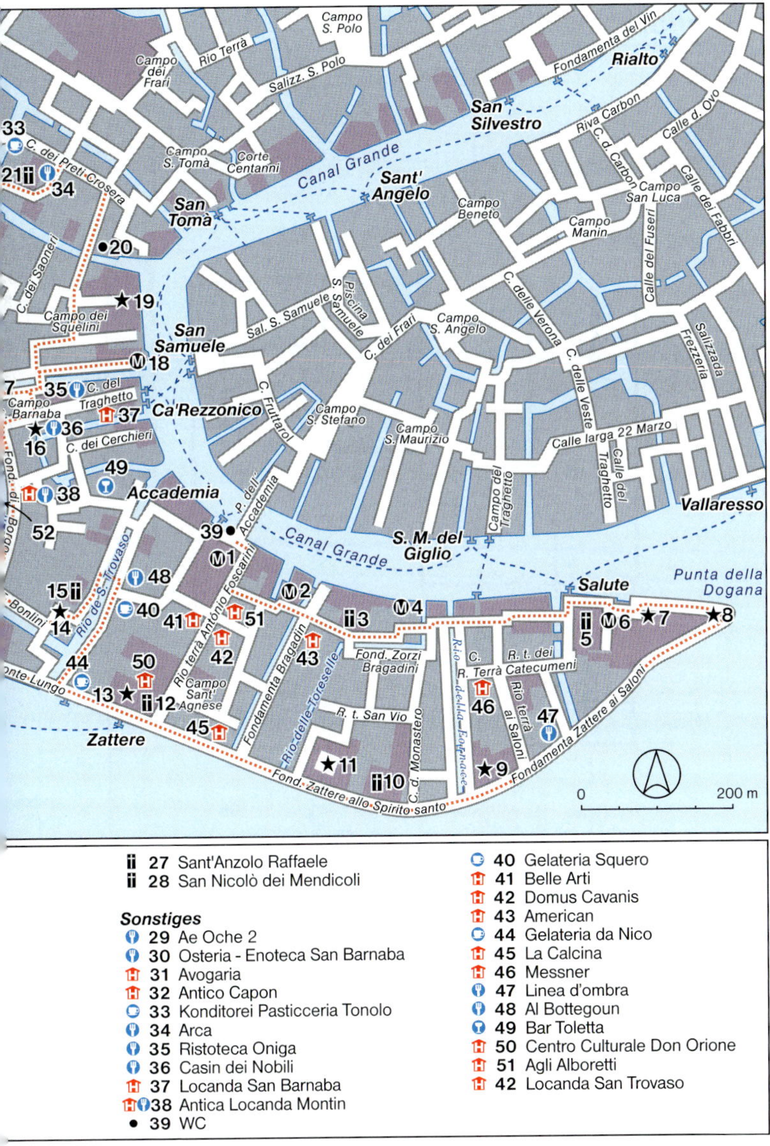

27 Sant'Anzolo Raffaele
28 San Nicolò dei Mendicoli

Sonstiges

29 Ae Oche 2
30 Osteria - Enoteca San Barnaba
31 Avogaria
32 Antico Capon
33 Konditorei Pasticceria Tonolo
34 Arca
35 Ristoteca Oniga
36 Casin dei Nobili
37 Locanda San Barnaba
38 Antica Locanda Montin
39 WC
40 Gelateria Squero
41 Belle Arti
42 Domus Cavanis
43 American
44 Gelateria da Nico
45 La Calcina
46 Messner
47 Linea d'ombra
48 Al Bottegoun
49 Bar Toletta
50 Centro Culturale Don Orione
51 Agli Alboretti
42 Locanda San Trovaso

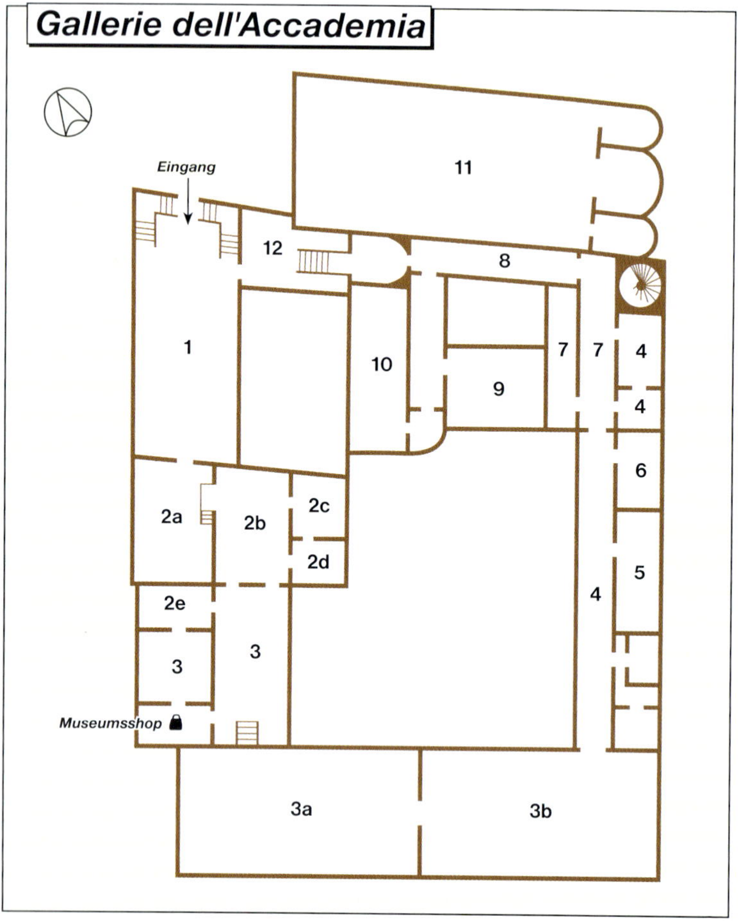

Säle 2a–e

Im zweiten Saal finden sich Altargemälde der venezianischen Renaissance um 1500. Diese Epoche bildet den Anfang der venezianischen Malschule und wird geprägt durch die überragende Figur **Giovanni Bellinis,** hier (rechts) vertreten mit seiner riesigen „Pala di San Giobbe" (ca. 1485): eine *sacra conversazione,* wobei Maria mit dem Kinde in einer tonnengewölbten Architektur vor einer Nische mit schimmerndem Goldmosaik thront, flankiert von einer Vielzahl von Heili-

1	Mittelalterliche venezianische Tafelmalerei des 14. und 15. Jahrhunderts
2	Venezianische Frührenaissance
a	Giovanni Bellini
b	Sebastiano del Piombo
c	Mantegna, Giovanni Bellini, Pierro della Francesca
d	Giorgione
e	Lorenzo Lotto
3	Venezianische Malerei des 16. Jahrhunderts
a	v.a. Tintoretto, Veronese, Tizian
b	16. Jahrhundert und Tiepolo-Fresken (18. Jh.)
4	Venezianische Malerei des 18. Jahrhunderts
5	Venezianische Malerei des 16. Jahrhunderts
6	Barock
7	18. Jahrhundert, v.a. Canaletto, Guardi, Carriera, Longhi
8	Venezianische Malerei des 18. Jahrhunderts
9	Kreuzeslegende von Vittore Carpaccio und Gentile Bellini sowie venezianische Ansichten aus dem 16. Jahrhundert
10	Vittore Carpaccio Ursula-Legende
11	Ehemalige Kirche Santa Maria della Carità: Venezianische Malerei des 15. Jahrhunderts und Wechselausstellungen
12	Tizian

gen. Zu ihren Füßen erkennt man drei musizierende Engel. Weitere Gemälde sind von **Vittore Carpaccio.** In den anderen Sälen dominieren **Mantegna** und **Piero della Francesca.** Darunter sind auch vier großartige Orgelflügel von **Sebastiano del Piombo** aus den Jahren 1507–09: die Heiligen *Ludwig, Sinibal, Sebastian* und *Bartholomäus* in Nischen mit Goldmosaik (2b).

Die Säle 2c und 2d zeigen eine kostbare Sammlung kleinerer Bilder aus dem 15. und 16. Jh. Besonders hervorzuheben ist „Das Gewitter" von **Giorgione** (ca. 1505–07) (2d). Giorgione war der Lehrer *Tizians.* Er starb 1510 noch ganz jung an der Pest. Über einer hell erleuchteten Stadtkulisse türmen sich in Blau- und Grüntönen die drohenden Gewitterwolken, aus denen der Blitz zuckt. Unberührt von den Naturgewalten sitzt die fast unbekleidete Frau und stillt ihr Kind, beobachtet von einem jungen Mann, gekleidet in leuchtendes Rot. Viel ist über die Bedeutung dieses Bildes gerätselt worden.

Saal 2e zeigt mit **Lorenzo Lottos** Brustbild eines jungen Mannes in der Studierstube ein herausragendes Werk des (neben Tizian) besten Portraitmalers des 16. Jh.

Säle 3, 3a und 3b

In den Sälen 3, 3a und 3b hängt venezianische Malerei des 16. Jh. In Saal 3 v.a. Tizian, Tintorello, Veronese.

Saal 3a enthält großformatige, wichtige Werke der venezianischen Malerei, zunächst rechts das riesige „Gastmahl des Levi" mit 5,60 x 13 Metern, von **Paolo Veronese** (1571–73), gemalt für das Refektorium der Kirche Santi Giovanni e Paolo. Bestellt war bei Veronese eigentlich ein Abendmahl. Angesichts der sehr freien Interpretation dieses Themas mit Narren, Landsknechten und Hund handelte sich Veronese ein Verfahren vor den Staatsinquisitoren ein. Das Argument der „künstlerischen Freiheit" reichte jedoch für seine erfolgreiche Verteidigung aus. An der Wand dem Eingang gegenüber hängen mehrere Bilder **Tintorettos** mit Wundern des hl. *Markus*. **Tizians** „Pietà" ist ebenfalls in diesem Raum ausgestellt. Der Hieronymus zu Füßen Christi soll ein Selbstportrait Tizians sein.

In Saal 3b finden sich v.a. Werke von **Giovanni Battista Tiepolo,** darunter Reste der Deckenmalerei der Scalzi-Kirche (neben dem Bahnhof).

Säle 4–6

Die Säle 4 bis 6 versammeln Bilder venezianischer **Landschaftsmaler** und **Barock- und Rokokogemälde.**

Säle 7–12

Saal 7 zeigt Bilder der venezianischen Vedutisten wie **Canaletto** oder **Francesco Guardi,** Pastellportraits von **Rosalba Carriera** und Genrebilder von **Pietro Longhi.** Das Venedig des 15./16. Jh. wird besonders gut dargestellt im berühmten Gemäldezyklus der „Wunder der Kreuzreliquie" (Saal 9). Die acht großen Bilder aus den Jahren 1494–1501 sind ein Gemeinschaftswerk von **Vittore Carpaccio, Gentile Bellini** und anderen Künstlern für die Scuola Grande di San Giovanni Evangelista. Die Gemälde faszinieren vor allem durch die Darstellung Venedigs um 1500. Des Weiteren beachtenswert (Saal 10): **Vittore Carpaccios** Bilderzyklus der Ursula-Legende. Kurz vor Verlassen der Saalflucht, über zwei Türen angeordnet, hängt der „Tempelgang Mariens" von **Tizian** (1538, Saal 12). Hervorzuheben ist in Saal 11 ein Bild des Tizian-Schülers **Paris Bordone,** der die Gründungslegende des „sposalizio", der Vermählung des Dogen mit dem Meer, erzählt: Ein Fischer bringt dem Dogen einen kostbaren Ring, den ihm der hl. *Markus* überreicht hatte. Kurz vor Verlassen des Museums ist unbedingt ein Blick auf die Holzdecke mit den Evangelisten aus dem 15. Jh. angesagt.

Von der Accademia zur Punta della Dogana

Wer nicht die Kunstsammlungen besuchen möchte, kann statt zur Accademia hinter der gleichnamigen Brücke (in dessen südlichem Brückenkopf öffentliche WCs untergebracht sind) links am Klosterkomplex vorbeigehen und dann weiter, vor einem Glas-Souvenir-Laden gleich wieder links, durch die Calle Nova Sant'Agnese laufen. Vor der Brücke San Vio steht der **Palazzo Cini (2),** in dem interessante toskanische Gemälde gezeigt werden. Das Museum ist aber nur von September bis November 10–13 und 14–18 Uhr geöffnet (montags geschlossen, Eintrittsgebühr!).

Der **Campo San Vio** ist nach einer 1813 demolierten Kirche benannt. Bevor es in die nächste enge Gasse geht, fällt linker Hand die **St. Georges Church (3)** auf, in der sonn- und feiertags anglikanische Gottesdienste für die große Zahl britischer, aber auch amerikanischer „Venezianer" abgehalten werden. Hier finden sich zahlreiche Spuren britischer Präsenz. Ein Glasfenster weist zum Beispiel auf den Dichter *Robert Browning* hin, der in der Ca' Rezzonico starb.

Beim Weitergehen stößt man geradeaus auf den **Rio delle Toreselle.** Auf ihm liegen viele bunte Ruder- und Motorboote, die ihn zu einem beliebten Fotomotiv machen. Südlich dieses Kanals liegt ein nahezu unbekannter Teil Venedigs mit Beispielen sozialen Wohnungsbaus aus dem Spätmittelalter.

Palazzo Venier dei Leoni (4)

Folgt der Besucher dem Lauf des Rio delle Toreselle und geht links in die Calle San Crisostomo, steht er vor dem Landeingang des Palazzo Venier dei Leoni, der die **Peggy Guggenheim Collection** beherbergt (⇨Kap. „Museen"). Der Bau stammt aus der Spätzeit der Republik (er wurde 1749 begonnen) und ist ein guter Hinweis dafür, welcher Reichtum damals in der Stadt herrschte. Der Palast war in Dimensionen geplant, denen, wäre er fertig gestellt worden, größere Teile des eben durchschrittenen Viertels zum Opfer gefallen wären. Ein Holzmodell im Museo Correr zeugt davon. Von der Wasserseite aus sieht man, dass der Bau unvollendet geblieben ist, nur das Sockelgeschoss wurde realisiert.

Campo San Gregorio

Der nächste größere Platz ist der Campo San Gregorio mit einer gotischen Kirche aus dem 15. Jh., die heute profaniert ist und als Werkstätte für die Denkmalschutzbehörde dient. Links der hölzernen Brücke liegen die Reste der Klostergebäude von San Gregorio, heute luxuriöse Residenz, mit einem herrlichen, leider nicht zugänglichen Kreuzgang.

071ve Foto: ml

Madonna della Salute (5)

Schon von der Brücke aus beeindruckt der monumentale, blendend weiße Bau der Kirche Madonna della Salute. Sie steht wie ein Bühnengerüst in exponierter Lage und erlaubt von ihren Treppenstufen aus einen einmaligen Blick auf den Canal Grande und den Komplex des Dogenpalastes. Besonders nachts bietet sich ein roman-

Die Punta della Dogana mit der Salute-Kirche stellt ein städtebaulich beeindruckendes Ensemble dar

tischer Blick auf den stillen, beleuchteten Kanal. Im Sommer wird hier auf den Treppenabsätzen vor der Kirche nachts **Tango** getanzt (⇨„Reisetipps A–Z: Tanzen").

Die Kirche selbst – eine der wenigen der Stadt, die man noch ohne Eintrittsgebühr betreten kann – ist am besten vom östlichen, weitläufigeren Teil des Campo aus zu betrachten, denn die Architektur ist auf Fernsicht angelegt. Ihre Gründung geht zurück auf ein Gelöbnis des Senates der Republik vom 22. Oktober 1630. In diesem Jahr wütete wieder eine **Pestepidemie** in der Stadt, der schließlich 50.000 Einwohner zum Opfer fielen, mehr als ein Viertel der Bevölkerung. Zum Herbst des Jahres flaute die Seuche etwas ab, was die Venezianer darauf zurückführten, dass die Fürbitten an die Muttergottes und das Gelöbnis erhört worden waren. Daher sollte die neue Kirche der Madonna della Salute, der hl. Maria des Heils, bzw. der Gesundheit, geweiht werden. Dafür wurde ein Platz von zentraler Bedeutung für das **Stadtbild** ausgewählt und die gesamte Ostspitze des Dorsoduro neu gestaltet.

Für die Kirche wurde ein **Wettbewerb** ausgeschrieben, zu dem elf Vorschläge eingingen. Den Auftrag erhielt der damals erst 33 Jahre alte Architekt *Baldassare Longhena* (1597–1683), dessen Lebenswerk die Salute wurde. Er betreute den Bau bis zu seinem Tod, doch geweiht wurde er erst 1687. Die Baugeschichte gibt ein eindrucksvolles Beispiel dafür, wie schwierig das Bauen in Venedig war: Für das Fundament wurden mehr als 1,2 Millionen Eichenstämme in den Lagunenboden gerammt, für die östlich der Kirche entstehenden Bauten waren es dann noch einmal 176.627 Stämme.

Noch heute wird der Erlösung von der Pest im Jahre 1630 alljährlich mit dem venezianischen Feiertag **Festa della Madonna della Salute** gedacht. Eine festliche Prozession führt jedes Jahr am **21. November** über eine Behelfsbrücke von Santa Maria del Giglio aus zur Salute-Kirche. Es ist ein stilles, inniges Fest, das den Venezianern selbst gehört. An den Ständen vor der Kirche kaufen sie lange, dicke Kerzen *(candeli per la Madonna),* lassen sie vor dem Altar entzünden und gehen am Altar vorbei durch die Sakristei und den Kreuzgang nach draußen, wo heißes Schmalzgebäck *(fritelle)* in Kirmesatmosphäre serviert wird (⇨„Reisetipps A–Z: Feiertage und Feste").

Die Salute-Kirche ist die **wichtigste Barockkirche** der Stadt. Nicht nur als Bauwerk ist sie von Bedeutung. Die Salute-Kirche ist gleichsam die Nabe, um die das Stadtbild kreist. Dabei handelt es sich um einen großen, achteckigen Zentralbau, an den sich nach Süden das Presbyterium anschließt. Das große zentrale Achteck wird überragt von einem zweiten mit geringerem Durchmesser. Darüber wölbt sich die weithin sichtbare Kuppel, die über dem Baukörper zu schweben scheint. Zwischen den beiden Achtecken vermitteln riesige Strebepfeiler, die als schneckenförmige Voluten ausgeprägt sind, die so genannten *orrecchioni* (große Ohren). Die Kuppel wird bekrönt von einer reich gegliederten Laterne.

214ve Foto: bw

Für den 21. November, zum Fest der Madonna della Salute, wird über den Canal Grande eine Pontonbrücke geschlagen. Gläubige pilgern dann mehrere Tage lang zur Kirche, um für die Erlösung von der Pest zu danken, und zünden dort lange Kerzen an

Hat man diese üppige, überquellende Architektur in sich aufgenommen und betritt durch eine kleine, seitliche Pforte das Innere, so wird man überrascht sein. Der Raum ist schlicht und bietet einen erheblichen Kontrast zur Pracht des Äußeren. Er scheint eher dem Renaissance-Stil anzugehören. Die Kraft, die in diesem Raum lebt, rührt weitgehend von den riesigen Säulen her, die die Ecken des Achtecks besetzen. Sie konzentriert sich zum Presbyterium hin in einer mystischen Dunkelheit, aus der die Farben des Altarbildes hervorleuchten. Die Architektur orientiert sich hier deutlich an *Andrea Palladio* (⇨Il Redentore, Insel Giudecca). Der eindrucksvolle Hochaltar mit Figuren von *Justus Le Court* zeigt in der Mitte Maria, der die Kirche gewidmet ist, flankiert von einer Venezia links und der fliehenden Pest in Gestalt eines alten Weibes rechts.

Die **Sakristei** (links vom Hochaltar) ist fast ein kleines Museum und lohnt einen Besuch. Dort finden sich ein wichtiges Frühwerk *Tizians* (der „Hl. Markus") am Altar, Deckenbilder mit kühner Perspektive vom selben Maler sowie ein riesiges Bild der Hochzeit

601ve Foto: ml

Auf der äußersten Spitze der Meereszollstation thront die Fortuna, die von zwei Atlanten auf einer goldenen Kugel getragen wird

von Kana von *Tintoretto*. (Eintrittsgebühr!)

Links neben der Salute-Kirche liegen die schlicht gehaltenen alten **Klostergebäude** der Kirche. Dort ist heute hinter einer statuenbewehrten Mauer das **Seminario Patriarcale** untergebracht mit einer interessanten Sammlung von Gemälden und Skulpturen **(Pinacoteca Manfrediniana, 6).** Nach telefonischer Anmeldung führen Priesterstudenten gratis durch den Klosterhof und die Sammlung (Tel. 041/5225558).

Die Gesuati-Kirche dominiert die Zattere, die Flaniermeile am Giudecca-Kanal

Dogana da Mar (7)

Die östlichste Spitze des Dorsoduro wird von den mächtigen Hallen der Dogana da Mar, der **Meereszollstation** (für die vom Meer kommenden Waren, im Gegensatz zur Dogana da Terra an der Riva del Vin) gebildet. Es ist schwer, sich vorzustellen, dass die Wasserfläche zwischen dem Bacino di San Marco vor dem Dogenpalast und der Isola di San Giorgio Maggiore einst einer der wichtigsten Häfen Europas war, dass hier unzählige Segelschiffe ankerten, die Waren aus aller Herren Länder nach Venedig brachten. In der großen Zollstation mussten die Waren verzollt oder gelagert werden. Den Abschluss bildet ein viereckiger Turm aus Rustikamauern, auf dessen Spitze zwei **Atlanten** eine goldene Kugel tragen, auf der wiederum eine Bronzefigur der Fortuna balanciert und mit einem Steuerruder die Windrichtung anzeigt. Hier an der **Punta della Dogana (8)** bietet sich ein umwerfender **Rundblick** über den Canal Grande, den Bacino di San Marco und den Canale della Giudecca.

In den weitläufigen Hallen der alten Zollstation hat der französische Milliardär *François Pinault* im Juni 2009 das **Museum „Punta della Dogana – François Pinault Foundation"** eröffnet. Für dessen beispiellose Sammlung moderner Gegenwartskunst schuf der

074ve Foto: bw

japanische Architekt *Tadao Ando* Ausstellungsraum auf 4500 Quadratmetern. Das Museum ergänzt die Sonderausstellungen des Palazzo Grassi, der ebenfalls *Pinault* gehört und von *Ando* umgebaut wurde, mit einer Dauerausstellung. Und das in klarer Konkurrenz zur nahegelegenen Guggenheim-Collection, die sich auch um die Nutzung des Gebäudes beworben hatte, aber nicht zum Zug kam. *Pinaults* Sammlung der Gegenwartskunst umfasst rund 2500 Werke und gehört zu den größten der Welt. Mindestens 30 Jahre lang – so lange läuft der Vertrag mit der Stadt – kann sie nun an dieser städtebaulich exponierten Stelle Venedigs zu sehen sein. Ein Café, das auch von den Kais am Wasser zugänglich sein wird, ergänzt den neuen Museumskomplex.

An den Zattere entlang

An der Punta della Dogana kann man die Ostspitze des Dorsoduro umlaufen und auf den südlich gelegenen Fondamente den ganzen Stadtteil am Wasser entlangspazieren. Derzeit wird dort aber gebaut. Zunächst passiert man die **Saloni Ex Magazzini del Sale (9),** einige der Salzlager der Stadt aus dem 14. Jh. Venedig produzierte vom 4. bis zum Ende des 19. Jh. in zahlreichen Salinen selbst Salz. Aus der Salzsteuer zog die Stadt großen Reichtum. Die Magazzini sind heute u.a. Bootslager des **Ruderclubs Bucintoro,** eines der traditionsreichsten der Stadt. Es ist geplant, dass hier Teile des Guggenheim-Museums einziehen.

Hier beginnen die so genannten **Zattere,** ein langer, teilweise breiter Kai, der sich nahezu den ganzen Dorsoduro entlang erstreckt. Dort wurde das Holz aus dem Gebirge in Form von Flößen, den *zattere,* angelandet, daher der Name. Die Zattere sind **„die" Flaniermeile** der Venezianer, denn hier herrschen die angenehmsten Temperaturen der Stadt. Ist es zu warm, dann weht wegen der Lage am Wasser des breiten Canale della Giudecca immer ein leichter, kühlender Wind. Ist es kalt, etwa an klaren November- oder Februar-Tagen, kann man dennoch häufig in einer windgeschützten Ecke auf den Terrassen der Cafés in der Sonne sitzen. Die Kneipen, Restaurants und vor allen Dingen die dortige Gelateria Da Nico werden von Einheimischen wie Touristen gleichermaßen geschätzt.

An den Zattere lässt es sich wunderbar die Sonne genießen

Spirito Santo (10) und Ospedale degli Incurabili (11)

Es geht vorbei an der Kirche Spirito Santo mit ihrem Kloster und rechts daneben der Scuola Santo Spirito. Die Bauten stammen aus dem 15. Jh. und sind meist verschlossen. Darauf folgt der riesige Gebäudekomplex des Ospedale degli Incurabili, ursprünglich für die *incurabili*, die Unheilbaren, die an der Syphilis Erkrankten, erbaut. Später wurden im Ospedale aber auch Findelkinder und Waisen aufgenommen, die, wie in einem „Konservatorium", musikalisch erzogen wurden. Ähnlich ist es bei den Ospedali der Pietà, der Mendicanti, oder der Derelitti (Ospedaletto).

Gesuati-Kirche (12)

Weiter auf den Zattere ragt die Fassade der Gesuati-Kirche auf. Sie ist benannt nach dem gleichnamigen Orden der Jesuaten, der 1668 wegen des Vorwurfs der Verderbtheit aufgehoben wurde. Der Bau wurde 1724 von *Giorgio Massari* begonnen als Kirche Santa Maria del Rosario (Rosenkranz). Die Architektur der Fassade aus weißem istrischen Kalkstein orientiert sich mit seiner kräftigen, fast derben Gliederung durch korinthische Kolossalsäulen an Palladio-Fassaden. Sie setzt einen wichtigen **Akzent in der Uferfront** zum Canale della Giudecca und zur Giudecca selbst.

Das **Innere** ist einschiffig mit je drei Seitenkapellen und einer Gliederung durch große Halbsäulen. Die Kirche ist prächtig ausgestattet. Hier finden sich drei große Deckenfresken, frühe Werke von *Giovanni Battista Tiepolo,* und eine Muttergottes mit drei heiligen Dominikanerinnen von Tiepolo. Der zweite Altar auf der rechten Seite ist ein Spätwerk *Giovanni Battista Piazzettas,* des Lehrers von Tiepolo, von 1743. Vom gleichen Maler stammt auch das Altarblatt am dritten Altar rechts, auf dem zwei heilige Dominikaner dargestellt sind. Die dritte Kapelle links zeigt eine Kreuzigung von *Jacopo Tintoretto.*

An den Kreuzgang der Gesuati-Kirche schließt sich die Fassade von **Santa Maria della Visitazione (13)** an, im Stil der Renaissance ausgeführt. Zwischen diesen Kirchen, links von der Tür des Hauses Nr. 919, findet sich einer der letzten **Geheimbriefkästen**

Fortbewegung auf Venezianisch: la Gondola

Gondeln haben in der Wasserstadt eine jahrhundertelange Tradition. Allerdings sahen sie in ihren Anfängen um 1094 noch weniger elegant aus als heute. Früher waren sie das einzige Verkehrsmittel in der Stadt, so gab es im 16. Jh. derer 10.000. Damals fungierten sie wohl auch als eine Art Statussymbol für die reichen Venezianer, die ihre Boote mit allerlei Zierrat schmückten und bunt bemalten. Dies uferte so sehr aus, dass ein Gesetz Anfang des 17. Jh. die Farbe Schwarz für alle Gondeln vorschrieb. Heute gibt es noch rund 500 Gondeln, die aber nur noch als Touristenattraktion dienen.

Der Berufsstand des **Gondoliere** ist trotzdem immer noch ein sehr stolzer – mit Recht, denn eine Gondel zu führen, ist eine Kunstfertigkeit, die langjährige Übung verlangt. Der Gondoliere rudert vorwärts, während er am Heck steht, denn im engen Gewirr der Kanäle muss er die Strecke im Auge haben. Mit einem einzigen Ruder *(il remo)*, das in einer charakteristischen, handgeschnitzten Holzhalterung *(la forcola)* aufgelegt wird, meistert er die schärfsten Biegungen im Kanal und hält das Boot bei stärkstem Wellengang ruhig.

Aber nicht nur das Gondelführen, auch das **Gondelbauen** ist eine Kunst. Jede Gondel ist 10,15 Meter lang, 1,40 Meter breit und wiegt 700 Kilogramm. Sie hat keinen Kiel und zeichnet sich durch eine Besonderheit aus, die sie einzigartig macht: Sie ist asymmetrisch. Die rechte Seite ist 24 Zentimeter kürzer als die linke, damit das Gewicht des seitlich am Heck stehenden Gondelführers ausgeglichen wird. Eine Gondel wird aus 280 hölzernen Einzelteilen aus acht verschiedenen Holzsorten zusammengebaut. Am Heck *(la poppa)* und am Bug *(la prua)* sind eiserne Beschläge *(il ferro)* angebracht. Charakteristisch ist die Form des *ferro* am vorderen Schnabel des Bootes *(il pettine)*. Sie versinnbildlicht die sechs Stadtbezirke Venedigs, die Sestieri. Der Richtung Heck zeigende Zacken stellt die Insel Giudecca dar. Das halbrunde Oberteil soll die Dogenmütze symbolisieren.

Es gibt nur noch zwei traditionelle **Gondelwerkstätten** in Venedig. Besonders bekannt ist der *Squero di San Trovaso* unweit der Kirche San Trovaso nahe den Zattere.

076ve Foto: bw

der Stadt, die früher für Denunziationen benutzt wurden, *bocca della verità* oder *bocca del leone*, „Mund der Wahrheit" bzw. „Löwenmaul" genannt.

Gondelwerft

Vor der Brücke über den Rio di San Trovaso geht es nach rechts eine Fondamenta entlang und man steht vor dem **Squero di San Trovaso (14)**, einer der wenigen verbliebenen venezianischen Gondelwerften. Beim Anblick des eigenartigen Holz-Ensembles mitten in der eleganten Stein- und Ziegelstadt mag ein bisschen alpenländische Stimmung aufkommen. Tatsächlich wurde die Architektur aus dem Gebirge „importiert", der Gegend von Cadore (dem Geburtsort *Tizians*), aus der viele Gondelbauer stammten.

Früher fanden sich sehr viele *squeri* in der Stadt. Es gab aber auch rund 10.000 Gondeln, im Gegensatz zu den etwa 500 von heute. Häufig stößt man in den verschiedenen Stadtteilen noch heute auf eine Calle dello squero, ohne dass Reste einer Bootswerft zu sehen wären. Die zwei Gondelwerften, die es noch gibt, sind aber gut beschäftigt.

Zattere Ponte Lungo

Die Zattere werden ab dem Ponte Lungo sehr breit und laden zum Flanieren und Verweilen ein. Sie ziehen sich bis zur Stazione Marittima hin, dem „Seebahnhof" der Stadt. Hier fin-

077ve Foto: bw

den sich Konsulate neben Universitätsgebäuden und Schifffahrtsverwaltungen. Ziemlich am Ende liegt neben einer Postfiliale, ganz versteckt hinter einer unscheinbaren Fassade, einer der größten und vermutlich der günstigste **Supermarkt** der Stadt. Dieser Teil der Zattere ist ein besonders beliebter „Laufsteg" für die sonntägliche Pelzmantelparade im Winter. Die Venezianerinnen aller Schichten sind bekannt für ihre große Liebe zu Pelzen.

Im Herzen des Dorsoduro

Chiesa di San Trovaso (15)

Weg von den Zattere geht es vor der Gondelwerft wieder stadteinwärts nach Norden. Vorbei an einem der traditionsreichsten Weinlokale der Stadt, der **Enoteca Al Bottegon** direkt an der Brücke San Trovaso, gelangt der Besucher über den Kanal zur Chiesa di San Trovaso mit zwei identischen Fassaden. Einen hl. *Trovaso* wird man nur schwer finden, denn der Name der Kirche ist venezianisch und wurde zusammengezogen aus **Gervasio und Protasio,** den Märtyrern, denen die Kirche geweiht ist. Eine Kirche der beiden Märtyrer existierte an dieser Stelle bereits im 9. Jh., der jetzige Bau stammt aus dem 16. Jh. An den Fassaden fallen die riesigen Thermenfenster auf. Innen sind ein Madonnenbild von *Giovanni Bellini* und in der linken Chorkapelle die „Versuchung des hl. Antonius" von *Tintoretto* besonders bemerkenswert.

An den Zattere flanieren die Venezianer gern mit der ganzen Familie. Hier am Kanal werden viele Gebäude von Schifffahrtsgesellschaften genutzt

Campo San Barnaba

Weiter geht es an der Fondamenta Bonlini und vor der Brücke nach rechts am Rio delle Romite entlang (das ist Venezianisch und bedeutet Einsiedlerinnen). Am Ende der Fondamenta führt die Brücke Ponte de le Turchette geradeaus über den Rio del Malpaga. Rechter Hand geht es weiter in die Calle lunga San Barnaba zum Campo San Barnaba mit der gleichnamigen Kirche aus dem 18. Jh., heute vor allem als Ausstellungsraum genutzt.

Rechts von der Kirche liegt der **Sottoportego del Casin dei Nobili (16),** ein überdachter Durchgang. Die dazugehörigen Bauten sehen nicht nach einer ersten Adresse aus. Und in der Tat, sie beherbergten in früheren Jahrhunderten das Casin dei Nobili, einen Treffpunkt der verarmten Adeligen der Stadt, die hier kostenfrei wohnen konnten. Man nannte sie die „Barnabotti".

Ponte dei Pugni (17)

Unweit des am Ufer des Kanals befestigten Gemüsebootes liegt der Ponte dei Pugni, die „Brücke der Fäuste". Sie ist eine der Brücken, auf denen traditionelle **Kämpfe** zwischen zwei verfeindeten Parteien ausgetragen wurden. Hier trafen die Castellani, Bewohner des Stadtteiles Castello, und die Nicolotti aus dem Kirchensprengel San Nicolò auf dem Dorsoduro, aufeinander. Andere Brücken für solche

Faustkämpfe sind die beiden gleichnamigen Brücken Ponte della Guerra bei San Zulian und bei Santa Fosca. Man erzählt, dass die Rivalitäten schon vor der Gründung Venedigs, also noch auf dem Festland, bestanden haben und in die Lagune mitgebracht wurden. Dabei handelte es sich nicht nur um Schaukämpfe, sondern es war für die Kontrahenten blutiger Ernst, so dass es immer wieder Tote gab, bis die Stadtverwaltung die Kämpfe im Jahre 1705 verbot.

Der **Rio de San Barnaba** hat auch cineastische Berühmtheit erlangt: *Katherine Hepburn* fiel hier im Film „Traum meines Lebens" 1955 rückwärts ins Wasser.

Ca' Rezzonico (18)

Geht man bei der Kirche San Barnaba über die gleichnamige Brücke und sofort wieder rechts, kommt man zum Eingang der Ca' Rezzonico. Der sehenswerte Palazzo mit Fresken von *Giovanni Battista Tiepolo* beherbergt das **Museo del Settecento,** das „Museum des 18. Jahrhunderts" (⇨Kapitel „Museen"). **Insider-Tipp:** In den Garten des Museums kommt man, ohne Eintritt zu bezahlen. Er ist eine der wenigen grünen Ruheinseln im steinernen Venedig.

Ca' Foscari (19)

Anstatt rechts zum Museum abzubiegen, geht es die Calle delle Boteghe entlang weiter um ein paar Ecken bis zum baumbestandenen Campo dei Squelini, hinter dem der Landeingang der mächtigen Ca' Foscari liegt. Der Palast ist das ehemalige Wohnhaus eines der wichtigsten Dogen der Republik, der die Ausbreitung Venedigs auf dem Festland vorantrieb. Heute ist darin die **Universität** untergebracht. Der Bau wurde aufwendig saniert und mit einem neuen Treppenhaus versehen. Die Uni kann mit einer Führung besichtigt werden (⇨Kapitel „Praktische Reisetipps A–Z", „Stadtführungen"). Von der dortigen Brücke Ponte de Ca' Foscari öffnet sich ein schöner Blick auf den Canal Grande.

Wenn man in Laufrichtung von der Brücke blickt, liegt rechter Hand ein moderner Zweckbau, in dem die **Feuerwehr (20)** untergebracht ist, deren Löschboote von außen zu erkennen sind. Die Feuerwehr ist eine Einrichtung, die in Venedig besonders wichtig ist, da in der Stadt sehr viel Holz verbaut wurde. Der überwiegende Teil der Decken von Häusern und Palazzi ist balkengetragen. Es brennt gar nicht so selten.

San Pantalon (21)

Am Ende des Feuerwehrgebäudes gehen wir links in die Gasse Crosera San Pantalon mit kleinen Geschäften und der sehr empfehlenswerten Konditorei Tonolo, vor der es erneut links in die Calle San Pantalon geht. Sie führt zu einem Platz mit einer Kirche, deren Fassade unvollendet ist: San Pantalon (San Pantaleone) vom Ende des 17. Jh. Das Innere der Kirche wurde fast vollständig ausgemalt von *Gianantonio Fumiani* (1680–1704). Interessant ist das große Deckenbild mit einer gemalten Säulenhalle und

Triumphbogenarchitektur. In der Bildmitte wird die Aufnahme *San Pantaleones* im Himmel dargestellt. Das Altarbild am zweiten Altar rechts stammt von *Paolo Veronese.*

Rund um den Campo Santa Margherita

Jenseits der Brücke hinter einer kurzen Calle öffnet sich der langgestreckte

Prächtige Bauten und karitative Unterstützung: die venezianischen „Scuole"

Nahezu auf Schritt und Tritt begegnet man in Venedig der Institution der so genannten Scuole. Es wäre irrig, den Begriff *scuola* mit „Schule" zu übersetzen. Es handelt sich vielmehr um **Bruderschaften,** um Vereinigungen von Personen mit – im weitesten Sinne – gleichem Interessensgebiet. Der Ausdruck *scuola* wurde von Byzanz übernommen. Er bezeichnete in spätrömischer Zeit eine Vereinigung von Personen mit gleicher Berufstätigkeit. Jedoch waren nicht nur Berufe das verbindende Moment, es gab Scuole bestimmter Nationalitäten (z.B. degli Schiavoni, der Dalmatiner), mit gleicher Behinderung (degli Orbi, der Blinden), mit gleichen, meist karitativen Zielen (Aussteuer mittelloser Mädchen, Bestattung Hingerichteter, Krankenpflege usw.). Die Mitglieder der Laienbruderschaften wählten ihre eigenen Vertreter und verpflichteten sich zu **gegenseitigem Beistand,** besonders in Fällen von Krankheit oder Not. Die Organisation finanzierte sich aus einem jährlichen Mitgliedsbeitrag, aber auch aus Spenden und Vermächtnissen. Einige der Scuole gelangten zu immensem Reichtum und traten auch als **Kunstmäzene** auf, allen voran die Scuola di San Rocco.

Religiöse Laienbruderschaften gab es auch in anderen italienischen Städten, doch nirgends haben sie eine solch große Macht und Bedeutung erlangt wie in Venedig seit dem frühen 12. Jh. Denn hier, wo eine oligarchische Regierungsform angewandt wurde, konzentrierte sich alle politische Macht in der Hand des Adels, also derjenigen Personen, die im Goldenen Buch der Stadt eingetragen waren: ein elitärer und exklusiver Zirkel. Dabei kam es ausschließlich auf die Geburt, nicht aber auf die finanziellen Möglichkeiten einer Familie an, d.h. die Stimme eines armen Adeligen zählte im Großen Rat ebenso wie die eines reichen. Oft genug waren Nichtadelige bei weitem reicher als Adelige. Trotzdem waren sie von der Machtausübung im Großen und Ganzen ausgeschlossen. Wenn dieses Faktum nicht zu innenpolitischen Spannungen oder gar Revolutionen geführt hat, so ist dies sicher der Einrichtung der Scuole zu verdanken, wo entsprechende Energien gebündelt und in ungefährliche Bahnen gelenkt wurden.

Die Bruderschaften tagten zunächst in den Sakristeien der Kirchen. Im 15. Jh. ging man dazu über, eigene **Versammlungsräume** zu errichten, in der Regel in unmittelbarer **Nachbarschaft von Kirchen.** Es gab eine Vielzahl von Scuole. An den Begräbnisfeierlichkeiten für den Dogen *Leonardo Loredan* 1521 nahmen beispielsweise fünf so genannte *Scuole grandi* und 120 *Scuole minori* teil. Manche Quellen sprechen von mehr als 200 Scuole, die es zu dieser Zeit in der Stadt gab. *Napoleon* setzte allen ein Ende. Einige, so die Scuola Grande di San Rocco, die Scuola Grande dei Carmini und die Scuola di San Giorgio degli Schiavoni, lebten später wieder auf und bestehen bis heute. Die zum Teil prachtvoll verzierten und kunstvoll ausgestatteten ehemaligen Versammlungshäuser anderer Laienbruderschaften finden sich über die ganze Stadt verstreut.

Campo Santa Margherita. Hier ist Venedig ausgesprochen volkstümlich. Der Platz ist den ganzen Tag über stark belebt. Er hat sich auch zu einem **nächtlichen Zentrum** für die Jugend und die Studenten Venedigs entwickelt.

Mitten auf dem Platz, dort wo sich zum ganztägigen **Gemüsemarkt** vormittags noch Fischstände gesellen, steht ein etwas klobiges Gebäude, die ehemalige **Scuola dei Varoteri (22),** die Bruderschaft der Gerber. An einer Fassade prangt eine Tafel aus dem Mittelalter, auf der die vorgeschriebene Mindestgröße für Fische verzeichnet ist, die zum Verkauf angeboten werden – eine frühe Form des Verbraucherschutzes, aber auch des Schutzes der Fischbrut, da nur ausgewachsene Fische verkauft werden durften.

Scuola Grande dei Carmini (23)

An der Scuola dei Varoteri rechts vorbei, entlang der Häuserreihe, kommt der Besucher zur Scuola Grande dei Carmini mit ihrer Fassade von *Baldassare Longhena.* Da die Bruderschaft unter der Obhut *Maria vom Karmel* sehr reich war, konnte sie sich ihren Versammlungsraum kostbar ausstatten lassen. Sie engagierte *Giovanni Battista Tiepolo,* der im Obergeschoss zwischen 1739 und 1744 neun Deckenbilder schuf.

- **Öffnungszeiten:** täglich 9–18 Uhr, von November bis März 10–17 Uhr, geschlossen 25. Dezember und 1. Januar, Eintrittsgebühr!

I Carmini (24)

Gleich schräg gegenüber der Scuola liegt der Seiteneingang der Kirche **Santa Maria del Carmelo,** genannt I Carmini. Der Bau stammt aus dem 13./14. Jh. Die Karmeliter hatten sich schon kurz nach der Reform ihres Ordens, Mitte des 13. Jh., in der Lagunenstadt angesiedelt.

Von den Dimensionen der Kirche gewinnt man bei der Betrachtung von außen keine Vorstellung und ist daher beim Betreten überrascht. Die Wände bedecken Gemälde in verzierter Holzfassung und große, vergoldete Heiligenstatuen. Am zweiten Altar im rechten Seitenschiff findet sich ein besonders schönes Bild von *Cima da Conegliano,* eine Anbetung der Hirten mit den Heiligen *Helena* und *Katharina* und dem Schutzengel. Im linken Seitenschiff (neben dem Ausgang) findet sich ein beachtenswertes Altarbild des hl. *Nikolaus* mit *Johannes dem Täufer* und der hl. *Lucia* von *Lorenzo Lotto* (um 1523). Außer der Kirche, die am besten durch den Haupteingang verlassen wird, interessiert links davon der helle, ruhige Kreuzgang.

Palazzo Zenobio (25)

An der Fondamenta del Soccorso entlang geht es zum Palazzo Zenobio. Dort fallen fremdartige Schriftzeichen an der Wand des Erdgeschosses auf. Sie sind armenisch, denn der Palast gehört der **armenischen Glaubensgemeinschaft.** Die Fassade ist nüchtern, doch im Inneren birgt der Palast ein faszinierendes Ensemble von Fresken, Stuck und Ausstattungsgegenständen aus dem 18. Jh. Er zählte einst zu den schönsten Venedigs. Hinter ihm liegt ein großer, schöner Garten. In kostbaren Festsäle sind Fresken von *Tiepolo* und *Carlevarijs* zu sehen. Heute ist die frühere Schule ein Hotel.

Nahe der Stazione Marittima

San Sebastiano (26)

Weiter geht es entlang der Fondamenta del Soccorso und um die Ecke zur Fondamenta de San Sebastian bis zur Brücke vor der nüchternen Fassade der Kirche San Sebastiano, die nicht vermuten lässt, welche Farbenpracht der dahinter liegende Innenraum birgt. Die Sebastians-Kirche wurde von den Hieronymiten im 16. Jh. erneuert. Sie ist weltberühmt wegen der Gemälde *Paolo Veroneses,* der hier – unter der Orgel – auch beigesetzt ist. Die Orgeltüren wurden von ihm bemalt. Durch die Werke Veroneses wird dieser eigentlich eher schlichte Kirchenraum zu einem farbenprächtigen Raum von größter Anziehungskraft.

Sant'Anzolo Raffaele (27)

An der Kirche vorbei gelangt man über den dahinter liegenden Campo zur Kirche Sant'Anzolo Raffaele. Gegründet im 7. Jh., wurde das heutige, nicht sehr bedeutende Gebäude inmitten eines ärmlichen Viertels 1618 erbaut. Die Fassade ist von 1735. Von der Ausstattung sind fünf kleine Bilder an der Orgelbrüstung erwähnenswert. *Francesco Guardi,* Vedutenmaler aus der spätesten Zeit der Republik, hat die Szenen aus der Tobias-Legende geschaffen. Berühmtheit erlangte die Kirche u.a. in den letzten Jahren durch das Buch von *Salley Vickers* „Miss Garnet und der Engel von Venedig" (⇨Kap. „Literaturtipps"). Wem die Szenerie dieses Stadtbezirks bekannt vorkommt, der hat vermutlich den reizenden Venedig-Film, **„Brot und Tulpen"** aus dem Jahr 2000 gesehen, der zum Teil hier gedreht wurde.

San Nicolò dei Mendicoli (28)

Ganz „im äußersten Eck" Venedigs bzw. des Dorsoduro, gegenüber der Stazione Marittima, dem wasserseitig gelegenen Bahnhof, steht die Kirche San Nicolò dei Mendicoli („zu den Bettlern"). Sie wird flankiert von einem wuchtigen romanischen Campanile. Ihre Besonderheit ist eine **Vorhalle** vor dem Portal, neben San Giacomo di Rialto das einzige erhaltene derartige Beispiel in Venedig. Das Innere ist ohne bedeutende Kunstwerke, wirkt aber mit seiner Holzvertäfelung – ähnlich der in den Carmini – besonders stimmungsvoll.

Santa Marta

Weniger erfreulich ist ein Gang durch den sich westlich anschließenden Stadtteil Santa Marta, der zum größten Teil erst während des Faschismus mit ärmlichen Behausungen bebaut wurde. Die Außenmauern des Gefängnisses lassen erahnen, wie ungemütlich solche Etablissements in Italien sind. Die berühmte und renommierte **Architektur-Fakultät** der venezianischen Universität ist auch in diesem Viertel untergebracht.

San Polo und Santa Croce

Eigentlich merkt man gar nicht, dass in der großen Schleife des Canal Grande zwei kleinere Sestieri nebeneinander liegen. Eine scharfe Trennung zwischen den Sestieri San Polo und Santa Croce ist fast nicht möglich, weder was die Atmosphäre angeht, noch nach geographischen Gesichtspunkten. Räumlich werden sie definiert durch ihre Lage südwestlich der scharfen Grenze, die der Canal Grande durch Venedig zieht. San Polo und Santa Croce zeichnen sich durch ein sehr dichtes Netz von Gassen und kleinen Plätzen aus, wobei die Enge der Gassen die Orientierung ebenso schwer macht wie die Höhe der Häusergruppen: Hier bestehen gute Möglichkeiten, sich zu verlaufen, gute Möglichkeiten aber auch (oder die Anregung dazu?) sich treiben zu lassen, mit der Stadt gewissermaßen auf Tuchfühlung zu gehen, um in Ecken und geheime Winkel zu blicken, in denen man oft völlig allein ist und allenfalls auf Einheimische trifft.

079ve Foto: bw

Von der Rialto-Brücke blickt man auf das Menschengewühl zwischen den Souvenirständen

Der Palazzo dei Camerlenghi wurde als Gegengewicht zur Rialto-Brücke konzipiert. Einst war er der Sitz der Stadtkämmerer

Rund um Rialto

Rialto-Markt (1)

Das Herz von San Polo ist der Rialto. Hier wird die Vergangenheit Venedigs lebendig, denn hier liegt die Keimzelle der Stadt (⇨Kapitel „Die Geschichte der Lagunenstadt“). Bei Rialto befindet sich heute aber auch der große Markt Venedigs, von dem zuerst die **Souvenirstände** und dann, hinter den Gebäuden am Wasser, die **Obst- und Gemüsestände** zu sehen sind. Das Gebiet um den Markt hat sich zu einem der Zentren des venezianischen Nachtlebens entwickelt. Im Sommer 2001 hatte ein Bombenanschlag Teile der umliegenden Gebäude beschädigt. Täglich außer sonntags gibt es an Rialto vormittags buntes Markttreiben. Hier erhält man die frischesten Zutaten für die gute italienische Küche. Vieles wird von der Insel Sant'Erasmo, dem Gemüsegarten Venedigs, geliefert (⇨Kapitel „Ausflüge"). Der **Fischmarkt** ist montags geschlossen.

Palazzo dei Camerlenghi (2)

Direkt am Fuß der Rialto-Brücke fällt zunächst der Palazzo dei Camerlenghi auf. Früher hatten hier die drei Stadtkämmerer und andere Behörden ihre Niederlassungen. Zu ebener Erde sind die niedrigen Eingänge zu **Gefängniszellen** für Schuldner zu sehen. Darunter befanden sich noch etwas tiefer gelegene Zellen, die teilweise vom Wasser überschwemmt wurden. Heute ist hier die Justiz beheimatet.

San Giacomo di Rialto (3)

Gleich neben dem Palazzo liegt die Kirche San Giacomo di Rialto. Bemerkenswert ist die **Vorhalle,** die bei mittelalterlichen Kirchen allgemein üblich war – ein angenehmer Ort, um sich vom Trubel des Marktes zurückzuziehen. Der Platz vor der Kirche war zur Zeit der Republik das **Zentrum der europäischen Finanzwelt.** Hier lagen die großen Bankhäuser, sozusagen eine Wallstreet des Mittelalters.

Der Kirche gegenüber steht der **Gobbo di Rialto (4),** der „Bucklige von Rialto", eine gebückte Steinfigur, die ein Podest mit Treppe trägt. Von

080ve Foto: bw

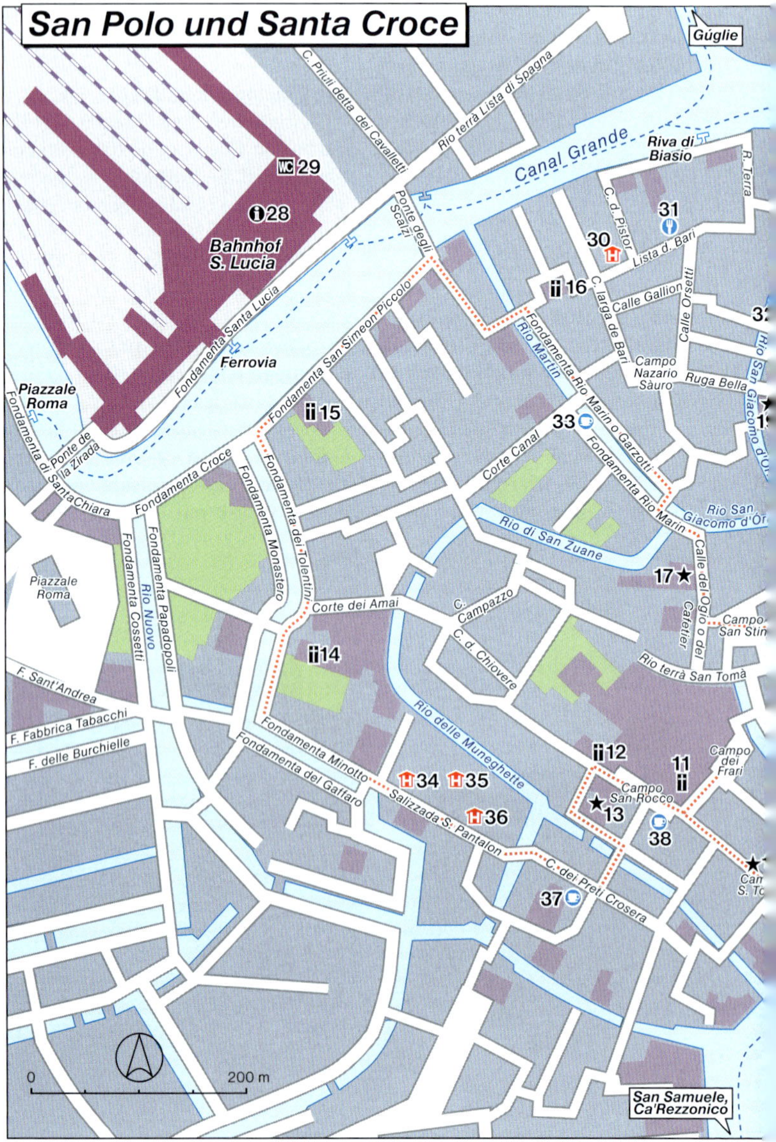
San Polo und Santa Croce
Gúglie
C. Priuli detta dei Cavalletti
Rio terrà Lista di Spagna
Canal Grande
Riva di Biasio
R. Terra
WC 29
28
Bahnhof S. Lucia
Ponte degli Scalzi
C. d. Pistor
31
30
Lista d. Bari
16
C. larga de Bari
Calle Gallion
Calle Orsetti
Rio Martin
Fondamenta Santa Lucia
Ferrovia
Fondamenta San Simeon Piccolo
Fondamenta Rio Marin
Campo Nazario Sàuro
Ruga Bella
Rio San Giacomo d'Orio
Piazzale Roma
Fondamenta di Santa Chiara
Ponte de la Zirada
15
33
Rio Marin o Garzotti
Corte Canal
Fondamenta Rio Marin
Rio San Giacomo d'Orio
Fondamenta Croce
Fondamenta dei Tolentini
Fondamenta Monastero
Rio di San Zuane
17
Calle del Ogio o del Cafetier
Campo San Stin
Piazzale Roma
Fondamenta Cossetti
Rio Nuovo
Fondamenta Papadopoli
Corte dei Amai
C. Campazzo
C. d. Chiovere
Rio terrà San Tomà
14
F. Sant'Andrea
F. Fabbrica Tabacchi
F. delle Burchielle
Rio delle Muneghette
12
11
Campo dei Frari
Fondamenta Minotto
Fondamenta del Gaffaro
34
35
36
Salizzada S. Pantalon
Campo San Rocco
13
38
C. dei Preti Crosera
37
0
200 m
San Samuele, Ca'Rezzonico

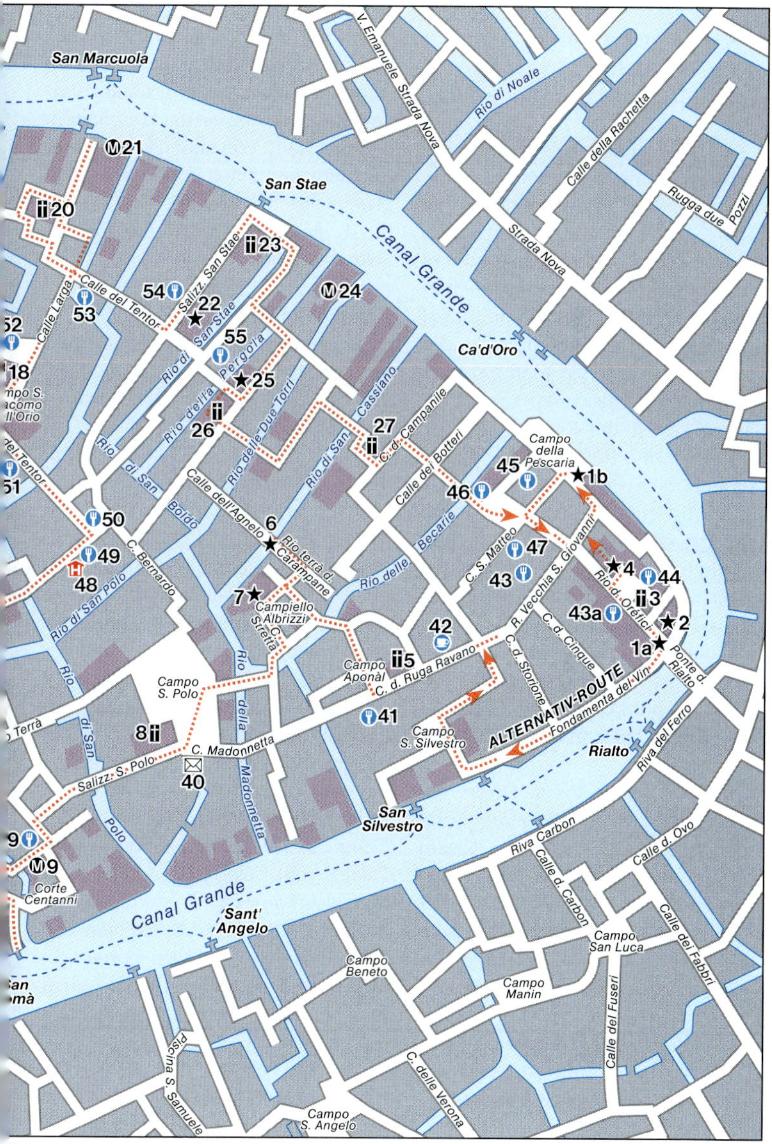
San Marcuola
21
San Stae
20
23
Canal Grande
24
Calle Larga
Calle del Tentor
Salizz. San Stae
54
22
53
52
San Stae
55
Rio di
Pergola
25
18
Campo S. Giacomo dell'Orio
Rio dell'a
Rio delle Due Torri
26
Rio
Rio di San
di San
Boldo
Cassiano
27
C. d. Campanile
Calle dei Botteri
Calle dell'Agnelo
Rio di San
del Tentor
51
50
Rio terrà d. Carampane
6
49
48
Rio di San Polo
C. Bernardo
7
Campiello Albrizzi
C. Stretta
Rio delle
Becarie
V. Emanuele Strada Nova
Rio di Noale
Calle della Rachetta
Rugga due Pozzi
Strada Nova
Ca'd'Oro
Campo della Pescaria
45
1b
46
C. S. Matteo
47
R. Vecchia S. Giovanni
4
44
Rio d. Orefici
43
3
43a
2
1a
C. d. Cinque
42
Campo Aponal
5
C. d. Ruga Ravano
C. d. Storione
41
ALTERNATIV-ROUTE
Fondamenta del Vin
Ponte d. Rialto
Campo S. Polo
Campo S. Silvestro
Rialto
Riva del Ferro
Terrà
8
C. Madonnetta
Rio
di San
Rio della Madonnetta
40
Salizz. S. Polo
San Silvestro
Riva Carbon
Calle d. Ovo
Polo
9
9
Corte Centanni
Canal Grande
Sant' Angelo
Calle d. Carbon
Calle dei Fabbri
Campo San Luca
Campo Beneto
Campo Manin
Calle del Fuseri
San Tomà
Piscina S. Samuele
C. delle Verona
Campo S. Angelo

hier aus wurden Verordnungen, Gesetze und Urteile verkündet.

Von Rialto zum Campo S. Polo

Die **Ruga vecchia San Giovanni,** eine der Haupt-Touristenstrecken der Stadt, führt vom Rialto-Markt parallel zum Canal Grande an vielen Geschäften und Souvenir-Ständen vorbei in Richtung Campo San Polo. Wer möchte, kann auch die **Riva del Vin** am Canal Grande entlangspazieren, eine der wenigen Strecken, wo man am Ufer des Canal Grande laufen kann. Den Namen erhielt die Riva wegen der Weinfässer, die dort früher entladen wurden.

Zunächst erreicht man den **Campo Sant'Aponal (5)** mit seiner profanierten Kirche. Dort ist es Neugierigen möglich, von der direkten, viel begangenen Strecke abzuzweigen und in **menschenleere, malerische Gassen** vorzudringen. Vor der Fassade der Kirche Sant'Aponal führt die Calle del Ponte Storto links an einem Glas-Laden vorbei.

Über die Brücke Ponte Storto, die „schiefe Brücke", und den einzig möglichen Weg geradeaus, was in diesem Fall „um viele Ecken" bedeutet, gelangt der Besucher zu einer Brücke namens **Ponte delle Tette (6),** „Brücke der Brüste". Hier lag in früheren Jahrhunderten das billigste „Rotlichtviertel" der Stadt, wo Prostituierte ihre nackten Brüste zeigen durften. So sollte – staatlich verordnet – der weit verbreiteten Homosexualität entgegengewirkt werden.

Palazzo Albrizzi (7)

Von der Brücke aus geht es zurück bis zur Calle Albrizzi und auf den Campiello Albrizzi zum großen Palazzo Albrizzi, einer versteckten Schönheit der Stadt. Von außen erscheint er nüchtern, von innen gehört er zu den prunkvollsten Venedigs. Hier wurde im 18. Jh. ein berühmter literarischer Salon betrieben.

Campo San Polo

Am anderen Ende des Platzes geht es in die Calle Stretta, die „Enge Gasse", die ihren Namen nicht umsonst trägt, über den Kanal und dann nach rechts durch die enge Calle Cavalli, an deren Ende sich der nach dem Markusplatz **größte Platz der Stadt** öffnet, der Campo San Polo. Heute ist er von ein paar Bäumen bestanden und einige Lokale beleben die weite Fläche. An Nachmittagen fahren hier Mütter ihre Kinderwagen aus und der Platz wird zum großen Spielplatz.

Während der **Filmfestspiele** im Sommer mutiert der Platz zu einem riesigen **Open-Air-Kino.** Vor der traumhaften Kulisse der Palazzi sind die neuesten Filme zu sehen. Früher war der Campo San Polo mit seinen großen Palazzi sehr belebt, besonders während des Karnevals, wenn hier **Stierhatzen** stattfanden. Dies zeigen Gemälde aus dem 18. Jh. im Correr-Museum (⇨Kap. „Museen"), vor allem vom deutschen Maler *Joseph Heintz.*

Kirche San Polo (8)

Die Kirche San Polo liegt mit dem Chor zum Campo und wird von einem schönen Seitenportal aus betreten. Sie ist reich mit wichtigen Gemälden ausgestattet. An der inneren Fassadenwand hängt ein Abendmahl *Tintorettos* (1565–70). Der zweite Altar links zeigt eine Muttergottes mit dem hl. *Johannes von Nepomuk* von *Tiepolo* (1751), in der linken Chorkapelle hängt die „Verlobung Mariens" von *Veronese*. Im Nebenraum, dem Oratorio del Crocifisso, sind die **14 Kreuzweg-Stationen** von *Domenico Tiepolo,* dem Sohn *Giambattista Tiepolos,* zu sehen.

Gegenüber der Kirche steht ihr Turm von 1362. Die meisten Passanten gehen achtlos an ihm vorbei, doch im Sockel ist eine **Kuriosität** eingemauert: zwei Reliefs mit liegenden Löwen, die furchterregend dreinblicken. Einer hält einen Menschenkopf zwischen den Krallen.

Rund um die Frari-Kirche

Über die Brücke und dann die Calle dei Saoneri entlang geht es an einem winzig kleinen, versteckten Geschäft vorbei, in dem der **Glaskünstler Amadi** wunderbar naturgetreu Tiere und Gemüse aus farbigem Glas schafft. Anschließend geht es kurz links und dann gleich rechts weiter an der Tramezzino-Bar Ai Nomboli vorbei in die Calle dei Nomboli. Dort steht an der Brücke der **Palazzo Centani,** das **Geburtshaus (9)** des venezianischen Komödienautors **Carlo Goldoni** (1707–93), das zu einem Museum und einer Theaterbibliothek umgestaltet wurde (⇨Kap. „Museen").

Rundgang

- ★ **1a** Rialto: Souvenirstände
- ★ **1b** Rialto: Gemüse- und Fischmarkt
- ★ **2** Palazzo dei Camerlenghi
- ⛪ **3** San Giacomo di Rialto
- ★ **4** „Gobbo di Rialto"
- ⛪ **5** Sant'Aponal
- ★ **6** Ponte delle Tette
- ★ **7** Palazzo Albrizzi
- ⛪ **8** San Polo
- Ⓜ **9** Palazzo Centani, Casa Goldoni
- ★ **10** Scuola dei Calegheri
- ⛪ **11** Santa Maria Gloriosa dei Frari
- ⛪ **12** San Rocco
- ★ **13** Scuola Grande di San Rocco
- ⛪ **14** San Niccolò dei Tolentini
- ⛪ **15** San Simeon Piccolo
- ⛪ **16** San Simeon Grande
- ★ **17** Scuola Grande San Giovanni Evangelista
- ⛪ **18** San Giacomo dell'Orio
- ★ **19** Teatro anatomico
- ⛪ **20** San Zan Degolà
- Ⓜ **21** Fondaco dei Turchi
- ★ **22** Palazzo Mocenigo
- ⛪ **23** San Stae
- Ⓜ **24** Ca' Pesaro
- ★ **25** Palazzo Agnus Dei
- ⛪ **26** Santa Maria Mater Domini
- ⛪ **27** San Cassian

Sonstiges

- ℹ **28** Tourist-Info
- WC **29** WC
- 🏨 **30** Doge
- 🍴 **31** Osteria Alba Nova
- 🍴 **32** Pizzeria Il Refolo
- ☕ **33** Konditorei Gilda Vio
- 🏨 **34** Al Sole
- 🏨 **35** Al Gallo
- 🏨 **36** Casa Peron
- ☕ **37** Konditorei Tonolo
- ☕ **38** Gelateria Millevoglie da Tarcisio
- 🍴 **39** Bar ai Nomboli
- ✉ **40** Post
- 🍴 **41** Antica Osteria Ruga Rialto
- ☕ **42** Konditorei Targa
- 🍴 **43** Osteria All'Arco
- 🍴 **43a** Osteria al Sacro e Profano
- 🍴 **44** Osteria Cicchetteria Al Pesador
- 🍴 **45** Pronto Pesce
- 🍴 **46** Osteria Sora al Ponte
- 🍴 **47** Cantina do Spade
- 🏨 **48** Locanda Sant'Agostin
- 🍴 **49** Pizzeria Due Colonne
- 🍴 **50** Da Renato
- 🍴 **51** Pizzeria Ae Oche
- 🍴 **52** Bar-Enoteca Al Prosecco
- 🍴 **53** Alla Zucca
- 🍴 **54** Osteria Mocenigo
- 🍴 **55** Muro. Pizza e Cucina

Vor der Seitenfassade der Kirche **San Tomà,** die man an dem Relief einer Schutzmantelmadonna erkennt, führt links eine schmale Gasse zum Traghetto, mit dem man zum Campo Santo Stefano übersetzen oder wo man nur den sehr schönen Blick über den Canal Grande genießen kann. Doch zurück: Über den Campo San Tomà geht es vorbei an der **Scuola dei Calegheri (10),** der Bruderschaft der Schuhmacher, den gelben Pfeilen „Alla Ferrovia" bzw. „Piazzale Roma" folgend zur Kirche Santa Maria Gloriosa dei Frari. Das Bruderschaftsgebäude der Schuhmacher ist durch Schuhreliefs über der Eingangstür erkennbar.

081ve Foto: bw

Der Besuch der Frari-Kirche ist einer der Höhepunkte eines Venedig-Besuchs

Santa Maria Gloriosa dei Frari (11)

Der Besuch der Kirche Santa Maria Gloriosa dei Frari, auf deren Seitenfassade man zugeht, um sich dann rechts deren Eingang zuzuwenden, ist einer der **Höhepunkte eines Venedig-Besuchs** – auch für Menschen, die mit Kirchen sonst nicht viel anfangen können. Sie wurde ab 1340 von den **Franziskanern** erbaut und ist neben der Kirche Santi Giovanni e Paolo der größte und bedeutendste Sakralbau der **venezianischen Spätgotik.** Die Architektur der Kirche folgt dem Schema gotischer Bettelordenskirchen in Oberitalien: eine dreischiffige, gewölbte Säulenbasilika mit breitem Querschiff sowie eine Choranlage aus mittlerer großer Chorkapelle und sechs kleinen Trabantenkapellen. Ihr Äußeres ist schlicht, entsprechend den Vorstellungen der Bettelorden. Einen besonderen Akzent setzt der 70 Meter hohe **Campanile,** der nach dem von San Marco der zweithöchste der Stadt ist.

Der Eingang zur Kirche wechselt. Manchmal wird man von der Fassade aus eingelassen, meist jedoch von einem der Seitenportale. Um den Raum optimal zu überblicken und zu erfassen, sollte man in jedem Fall zur Fassadenwand und dann langsam nach vorn gehen, wobei der Blick nach vorn durch die hohe, lettnerartige Einfas-

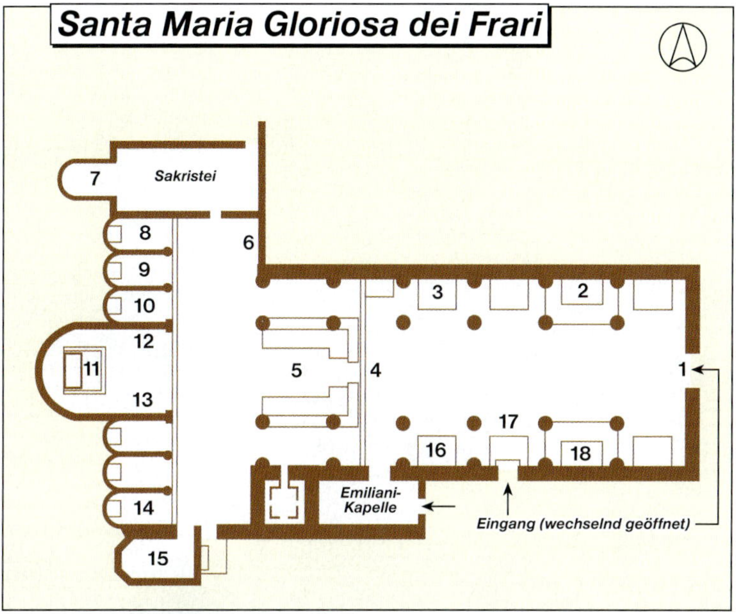

1 Trauergerüst des Girolamo Garzoni
2 Mausoleum Tizians
3 Plastik des büßenden Hieronymus
4 Marmorschranken
5 Chorgestühl
6 Ehrengrab des Generals Jacopo Marcello
7 Pesaro-Triptychon von Giovanni Bellini
8 Bernardo-Kapelle
9 Altar für Maximilian Kolbe
10 Kapelle der Florentiner
11 Tizians "Assunta"
12 Grab des Dogen Francesco Foscari
13 Grab des Dogen Nicolò Tron
14 Grabstätte für den Komponisten Claudio Monteverdi
15 Corner-Kapelle
16 Tizians Pesaro-Madonna
17 Grabmal des Dogen Giovanni Pesaro
18 Mausoleum für Antonio Canova

sung des **Mönchschors** von *Bartolomeo Bon* und *Pietro Lombardo* (1468–75) unterbrochen wird. Er nimmt den ganzen vorderen Raum des Mittelschiffs ein. In diesem von marmornen Chorschranken abgegrenzten Bereich waren die Mönche beim Gottesdienst von den Laien getrennt. Das riesige Innere der Kirche ist mit Monumenten ausgestattet, die sie beinahe zu einem Museum machen. Da viele Dogen und venezianische Adelige hier bestattet sind, wird die Kirche – neben Santi Giovanni e Paolo – als **„Pantheon der Venezianer"** bezeichnet.

An der Innenwand der Hauptfassade hängt in weißem und schwarzem Marmor das **Ehrenmonument für Gi-**

082ve Foto: ml

rolamo Garzoni, der 1688 auf Euböa im Kampf gegen die Türken fiel. Im zweiten Joch des rechten Seitenschiffs steht ein **Erinnerungsdenkmal für Tizian,** der hier, während der Pest 1576 gestorben, beigesetzt ist. Im vierten Joch erblickt man den büßenden hl. *Hieronymus* von *Alessandro Vittoria*. Daneben das „Martyrium der hl. *Katherina*" von *Palma dem Jüngeren*.

An der Stirnseite des rechten Querarms liegt der Eingang zur Sakristei, die frühere Grablege der Familie *Pesaro,* die viel für die Kirche getan hat. Hier befindet sich im so genannten Pesaro-Chörlein (1488) das weltberühmte Triptychon *Giovanni Bellinis*. Das Bild ist einerseits „antiquiert" durch die damals eigentlich schon aufgegebene dreiteilige Bildform, andererseits „modern" durch die Zentralperspektive, die hier angewendet wurde. *Maria* thront mit dem Kind unter goldenem Mosaik in einer weiten Nische, zu ihren Seiten je zwei Heilige, rechts *Benedikt* und *Markus,* links *Nikolaus* und *Petrus*.

In der Kirche zurück erblickt man in der ersten Kapelle (Cappella Bernardo) ein **Polyptychon von Bartolomeo Vivarini** (1482). Bemerkenswert ist der Altar der zweiten Chorkapelle, der **Maximilian Kolbe** geweiht ist, dem heilig gesprochenen Mönch, der 1941 in Auschwitz freiwillig in den sicheren Tod ging, um einen Mithäftling zu retten. Die dritte Chorkapelle ist die **Nationalkapelle der Florentiner.** Ihr Altar birgt ein Spätwerk *Donatellos* (1451), eine Darstellung *Johannes des Täufers*.

Den Höhepunkt der Kirche stellt im Presbyterium das riesige Altarretabel der **Assunta** (Himmelfahrt Mariens) von *Tizian* dar. Dessen Enthüllung war 1518 eine Sensation und ein **epochales Ereignis der Kunstgeschichte.** Mit diesem Werk hat Tizian das Marienbild für Jahrhunderte geprägt. Die Himmelfahrt Mariens vollzieht sich in drei Bildebenen, der unteren, irdischen Ebene mit den Jüngern, die in ungeheurem Aufruhr der entschwebenden Gestalt nachsehen und nachstreben, der mittleren, entrückten, mit Maria auf lichter Wolke und umgeben von Engelsscharen, in leuchtendem Blau und Rot, und in der dritten, himmlischen Ebene mit der heranschwebenden Gestalt Gottvaters.

An den Seitenwänden des Hauptchores finden sich zwei wichtige **Grabdenkmäler:** rechts das für *Francesco Foscari,* um 1460, gegenüber das Grabmonument für den Dogen *Niccolò Tron,* um 1479. In der äußersten Chorkapelle links ist die Grabstätte des Komponisten **Claudio Monteverdi** (1567–1643), der ab 1613 Organist

Es gibt 117 Kirchen in Venedig. Doch werden sie meist besichtigt und weniger zu Gottesdiensten besucht

von San Marco war. Daneben befindet sich in der Cappella Corner u.a. ein Bild *Johannes des Täufers* von *Sansovino*.

Ein weiterer Höhepunkt abendländischer Malerei ist die so genannte **„Pesaro-Madonna"** *Tizians* (1519–26) im linken Seitenschiff. Neu ist hier die asymmetrische Anordnung der Madonna mit dem spielenden Kind, die nicht mehr auf einem Thron sitzt, sondern auf einem schräg angeordneten Treppenpostament. Weiter hinten im Seitenschiff, neben dem Grabmal für den Dogen *Giovanni Pesaro*, steht das aufwendige, pyramidenförmige Monument für den Bildhauer **Antonio Canova** (1757–1822), eine recht kühle, dem Gesamtbild der Kirche fremde Architektur.

Staatsarchiv

Neben der Fassade der Kirche liegt der Eingang zum ehemaligen **Konvent der Frari,** in dem heute das Staatsarchiv seinen Sitz hat. Aufbewahrt werden dort rund 15 Millionen Dokumente, die ältesten zur Geschichte der Stadt und der Republik Venedig. Obwohl das Archiv eigentlich nur für Benutzer der Lesesäle zugänglich ist, sollte man aber doch einen Blick in den Hof wagen, um in den Kreuzgang und durchs Fenster in den großen Lesesaal, das ehemalige Refektorium, blicken zu können.

Da im Staatsarchiv viele Studenten forschen und hinter der Kirche die Mensa der Universität liegt, ist das Frari-Viertel tagsüber sehr belebt von jungen Leuten.

Scuola Grande di San Rocco (13)

Um die Apsis der Frari-Kirche herum führt die Gasse nach wenigen Schritten auf den Campo San Rocco mit der **Kirche San Rocco (12)** und der links von ihr gelegenen Scuola Grande di San Rocco, einem höchst eindrucksvollen Ensemble. Der hl. *Rochus* ist der Schutzheilige der Kranken, insbesondere der Pestkranken. Er wird in der Kunst mit einer Pestbeule am Oberschenkel dargestellt, auf die er hinweist. In Venedig, das so oft von der Pest und anderen Seuchen heimgesucht wurde, war es selbstverständlich, diesen Heiligen hoch zu verehren. Die hier ansässige Bruderschaft wurde 1478 gegründet und war schon 1489 eine Scuola Grande (⇨Exkurs „Prächtige Bauten und karitative Unterstützung: die venezianischen „Scuole"). Als einzige Bruderschaft überlebte sie die Napoleonischen Aufhebungsdekrete und existiert noch heute. Ein aktuelles Mitgliederverzeichnis hängt im Erdgeschoss der Scuola.

Am **Rochustag,** dem 16. August, gab es jeweils ein großes Festbankett in Gegenwart des Dogen und die Gebäude rund um den Campo wurden von Künstlern mit Bildern geschmückt. Der Platz wurde so zu einer großen Galerie. Heute wird der Festtag mit einem Musik-Festival begangen. Das **San-Rocco-Festival,** das alljährlich ab dem 16. August einen Monat lang stattfindet, hat sich im Laufe der Jahre zu einem wichtigen Festival für **Alte und Barock-Musik** entwickelt.

In der **Kirche** fällt der Hochaltar in Form eines Grabdenkmals für den hl.

Decken- und Wandgemälde der Scuola Grande di San Rocco

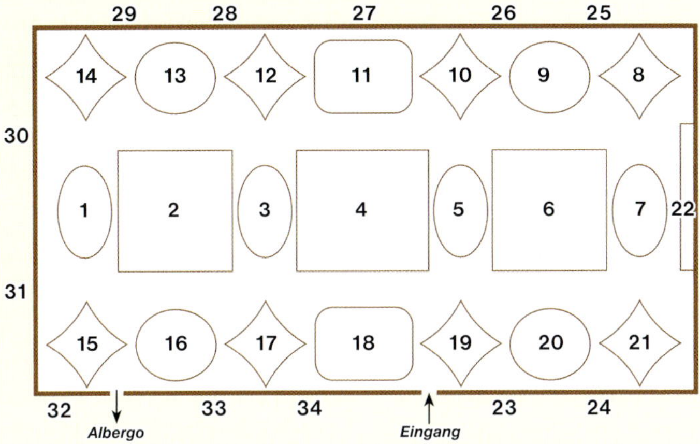

Deckengemälde:

1 Adam und Eva
2 Moses schlägt Wasser aus einem Felsen
3 Jonas wird vom Walfisch ausgespien
4 Die bronzene Schlange
5 Isaaks Opferung
6 Manna fällt vom Himmel
7 Das Passah-Fest
8 Abraham und Melchisedek
9 Elias verteilt Brot
10 Die Vision des Jeremias
11 Die Vision Ezechiels
12 Samson entnimmt Wasser aus der Kinnbacke des Esels
13 Berufung Moses
14 Die drei Kinder in der Brennerei
15 Moses wird vor dem Wasser gerettet
16 Durchzug durch die Wüste
17 Samuel und Saulus
18 Die Jakobsleiter
19 Elias auf dem Feuerwagen
20 Elias wird vom Engel gestärkt
21 Daniel wird vom Engel gerettet

Altar:

22 Die Vision des Hl. Rochus

Wandgemälde:

23 Die Auferweckung des Lazarus
24 Die Brotvermehrung
25 Das letzte Abendmahl
26 Christus auf dem Ölberg
27 Die Auferstehung Christi
28 Die Taufe Christi
29 Die Geburt Christi
30 Hl. Sebastian
31 Hl. Rochus
32 Die Versuchung Christi
33 Teich Bethesda
34 Christi Himmelfahrt

Rochus auf (1517–24). An den Seitenwänden des Altarraumes hängen bedeutende Bilder *Tintorettos* mit Themen aus der Rochus-Legende.

Die **Fassade** der Scuola Grande di San Rocco besteht entsprechend der Unterteilung venezianischer Scuole aus zwei Teilen: der Saalbau links und die Herberge *(albergo)* rechts. Die Fassade in all ihrem Reichtum zu erfassen ist schwierig, sie erscheint fast überladen. Die Scuola wird durch das rechte (Herbergs-)Portal betreten. Der Blick in die Scuola nimmt einem bei jedem Besuch von Neuem den Atem, macht still und fast demütig. Die gesamte malerische Ausstattung der Räume mit 60 Bildern stammt von **Tintoretto.** Für die Vergabe des Auftrags war ein Wettbewerb ausgeschrieben, den er mit einem Trick gewann: Er lieferte der Jury nicht die geforderten Skizzen, sondern gleich ein fertiges Gemälde.

Der Rundgang beginnt in der weiten Halle im **Erdgeschoss.** An den Wänden hängen acht große Gemälde mit Themen aus dem Marienleben, außerdem zwei kleinere Darstellungen der hl. *Magdalena* und der *Maria* neben dem Altar, Werke von besonderer Ausdruckskraft. Rechts vom Altar liegt das monumentale **Treppenhaus** *Antonio Abbondio Scarpagninos* (1544–46). Dann, die Treppe ersteigend, taucht der Betrachter ein in den großen oberen Saal, einen der schönsten Innenräume Italiens. In dem dämmrigen Licht, das von verhängten Fenstern, von ampelartigen Laternen entlang der Wände und vom Gold der sanft angestrahlten Decke herrührt, hat man angesichts der überwältigenden Fülle an Dargestelltem Schwierigkeiten, sich auf Einzelnes zu konzentrieren. An der Stirnseite des Saales findet sich ein schöner, dreiteiliger **Altar** mit Statuen von *Girolamo Campagna* und einem Altarbild *Tintorettos.* Über all dem strahlt in Gold der *Soffitto* (die Decke) mit **21 Gemälden Tintorettos,** die Themen aus dem Alten Testament darstellen.

Der benachbarte Saal der **Herberge** zeigt die alten Holzverkleidungen des 16. Jh. mit dem Gestühl für die Vorsteher der Bruderschaft. Der Raum ist weniger üppig, intimer und besser in seinen Einzelheiten überschaubar. Einige der beeindruckendsten Gemälde Tintorettos finden sich hier: der „Gang nach Golgatha" (rechts oberhalb der Tür), wo jegliche Qual dargestellt ist, die Menschen anderen zufügen können. Eine eindrucksvolle „Kreuzigung" hängt über der Vorsteherbank, ein „Schmerzensmann" über dem Portal. Unvergesslich ist das Bild „Christus vor Pilatus" links über der Tür.

Zur Entspannung bietet sich nach Verlassen der Scuola der Weg um das Gebäude herum zu seiner Rückseite an. Dort liegt, nur wenige Meter entfernt von einer der Hauptstrecken, die zum Bahnhof führen, am Zusammenfluss von drei Kanälen ein ganz stiller, malerischer Winkel mit ein paar Stufen zum Hinsetzen und Ausruhen.

• **Scuola Grande di San Rocco,** geöffnet April bis Oktober 9–17.30 Uhr, November und März täglich 10–17 Uhr, 25. Dezember, 1. Januar und Ostern geschlossen. Eintrittsgebühr!

Santa Croce

San Niccolò dei Tolentini (14)

Von der Rückseite der Scuola Grande di San Rocco geht es über die Brücke De la Scuola in eine Gasse und an deren Ende nach rechts in die Calle del Pistor, über die Brücke Ponte Vinanti. Hier beginnt das **Sestiere Santa Croce.** Es geht weiter die Gasse entlang, die sich dann Fondamenta Minotto nennt, und an deren Ende nach rechts auf die Fondamenta dei Tolentini und zum Campo dei Tolentini. Die Kirche San Niccolò dei Tolentini wurde 1591–93 von *Vincenzo Scamozzi* erbaut, der Pläne *Palladios* mit verwendete. Im Kreuzgang des Klosters ist ein Teil der **Architekturfakultät der Universität Venedigs** untergebracht, die weltweit einen sehr guten Ruf genießt. Ein Blick an dem modernen Eingang vorbei in den Kreuzgang lohnt.

San Simeon Piccolo und Grande

Die Brücke vor der Kirche führt zum Busterminal und Parkplatzareal Venedigs, zur Piazzale Roma. Doch die Route führt an der Fondamenta dei Tolentini weiter bis zum Canal Grande. Dem Bahnhof gegenüber liegt die Kirche **San Simeon Piccolo (15),** ein Bau mit einer großen, grünen Kuppel und einer Tempelfront. Wer möchte, kann hier den Canal Grande überqueren und den Stadtbezirk Cannaregio mit dem Ghetto durchstreifen. Doch die Route durch San Polo und Santa Croce bleibt auf dieser Seite des Kanals. Der Gasse in der Verlängerung der Bahnhofsbrücke Ponte dei Scalzi (weg vom Canal Grande) folgend und über die Brücke de la Bergama, gelangt man zur Kirche **San Simeon Grande (16)** mit moderner Fassade, einer Säulenbasilika aus dem 11. Jh. mit byzantinischen Kapitellen.

Scuola Grande San Giovanni Evangelista (17)

Doch gleich an der Brücke folgt der Rundgang der Fondamenta dei Garzoti entlang dem **Rio Marin** in eine ruhige, malerische Ecke Venedigs. Am Ende der Fondamenta geht es über die Brücke und auf der anderen Seite des Kanals weiter und dann rechts in die Calle del Ogio o del Cafetier bis zur lichterfüllten Baugruppe der Scuola Grande San Giovanni Evangelista, die sich rechter Hand auftut. Der recht enge Campiello wird von der Gasse durch eine feingliedrige, portalartige Marmorschranke mit feinsten dekorativen Details abgetrennt. Der **Adler** über dem Portal ist das Symbol für den Evangelisten *Johannes* (San Giovanni). Das gesamte Werk wird *Pietro Lombardo* zugeschrieben, etwa um 1471. Rechts hinter dem Durchgang liegen die Gebäude der Scuola aus dem 14. Jh. Es handelt sich um ein sehenswertes Gebäude aus der Renaissancezeit, das 1498 von *Coducci* erbaut wurde. Die Scuola kann seit Kurzem besichtigt werden. Sie zeichnet sich durch außergewöhnlich schöne Kunstwerke von *Tintoretto, Palma il Giovane* und *Tiepolo* aus. Besichtigung ist nur nach Voranmeldung unter Tel. 041/718234 (Bürozeiten Montag bis Freitag 9 bis 13 Uhr) und an manchen ausgewählten Tagen ohne Voranmeldung möglich, meist von 9.30 bis 17 Uhr. Die Tage werden jeweils für den laufenden Monat auf der Homepage www.scuolasangiovanni.it, „Visita della Scuola", veröffentlicht.

083ve Foto: ml

Die Kirche San Stae ist heute Konzert- und Ausstellungsraum

Zum Campo San Giacomo dell'Orio

Die nächste Gasse, die von der Scuola aus links abzweigt (Calle del Tabacco), führt auf den Campo San Stin. Von dort geht es weiter durch die Calle de Ca' Donà o del Spezier über die Brücke und weiter bis zum Campo Sant'Agostin. Dahinter führt der Weg gleich in die nächste Gasse links, den Rio Terà Primo und die Calle del Tentor bis zum Campo San Giacomo dell'Orio. Dieser Name ist nicht ganz sicher zu deuten. Es wird angenommen, dass er auf einen heiligen **Lorbeerbaum** *(lauro)* zurückgeht. Der Platz ist angenehm weitläufig, auch weil die Bebauung in diesem Teil der Stadt insgesamt viel lockerer als andernorts ist. Ungewöhnlich ist die Mischung von Bäumen, Bänken und Stühlen vor Cafés und Bars, die den Platz heimelig machen.

San Giacomo dell'Orio (18)

Der Campo wird beherrscht von der malerischen Baugruppe der Kirche San Giacomo dell'Orio, die völlig frei steht, was bei venezianischen Kirchen sehr selten ist. Baubeginn war im 9. Jh., doch von diesem Bau sind nur noch Versatzstücke sichtbar, z.B. an der Apsis. Schön ist der kraftvolle romanische **Campanile.** Auffallend im Inneren der sehenswerten Kirche ist die bemalte Holzdecke in Form eines umgekehrten **Schiffsrumpfes.**

Teatro anatomico (19)

Auf dem Platz fällt in Richtung Westen ein blätterumranktes Gebäude durch seine isolierte Lage am Kanal auf, das Teatro anatomico. Dort haben Ärzte ab 1671 ihre anatomische Ausbildung erhalten. Das Bauwerk hatte einen der schönsten **Anatomielehrsäle** Europas mit drei elliptischen Sitzreihen, er wurde leider 1800 durch ein Feuer zerstört.

San Zan Degolà (20)

Der Besucher kann den Platz in vielerlei Richtungen verlassen und sich treiben lassen. Durch die breite Gasse Calle Larga und vor der Brücke links, sich zickzack durch die Gassen wagend und sich dabei immer links haltend, gelangt er zur Kirche San Zan Degolà. Einen Heiligen Degolà wird man vergeblich suchen. Hier ist wieder einmal die Sprachwissenschaft gefordert, denn die venezianische Sprache hat aus *San Giovanni Decollato*, aus *Johannes dem Täufer*, dem **Enthaupteten,** einen Zan Degolà gemacht. In dieser beschaulichen Ecke Venedigs setzt das kleine, stille Kirchlein aus veneto-byzantinischer Zeit mit **Schiffskieldecke** und byzantinischen Kapitellen einen besonderen Akzent.

084ve Foto: bw

Fondaco dei Turchi (21)

Die Gasse hinter der Kirche führt auf die Salizzada del Fontego dei Turchi und diese zum reich verzierten Seiteneingang des Fondaco dei Turchi, des ehemaligen Handelssitzes der Türken, mit dem **Naturkundemuseum** (⇨Kap. „Museen"). Vom Wasser aus hat man einen schönen Blick zum Palazzo Vendramin Calergi, dem Kasino, gegenüber.

Die Route führt die Salizzada zurück und die nächstmögliche Gasse nach links auf die Fondamenta del Megio entlang dem Rio del Megio zurück zur gleichnamigen Brücke unweit des Campo San Giacomo dell'Orio. Über die Brücke geht es geradeaus weiter in den Ramo und die Calle del Tentor.

Palazzo Mocenigo (22)

Am Ende dieser Gasse geht es nach links in die Salizzada San Stae. Hier reihen sich einige Sehenswürdigkeiten aneinander. Zunächst trifft man rechts auf den Palazzo Mocenigo, einen Palazzo aus dem 16. und 18. Jh., der heute ein **Stoffmuseum** beheimatet, aber auch einen schönen Einblick in das Leben der Venezianer im **18. Jh.** erlaubt (⇨Kap. „Museen").

San Stae (23)

Am Canal Grande fällt die Kirche San Stae auf, die dem Jagdheiligen *Eustachius* geweiht ist. Die Fassade, die in ihrer Größe nur vom Schiff aus richtig wahrgenommen werden kann, lehnt sich an *Palladio* an. In der Kirche sind u.a. Werke von **Tiepolo** zu sehen. Sie ist profaniert und dient als **Konzert- und Ausstellungsraum.** Vom Platz vor der Kirche hat man einen der seltenen und schönen Ausblicke auf den Canal Grande.

Ca' Pesaro (24)

Direkt an der Kirche San Stae führt die Route über die Brücke und die kurze Gasse entlang bis vor die Ca' Pesaro. Im Patrizierpalast der Familie *Pesaro* sind das **Museum für moderne**

085ve Foto: bw

Kunst und das **Museum für orientalische Kunst** untergebracht (⇨Kapitel „Museen“).

Palazzo Agnus Dei (25)

Schräg gegenüber, auf der anderen Seite des Kanals, gibt es **Verstecktes** zu entdecken. Über die Brücke Ponte del Forner gelangt der Besucher zum Palazzo Agnus Dei, der mit Skulpturen aus der Zeit der venezianischen Gotik des 14. Jahrhunderts ausgestattet ist: Über den Fenstern sind die Symbole der Evangelisten, zum Beispiel Stier und geflügelter Löwe, zu sehen, über dem Tor zum Kanal das Lamm Gottes, welches dem Palazzo den Namen gab.

Die Maske des Pestarztes ist typisch für Venedig. In die lange Nase füllten sich die Ärzte des Mittelalters Watte mit ätherischen Ölen, um ansteckende Keime aus der Luft zu filtern

Santa Maria Mater Domini (26)

Es geht an der Brücke beim Palazzo links und wenige Schritte in die Gasse del Tiozzi, dort nach rechts in den Ramo del Tiozzi und den gleichnamigen Innenhof. Durch einen weiteren Innenhof gelangt der Besucher auf den Campo Santa Maria Mater Domini. Die gleichnamige Kirche liegt etwas versteckt am eng zulaufenden Ende des Platzes, gleich am Ausgang der Gasse hinter dem niedrigen Durchgang (Sottoportego del Fenester). Ein Vorgängerbau aus gotischer Zeit wurde 1502–1540 im Stile venezianischer Renaissance umgestaltet.

San Cassian (27)

Wir verlassen den Campo über die Brücke und folgen den gelben Schildern Richtung Rialto zunächst bis zum Campo San Cassian, der bereits wieder im Sestiere San Polo liegt. Die gleichnamige Kirche, deren unbedeutende Fassade aus dem 19. Jh. stammt, lädt kaum ein, das Innere zu besichtigen, doch finden sich dort im Chor drei Gemälde **Tintorettos,** von denen eine Kreuzigungs-Szene hervorzuheben ist.

Zur Rialto-Brücke

Wer sich hinter der Kirche in das Gassengewirr in Richtung Canal Grande begibt, trifft auf die Calle del Teatro Vecchio, wo früher das **erste Opernhaus der Welt** stand. Von der Kirche aus leiten die gelben Hinweis-Pfeile „Per Rialto" über den Fischmarkt zurück zum Ausgangspunkt an der Rialto-Brücke.

San Marco

Das Sestiere San Marco ist nicht nur der geistige und politische Mittelpunkt Venedigs, sondern durch seine Lage auch das Zentrum der Stadt. Es ist ein Sestiere mit vielen feinen Adressen an Hotels und Restaurants und einer großen Zahl exklusiver Geschäfte. Doch auch dann, wenn man nichts kaufen will, macht das Flanieren und Schauen Spaß und vermittelt einen guten Eindruck von dem, was Venedig über Jahrhunderte war: die Hauptstadt des Luxus in der damals bekannten Welt. Die Haupt-Gassen des Stadtbezirks sind in der Regel voll von Menschen, doch auch hier gibt es Ecken, in denen man, nur wenige Schritte abseits, Ruhe finden und ein völlig anderes Venedig kennen lernen kann.

Der Markusplatz

Der Markusplatz ist das **Herz** des Stadtteils San Marco, aber auch der gesamten Stadt. *Napoleon* meinte gar, er sei **„der schönste Salon Europas,** dem als Decke zu dienen nur der Himmel würdig ist". Dennoch war Napoleon ganz offensichtlich nicht der Mann mit dem offenen Sinn und der feinen Hand für Venedig, das zu zerstören er ausgezogen war. Nicht nur, dass er die Republik auslöschte und die Stadt als Figur auf seinem politischen Schachbrett verwendete, er veranlasste auch große, meist grobe bauliche Veränderungen, so etwa an der Schmalseite des Markusplatzes mit der Ala Napoleonica, der ein eleganterer Baukörper und eine Kirche zum Opfer fielen.

Wer annimmt, dass die weiten Flächen von Piazza und Piazzetta jemals menschenleer gewesen seien, irrt: Wieviel auf der Piazza in früheren Jahrhunderten los war, zeigen Gemälde aus der jeweiligen Zeit. In der Spätzeit der Republik, als die Stadt längst ihre Macht verloren hatte und zur Hauptstadt des Vergnügens geworden war, gab es 24 Cafés rund um den Platz (⇨Exkurs „Venedig ist die Wiege der Kaffeehäuser"). Und sind die vielbesungenen Tauben auch keine reine Freude, so muss man wissen, dass sie hier schon immer besungen, gefüttert und fotografiert wurden.

Die Platzanlage, die gemeinhin **Piazza San Marco** genannt wird, folgt dem in Venedig häufig anzutreffenden Grundriss eines „L". Sie ist von keinem Punkt aus vollständig zu überblicken, man muss sie sich kreuz und quer durchschreitend erschließen. Dabei setzt sich diese Platzanlage aus verschiedenen Plätzen zusammen: Das große Trapez vor der Fassade der Markuskirche ist der einzige *Piazza* genannte Platz der Stadt (⇨Exkurs „Straßen gibt es in Venedig nicht"). Er wird gefasst von den schier endlosen Arkadengängen der alten (rechts) und neuen (links) Prokuratien.

Der kurze Schenkel des L-förmigen Platzes vor dem Dogenpalast nennt sich **Piazzetta,** Plätzchen. Die Piazzetta war bis ins 12. Jh. Hafenbecken, während die Piazza von einem Rio durchschnitten war. Eine zweite Piazzetta, die **Piazzetta dei Leoncini,** be-

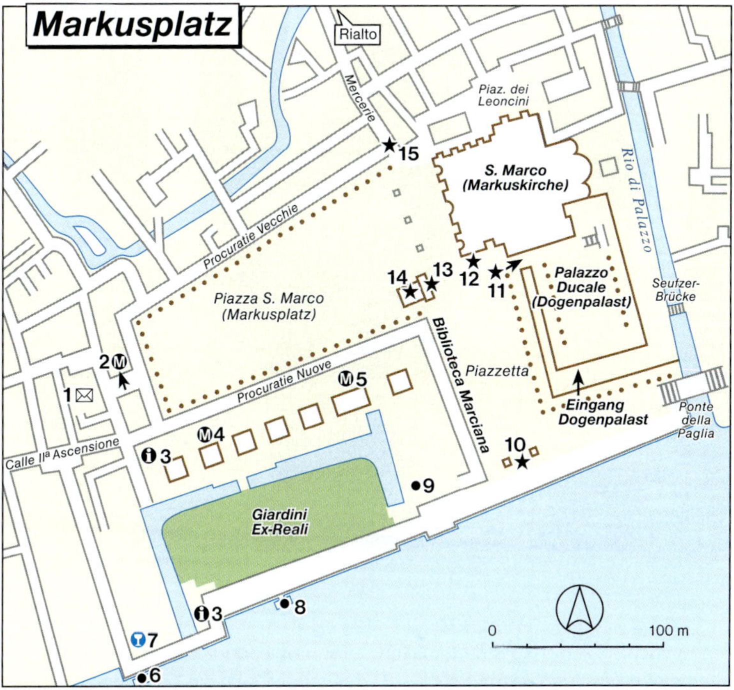

1 Post
2 Museo Correr
3 Tourist Information
4 Museo Civico Correr
5 Museo Archeologico
6 Anlegestelle Vallaresso
7 Harry's Bar
8 Anlegestelle Alilaguna (Flughafenzubringer)
9 ehem. Zecca
10 Granit-Säulen
11 Porta della Carta
12 Tetrarchen
13 Loggetta
14 Campanile
15 Uhrturm

tritt man zwischen Uhrturm und Markuskirche. Im Kreuzungspunkt zwischen den beiden Platzachsen erhebt sich der mächtige, 95 Meter hohe **Campanile,** der Kirchturm.

Auf dem Markusplatz herrscht absolutes **Picknickverbot,** das seit Neuestem auch strikt kontrolliert und mit 25 bis 500 Euro Strafe sanktioniert wird. Picknickmöglichkeit hinter dem Markusplatz in den Giardini Ex-Reali.

Säulen und Skulpturen

Zunächst sei der Blick auf die kleineren Sehenswürdigkeiten der Platzan-

0.87ve Foto: bw

lage gerichtet. Auf der Piazzetta fallen die beiden riesigen **Granitsäulen** auf, Monolithen aus dem Orient. Sie wurden in Venedig als Herrschafts- und Gerichtssymbol aufgestellt. Zwischen ihnen war einst der Hinrichtungsplatz. Deshalb geht auch heute noch kein Venezianer zwischen ihnen hindurch – Venezianer sind abergläubisch.

Die Säulen von 1172 tragen eine eigenartige Bekrönung: Die Figur auf der linken Seite erscheint als **geflügelter Löwe** und dadurch als Markus-Symbol. Doch die Flügel und das Buch der Tierfigur, einer Chimäre, sind spätere Zutat. Auf der rechten Säule steht der hl. *Theodor,* der vor dem hl. *Markus* Stadtpatron war und von den Venezianern **Todaro** genannt wird. Die Figur ist eine römische Statue mit hellenistischem Kopf. Das Original steht im Hof des Dogenpalastes.

Manchmal gleicht der Markusplatz einer Badewanne

Das Ufer vor den Säulen nennt sich **Molo.** In früheren Jahrhunderten lagen hier unzählige Handelsschiffe vor Anker, heute schaukeln nur noch Gondeln im Wasser. Früher kamen hier die Reisenden mit dem Schiff an und wurden mit dem ersten, beeindruckenden Anblick auf die Stadt begrüßt.

Zwischen Dogenpalast und Markuskirche ist eine Gruppe von vier Männerfiguren als Block in die Wand eingelassen. Sie ist aus rotem Porphyr, dem kaiserlichen Stein, und ihre Schwerter tragen Adlerköpfe. Die vier werden als **Tetrarchen** interpretiert, als Kaiser *Diocletian* und seine drei Mit-

Venedig ist die Wiege der Kaffeehäuser

Die Venezianer behaupten, ihre Stadt sei die erste in Europa gewesen, in der es eine Tradition des Kaffeetrinkens gab - kein Wunder bei Venedigs Beziehungen zum Osmanischen Reich. 1585 gab erstmals *Gianfrancesco Morosini* den Venezianern Kunde von einem „absonderlichen schwarzen Wasser". Anfang des 17. Jh. noch als Medizin genutzt, avancierte es später zum Genussmittel ersten Ranges.

1683 öffneten die ersten Kaffeehäuser in den Prokuratien unter den Arkaden am Markusplatz. 24 *botteghe del caffè* gab es im vergnügungssüchtigen 18. Jh. rund um den Markusplatz. Und alle hatten sie klingende Namen: Das heutige „Caffè Florian" hieß damals zum Beispiel **„La Venezia trionfante"**. 1720 von *Floriano Francesconi* gegründet, ist es seit Jahrhunderten Erzrivale des **„Gran Caffè Quadri"** schräg gegenüber. Dort gab es erstmals den Vorläufer des Espresso, den *caffè alla turca*. Gleich daneben das „Caffè Lavena": Es wurde 1750 eröffnet und hieß damals **„L'Ungheria"**.

Man traf sich in den Cafés zum Plaudern, zum Glücksspiel und um politische Ideen zu diskutieren. Im 18. Jh. kam auch das Trinken von heißer Schokolade in Mode. Noch heute kann man in Venedig eine herrliche *cioccolata calda* trinken, die beinahe an dünnflüssigen Schokopudding erinnert.

210ve Foto: bw

088ve Foto: bw

kaiser. Nach einer venezianischen Legende sollen es aber vier Diebe sein, die den Schatz des hl. *Markus* rauben wollten und dabei zu Stein wurden.

Gleich daneben steht ein **Porphyrstumpf,** der Rest einer Säule, die beim Einsturz des Campanile 1902 zerbrach. Von hier aus waren zur Zeit der Republik dem Volk die Gesetze mitgeteilt worden. Schräg gegenüber, vor der Kirchenfassade, fallen drei **Flaggenmasten** aus Zedernholz auf, die die Fahnen der Königreiche Zypern, Candia (Kreta) und Morea (Peloponnes) trugen. Die herrlichen Bronzesockel der Fahnenmasten aus dem Jahre 1505 wurden weltweit stilprägend für solche Objekte. Auf der **Piazzetta dei Leoncini** steht ein vielberittenes und dadurch glattpoliertes **Löwenpaar** aus rotem Veroneser Marmor.

Die Tetrarchen aus rotem Porphyr an der Markuskirche sind nicht nur bei Maskierten ein beliebtes Fotomotiv

Markuskirche

Ohne jeden Zweifel das wichtigste Bauwerk der Stadt ist die **Basilica di San Marco,** die Markuskirche. Darüber hinaus ist sie ein unvergleichliches Gesamtkunstwerk und zudem der Ort, wo das Venedig der Republik immer noch am präsentesten ist.

Die Geschichte von San Marco beginnt mit der so genannten **„Translatio“,** der Überführung des Leichnams des Apostels durch zwei venezianische Kaufleute von Alexandria nach Venedig in den Jahren 828 bis 829. Der Legende nach soll dieser unter Schweinefleisch verborgen gewesen sein, das den islamischen Zöllnern als unrein galt und deshalb unberührbar war.

Die erste Markuskirche des Dogen *Giustiniano Partecipazio* war, wie auch der Dogenpalast dieser Zeit, aus Holz. Beide brannten 976 zusammen mit etwa 400 Häusern nieder. Den danach errichteten Bau aus Stein brach man im 11. Jh. ab, übrig blieb nur die Krypta. Ab 1063 entstand der Bau der dritten Markuskirche. Sie wurde 1094 fertig gestellt, dem Jahr der Wiederauffindung der seit dem Brand von 976 verschollenen Markusreliquien.

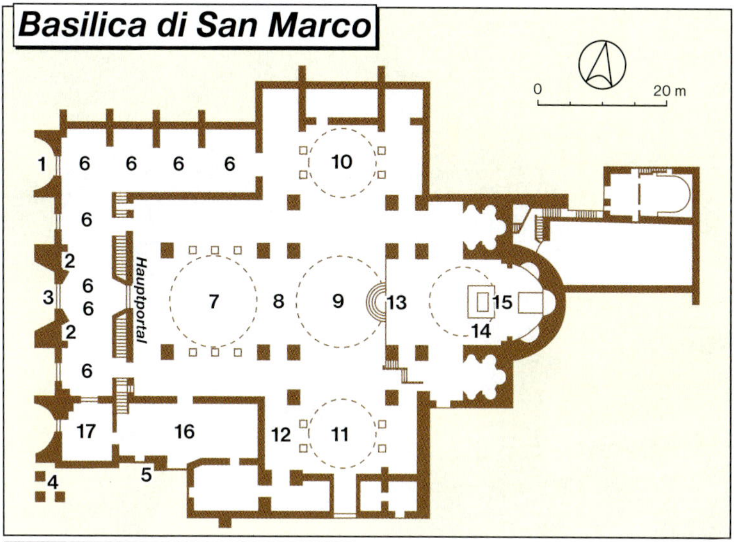

1 Porta S. Alippio: Mosaik der "Einbringung der Markusreliquie in die Kirche" (1265)
2 Dogengräber
3 Die Pferde von San Marco auf der Loggia über dem Hauptportal
4 Porphyrstumpf
5 Porphyrgruppe der Tetrarchen
6 Vorhallen-Mosaiken
7 Pfingstkuppel
8 Passionsgewölbe
9 Himmelfahrts-Kuppel
10 Johannes-Kuppel
11 Leonhardi-Kuppel
12 Säulenwunder-Mosaik
13 Presbyterium
14 Mosaikzyklus Markuslegende
15 Pala d'Oro
16 Baptisterium
17 Capella Zen

Die Kirche hat drei **Fassaden,** wobei die zweigeschossige Hauptfront mit kunstvollen Mosaiken ausgestattet ist. Besonders erwähnenswert ist die **Porta di S. Alippio,** die nördlichste Nische. Sie zeigt im Mosaik von 1265 den Augenblick, in dem der Leichnam des hl. *Markus* in die Kirche getragen wird. Man erkennt sehr gut den Zustand der Kirche im 13. Jh. Überall an der Fassade finden sich schöne Details, z.B. Reliefplatten in den Bogenzwickeln oder feine Steinarbeiten an den Portalnischen. Etwas Besonderes sind die bronzenen **Türflügel** des Hauptportals mit den für Venedig typischen übereinander gestellten Bögen und den zauberhaften Löwenköpfen, wobei jeder ganz individuell ausgearbeitet ist.

089ve Foto: bw

Der Blick vom Campanile auf die fünf Kuppeln der Markuskirche: Unten wird einem gar nicht bewusst, wie mächtig sie sind

Die Fassade nach Süden, zur Piazzetta, stellt an der rechten Flanke einen geschlossenen Block dar. Dahinter liegt der Kirchenschatz, der Tesoro. Eine Besonderheit lässt sich erst auf den zweiten Blick entdecken: zwischen Obergadenbögen mit byzantinischer Vergitterung ein **Madonnenbild,** zu dessen Seite Tag und Nacht

Kerzen brennen. Dies soll auf die fromme Stiftung eines Seemanns zurückzuführen sein. Einer anderen Erklärung nach ist es ein ewiges Sühnezeichen für einen Justizmord.

In die Kirche gelangt man durch **Vorhallen** über einen wunderschönen **Fußboden** aus vielfarbigen Marmorstücken aus dem 11. Jh. Die Themen der Mosaiken auf Kuppeln und Wänden der Vorhalle stammen aus dem Alten Testament. Wer die Kirche zum Gebet besuchen will, wird – ohne Taschen, die sind abzugeben – an der Nordseite ohne Schlangestehen eingelassen.

Die Architektur des **Inneren** der Kirche ist aus dem 11. Jh., die Marmorverkleidung und die Mosaiken stammen vor allem aus dem 12. bis 14. Jh. Fünf Kuppeln auf mächtigen Pfeilern sind in Form eines griechischen Kreuzes angeordnet, wobei in den östlichen Arm dieses Kreuzes die dreiteilige Choranlage „eingeschoben" ist. 4240 Quadratmeter Fläche sind mit **Mosaiken** bedeckt. Der bedeutendste Teil der Mosaiken findet sich in den Kuppeln des Langhauses mit „Pfingstkuppel" im Westen und „Himmelfahrtskuppel" über der Vierung. Doch der Blick sollte nicht nur nach oben, sondern auch auf den Boden gerichtet werden, denn der herrliche Fußboden hebt und senkt sich wie die Wellen des Meeres und bietet einen unglaublichen Reichtum an Ornamentfeldern. Die meisten Wände tragen eine Marmorverkleidung mit feinen, oft symmetrischen Mustern.

Von der üppigen Ausstattung der Markuskirche soll hier nur Einzelnes genannt werden: Einzigartig ist die **Pala d'Oro,** das kostbarste Einzelstück Venedigs, hinter dem Baldachinaltar im Presbyterium über dem Sarkophag des hl. *Markus*. Dieser 3,45 x 1,40 Meter große Altaraufsatz ist mit zahlreichen miniaturartigen Gold-Emails aus verschiedenen Epochen (10.–14. Jh.)

sowie 526 Perlen und 1401 Edelsteinen geschmückt.

Die Schatzkammer der Kirche, der **Tesoro,** macht den Orient lebendig. Im **Museo Marciano** auf der Galerie finden sich u.a. die vier originalen Pferde von San Marco, die 1204 aus Byzanz geraubt wurden (⇨Kap. „Museen").

● **Öffnungszeiten:** Markuskirche tägl. 10–16.45 Uhr, Pala d'Oro und Tesoro: Montag bis Samstag 10–17, Sonntag 14–17 Uhr. Tesoro und Pala d'Oro: Eintrittsgebühr. Kostenlose Führungen, telefonisch zu buchen Mo–Fr 10–12 Uhr, unter 041/2413817. Oder Treffpunkt 11 Uhr (April–Oktober) im Atrium der Basilika bei der zentralen Pforte. Am Seiteneingang zur Markusbasilika (links bei den Löwen) kommen Einzelreisende schneller hinein als bei den Schlangen am Haupteingang. Allerdings dürfen größere Rucksäcke und Handtaschen nicht mitgenommen werden. Die Entscheidung darüber liegt allerdings im Ermessen des Personals. Eine gratis Gepäckaufbewahrung gibt es schräg gegenüber des Seiteneingangs im Ateneo San Basso in der Calle San Basso (zwischen den beiden Glasläden von *Venini* und *La Coupole* gelegen).

Dogenpalast

Das zweite dominierende Gebäude am Markusplatz ist der **Palazzo Ducale.** Er ist verbunden mit San Marco durch die **Porta della Carta,** den Durchgang zum Hof des Palastes. Der Name „Papierpforte" leitet sich vom Marktgeschehen, das früher hier stattfand, oder von der gegenüberliegenden Bibliothek ab, von der die Gelehrten mit ihren Papieren in den Dogenpalast kamen. Sie ist ein Hauptwerk des Übergangsstils zwischen Gotik und Renaissance. Über der mächtigen Tür fällt das große Fenster auf, über dem die Büste des segnenden *Markus* steht. Darüber prangt ein Giebel mit schäumender Verzierung, an dessen Spitze Justitia steht. Wichtiger ist der vor dem Markuslöwen kniende Doge *Francesco Foscari,* als Sinnbild für die untergeordnete Funktion des Dogen gegenüber dem Staatsgebilde (symbolisiert durch den Markuslöwen). Daneben stehen die Kardinaltugenden.

Der Dogenpalast ist die **Verkörperung des venezianischen Staates** in seiner Macht, Kraft und Schönheit. Er hat gewaltige Ausmaße von etwa 75 x 100 Metern und stellt sich als drei Flügel einer Vierflügelanlage um einen weiten Innenhof dar, deren vierter Flügel im Norden die Markuskirche ist. Im Erdgeschoss zeigt der Dogenpalast eine **Arkadenhalle** mit 36 kräftigen, schmucklosen Säulen, die heute etwa 40 Zentimeter tief im Pflaster stecken. Der Palast wirkte früher höher und wohl auch besser proportioniert als heute. Gekrönt sind die Säulen von achteckigen Kapitellen mit reichem plastischen Schmuck. Auffallend an der Westfront in der Säulenreihe des zweiten Geschosses sind zwei rote Säulen, zwischen denen die **Todesurteile** verkündet wurden.

Den Palasthof und damit den gesamten zu besichtigenden Komplex des Dogenpalastes betritt man heute durch die **Porta della Paglia,** am Wasser gelegen, neben der man den Ponte della Paglia und dahinter die **Seufzerbrücke** sieht, über die die Verurteilten in ihre Verliese im Gefängnis nebenan (Prigioni) gehen mussten.

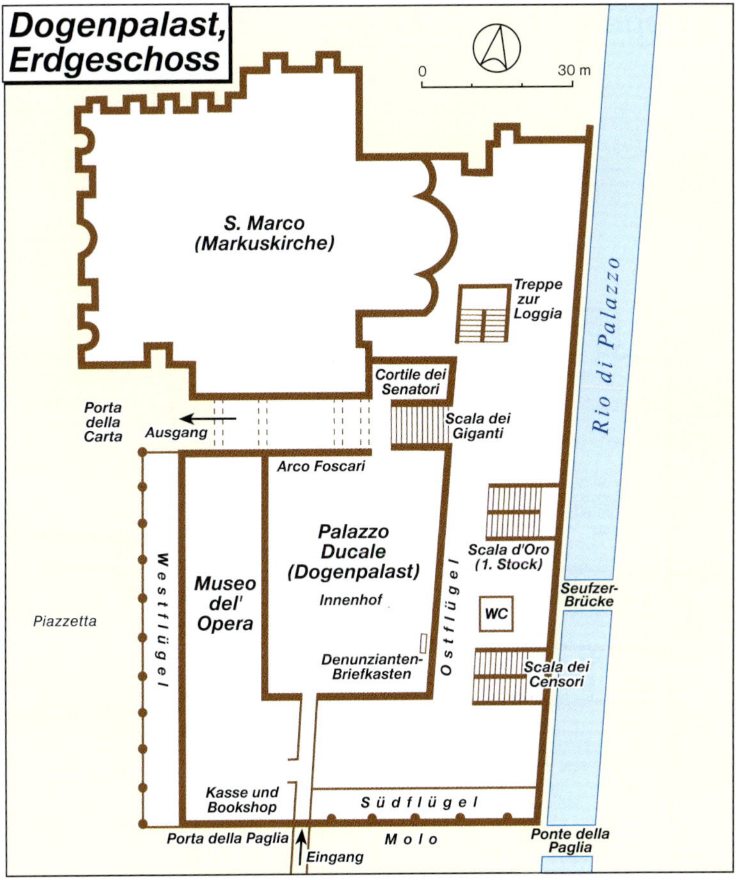

Im Inneren des Hofes, am Ende der rechter Hand liegenden Fassade, dominiert die **Gigantentreppe** (Scala dei giganti), benannt nach den beiden Kolossalstatuen *Sansovinos,* Mars und Neptun. Auf dem oberen Podest der Treppe wurden ab 1485 die Dogenkrönungen vollzogen. Gegenüber als Gegenstück der Porta della Carta steht der **Arco Foscari,** eine zweigeschossige Triumphbogenarchitektur (1462–71) mit Statuen von Adam und Eva.

Die Führungslinie im Dogenpalast wechselt immer wieder, daher kann sie nicht genau beschrieben werden. So werden hier die wichtigen Räume

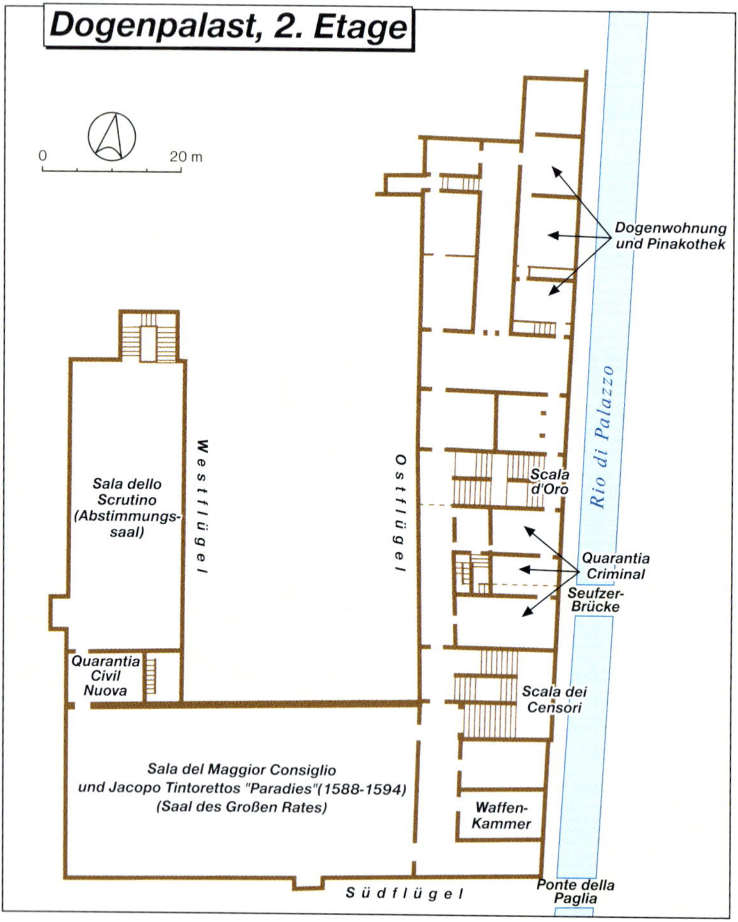

jedes Stockwerks kurz vorgestellt. Für die Tour durch den riesigen Komplex sollten mehrere Stunden veranschlagt werden.

Im **ersten Stockwerk** ist es besonders schön, in der **Loggia** zu wandeln und den Blick auf die Lagune, San Giorgio Maggiore und die Piazzetta zu genießen. Im Ostflügel führt die **Scala d'Oro,** die goldene Treppe, zu den Dogengemächern im zweiten Stock und zu den Amts- und Empfangsräumen der Signoria im dritten Stock.

Deckengemälde Sala del Maggior Consiglio

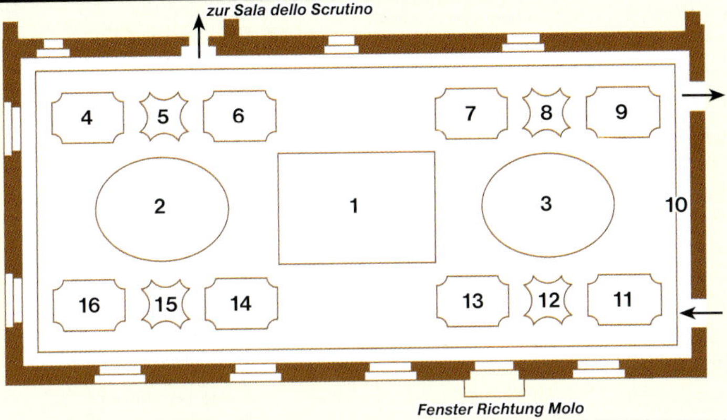

1 Tintoretto: Venetia übergibt dem Dogen einen Ölzweig
2 Palma d. Ältere: Venedig empfängt die Provinzen
3 Veronese: Apotheose Venedigs
4 Palma d. Jüngere: Sieg über Mailand in der Schlacht von Cremona
5 Francesco Basano: Sieg über Mailand bei Maclodio
6 Tintoretto-Werkstatt: Verteidigung von Brescia
7 Tintoretto-Werkstatt: Eroberung von Riva
8 Francesco Bassano: Sieg über die Mailänder in Casalmaggiore
9 Paolo Veronese: Die Eroberung von Smyrna
10 Tintoretto: Das Paradies (Wandgemälde)
11 Paolo Veronese: Die Belagerung von Scutari
12 Francesco Basano: Sieg über Ferrara
13 Tintoretto-Werkstatt: Sieg über Ferrara
14 Tintoretto-Werkstatt: Die Eroberung Gallipolis
15 Francesco Basano: Sieg über Kaiser Maximilian
16 Palma d. Jüngere: Die Eroberung von Padua

Im **zweiten Stockwerk** liegt die **Sala del Maggior Consiglio,** der Saal des Großen Rates. Man hält den Atem an, wenn man diesen Riesenraum von 54 x 25 x 15,40 Metern betritt und sich in seiner Weite fast verliert. Dem Großen Rat, der Versammlung der in Venedig einzig stimmberechtigten Adeligen, gehörten ausschließlich Mitglieder der Familien an, die 1297 ins Goldene Buch eingetragen waren oder derer, die sich später eingekauft haben. Der Große Rat war der eigentliche und oberste Machthaber der Republik. Hier wurde u.a. der Doge gewählt und eventuell auch wieder abgesetzt.

1577 brannte der Saal samt aller Kunstwerke und Ausstattungsstücke völlig aus. Die heutige Ausstattung stammt von 1578 bis 1594. Wesentlich für die Raumwirkung sind die herrliche **Kassettendecke mit 35 Bildern,** ein

Himmel aus Farben und Gold, und der rhythmische Wechsel zwischen Fensteröffnungen und Wandflächen. In der Decke ist besonders das Mittelbild von *Tintoretto* interessant, „Venezia reicht dem Dogen Nicolò da Ponte einen Ölzweig", sowie ein ovales Bild von *Palma d.J.*, „Venedig empfängt die Provinzen". Wer eine andere Perspektive dieses Saales erleben und ihn vom Gebälk des Dachstuhls aus durch Ritzen im Holz sehen möchte, sei auf die Spezialführung *Itinerari segreti* verwiesen, bei der man auch die berühmten **Bleikammern** besucht, aus denen *Casanova* floh.

Im Fries unterhalb der Decke finden sich paarweise angeordnete Dogenbildnisse. Besonders interessant: Ein Bild ist schwarz übermalt. Es steht für den 1355 wegen Hochverrats hingerichteten Dogen *Marino Falier*.

Über dem Dogenthron hängt die Sensation des Raumes: das mit 7 x 22 Metern **größte Ölgemälde der Welt,** das „Paradies" von *Tintoretto*. Alles Licht geht hier von Christi Haupt aus. Vor ihm kniet seine Mutter in Erwartung ihrer Krönung. Um diese Gruppe halbkreisförmig aufgereiht (und nach ihrer „Bedeutung" geordnet) von innen nach außen: Engel, Heilige und Selige.

In diesem Stockwerk führt der Weg über die Seufzerbrücke in den Zellentrakt des Palazzo dei Prigioni, des Gefängnisses.

Im **dritten Stockwerk** befinden sich zahlreiche kleinere Räume, so zum Beispiel die **Sala delle quattro Porte,** so genannt wegen der vier prachtvol-

Dogenpalast, 3. Etage

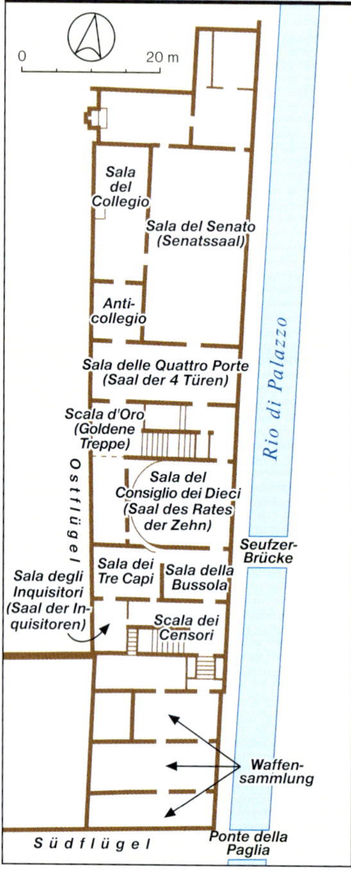

len Portale aus mehrfarbigem Marmor. Das **Anticollegio** ist der Warteraum (vor dem Tagungsraum des Regierungsgremiums) mit der üppigsten Dekoration, die man sich vorstellen kann. Im Prunk der Stuckdecke ver-

schwinden fast die wunderschönen Gemälde *Veroneses* (Deckenmitte) und *Tintorettos* (seitlich der Türen).

Die **Sala del Collegio** ist ein besonders prachtvoller, dabei sehr ausgewogener Raum. Das Collegio war der venezianische Staatsrat (auch *Signoria* genannt), bestehend aus dem Dogen, sechs Ministern (den so genannten *Savi*, den Weisen), 17 hohen Staatsbeamten aus verschiedenen Ämtern, dem Vorsitzenden des Rates der Zehn, den höchsten Richtern und dem Großkanzler, dem Leiter der Staatskanzlei. Hier tagte das Collegio und empfing ausländische Gesandte. Die Decke schmücken bedeutsame Gemälde *Veroneses* („Mars und Neptun", „Der christliche Glaube", „Venetia zwischen Justitia und Pax"), an den Wänden hängen Votivbilder verschiedener Dogen.

In der **Sala del Senato** wurden z.B. die Gesetze verabschiedet. Auf der anderen Seite der Sala delle quattro Porte befindet sich die **Sala del Consiglio dei Dieci.** Über diese Behörde gibt es zahlreiche, größtenteils gruselige Geschichten. Sie wurde 1310 als Kontrollinstanz für Senat, Collegio und den Dogen selbst gegründet und war somit eine für den venezianischen Staat,

Nicht jeder sieht sich die Details der prächtigen Fasssade des Dogenpalastes an, vor allem dann nicht, wenn im Sommer oder zur Karnevalszeit wahre Besucherströme daran vorbeiziehen

in dem die gegenseitige Überwachung und Bespitzelung Regierungsprinzip war, typische Einrichtung. Dieses oberste Verfassungsschutzamt umfasste zehn Mitglieder und sechs Räte und ab dem 16. Jh. auch drei Staatsinquisitoren. Jegliche Informationsquelle wurde genutzt, auch die der geheimen Denunziationen, für die eigene Briefkästen *(bocca di leone)* eingerichtet waren. Nebenan liegt die **Sala della Bussola** und weiter die **Sala d'Armi** mit umfangreichen Waffensammlungen.

● **Palazzo Ducale** (Dogenpalast), Piazzetta San Marco, Haltestelle San Zaccharia. Geöffnet April bis Oktober 9–19 Uhr, November bis März 9–17 Uhr, Kasse schließt anderthalb Stunden früher, 25. Dezember und 1. Januar geschlossen. Gehört zu den Musei Civici Veneziani mit Kombi-Ticket. Audio-Guide!

Insider-Tipp: Führungen durch den Dogenpalast auf Wegen, die bei der normalen Besichtigung nicht zugänglich sind. Gibt es leider nur in italienischer und englischer Sprache. Sie nennen sich **Itinerari Segreti,** „Geheime Wege", und müssen an der Vorverkaufskasse des Dogenpalasts oder telefonisch reserviert werden (zwischen 9 und 15.30 Uhr unter 041/5209070 oder unter 041/2715911, Führungen in Englisch in der Regel um 9.55, 10.45 und 11.35 Uhr). Man läuft u.a. über dem riesigen Deckengemälde der Sala del Maggior Consiglio und kann durch Ritzen nach unten blicken oder dringt in die Bleikammern vor, in denen *Casanova* einsaß.

Hinweis: Im Erdgeschoss gibt es eine nette Cafeteria. Toiletten – meist mit Schlange davor – nur im Erdgeschoss vor Beginn des Rundgangs. Daher Toilettenbesuch gut vorausplanen!

Ungewöhnlicher Blick von einem der Portale der Markuskirche auf den Campanile, ihren Kirchturm

Libreria Sansovino und Zecca

Außer der Markuskirche und dem Dogenpalast wird die Piazza San Marco auch von anderen auffälligen Gebäuden dominiert. Gegenüber dem Dogenpalast steht die Libreria Sansovino. Begonnen wurde der Bau 1537 von *Jacopo Sansovino.* 1545 gab es Ärger, denn das Gewölbe des zentralen Saales stürzte ein. Sansovino kam daraufhin ins Gefängnis und wurde erst auf Intervention *Tizians* wieder freigelassen. Heute befindet sich in den Räumen die **Biblioteca Nazionale Marciana,** eine der bedeutendsten Bibliotheken Italiens. Die Bibliothek kann nicht besichtigt werden, doch ihre Prunksäle sind mit dem Sammelticket für Dogenpalast und Correr-Museum zu bewundern (⇨Kapitel „Museen").

Gleich anschließend folgt am Molo die so genannte Zecca, die heute zum Bibliothekskomplex gehört. Sie war die venezianische **Münzprägestätte.** Venedig hat schon im 9. Jh. Münzen geprägt, ab 1277 bei San Marco. Die venezianische Goldmünze, der Zecchino, war über Jahrhunderte ein gesuchtes, weil stabiles Zahlungsmittel.

Campanile

Die Angel, um die sich die Platzwelt von San Marco dreht, ist der **Kirchturm der Markuskirche,** der Campanile. Die Venezianer nennen ihn in ihrem Dialekt **„el paron de casa",** den Hausherrn. Er ist Herrschafts- und Wahrzeichen der Republik. Als Bekrönung blickt die **Statue des Erzengels Gabriel** seit 1517 von der Turmspitze

606ve Foto: ml

herab auf das Gewimmel des Platzes. Italienische Kirchtürme stehen immer in gebührendem Abstand zur Kirche, und das sollte sich in Venedig als besonders glücklicher Umstand erweisen, denn am 14. Juli 1902 fiel der Turm in sich zusammen. Glücklicherweise wurde nur die Loggetta, die Vorhalle des Turmes, zerstört. Der umgehend beschlossene Wiederaufbau „com'era e dov'era", wie er war und wo er war, wurde 1903 bis 1912 durchgezogen. Vom Turm aus hat man einen herrlichen Blick über Stadt und Lagune.

Ein Venedig-Besuch ist nicht komplett, wenn man nicht um Mitternacht dem Klang der mächtigen Glocke des Campanile gelauscht hat. Alle anderen Kirchenglocken der Stadt schweigen, wenn der Ton der **„Marangona"** genannten Glocke über die Lagune schwingt.

- **Öffnungszeiten:** je nach Jahreszeit zwischen 9.30 oder 9.45 und 16 Uhr bzw. im Sommer auch bis 19 oder 21 Uhr. Die Eintrittsgebühr ist der Blick auf jeden Fall wert. Aufzug vorhanden!

Loggetta

Zu Füßen des Campanile fällt die Loggetta auf. Die Architektur der **Bogenhalle** entspricht alter italienischer Tradition. 1537 bis 1540 ursprünglich vom Architekten *Sansovino* errichtet, wurde sie nach 1902 aus den Trümmern rekonstruiert. Die Loggetta war Versammlungsort der Palastwache während der Sitzungen des Großen Rates.

609ve Foto: ml

Der Markusplatz rund um den Campanile ist Schau- und Tummelplatz für viele

Torre dell'Orologio

Der zweite Turm des Platzes ist der Torre dell'Orologio, **der Uhrturm.** Er diente früher Seefahrern, die vom Markusplatz aus lossegelten, als Orientierung. Zwei „Mohren", die eigentlich zwei Riesen sind, schlagen auf dem Turm über dem Eingang zur Merceria die Stunden. Das Uhrwerk stammt noch aus dem 15. Jahrhundert. Interessant ist das Zifferblatt der großen, astronomischen Uhr. Es ist aus Lapislazuli und zeigt die Mond- und Sonnenphasen und die Tierkreiszeichen an. Durch den Turm, der 1496 bis 1499 von *Mauro Codussi* konstruiert wurde, wird die Einmündung in die lebhafte Einkaufsgasse der Merceria betont. Nach Jahren der Sanierung ist der Turm wieder zugänglich und kann während einer Führung bestiegen werden (⇨Kap. „Museen").

Procuratie Vecchie und Procuratie Nuove

Direkt an den Uhrturm schließt sich der lange Arm der **Arkadengänge** der Procuratie Vecchie an. Gegenüber liegen die Procuratie Nuove. Das Amt der **Prokuratoren** geht auf das 11. Jh. zurück. Sie kümmerten sich zunächst um Verwaltung und Pflege von San Marco und seinen Schatz. Später weiteten sich ihre Amtsbefugnisse auf einen Großteil der Inneren Verwaltung des Staates, seines Immobilienbesitzes und seines sozialen Wohnungsbaus aus. Die Prokuratoren hatten das wichtigste Amt nach dem Dogen inne.

Die Procuratie Vecchie sind nach Plänen *Mauro Codussis* von *Bartolomeo Bon* und *Sansovino* ab 1500 erbaut worden. Sie zeichnen sich auf 142 m Länge durch eine unendlich scheinende Reihung von 50 Arkaden im Erdgeschoss sowie 100 Bogenfenstern in den Obergeschossen aus.

Die Procuratie Nuove gegenüber wurden 1583 von *Vincenzo Scamozzi* begonnen und 1640 von *Baldassare Longhena* vollendet. Auch hier ist das Leitmotiv die offene Bogenhalle im Erdgeschoss. In den Procuratie Nuove findet sich das berühmte **Caffè Florian** (⇨Exkurs „Venedig ist die Wiege der Kaffeehäuser“).

Die **Ala Napoleonica** an der Schmalseite der Piazza entstand als Ballsaal für Napoleon.

Hier liegt der Eingang zum **Correr-Museum,** welches eine eine hervorragende Sammlung zur venezianischen Geschichte beherrbergt (⇨Kap. „Museen“).

Die Mercerie entlang

Das Sestiere San Marco besteht nicht nur aus dem Markusplatz und seinen Prachtbauten. Um das Stadtviertel zu erkunden, kann man die Piazza unter dem Uhrturm hindurch zu verlassen.

San Zulian (1)

Der Weg führt durch die Mercerie, eine der belebtesten Geschäftsstraßen Venedigs. Zunächst geht es bis zum Ende dieser Gasse, dann rechts zum **Campo San Zulian** (S. Giuliano). Die Fassade der gleichnamigen, etwas versteckten Kirche wurde nach Plänen *Sansovinos* 1553 bis 1555 gebaut. Finanziert wurde sie durch eine Stiftung des Humanisten *Tommaso Rangone,* der in einer Statue über dem Portal verewigt ist. Der Innenraum wurde mit vorzüglichen Werken der venezianischen Spätrenaissance, beispielsweise von *Palma d.J.* und *Paolo Veronese* ausgestattet.

San Salvador (2)

Weiter geht es durch die Mercerie San Zulian zum ungewöhnlich breiten Ponte dei Bareteri. Die Calle geht zunächst geradeaus, dann nach rechts und dann wieder nach links weiter und öffnet sich anschließend auf den **Campo San Salvador.** Die Geschichte der gleichnamigen Kirche (venezianisch für San Salvatore) geht bis ins 7. Jh. zurück. Der jetzige Bau entstand 1507–34 nach Plänen von *Tullio Lombardo* und *Sansovino* und ist die Übersetzung der Architektur der Markuskirche in die Formensprache der Renais-

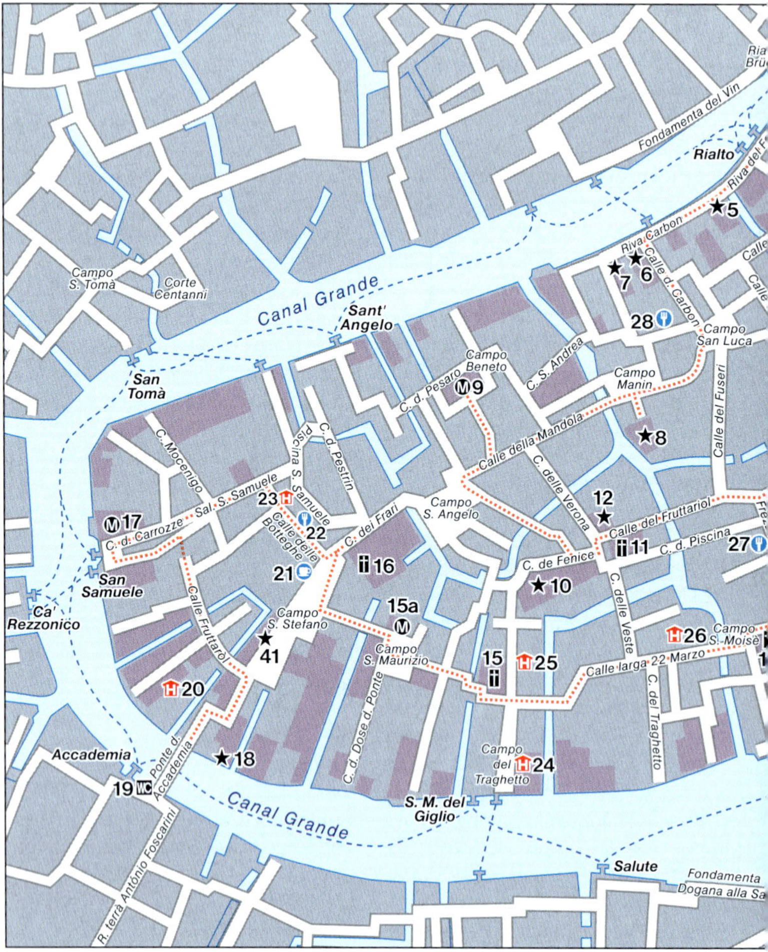

sance. Die Kirche ist mit bedeutenden Werken ausgestattet. So findet sich zum Beispiel rechts neben dem zweiten Kuppelraum ein Hauptwerk **Sansovinos,** das Grabmal für den Dogen *Francesco Venier* mit zwei Tugendstatuen, rechts der „Glaube", von einem bedeutenden Kunsthistoriker als die „vielleicht schönste Frauenstatue der venezianischen Renaissanceskulptur"

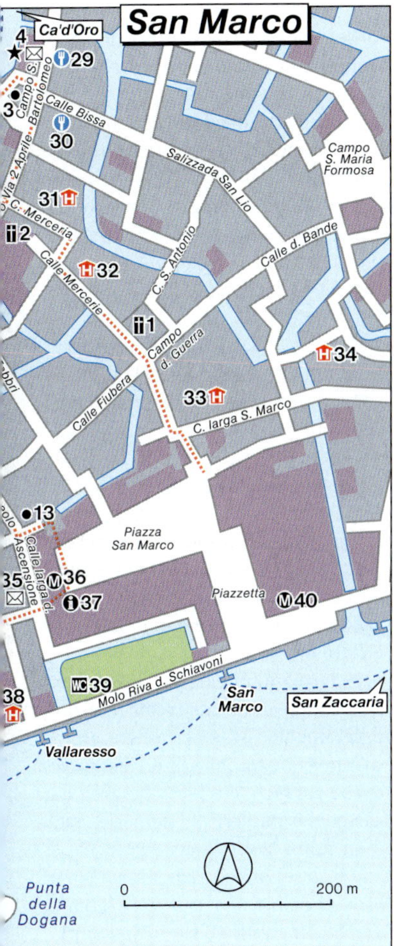

Rundgang

⛪	1	San Zulian (S. Giuliano)
⛪	2	San Salvador (San Salvatore)
●	3	Campo San Bartolomeo
★✉	4	Fondaco dei Tedeschi
★	5	Palazzo Bembo
★	6	Ca' Loredan
★	7	Ca' Farsetti
★	8	Scala Contarini del Bovolo
Ⓜ	9	Museo Fortuny
★	10	Teatro La Fenice
⛪	11	San Fantin
★	12	Scuola di San Fantin, Ateneo Veneto, "Scuola dei Picati"
●	13	Bacino Orseolo
⛪	14	San Moisè
⛪	15	S. Maria Zobenigo (S. Maria del Giglio)
Ⓜ	15a	Museo della Musica
⛪	16	Santo Stefano
Ⓜ	17	Palazzo Grassi
★	18	Palazzo Cavalli Franchetti

Sonstiges

WC	19	WC
H	20	Casa Ugo e Olga Levi
☕	21	Gelateria Paolin
🍴	22	Trattoria Da Fiore
H	23	Locanda Fiorita
H	24	Gritti Palace
H	25	Bel Sito & Berlino
H	26	Kette
🍴	27	Osteria Enoteca San Marco
🍴	28	Leon Bianco
🍴	29	Osteria alla Botte
🍴	30	Rosticceria San Bartolomeo
H	31	Residenza Goldoni
H	38	Alloggi ai Baretteri
H	33	Ai do Mori
H	34	Remedio
✉	35	Post
Ⓜ	36	Correr-Museum
ℹ	37	Tourist-Info
H	38	Hotel Monaco & Grand Canal
WC	39	WC
Ⓜ	40	Dogenpalast
★	41	Palazzo Loredan

bezeichnet. In einem prächtigen Marmorrahmen hängt ein **Spätwerk Tizians,** die „Verkündigung“ (1560–66). Das Gemälde erlangte Vorbildfunktion in der Barockmalerei. Historisch bedeutend: an der Stirnwand des rechten Querarms das Grabmal für *Catharina Cornaro,* Königin von Zypern von 1580 bis 1584. Auf dem Hochaltar die „Himmelfahrt Christi“ von Tizian.

Fondaco dei Tedeschi (4)

Richtung Rialto geht es die Mercerie 2 Aprile entlang zum **Campo San Bartolomeo (3),** auf dem eine Statue von *Carlo Goldoni* (1707–93) steht, dem wichtigsten Vertreter venezianischer Literatur und dem Reformator der Commedia dell'arte.

Am Ende des Campo sieht man links eine Ecke des mächtigen Fondaco dei Tedeschi, einst Herberge und Handelshaus der Kaufleute aus den Ländern nördlich der Alpen. Schon 1228 ist hier eine **Handelsniederlassung deutschsprachiger Kaufleute** dokumentiert. Im 16. Jh. war die Fassade zum Kanal mit Fresken von *Giorgione* und *Tizian* bedeckt. Reste davon werden heute in der Galleria Franchetti, Ca' d'Oro, ausgestellt. Der Bau, heute als **Hauptpostamt** genutzt, barg damals Warenlager, Kontore sowie Ess- und Wohnräume deutschsprachiger Kaufleute. Sie standen unter anderem unter dem Vorsitz von Regensburger, Augsburger und Nürnberger Handelsherren. Ein Blick in den mächtigen Innenhof ist zu empfehlen. Die Postverwaltung will ausziehen und bietet seit Jahren das imposante Gebäude für 27 Millionen Euro zum Verkauf an, daher macht es leider einen verwahrlosten Eindruck.

Vom Canal Grande zum Campo Sant'Angelo

Das Rathaus

Vom Fuß der Rialto-Brücke aus geht es am Canal Grande entlang über die Riva del Ferro und die Riva del Carbon, das Eisen- und das Kohlenufer, vorbei am **Palazzo Bembo (5),** dem Wohnsitz des Kardinals *Pietro Bembo,* bis zum jetzigen Rathaus, das aus den Palästen **Ca' Loredan** (**6,** links) und **Ca' Farsetti** (**7,** rechts) besteht. Eine Marmortafel an der Ca' Loredan erinnert an **Elena Lucrezia Cornaro Piscopia,** die 1646 in diesem Haus geboren wurde und 1678 als erste Frau der Welt ein Universitätsstudium abschließen konnte.

Rund um den Campo San Luca

Mehrere Gassen führen nach links, weg vom Canal Grande, zum Campo San Luca, beliebter abendlicher Treffpunkt venezianischer Jugendlicher vor den Bars. Der nächste Platz (nach rechts) ist der **Campo Manin** mit der Statue *Daniele Manins,* eines Advokaten und Revolutionärs, der den Aufstand von 1848/49 gegen die Österreicher anführte.

Nach links führt eine Gasse weg vom Platz (Wegweiser) zur **Scala Contarini del Bovolo (8),** einer sehenswerten Außenwendeltreppe, deren Dimensionen so gar nicht zu der Winzigkeit des Gärtchens passen, in dem sie nach oben führt. Vom obersten Geschoss der Treppe bietet sich ein schöner Blick über die Dächer (im Sommer 10–18 Uhr geöffnet, Eintrittsgebühr).

Museo Fortuny (9)

Zurück zum Campo Manin und dort über die Brücke della Cortesia, die Brücke der Höflichkeit, führt der Weg geradeaus die Calle della Mandola entlang und folgt rechts am Rio terà

610ve Foto: ml

della Mandola dem Wegweiser zum Museo Fortuny im **Palazzo Pesaro degli Orfei.** Der Eingang liegt neben einem Hotel im Ramo Orfei, gleich hinter einem Durchgang. In diesem beeindruckenden gotischen Riesenbau lebte und arbeitete das **Allround-Genie Mariano Fortuny** von 1899 bis 1950 (⇨Kapitel „Museen"). Wer nicht am Museum interessiert ist, sollte wenigstens einen Blick in den verwunschenen, überwucherten Innenhof mit seinen ungewöhnlichen Holzbalkonen werfen, eine Ruheinsel im hektischen Treiben Venedigs.

Zurück und weiter auf der Calle della Mandola kommt man zum nahe gelegenen, weiten **Campo Sant'Angelo** (venezianisch Anzolo). Hier eröffnet sich ein schöner Blick auf den **schiefsten Turm Venedigs,** den Campanile der Kirche Santo Stefano.

Rund um La Fenice

Teatro La Fenice (10)

In einer Ecke neben einem Reisebüro und einem Restaurant führt eine versteckte Gasse (Calle del Cafetier) vom Campo Sant'Angelo unter überdachten Durchgängen zur Seitenmau-

Von der versteckten Wendeltreppe Scala Contarini del Bovolo hat man einen ungewöhnlichen Blick über die Dächer von Venedig

Das lebenspendende Nass: Woher kommt Venedigs Trinkwasser?

Man kann von Wasser umgeben sein und dennoch verdursten. Viele Schiffbrüchige haben das im salzigen Meerwasser erleiden müssen. Venedig hat ähnliche Probleme. Mitten im Wasser gelegen hatte die Stadt in früherer Zeit große Schwierigkeiten mit der Trinkwasserversorgung. Noch heute finden sich stumme Zeugen der Bemühungen um die Trinkwassergewinnung auf fast allen Plätzen der Stadt. Die *vere da pozzo,* die steinernen **Brunnenköpfe,** stehen wie Säulenkapitelle – zum Teil kunstvoll dekoriert – inmitten großer, freier Flächen oder in gepflasterten Innenhöfen. Sie sind die sichtbaren Teile der ausgeklügelten Zisternenanlagen Venedigs.

Schon früh wurde Regenwasser in **Zisternen** gesammelt, um nicht zu sehr von den Schiffsladungen mit Trinkwasser vom Festland abhängig zu sein oder von den Brunnen, die es auf höher gelegenen Inseln gab. Diese liefen Gefahr, bei Hochwasser mit salzigem Wasser verseucht zu werden. Jeder freie Platz wurde früher für die Wassergewinnung genutzt, daher sind die Innenhöfe der Palazzi auch nicht begrünt oder überdacht. Seit dem 14. Jh. wurde der Bau von Zisternen planmäßig von der Stadt gefördert. So ordnete der Große Rat zum Beispiel 1322 wegen der Trinkwasserknappheit den Bau von 50 Zisternen an und übernahm auch die Finanzierung. Das

095ve Foto: bw

Wasser wurde über Leitungen und Wasseröffnungen in mit Lehm abgedichteten, riesigen **unterirdischen Wasserbecken** gesammelt, nachdem es zur Reinigung durch eine dicke Schicht Sand gesickert war. In der Mitte der Zisternenanlage befand sich ein von einer *vera da pozzo* bekrönter, gemauerter Brunnenschacht. Stand genug gefiltertes Wasser im Sand, stieg der Druck im Lehmbecken und presste das Wasser im Brunnenschacht nach oben. Häufig, wie etwa am **Campo Sant'Angelo,** ist der Platz rund um den Brunnen erhöht, um zu vermeiden, dass Hochwasser das Trinkwasser verunreinigt.

Eine zentrale Wasserversorgung machte dieses System überflüssig. Bereits Anfang des 19. Jh. hatte man wiederholt erfolglos versucht, **artesische Brunnen** in Venedig zu bohren. 1848 stieß eine Bohrung auf der Riva degli Schiavoni in 172 Metern Tiefe auf eine hinreichend starke Wasserader, doch sie wurde nie zur Trinkwasserversorgung genutzt. Um 1875 dachte die Stadtverwaltung erstmals daran, eine Wasserleitung vom Festland nach Venedig zu bauen. Mit Unterstützung britischer Konstrukteure konnte 1885 ein **Aquädukt** in Betrieb genommen werden. 1889 wurde die Insel Murano mit einer **Wasserleitung unter der Lagune** an die Trinkwasserversorgung angeschlossen, 1900 folgten auch die Giudecca, der Lido und andere kleine Inseln. Doch bei diesem System blieben auch Unfälle nicht aus: Am 18. Juli 1911 beispielsweise riss ein Schiff das Hauptrohr der unter Wasser verlegten Leitung auf und binnen kurzem war das gesamte Trinkwasser ungenießbar geworden.

Der Campo Sant'Angelo liegt ein wenig erhöht, um das Trinkwasser zu schützen. In seiner Mitte steht ein großer Brunnenkopf. Im Hintergrund der schiefste Kirchturm der Stadt: Santo Stefano

er des 1996 bis auf die Grundmauern **abgebrannten** Teatro La Fenice. Während das Theater nach Bränden 1792 und 1836 jeweils zügig wieder aufgebaut wurde, d.h. wie der **Phoenix aus der Asche** erstand – daher auch der heutige Name (Fenice = Phoenix) –, dauerte es nach dem letzten Brand lange, bis das Gebäude restauriert wurde. Der damals amtierende Bürgermeister Venedigs, *Massimo Cacciari,* hatte die Wiedereröffnung „zur Jahrtausendwende" versprochen, sagte aber nicht, welche er damit meinte ... Das Teatro La Fenice war der Ort zahlreicher Uraufführungen, allein *Giuseppe Verdi* erlebte hier fünf Uraufführungen seiner Opern (⇨Kap. „Reisetipps A–Z", „Musik und Theater", „Oper" wegen Führungen durch das Theater „La Fenice").

Vom Theater zum Markusplatz

Dem Theater gegenüber fällt die strenge Fassade der Renaissancekirche **San Fantin (11)** mit kubischen Formen auf. Ebenfalls am Campo steht die Scuola di San Fantin, heute **Ateneo Veneto (12)** genannt, wo Vortragsreihen und Ausstellungen stattfinden. Die Scuola hieß früher „Scuola dei Picati", **Bruderschaft der Gehenkten,** da ihre Mitglieder Verurteilte zu deren Hinrichtung begleiteten.

Zwischen Kirche und Ateneo Veneto hindurch führt die Tour die schmale Calle del Fruttariol entlang, die in die Frezzaria übergeht, eine Gasse mit schönen und edlen Geschäften.

Gleich hinter einem scharfen Rechtsknick der Gasse biegen wir links in die

Calle Tron ein und gehen dann rechts am Kanal entlang bis zum **Bacino Orseolo (13),** einem „Verteiler-Zentrum" der Gondolieri. Dahinter geht es durch die Procuratie Vecchie auf die Piazza San Marco.

Von San Moisè nach Santo Stefano

San Moisè (14)

Wer weiter in das Sestiere San Marco eindringen möchte, geht unter der Ala Napoleonica hindurch in ein nobles Geschäftsviertel. Die Gasse mündet auf den **Campo San Moisè** mit der hässlichen Rückseite des Luxushotels Bauer Grünwald und der monumentalen Barockfassade der Moses geweihten Kirche San Moisè daneben. Beim Anblick der **Fassade** ist es kaum vorstellbar, dass sie früher noch überladener war. 1878 wurden einige Statuen entfernt, um die Statik zu verbessern. Die Kirche wirkt sehr unvenezianisch. Der Hochaltar ist vom gleichen Künstler gestaltet worden wie die Fassade und stellt ein Szenarium um die Übergabe der Gesetzestafeln an Moses auf dem Berge Sinai dar. Ein ungewöhnlicher Anblick. S. Moisé ist übrigens eine der wenigen Kirchen, die noch kostenlos besichtigt werden können.

Santa Maria del Giglio (15)

Hinter der Brücke folgt eine unvenezianisch breite Straße, die Via XXII Marzo, mit Bauten, die ihre Entstehung nach dem Ende der Republik verraten. An ihrem Ende links weiter und über eine Brücke geht es zum **Campo S. Maria Zobenigo** (S. Maria del Giglio). Der heutige Bau der Kirche Santa Maria del Giglio stammt aus dem 16./17. Jh. Die Fassade trägt Züge römischer Barockarchitektur und ist ein **Unikum:** Erst bei genauem Hinsehen bemerkt man, dass die Statuen im unteren Teil mitnichten Heilige darstellen, sondern Angehörige der Familie *Barbaro,* die die Kirche mit Stiftungen bedachte. In der Sockelzone sind Reliefs italienischer Städte und venezianischer Festungen (Rom, Padua, Zara, Korfu, Spalato/Split) eingelassen. Besonderheit: In der Molin-Kapelle findet sich das einzige **Rubens-Bild** Venedigs, ein Fragment der Darstellung der Heiligen Familie. Sehr beeindruckend sind auch die vielen **Reliquien,** die in der Kirche in Vitrinen und unter dem Altar v.a. in der Cappella Molin zu sehen sind.

Santo Stefano (16)

An der Kirche vorbei und über zwei Brücken gelangt der Besucher zum Campo San Maurizio. Aus der gleichnamigen Kirche hört man in der Regel schon von Weitem Violinenklänge. Hier kann man das **Museo della Musica (15a)** besuchen, das täglich von 9.30 bis 19 Uhr bei freiem Eintritt geöffnet hat und Musikinstrumente aus dem 18. Jahrhundert zeigt, sowie fünf Jahrhunderte Violinenbaukunst in Italien vorstellt. Weiter geht es zum Campo Santo Stefano, eines an eine Theaterkulisse erinnernden Platzensembles, der auf vielen Stadtplänen

096ve Foto: bw

oft auch mit seinem alten Namen als Campo Francesco Morosini ausgewiesen wird. In der Mitte steht das **Denkmal für Niccolò Tommaseo** (1802–74), Gelehrter, Schriftsteller und Teilnehmer am Aufstand von 1848, der von den Venezianern liebevoll „cacca libri" („Bücherscheißer") genannt wird, da er an einen Bücherstapel gelehnt steht. Hier findet sich mit *Paolin* auch eine der Traditions-Eisdielen der Stadt.

Ein Abstecher in den Eingangsbereich eines ansonsten nicht zugänglichen Palazzos könnte so Manchen interessieren. Im Foyer des **Palazzo Loredan (41)**, (großes Gebäude mit gelber Fassade gleich hinter der Statue von Tommaseo in Richtung Accademia-Brücke) finden sich Büsten von Berühmtheiten, die Venedig hervorgebracht hat. Hier hat das **Istituto Veneto di Scienze, Lettere ed Arti,** seinen Sitz, eine altehrwürdige wissenschaftliche Gesellschaft.

Der Platz wird an seiner rechten Seite begrenzt durch das Langhaus der Kirche **Santo Stefano.** Eine Besonderheit dieser großen, hallenartig anmutenden Kirche ist ihr Chor, der über einen kleinen Kanal hinwegführt und unterquerbar ist. Das Mittelschiff überwölbt eine spektakuläre, kassettierte

Der Campo Santo Stefano ist einer der schönsten Plätze der Stadt. Am linken Bildrand steht ein Denkmal, das liebevoll „cacca libri" genannt wird

411ve Foto: bw

Holzdecke in Form eines umgedrehten Schiffsrumpfes, angeblich von den Schiffbauern des Arsenals im 15. Jh. ausgeführt. Die Kirche ist reich ausgestattet. Am Ende des rechten Seitenschiffes führt ein Renaissanceportal von 1525 zur Sakristei mit schönen Gemälden: rechts an der Wand drei Werke von *Tintoretto,* „Abendmahl", „Fußwaschung" und „Christus auf dem Ölberg". Die linke Wand schmückt eine Büste des hl. *Sebastian* von *Tullio Lombardo,* vor dem letzten Seitenaltar links ist eine Grabplatte für den Komponisten *Giovanni Gabrieli* (1557–1612) eingelassen.

Zum Palazzo Grassi

Schräg gegenüber der Kirchenfassade geht geradeaus die Calle delle Botteghe ab mit einigen edlen **Antiquitätengeschäften und Galerien** sowie einer typischen Cicchetti-Bar in der Trattoria Da Fiore. Die Reihe der „kunstsinnigen" Geschäfte setzt sich fort in der am Ende der Calle delle Botteghe nach links führenden Salizzada San Samuele.

Wegweiser führen hier zum mächtigen **Palazzo Grassi (17)** von *Giorgio Massari* aus dem Jahre 1718. Nach einigen Jahren der Unsicherheit hat der Pariser Luxus-König *François Pinault* den Palazzo Grassi 2006 übernommen. Pinault hält über die Gesellschaft Artis 80 Prozent der Anteile an dem Palast am Canale Grande. *Pinault* besitzt unter anderem das Luxus-Unternehmen Gucci, das Auktionshaus Christie's und die Medien-Handelskette Fnac. Zudem verfügt er über eine der größten privaten Sammlungen moderner Kunst. Der Palazzo Grassi hatte zuvor dem langjährigen Fiat-Chef *Giovanni Agnelli* gehört. Nach dessen Tod übernahm das städtische Casino den Palast für 28,9 Millionen Euro. *Pinault* gab Angaben des Casinos zufolgte 29 Millionen Euro für die Übernahme aus. Die Ausstellungsflächen im Palazzo Grassi umfassen rund 2300 Quadratmeter. Der Palazzo ist während Sonderausstellungen täglich von 10 bis 19 Uhr geöffnet (www.palazzograssi.it).

Casanovas Geburtshaus

Mehrere Gassen führen parallel zum Canal Grande zurück zum Campo Santo Stefano. In einer davon, der Calle Malipiero, wurde 1725 der weltberühmte, sprichwörtlich gewordene Frauenheld **Giacomo Casanova** geboren. Man erreicht den Campo Santo Stefano über den Campo San Vidal zwischen dem Palazzo Loredan (Istituto Veneto) links und einem der letzten Vergolder der Stadt, *Gianni Cavalier,* rechts. Rechter Hand geht es zur Accademia-Brücke. Dort, zum Canal Grande gewandt, liegt der mächtige **Palazzo Cavalli Franchetti (18)** mit seinem eigenartigen, unstimmigen Anbau aus dem späten 19. Jh. Auf der anderen Seite der Brücke beginnt das Sestiere Dorsoduro.

Im Eingangsfoyer des Palazzo Loredan am Campo Santo Stefano begegnet man berühmten Männern und Frauen aus der Geschichte Venedigs

San Giorgio Maggiore und die Giudecca

Ein wenig außen vor, d.h. „neben" den Sestieri, liegen die Inseln San Giorgio Maggiore und Giudecca. Während die kleine Klosterinsel San Giorgio zum Sestiere von San Marco gehört, zählt die lang gezogene Giudecca-Insel zum Stadtteil Dorsoduro. Da beide mit dem Schiff, und zwar mit der gleichen Linie (2) zu erreichen sind, bietet es sich an, beide Inseln zusammen zu besuchen. Während San Giorgio in erster Linie eine Insel zum Besichtigen ist, erlebt man auf der Giudecca, auf der mit dem Hotel Cipriani das berühmteste und wohl beste Hotel Venedigs liegt, ein fast neorealistisches Kontrastprogramm zum musealen Stadtzentrum. Bei zwei Palladio-Kirchen wird man aber auch hier der Kunst und der Geschichte nicht aus dem Weg gehen können. Obwohl sich hier die Jugendherberge (Ostello) der Stadt befindet, gibt es auf der Giudecca wenig Tourismus. Wer Glück hat, kann beobachten, wie sich vor San Giorgio Maggiore eines der riesigen Kreuzfahrtschiffe in den Giudecca-Kanal einfädelt.

San Giorgio Maggiore

Die Insel San Giorgio Maggiore, seit dem Jahr 982 von **Benediktinern** bewohnt, wird von *Andrea Palladios* **Kirche San Giorgio Maggiore (1)** dominiert. Ihre Fassade ist ein wesent-

097ve Foto: ml

licher Teil und der Schlusspunkt des Panoramas, das sich von der Piazzetta und der Riva degli Schiavoni aus bietet. Der jetzige Bau wurde 1566 begonnen und erst 1610, nach dem Tode Palladios, vollendet.

Bei der **Kalksteinfassade** sind gewissermaßen zwei Fassaden ineinander und übereinander geschoben: Die Mitte mit vier riesigen korinthischen Säulen auf hohen Sockeln und einem kraftvollen Giebel stellt eine antike **Tempelfront** dar. Sie steht vor einer zweiten Front, die breiter und niedriger und durch Pilaster gegliedert ist. Die Fassade trägt die **Grabdenkmäler** der Dogen *Memmo* (gest. 991) und *Sebastiano Ziani* (gest. 1178) und wird durch Nischen mit Statuen belebt. Die Fassade ist für die Fernsicht konzipiert: Aus der Nähe wirkt sie ein wenig unruhig und nicht ganz ausgewogen.

Im Inneren gibt sich die Kirche tempelhaft kühl und beinahe unfromm. Der Grundriss entspricht einer kreuzförmigen Basilika mit überkuppelter Vierung, Querarmen mit rundem Abschluss und Mönchschor hinter dem Altarraum (Presbyterium). Den Hauptraum dominiert ein **ungewöhnlicher Hochaltar.** Eine Bronzegruppe von *Girolamo Campagna* (1591–93) zeigt die vier Evangelisten, einen goldenen Erdball tragend. Darauf steht der segnende Gottvater. Herausragend sind zwei Hauptwerke *Tintorettos* an den Seitenwänden des Presbyteriums, links das „Mannawunder" mit Szenen, die wie aus dem täglichen Leben gegriffen wirken, rechts „Das letzte Abendmahl" mit einer dynamischen Bildkomposition durch einen schräg gestellten Tisch und eine fast unergründliche Lichtführung. Beide Bilder wurden für diesen Standort komponiert: Sie verherrlichen das Abendmahl, das der Priester am Altar zelebriert.

098ve Foto: bw

Zum **Kirchturm** (mit Aufzug!) führt ein Zugang links vom Chor (geöffnet täglich 9.30–12.30 und 14.30–18.30 Uhr, im Winter nur bis 16.30 Uhr, Eintrittsgebühr!). Er erlaubt den schönsten Blick über die Stadt und auf die Lagune und mit ein bisschen Glück bis zu den Dolomiten. Zudem kann man so einen Einblick gewinnen in die Klostergebäude mit ihren beiden Kreuzgängen, die, nur bei Führungen (täglich 10–16.30 Uhr, jede halbe Stunde zum Preis von 12 €) zugänglich sind. Auch sieht man das dahinter liegende moderne Amphitheater. Hier sind die Warteschlangen kürzer als vor dem Campanile am Markusplatz.

Die Insel San Giorgio Maggiore liegt mit ihrer Kirche und dem Kloster malerisch vor dem Markusplatz. Sie ist nur mit dem Schiff erreichbar (Linie 2)

Vor San Giorgio Maggiore ankern Segelboote in einem kleinen Jachthafen

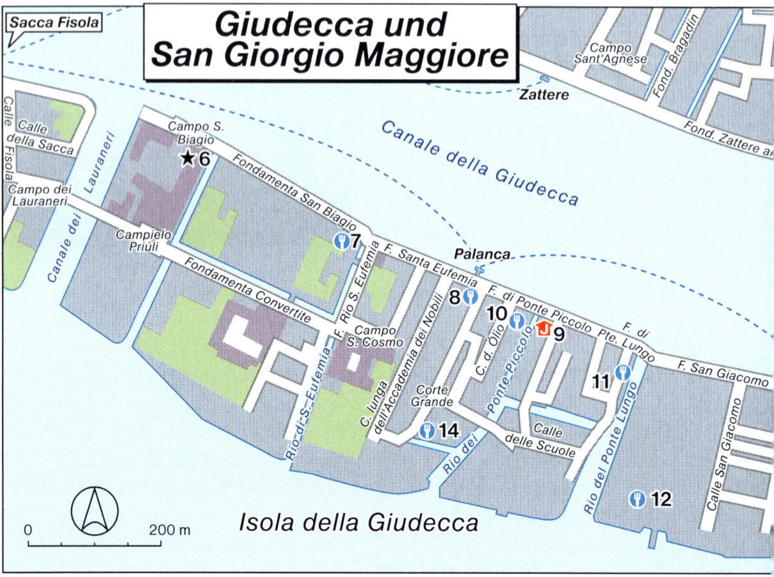

Rundgang

- 1 San Giorgio Maggiore
- 2 Hotel Cipriani
- 3 Chiesa delle Zitelle
- ★ 4 Villa dei Tre Occhi
- 5 Il Redentore
- ★ 6 Molino Stucky
- 7 Harry's Dolci

Sonstiges

- 8 Trattoria Do Mori
- 9 Istituto Canossiano
- 10 Snack Bar Palanca
- 11 L'Altanella
- 12 Ristorante Mistrà
- 13 Jugendherberge Ostello di Venezia
- 14 Food & Art

Die Giudecca

Weiter geht es mit einem Boot der Linie 2 zur Insel Giudecca, die Venedig zur südlichen Lagune abschließt. Eigentlich ist die Giudecca nicht *eine* Insel, es sind acht durch Brücken verbundene Inselchen. Der Name Giudecca leitet sich nicht, wie sich vermuten ließe, von den Juden ab, sondern von den hierher verbannten, politisch oder wegen krimineller Taten unerwünschten Adelsfamilien (venezianisch *zudegà*). Ursprünglich wurde die Insel **Spinalonga,** langer Rücken, genannt.

Zu Zeiten der Republik war die Giudecca eine **Garteninsel.** Die Aristokratie verbrachte hier ihre Sommerfrische, bevor sie sich Villen auf dem

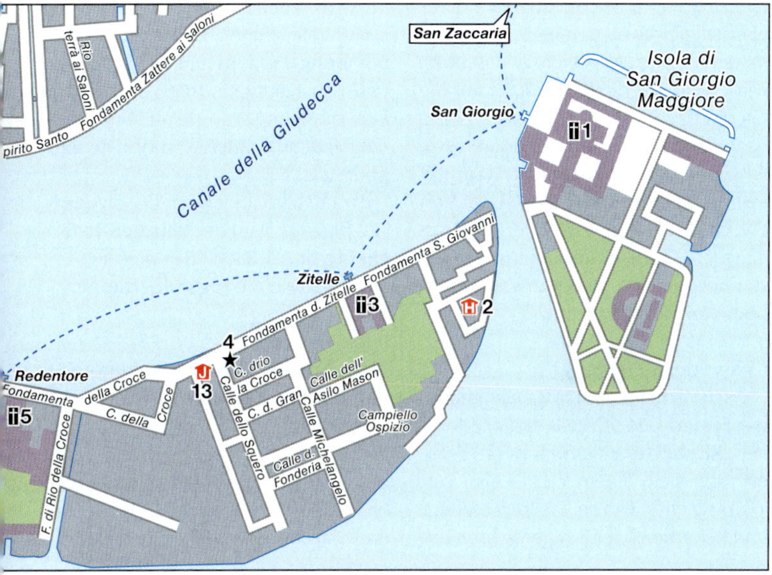

Festland baute (⇨Kap. „Ausflüge: Mit dem Burchiello zu den Brenta-Villen"). *Casanova* beschreibt in seinen Memoiren den intimen Reiz dieser Gärten. Doch sie wurden in den letzten 200 Jahren nahezu völlig verbaut. Gärten gibt es nur noch (unzugänglich) auf der Venedig abgewandten Seite, von der man aber einen schönen Blick über die Weite der Lagune hat.

Seit dem 19. Jh. haben sich auf der Giudecca viele **Gewerbe- und Industriebetriebe** angesiedelt. Es finden sich auch ein Frauengefängnis und typisch italienische, eher triste Vereinslokale voller Fußballwimpel und Pokale. Insgesamt herrscht auf der Giudecca ein befremdendes Nebeneinander von eleganten Villen und bescheidenen Wohnblöcken, von Fabriken und Kirchen. Die Insel mausert sich zur begehrten In-Wohngegend alternativ angehauchter Venezianer und internationaler Künstler. Entsprechend schnellen die Miet-Preise in die Höhe. Durch die Eröffnung des Hotels *Molino Stucky* wird die Insel zunehmend von Touristen wahrgenommen. Noch ist sie aber nicht überlaufen. Hinter der Schaufassade am Kanal kann man eine enorme Bautätigkeit beobachten. Kräne, die über die Dächer spitzen, lassen erahnen, dass dort viele große, moderne Wohnblocks entstehen.

Hotel Cipriani (2)

An der Haltestelle Zitelle, der ersten nach San Giorgio, trifft der Besucher zunächst auf die Ziegelmauern eines ehemaligen **Kornspeichers,** der heute für temporäre Ausstellungen genutzt wird. Man will die Kunst auch auf die Giudecca bringen. Ein kurzer Weg nach Osten führt zum legendären Hotel Cipriani, das einzige der Stadt mit Swimmingpool und Tennisplatz. Von der Giudecca aus ist es aber nicht zugänglich. Zum Hotel kommt man – standesgemäß – mit dem Zubringerboot von San Marco aus.

Chiesa delle Zitelle (3)

Wichtig für das Stadtpanorama ist die Fassade der Chiesa delle Zitelle, der **„Kirche der unverheirateten Frauen“,** die nach einem Palladio-Entwurf 1580 errichtet wurde. Sie ist profaniert und beherbergt seit einigen Jahren das „Centro culturale di esposizione e communicazione Zitelle“, ein modernes **Kongresszentrum** für Tagungen und Ausstellungen. Ihren Namen bekam sie damals von dem Heim für arme Mädchen *(Zitelle),* in das sie integriert war.

In der Nähe findet sich der eigenwillige Jugendstilbau der **Villa dei Tre Occhi (4),** der „Villa mit den drei Augen“, anschließend die **Jugendherberge.**

Il Redentore (5)

Die **Erlöser-Kirche** Il Redentore ist das wichtigste Bauwerk der Insel. Sie wurde aufgrund eines Regierungsgelöbnisses nach der Errettung Venedigs 1576 von der Pest als **Votivkirche** erbaut. Von 1577 bis 1592 baute *Andrea Palladio* an ihr. Seit ihrer Einwei-

611ve Foto: ml

hung gedenken die Venezianer alljährlich am dritten Sonntag im Juli der Erlösung von der Pest mit einem großen Fest und einem faszinierenden Feuerwerk. Für **La Festa del Redentore,** das Erlöserfest, wird jedes Jahr eine Behelfsbrücke über den breiten Giudecca-Kanal geschlagen, um den Pilgern den Weg zu bereiten. Wichtiger jedoch ist der Vorabend: Am Samstagabend versammeln sich Hunderte von Booten vor der Giudecca. Dort und an den Uferpromenaden finden rund um zahlreiche Imbissstände kleine Partys statt, die ab 23.30 Uhr in einem einstündigen Feuerwerk gipfeln.

Die Kirche beeindruckt durch ihre typische **Palladio-Fassade** im Stil einer Tempelfront, ein Musterbeispiel für seine starke Orientierung an der klassischen Antike. In den Nischen neben dem Mittelportal stehen die Statuen der Heiligen *Markus* und *Franz von Assisi.*

Molino Stucky (6)

Am Ende der Fondamenta, bei der Haltestelle Sant'Eufemia, liegt der riesige Backstein-Komplex des so genannten Molino Stucky. Die alte **Kornmühle** wurde 1896 von dem deutschen Architekten *Ernst Wullekopf* im Auftrag von *Giovanni Stucky* erbaut. Sie war bis 1954 in Betrieb, wurde dann jahrzehntelang ihrem Schicksal überlassen und wurde jahrelang umgebaut. Jetzt ist sie ein Komplex aus Hotel, Tagungszentrum, Büros und Wohnungen, der das größtes Hotel der Stadt beherbergt. Im April 2003 brannte der fast vollständig restaurierte Bau aus. Man vermutet Brandstiftung als Protest gegen den größten Hotelbau der Stadt.

Gleich neben dem alten Fabrikkoloss liegt ein Ableger der legendären Harry's Bar, **Harry's Dolci (7).**

Mit dem Schiff den Canal Grande entlang

Nennen Sie den Canal Grande niemals „Canal-e Grande", das ist ein Vergehen! Die Venezianer selbst sprechen vom Canal Grande als *Canalazzo,* „fetten Kanal", wobei sie das „zz" ganz stimmhaft und weich aussprechen und das „l" fallen lassen, etwa wie *canaazzo.*

Der Canal Grande ist die Hauptverkehrsader des venezianischen Verkehrsnetzes, wobei jeder Kanal ursprünglich ein Fluss oder ein Bach war. Er windet sich im ehemaligen Lauf der Brenta, während diese selbst nach Süden umgeleitet wurde. Der große Kanal formt auf seinen rund 3,8 Kilometern Länge ein umgedrehtes „S" und ist dabei zwischen 30 und 70 Metern breit und durchschnittlich fünf Meter tief. Gut 190 Palazzi und Häuser stehen an seinen Ufern, dazu kommen 15 Kirchen und etwa 40 Zuflüsse von Seitenkanälen, zahllose Plätze und

Mächtig erhebt sich die Palladio-Kirche Il Redentore auf der Insel Giudecca

Plätzchen, Gärten und Anlegestellen. Im 16. Jh. hat sich einmal jemand die Mühe gemacht, die Fenster am Canal Grande zu zählen. Der eifrige Chronist kam auf 18.619.

Um die Schönheit dieses weltweit einmaligen Wasserweges ermessen zu können, nimmt man am besten das **Vaporetto der Linie 1,** das geruhsam von einer Haltestelle zur anderen den ganzen Kanal entlang fährt. Am besten ist diese von Menschen geschaffene Landschaft von einem Platz an der Reeling aus zu sehen. Wichtig ist es, sich für eine der beiden Kanal-Seiten zu entscheiden, denn es ist – wegen der vielen Passagiere – sehr schwierig, während der Fahrt die Schiffsseite zu wechseln. Leider haben viele der neuen Linienboote keine Plätze mehr am Bug, doch hinten gibt es auf jedem Schiff der Linie 1 Sitzplätze im Freien. Um beide Ufer sehen zu können, muss man den Kanal einmal in beide Richtungen befahren. Natürlich können bei der Menge an Gebäuden hier nur einige wenige optisch oder historisch herausragende näher vorgestellt werden.

100ve Foto: ml

Die Scuola dei Morti und rechts Teile der Fassade der Kirche San Geremia

Der Palazzo Vendramin-Calergi, hier starb Richard Wagner

Eine prunkvolle Fassade reiht sich an die andere, darunter der Palazzo Da Mosto, eines der ältesten Häuser der Stadt

Vom Bahnhof abwärts: das linke (nördliche) Ufer

Auf der linken Kanalseite erblickt man zunächst die Bahnhofsbrücke, **Ponte degli Scalzi (1),** aus dem Jahr 1934, eine von nur drei Brücken über den Canal Grande. Nach einer Reihe luxuriöser Hotels kommt kurz vor der Einmündung des breiten Canale di Cannaregio ein interessanter Komplex aus Kirche und Gebäuden ins Blickfeld – zunächst die **Scuola dei Morti (2),** eine Bruderschaft, die nicht identifizierbare Verstorbene, meist Ertrunkene, zur Beerdigung begleitete. Man erkennt die Scuola an einem Wappen mit Totenkopf. Daneben steht die Kirche **San Geremia,** in der die hl. *Lucia* verehrt wird (⇨Kap. Cannaregio).

Gleich daran anschließend, aber etwas zurückversetzt steht der **Palazzo Labia (3),** ein Palast aus der ersten Hälfte des 18. Jh., der einen festlichen Ballsaal mit Fresken von *Giovanni Battista Tiepolo* birgt (⇨Kap. „Cannaregio").

Neben der Kirche **San Marcuola (4)** – der Name ist eine typisch venezianische Zusammenziehung aus den Namen der Heiligen *Ermagora* und *Fortu-*

101ve Foto: bw

102ve Foto: bw

nato – und der gleichnamigen Schiffshaltestelle erhebt sich der mächtige **Palazzo Vendramin-Calergi (5),** einer der Höhepunkte der Architektur der venezianischen Frührenaissance, entworfen von *Mauro Codussi.* Einer der berühmtesten Mieter des Palazzo war der Komponist *Richard Wagner,* der hier am 13. Februar 1883 starb. Eine Gedenktafel am Ufer erinnert daran. Im Palazzo ist in den kühleren Monaten das Kasino der Stadt beheimatet (im Sommer zieht es auf den Lido um).

An der nächsten Haltestelle (Ca' d'Oro) fällt der gotische Palast der **Ca' d'Oro (6)** auf. Das „Goldene Haus" wurde im 15. Jh. errichtet und war tatsächlich teilweise vergoldet, daher der Name. Heute ist hier ein Museum untergebracht (⇨Kap. „Museen"), das es erlaubt, den prachtvollen Bau auch von Innen zu genießen.

Mehrere Hundert Meter weiter fällt die ramponierte Fassade des **Palazzo Da Mosto (7),** neben einem Kirchturm, der hinter dem Haus hervorspitzt, im byzantinischen Stil auf. Der Palazzo aus dem 13. Jh. ist eines der ältesten Wohnhäuser der Stadt. Später wurde es unter dem Namen „Leon Bianco" ihr edelstes Hotel. Besonders schön sind die auf die Architektur abgestimmten Reliefplatten über den Bögen im *piano nobile,* dem ersten Stock. Der Name des Palazzo geht auf den Seefahrer *Alvise Da Mosto* zurück (geb. 1432).

Einen mächtigen Schlusspunkt vor der Rialto-Brücke setzt der weiß strahlende **Fondaco dei Tedeschi (8),** das Handelshaus der deutschsprachigen Kaufleute. Im 16. Jh. war die Fassade mit Fresken von *Giorgione* und *Tizian* geschmückt. Heute finden wir dort die Hauptpost. Ein Wappen an der Fassade gibt Hinweis auf die „Germanicis D". Bis ins 19. Jh. war die **Rialto-Brücke** die einzige Brücke über den Canal Grande. Bereits im 13. Jh. gab es eine Holzbrücke, deren Mittelteil für größere Schiffe geöffnet werden konnte. Nach einem langwierigen Wettbewerb, an dem die größten Architekten des 16. Jh. wie *Michelangelo, Palladio* und *Sansovino* teilnahmen, durfte *Antonio da Ponte* 1588 bis 1591 eine neue Brücke aus Stein errichten. Bereits damals gab es auf der 28 Meter langen Brücke Geschäfte, denn durch die Vermietung der Ladenlokale

Canal Grande
Guglie
Canale di Cannaregio
Rio terrà Lista di Spagna
★3
2
4
San Marcuola
★5
V. Emanuele
Canal Grande
Riva di Biasio
★41
★40
San Stae
Rio di Noale
Bahnhof Santa Lucia
Ferrovia Bar Ronda
C. larga de Bari
1★
Ferrovia degli Scalzi
Salizz. San Stae
39
★38
★37
Rio di San Stae
Rio della Pergola
Rio delle Due Torri
Rio di San Cassiano
F. Santa Lucia
S. Simeon Piccolo
Bahnhof Ferrovia
F.
P. Roma
Rio dei Tolentini
Calle dei Bo
Cam Sa Silves
Rio della Madonnetta
Rio di San Polo
33★
San Silvestro
12★
Campo S. Tomà
Corte Centanni
31
★
★
32
Sant'Angelo
★13
Campo Beneto
Rio di Ca' Foscari
★
30
San Tomà
★29
★28
★27
★14
★15
Sal. S. Samuele
San Samuele
C. del Traghetto
Ca' Rezzonico
C. dei Cerchieri
★16
C. Fruttaro
Campo S. Stefano
Campo S. Maurizio
Campo del Traghetto
Accademia
Ponte d. Accademia
★17
★18
Canal Grande
S. Maria del Giglio
★26
★25
★24
Palazzo Genovese
★23
★2
Rio terra Antonio Foscarini
F. Bragadin

★ 1 Ponte degli Scalzi
ⅱ 2 Scuola dei Morti und San Geremia
★ 3 Palazzo Labia
ⅱ 4 San Marcuola
★ 5 Palazzo Vendramin-Calergi
★ 6 Ca' d'Oro
★ 7 Palazzo Da Mosto
★ 8 Fondaco dei Tedeschi
★ 9 Palazzo Dolfin Manin
★ 10 Palazzo Bembo
★ 11 Ca' Loredan-Corner und Ca' Farsetti
★ 12 Palazzo Grimani
★ 13 Corner Spinelli
★ 14 Palazzo Contarini delle Figure
★ 15 Palazzo Grassi
★ 16 Ca' del Duca
★ 17 Palazzo Franchetti
★ 18 Palazzo Corner della Ca' Granda
★ 19 Palazzo Contarini Fasan, auch Casa della Desdemona
★ 20 Dogana da Mar
ⅱ 21 Santa Maria della Salute
★ 22 Casa Salviati
★ 23 Palazzo Dario
★ 24 Palazzo Venier dei Leoni, Peggy-Guggenheim-Stiftung
★ 25 Palazzo Barbarigo
★ 26 Gallerie dell'Accademia
★ 27 Ca' Rezzonico
★ 28 Palazzo Giustinian
★ 29 Ca' Foscari
★ 30 Palazzo Balbi
★ 31 Palazzo Pisani-Moretta
★ 32 Palazzo Barbarigo della Terrazza
★ 33 Palazzo Coccina Tiepolo Papadopoli
★ 34 Palazzo dei Camerlenghi
★ 35 Fabbriche vecchie und Fabbriche nuove
★ 36 Loggia des Fischmarktes
★ 37 Palazzo Corner della Regina
★ 38 Palazzo Ca' Pesaro
ⅱ 39 San Stae
★ 40 Fondaco del Megio
★ 41 Fondaco dei Turchi

103ve Foto: bw

104ve Foto: bw

sollten die Kosten des Baus erwirtschaftet werden.

Nach der letzten Rialto-Haltestelle folgen einige prachtvolle Palazzi, zunächst der **Palazzo Dolfin Manin (9).** Er war das erste Werk Sansovinos in Venedig. Der Palazzo hat eine ungewöhnliche Loggia im Erdgeschoss, durch die man hinter Eisengittern am Canal Grande entlanggehen kann. Ende des 18. Jh. residierte hier der letzte Doge *Ludovico Manin.*

Gleich daneben erscheint der rote **Palazzo Bembo (10),** ein schönes Beispiel gotischer Baukunst aus dem 16. Jh. Darauf folgen nach einigen kleineren Häusern die Palazzi **Ca' Loredan-Corner** und **Ca' Farsetti (11).** Die beiden im 13. Jh. gebauten und im 16. Jh. völlig umgestalteten Paläste sind Beispiele veneto-byzantinischen Stils und beherbergen heute das Rathaus. Die Familie *Corner,* Besitzer des einen Palazzo ab dem 14. Jh., war im Mittelalter die reichste Familie der Stadt.

Der **Palazzo Grimani (12)** mit gigantischen Ausmaßen stammt aus der Hochrenaissance. Das Bauwerk aus weißem Marmor überragt die umstehenden Gebäude. Ursprünglicher Auftraggeber war *Girolamo Grimani,* Prokurator von San Marco. Heute ist hier das Berufungsgericht untergebracht.

Der Palazzo **Corner Spinelli (13),** links von der Anlegestelle Sant'Angelo, wurde vom Architekten *Mauro Codussi* geschaffen. Er ist einer der originalsten Renaissance-Bauten am großen Kanal. Ungewöhnlich sind die seitlichen Balkone im ersten Stock. Die Familie *Spinelli* war durch den Seidenhandel reich geworden. Heute hat hier die Firma *Rubelli,* die kostbare Stoffe fertigt, ihren Sitz.

Dort, wo der Kanal die große Kurve beginnt, rankt sich eine gruselige Legende um den **Palazzo Contarini delle Figure (14).** Der Auftraggeber *Jacopo Contarini* soll mit seinem und dem Geld seiner Frau so verschwenderisch umgegangen sein, dass heute noch die Seelen seiner Pfandleiher im Haus spuken. Den Namen hat der Palazzo von zwei Halbreliefs über dem Portal, die den Balkon tragen, aber nur schwer zu erkennen sind.

An der Haltestelle San Samuele fällt die mächtige weiße Fassade des **Palazzo Grassi (15)** auf, des letzten großen venezianischen Palastbaus. Er wurde im 18. Jh. für die aus Bologna stammende Familie *Grassi* gebaut, die sich 1718 in den venezianischen Adel eingekauft hatte. Dort wurden in der Vergangenheit immer wieder spektakuläre Ausstellungen organisiert.

Eine ungewöhnliche Fassade hat die **Ca' del Duca (16).** Die Famile *Cornaro* hatte den Palazzo im 15. Jh. in Auftrag gegeben. Er sollte der größte Venedigs werden, wurde aber nicht fertig gestellt. Seine geplanten Dimensionen lassen sich heute noch am Sockel erkennen, dessen so genannte Diamantquader damals eine Neuheit in Venedig darstellten.

Hinter der Accademia-Brücke beeindruckt der **Palazzo Franchetti (17),**

105ve Foto: bw

ein gotischer Bau aus der zweiten Hälfte des 16. Jh. Im 19. Jh. kaufte den Palast der Erzherzog *Friedrich* von Österreich, der dort im Alter von 27 Jahren starb. Der Garten wird von grimmig dreinblickenden Steinlöwen bewacht.

Die Rialto-Brücke, eines der Wahrzeichen der Stadt, stammt aus dem 16. Jahrhundert

Die Ca' del Duca sollte ursprünglich der größte Palazzo der Stadt werden. Nur die Diamantquader lassen die geplanten Dimensionen erkennen

Die Casa della Desdemona ist einer der schmalsten Palazzi Venedigs

Neben einem Garten steht der **Palazzo Corner della Ca' Granda (18).** Auch er wurde im Auftrag der reichen Familie *Corner* gebaut. Architekt war ab 1537 *Sansovino.* Das Gebäude, das heute Sitz der Präfektur ist, wurde berühmt für seine exquisite Innenausstattung.

Eine Reihe von **Edelhotels** säumt den Canal Grande, bevor dieser sich hinter den Giardini Ex-Reali, der ehemaligen Münzprägestätte, dem Bibliotheksgebäude Sansovinos, der Piazzetta mit den beiden Granitsäulen und dem Dogenpalast (⇨Kap. „San Marco") weitet und in den Bacino di San Marco ergießt. Dazwischen fällt ein Palazzo durch seine Winzigkeit auf, der **Palazzo Contarini Fasan (19),** auch **Casa della Desdemona** genannt. Der spätgotische Palast ist nicht breiter als ein Raum, doch dafür ist seine Fassade reich geschmückt. Das Maßwerk der Balkone ist einzigartig in Venedig. Seinen Beinamen „Haus der Desdemona" bekam der Palast wegen der Legende von einer Patrizierin, die von ihrem Mann, einem Mitglied der Familie *Moro,* ermordet worden sein soll. *Shakespeare* soll von ihr zu seinem „Othello" inspiriert worden sein.

106ve Foto: ml

Die Dogana da Mar bildet den Beginn des Canal Grande. Im Hintergrund ist Il Redentore zu sehen

Auf dem Palazzo Dario, Venedigs erstem Renaissance-Bau, scheint ein Fluch zu liegen

Im Palazzo Giustinian lebte Richard Wagner. Hier komponierte er einen Akt von „Tristan und Isolde"

Von San Marco aufwärts: das linke (südliche) Ufer

Auf der linken Seite des Kanals, in Richtung Bahnhof fahrend, kommt zunächst der zur Landspitze zulaufende Komplex der **Dogana da Mar (20),** der Zollstation aus dem Jahr 1677, ins Blickfeld. Er ist erkennbar an seinem Turm und der bekrönenden Figurengruppe von zwei Atlanten, die eine vergoldete Weltkugel tragen. Darauf steht Fortuna als Wetterfahne.

Es folgt die imposante Kirche **Santa Maria della Salute (21),** Höhepunkt des venezianischen Barock. Sie wurde nach der Pest von 1630 aufgrund eines Gelübdes nach Plänen von *Baldassare Longhena* errichtet (⇨Kap. „Dorsoduro").

Der erste auffallende Palast an diesem Ufer ist die **Casa Salviati (22),** mit Mosaiken aus dem Jahr 1924 verziert. Drei Häuser daneben steht der windschiefe **Palazzo Dario (23),** im 15. Jh. einer der ersten Renaissancebauten der Stadt. Die asymmetrische Fassade ist wie die Ca' d'Oro reich mit Marmor und Porphyr geschmückt. Bauherr war der aus der veneziani-

107ve Foto: bw

108ve Foto: bw

schen Kolonie Kreta stammende Kaufmann *Giovanni Dario,* der wichtige Beziehungen zwischen Venedig und dem Morgenland aufbaute und pflegte. Auf dem Haus scheint ein Fluch zu liegen: Überdurchschnittlich viele Besitzer des Hauses starben eines unnatürlichen Todes. So steht der Palazzo leer, niemand möchte ihn mehr haben.

Im unvollendeten **Palazzo Venier dei Leoni (24)** ist heute die Peggy-Guggenheim-Stiftung, eine der größten Privatsammlungen moderner Kunst, untergebracht (⇨Kapitel „Museen"). Mit Mosaiken ist der an der Ecke zum Campo San Vio stehende **Palazzo Barbarigo (25)** aus dem 17. Jh. geschmückt.

Hinter der Accademia-Brücke liegen die **Gallerie dell'Accademia (26,** ⇨Kap. „Dorsoduro") und eine Reihe von Palästen mit interessanten Fassaden, neben der Haltestelle Ca' Rezzonico der Palazzo Bon Rezzonico, genannt **Ca' Rezzonico (27).** Die Bauarbeiten wurden 1667 nach Plänen von *Baldassare Longhena* begonnen, 1682 wegen Geldmangels eingestellt und erst 1756 vollendet. Die imposante Fassade erinnert an Bauten des Architekten *Sansovino,* etwa an das Bibliotheksgebäude gegenüber dem Dogenpalast. Als *Carlo Rezzonico* 1758 Papst *Clemens XIII.* wurde, avancierte der Palazzo zum kulturellen Mittelpunkt. Seit 1936 beherbergt er das Museum des 18. Jh. (⇨Kapitel „Museen").

109ve Foto: bw

Bevor der Kanal eine Kurve macht (die so genannte „Volta del Canal"), fallen der Palazzo Giustinian und der Palazzo Foscari auf. Im spätgotischen **Palazzo Giustinian (28)** lebte der Komponist *Richard Wagner* 1858/59 sieben Monate lang und komponierte dort den zweiten Akt der Oper „Tristan und Isolde". **Ca' Foscari (29)** am Rio di Ca' Foscari ist Venedigs größter Palazzo. Der Doge *Francesco Foscari* setzte im 15. Jh. seinen ganzen Ehrgeiz darein, einen riesigen Palazzo zu bauen. Besonders fallen die Reliefs mit geflügelten Putten über den Fenstern im zweiten Stock auf. Der Palazzo ist heute Sitz der Universität. Hier ist an jedem ersten Sonntag im September die Ziellinie der berühmten „Regatta Storica" (⇨„Reisetipps A–Z: Feiertage und Feste").

Gleich auf der anderen Seite des Seitenkanals liegt der gleißend weiße **Palazzo Balbi (30)** aus dem 16. Jh. Der Palazzo fällt in erster Linie durch seine *guglie* auf, zwei Obelisken auf dem Dach, die zeigen, dass in diesem Haus ein Kapitän der venezianischen Republik wohnte.

Palazzi Pisani-Moretta und Barbarigo della Terrazza, der seinen Namen wegen der 300 Quadratmeter großen Terrasse hat

Palazzi vor der Rialtobrücke. Hier sind heute vornehmlich Hotels, Restaurants und Läden untergebracht

110ve Foto: bw

Kurz vor der Mündung des nächsten Kanals erkennt man die orange-rote Fassade des **Palazzo Pisani-Moretta (31).** Er ist der einzige Palazzo, der seit seiner Errichtung im 15. Jh. niemals umgebaut wurde. Seine Fassade zeichnet sich durch eine schöne Maßwerkfront vor den Festsälen aus. Die Innenausstattung ist noch komplett erhalten. Der Palazzo wird von den heutigen Besitzern, Nachfahren der Familie *Pisani,* für rauschende Bälle und Veranstaltungen vermietet. Zu solchen Gelegenheiten fahren die Gäste heute noch mit Booten und Gondeln vor.

Daneben fällt die große Terrasse des **Palazzo Barbarigo della Terrazza (32)** auf. Der Palazzo aus dem 16. Jh. ist wegen seiner gut 300 Quadratmeter großen Terrasse einmalig in Venedig. Ursprünglich war sie als „hängender Garten" gestaltet. Terrassen dieser Größe waren in Venedig unüblich. In der Regel dienten hölzerne Dachaufbauten, die so genannten *altane,* als Terrasse. Die eigentliche Fassade des Palazzo musste wegen der Terrasse zum Rio di San Polo ausgerichtet werden. Eine hier untergebrachte Gemäldesammlung mit Werken *Tizians* wurde 1850 an den Zaren *Nikolaus II.* verkauft. Seit 1972 hat hier das „Deutsche Studienzentrum in Venedig" seinen Sitz, das wissenschaftliche Forschungen zu Venedig und Norditalien fördert.

Ein weiterer Palazzo, der sich durch Obelisken auf dem Dach auszeichnet,

111ve Foto: bw

ist der **Palazzo Coccina Tiepolo Papadopoli (33),** in Auftrag gegeben von der aus Bergamo stammenden Tuchhändlerfamilie *Coccina*. Die mit istrischem Marmor verkleidete Fassade steht in der Tradition venezianischer Palastfassaden.

Gleich hinter der Rialto-Brücke fällt der massige **Palazzo dei Camerlenghi (34)** auf, einst Sitz der obersten Finanzbehörde der Stadt und der Republik. Der Palazzo diente mit seiner Masse aber auch als Gegengewicht zur Rialto-Brücke. In den daran anschließenden lang gezogenen Gebäuden der **Fabbriche vecchie** und **Fabbriche nuove (35)** waren verschiedene städtische Ämter untergebracht. Heute ist hier am Markt das venezianische Schwurgericht beheimatet. Den Schlusspunkt des Rialto-Marktes bildet die **Loggia (36)** des Fischmarktes, ein neogotisches Gebäude aus dem Jahre 1907.

Das nächste imposante Gebäude ist der massiv wirkende **Palazzo Corner della Regina (37).** In seinem Vorgängerbau kam 1454 *Catarina Corner* zur Welt, die spätere Königin von Zypern. Ihr Grab befindet sich in der Kirche San Salvatore (San Salvador). Die Palastfassade von 1724 zeigt den Übergang vom Barock zum frühen Klassizismus. Die Biennale von Venedig hat in diesem Gebäude ihr Archiv.

Nur wenige Meter daneben beeindruckt der Barockpalast **Palazzo Ca' Pesaro (38),** auch er ein Werk *Baldas-*

112ve Foto: bw

sare Longhenas (1676 begonnen). Der Architekt ließ drei Paläste abreißen, um den Auftrag des Dogen *Giovanni Pesaro* ausführen zu können. Doch weder der Architekt noch der Auftraggeber erlebten die Fertigstellung des Palastes: Er wurde erst 1710 vollendet. Interessant sind die Bauskulpturen, die die Wandflächen eng bedecken. Im Palazzo sind Museen untergebracht (⇨Kapitel „Museen").

An der gleichnamigen Schiffshaltestelle fällt die Fassade der Kirche **San Stae (39)** auf (⇨Kapitel „San Polo und Santa Croce"). Gegenüber der Haltestelle San Marcuola wecken zwei extrem gegensätzliche Gebäude das Interesse, zunächst der **Fondaco del Megio (40),** der Korn- und Mehlspeicher der Republik für Notzeiten, ein Backsteingebäude, das als einzigen Schmuck einen Markuslöwen trägt. Daneben erhebt sich mit einer Marmorfassade und Ecktürmchen der **Fondaco dei Turchi (41),** die ehemalige türkische Handelsniederlassung. Der ursprüngliche Bau aus dem 13. Jh. war im 19. Jh. wiederaufgebaut worden. Heute beheimatet er ein Naturkundemuseum (⇨Kap. „Museen"). Die übrigen Bauten bis zur Bahnhofsbrücke sind nicht erwähnenswert.

Palazzo Corner della Regina und Palazzo Ca' Pesaro

Im Fondaco dei Turchi, der ehemaligen türkischen Handelsniederlassung, ist heute ein Naturkundemuseum untergebracht

113ve Foto: bw

Museen

114ve Foto: ml

115ve Foto: ml

In den Räumen der Ca' d'Oro ist eines der bedeutendsten Museen Venedigs untergebraccht, die Galleria Franchetti

Ganz Venedig ist ein Freilichtmuseum: An jeder Fassade ist Sehenswertes zu entdecken

Überblick

Venedig ist ein gigantisches **Freilichtmuseum,** doch die Stadt beherbergt in ihren Mauern zudem noch gut **40 Museen** unterschiedlichster Interessensgebiete bzw. Sehenswürdigkeiten mit Museumscharakter. Sie werden in den Stadtteilbeschreibungen kurz erwähnt und in diesem Kapitel ausführlich beschrieben. Kirchen, die in Venedig teilweise durchaus mit Museen vergleichbar sind, sowie der Dogenpalast und die Gallerie dell'Accademia als wichtigste Sehenswürdigkeiten der Stadt werden in den Stadtteilkapiteln ausführlich vorgestellt.

Alle Museen Venedigs detailliert zu beschreiben sprengt den Rahmen eines handlichen Stadt-Reiseführers. So soll hier eine **Auswahl von 25** wichtigen Museen bzw. musealen Sehenswürdigkeiten in alphabetischer Reihenfolge vorgestellt werden.

Öffnungszeiten

Mit den Öffnungszeiten ist es in Italien im Allgemeinen und in Venedig im Speziellen so eine Sache: Sie **ändern sich ständig,** unterliegen keiner Systematik und können daher trotz sorgfältigster Recherchen nicht mit absoluter Genauigkeit wiedergegeben werden. Wer kein Risiko eingehen möchte, kann im **Internet** nachsehen (bei www.turismovenezia.it, „da visitare", „centro storico" und „Musei" anklicken) oder beim **Fremdenverkehrsamt** nachfragen (Tel. 041/5298711). Dies ist die zentrale Informationsstelle, hier wird auch Deutsch gesprochen. Die Telefonnummern der einzelnen Museen sind daher im Folgenden nicht angegeben. Die Namen der Museen sind in Italienisch, aber mit dem deutschen Äquivalent verzeichnet, um dem Leser so eine bessere Orientierung auf Stadtplänen und vor Ort zu erlauben. Dennoch kann nicht ausgeschlossen werden, dass die Museen in verschiedenen Publikationen leicht abweichende Namensnennungen haben. Die Eintrittskassen schließen in der Regel eine Stunde vor Museumsschluss.

Eintrittspreise

Nahezu alles, was in Venedig zu besichtigen ist, kostet Eintritt und das nicht knapp. Einige Museen lassen sich jedoch kostengünstig mit Kombitickets besuchen.

Technisch sehr fortschrittlich sind die Musei Civici Veneziani, die für den Dogenpalast, die Marciana-Bibliothek, das Archäologische Museum, das Correr-Museum, den Uhrenturm, das Stoffmuseum im Palazzo Mocenigo, die Ca' Rezzonico, das Goldoni-Museum, Ca' Pesaro und das Museo Fortuny sowie die Museen auf Burano und Murano eine maschinenlesbare Kombikarte, den **Museums-Pass,** anbieten (sechs Monate gültig). Doch hat auch diese Medaille zwei Seiten: Für die genannten Museen sind die Einzeleintrittskarten sehr teuer.

Die **Museums-Card** gewährt zu einem günstigeren Preis als der Museums-Pass entweder Kombi-Eintritt in die Museen am Markusplatz oder die Museen des 18. Jh. (Ca' Rezzonico, Palazzo Mocenigo, Casa di Goldoni).

116ve Foto: bw

Eine weitere Kombikarte erlaubt den Besuch der **„Museen am Markusplatz“.** Sie ist drei Monate gültig und berechtigt zum Eintritt in die vier Museen am Markusplatz, d.h. den Dogenpalast, das Correr-Museum, das Nationalmuseum für Archäologie und die Nationalbibliothek Marciana. Dazu gibt es eine Langschläfer-Variante, den Pass **„Museen am Markusplatz – Nachmittag“.** Er ist nur am Nachmittag des Ausgabetages gültig und berechtigt zum Nachmittagseintritt in die vier Museen der Eintrittskarte „Museen am Markusplatz“. Nachmittagseintritt ist zu folgenden Uhrzeiten er-

Hinter der Fassade der Gallerie dell' Accademia verbirgt sich eine der bedeutendsten Kunstsammlungen der Welt

117ve Foto: bw

laubt: vom 2. November bis 31. März 13 bis 16 Uhr und 1. März bis 1. November 15 bis 18 Uhr.

Insider-Tipp: Während der Hochsaison vom 1. April bis 1. November werden die Eintrittskarten der Museen am Markusplatz zur **„Plus-Eintrittskarte"** und berechtigen zum Besuch eines weiteren städtischen Museums eigener Wahl aus der Liste Ca' Rezzonico, Geburtshaus *Carlo Goldonis,* Museum Palazzo Mocenigo, Ca' Pesaro, Glasmuseum auf Murano oder das Museum der Spitzenklöppelei auf Burano.

Im Innenhof der Ca' d'Oro finden sich ein wunderbarer Brunnenkopf und der Original-Fußboden

Mit der **Venicecard (orange),** hält man sozusagen den Schlüssel zu zahlreichen Museen, den öffentlichen Verkehrsmitteln und den Toiletten der Stadt in der Hand (⇨„Reisetipps A–Z: „Venicecard").

Ermäßigungen werden unterschiedlich gehandhabt, teilweise gibt es keine Reduktionen. In der Regel stehen Jugendlichen unter 18 Jahren und Senioren aus EU-Ländern (meist ab 60, manchmal ab 65) die Türen zu Museen **kostenlos** offen. Manche Museen gewähren Senioren jedoch nur ermäßigten Eintritt. Studenten bekommen bis zu unterschiedlich definierten Altersgrenzen Ermäßigungen.

Eintrittspreise sind hier nicht verzeichnet, da sie häufig geändert werden.

Die Museen in alphabetischer Reihenfolge

Biblioteca Nazionale Marciana (Marciana-Bibliothek)

Direkt gegenüber dem Dogenpalast beeindruckt der ungewöhnliche Bau der so genannten *Libreria,* der Bibliothek Marciana. Das Gebäude schuf *Jacopo Sansovino* im 16. Jh. in einem für Venedig unbekannten Stil. *Andrea Palladio,* der Architekt des späten 16. Jh., bezeichnete die Libreria als das „vielleicht am reichsten dekorierte Bauwerk seit der Antike".

Hier findet sich **eine der bedeutendsten Bibliotheken Italiens** mit 13.000 Handschriften und nahezu einer Million Büchern, darunter 3000 Inkunabeln. Zu besichtigen sind die Prunksäle im ersten Stock, die *Sale Monumentali,* in denen einige Schätze der Bibliothek bei abgedunkeltem Licht zu bewundern sind. Aber auch die Räume mit Bildern von *Veronese, Tizian, Tintoretto* und anderen, der reiche Stuck, die Skulpturen und die mit Medaillons verzierten Decken sowie das zweiläufige, stuckverzierte und mit Fresken ausgeschmückte Treppenhaus beeindrucken. Die Bibliothek des venezianischen Staates ging aus zwei Stiftungen hervor, eine davon war die des Dichters *Francesco Petrarca,* der seine Bibliothek im 14. Jh. der Republik vermachte. Später wurden Exemplare aller in Venedig veröffentlichter Werke hier aufbewahrt. Die Bibliothek ist im Anschluss an einen Rundgang durch das Correr-Museum erreichbar.

- **Biblioteca Nazionale Marciana/Sale Monumentali,** San Marco 7, Piazzetta San Marco, Haltestelle San Zaccharia. Geöffnet April bis Oktober 9–19 Uhr, November bis März 9–17 Uhr, Kasse schließt eine Stunde früher. 25. Dezember und 1. Januar geschlossen. Gehört zu den Musei Civici Veneziani mit Kombi-Ticket.

Casa Goldoni – Palazzo Centani (Goldoni-Museum)

Im gotischen Palazzo Centani wurde 1707 der venezianische **Komödienautor** *Carlo Goldoni* geboren. Er hat in seinen über 150 witzigen Lustspielen viel venezianisches Lokalkolorit eingefangen. In dem renovierten Palazzo erinnern Dokumente an sein Leben und Schaffen. Die angeschlossene Theaterbibliothek sammelt Literatur zu Goldoni, seiner Zeit und dem venezianischen Theater sowie Erstausgaben seiner Werke.

Sehenswert sind auch der Treppenaufgang und der Brunnenkopf im Innenhof.

- **Casa Goldoni – Palazzo Centani,** San Polo 2794, Calle dei Nomboli, Haltestelle San Tomà. Geöffnet täglich April bos Oktober 10-17 Uhr, November bis März 10-16 Uhr, mittwochs geschlossen. Gehört zu den Musei Civici Veneziani mit Kombi-Ticket.

Collezione Peggy Guggenheim (Guggenheim-Museum)

Im unvollendeten **Palazzo Venier dei Leoni** am Canal Grande wohnte bis zu ihrem Tode 1979 die illustre amerikanische Millionärin und Galeristin *Peggy Guggenheim.* Sie liegt samt „her beloved babies", ihren Hunden, im Garten begraben. Die Sammlung wird zu den bedeutendsten privaten Sammlungen **moderner Kunst** weltweit gezählt. Sie umfasst Werke von *Max Ernst* (mit dem die exzentrische Peggy Guggenheim verheiratet war), *Pablo Picasso, Paul Klee, Wassily Kandinsky, Henry Moore* u.a. Alle avantgardistischen Strömungen der ersten Hälfte des 20. Jh. sind vertreten.

Auf der Terrasse zum Canal Grande steht der berühmte bronzene Reiter von *Marino Marini.* Für die Figur, so die Legende, gibt es Penisse in verschiedenen Größen, die von Peggy je nach Besuch ausgetauscht wurden.

● **Collezione Peggy Guggenheim,** Dorsoduro 701, Calle Ponte San Crisostomo, Haltestellen Accademia oder Salute. Geöffnet täglich außer dienstags 10–18 Uhr.

Galleria Franchetti – Ca' d'Oro

Baron *Giorgio Franchetti,* ein Turiner Musiker und Sammler, schenkte der Stadt 1916 die Ca' d'Oro am Canal Grande mit den darin enthaltenen Sammlungen. Er hatte Werke unterschiedlicher Provenienz zusammengetragen, die von Kunsthandwerk verschiedener Epochen über Gemälde und Tapisserien bis hin zu Skulpturen, Fayencen und Möbeln reichen. Darunter sind einzelne Meisterwerke: Erwähnenswert sind die **Überreste von Fresken** der Fassade des Fondaco dei Tedeschi von *Giorgione* und *Tizian,* weiterhin Tizians „Venus im Spiegel" oder *Andrea Mantegnas* „Sebastian".

Die Sammlung ist eingebettet in die **Palastarchitektur** und gibt einen gewissen Eindruck, wie venezianische Paläste ursprünglich ausgestattet waren. Der Innenhof ist noch mit dem originalen Fußboden und einem wundervollen Brunnenkopf von *Bartolomäus Bon* ausgestattet.

● **Galleria Franchetti – Ca' d'Oro,** Cannaregio 3932, Ca' d'Oro, Haltestelle Ca' d'Oro. Geöffnet Montag 8.15–14 Uhr, Dienstag bis Sonntag 8.15–19 Uhr, am 1. Mai geschlossen. Kombiticket mit Accademia-Museum und Museum Orientalischer Kunst.

Gallerie dell'Accademia (Accademia-Museum)

⇨Kapitel „Dorsoduro"

● **Gallerie dell'Accademia (Accademia-Museum),** Dorsoduro 1050, Accademia-Brücke, Haltestelle Accademia. Geöffnet Montag 8.15–14 Uhr, Dienstag bis Sonntag 8.15–19 Uhr, am 1. Januar, 1. Mai und 25. Dezember geschlossen. Kombiticket mit Ca' d'Oro und Museum Orientalischer Kunst.

Galleria internazionale d'Arte Moderna – Ca' Pesaro (Museum für moderne Kunst)

In den wunderschönen Räumen der Ca' Pesaro, eines der größten Palazzi der Stadt, richtete dessen letzte Besitzerin, die Duchessa *Felicita Bevilacqua La Masa,* im 19. Jh. ein Museum für moderne Kunst ein. Hier konnten in den 1920er Jahren von der Biennale zurückgewiesene Künstler ihre Werke zeigen. Das Museum besitzt Werke venezianischer Künstler des 19. Jh. und ausgewählte Werke internationaler Maler des 20. Jh., *Gustav Klimt, Marc Chagall, Max Liebermann* und *Auguste Rodin.*

● **Museo d'Arte Moderna – Ca' Pesaro,** Santa Croce 2070, Fondamenta Mocenigo, direkt an der Haltestelle San Stae. Geöffnet Dienstag bis Sonntag 10–18 Uhr, November bis März 10–17 Uhr, montags sowie am 1. Januar, 1. Mai und 25. Dezember geschlossen.

Museo Archeologico Nazionale (Archäologisches Museum)

Das Archäologische Museum ist heute ein „Anhängsel" des Museo Correr, weshalb seine Sammlungen häufig unterschätzt werden. Doch es gibt in keinem anderen Museum Italiens so viele **griechische Plastiken** wie hier, so etwa berühmte Originale aus klassischer Zeit (z.B. weibliche Gottheiten).

Die Sammlungen des Museums umfassen auch Sarkophage, Gemmen und Münzen sowie Denkmäler aus Kleinasien und Ägypten.

Das Museum erlaubt es, Entwicklungen der antiken Kunst an vielen Beispielen zu studieren.

- **Museo Archeologico Nazionale,** San Marco 17, Piazza San Marco, Haltestelle San Zaccharia. Geöffnet April bis Oktober 9–19 Uhr, November bis März 9–17 Uhr, Kasse schließt anderthalb Stunden früher. 25. Dezember und 1. Januar geschlossen. Gehört zu den Musei Civici Veneziani mit Kombi-Ticket.

Museo d'Arte Orientale (Museum orientalischer Kunst)

Das Museum befindet sich über dem Museum für moderne Kunst in der Ca' Pesaro und strömt eine gewisse Antiquiertheit aus. Die Sammlung **fernöstlicher Kunstgegenstände** wurde im 19. Jh. von dem französischen Ethnologen *Conte Henri Bourbon-Parme* zusammengestellt. Sie ist eine der größten Europas, wird aber leider etwas lieblos präsentiert. Die Sammlung umfasst japanische Malerei, Porzellan, Rüstungen, Waffen, Lackarbeiten, chinesische Keramik und indische Skulpturen, insgesamt gut 30.000 Exponate.

- **Museo d'Arte Orientale,** Santa Croce 2070, Fondamenta Mocenigo, Haltestelle San Stae. Geöffnet Di bis So 10–18 Uhr, Nov. bis März 10-17 Uhr, montags sowie am 1. Jan., 1. Mai und 25. Dez. geschlossen. Kombiticket mit Accademia-Museum und Ca' d'Oro.

Museo Correr (Correr-Museum)

Das Correr-Museum umfasst drei Sammlungen: das Museum venezianischer Kultur, eine Gemäldegalerie sowie das Museo del Risorgimento. Seit einiger Zeit sind auch die Biblioteca Marciana und das Archäologische Museum über das Correr-Museum zu erreichen. Man betritt das Museum über eine Prachttreppe in der so genannten Ala Napoleonica gegenüber der Markuskirche. Beim Streifzug durch die **Kulturgeschichte Venedigs** finden sich zunächst Frühwerke des Bildhauers *Canova,* umfangreiches Material zu den Dogen und deren Wahl, Gemälde von Staatsereignissen, Amtstrachten, Münzen, Waffen, Musikinstrumente, Material zur venezianischen Flotte sowie Reste des letzten *Bucintoro,* des goldenen Staatsschiffes. Hochinteressant sind neben Stadtplänen verschiedener Jahrhunderte der Druckstock und ein Abzug der bekannten Stadtansicht von *Jacopo de Barbari* aus dem Jahre 1500 mit der ersten perspektivischen Darstellung.

Im zweiten Stock befindet sich die **Gemäldegalerie** mit Bildern aus der frühen Zeit der venezianischen Malerei (*Paolo* und *Lorenzo Veneziano*). Es werden auch die berühmten „Kurtisanen" von *Vittore Carpaccio* ausgestellt.

Neben dem Museum gibt es auch noch eine historische und kunsthistorische Bibliothek und ein Diaarchiv. Angegliedert ist das **Museo del Risorgimento e dell'Ottocento.** Es dokumentiert die Geschichte Venedigs für die Zeit von 1797 (Ende der Republik) bis 1866 (Angliederung an das Königreich Italien) durch Dokumente, Gemälde, Denkmäler und Zeichnungen. Im Correr-Museum finden auch Sonderausstellungen statt.

• **Museo Correr,** San Marco 52, Eingang Piazza San Marco, Ala Napoleonica, Haltestelle Vallaresso. Geöffnet April bis Oktober 9–19 Uhr, November bis März 9–17 Uhr, Kasse schließt eine Stunde früher; 25. Dezember und 1. Januar geschlossen. Gehört zu den Musei Civici Veneziani mit Kombi-Ticket.

Museo Diocesano di Arte Sacra (Diözesanmuseum)

Man betritt das Museum durch den intimen, kleinen Kreuzgang von Sant' Apollonia, den einzigen in Venedig aus romanischer Zeit. Allein schon der romantische Kreuzgang ist einen Besuch wert. Im Diözesanmuseum wird **sakrale Kunst** wie Goldschmiedearbeiten, Altäre, Tabernakel, liturgische Gewänder und Handschriften gezeigt, aber auch Gemälde, zum Beipiel von *Moretto da Brescia, Tintoretto, Tizian* oder *Palma dem Jüngeren.* Die meisten Ausstellungsstücke stammen aus Kirchen und Klöstern, die *Napoleon* schließen ließ.

Vorhang auf für den riesigen Komplex des Dogenpalastes

• **Museo Diocesano di Arte Sacra,** Castello 4312, ehemaliges Kloster Sant'Apollonia, Haltestelle San Zaccharia (gleich hinter dem Dogenpalast am Kanal gelegen, der von der Seufzerbrücke gequert wird). Geöffnet 10.30–18 Uhr.

Museo Ebraico (Jüdisches Museum)

Im Ghetto, am Campo del Ghetto Novo, beherbergt die Scuola Grande Tedesca im unteren Teil ein Museum mit **hebräischer Kunst.** Es zeigt überwiegend Kultgegenstände für das religiöse Brauchtum im jüdischen Jahreslauf, wie Thora-Rollen, siebenarmige Leuchter, Pessach-Geschirr oder Thora-Zeiger sowie liturgische Kleidung und kostbare Stoffe. Eine Führung ist sehr empfehlenswert, da sie nicht nur das Museum vorstellt, sondern auch den Zugang zu drei der fünf **Synagogen** erlaubt, deren Innenräume man nur auf diesem Weg sehen kann.

• **Museo Ebraico,** Cannaregio 2902 B, Ghetto Novo, Haltestelle Guglie. Geöffnet Juni bis September 10–19 Uhr, Oktober bis Mai 10–17.30 Uhr, samstags und an jüdischen Feiertagen sowie 25. Dezember, 1. Januar und 1. Mai geschlossen. Führungen in Italienisch und Englisch jeweils zur halben Stunde. In anderen Sprachen nach Voranmeldung.

Museo della Fondazione Querini-Stampalia

Der letzte Nachfahre der alteingesessenen venezianischen Familie *Querini-Stampalia* hatte 1868 den Palazzo hinter der Kirche Santa Maria Formosa der Stadt vermacht, um in seinen Wohnräumen eine **Bibliothek** einrichten zu lassen und die Sammlung seiner rund **700 Werke venezianischer Schule** auszustellen. Zudem hinterließ

118ve Foto: ml

er eine beträchtliche Summe für eine Stiftung, die heute u.a. dafür sorgt, dass die Bibliothek zu ungewöhnlichen Zeiten geöffnet wird, um den Studenten Venedigs, die oft in winzigen Zimmern wohnen, Studierplätze und den Zugang zu Büchern zu ermöglichen.

Die Wohnräume zeigen die Innenausstattung eines Palazzo im 18. Jh. Die Gemälde, v.a. von *Pietro Longhi* und *Gabriele Bella,* zeichnen das Alltagsleben Venedigs im selben Jahrhundert nach. In den 1960er Jahren wurde der Palazzo teilweise von dem berühmten Architekten *Carlo Scarpa* umgebaut, der auch die Gärten anlegte. Diese modernen Teile bieten einen interessanten Kontrast zum ursprünglichen Palazzo.

● **Museo della Fondazione Querini-Stampalia,** Castello 4778, Campo Santa Maria Formosa. Geöffnet Dienstag bis Samstag 10–20 Uhr, Freitag und Samstag 10–22 Uhr, Sonntag und Montag geschlossen. Freitag und Samstag um 17 und 19 Uhr kostenlose Konzerte für Museumsbesucher.

Museo Fortuny – Palazzo Pesaro degli Orfei (Fortuny-Museum)

Im Palazzo Pesaro degli Orfei lebte und arbeitete von 1899 bis zu seinem Tode 1949 der illustre Spanier *Mariano Fortuny y Madrazo.* Er war eine schillernde Persönlichkeit und ein universelles Genie: Maler, Regisseur und Bühnenbildner, Stoffkünstler und Erfinder des plissierten Stoffes. Seit 1956 beherbergt der spätgotische Palast ein ungewöhnliches Museum für Fortunys außergewöhnliche **Stoffe.** Es enthält noch weitgehend die Einrichtung und Dekoration, die Fortuny hinterlassen hat.

• **Museo Fortuny – Palazzo Pesaro degli Orfei,** San Marco 3780, Campo San Beneto, Haltestelle Sant'Angelo. Geöffnet nur zu Sonderausstellungen. Gehört zu den Musei Civici Veneziani mit Kombi-Ticket.

Museo di Palazzo Grimani

Nach 25 Jahren Restaurierung ist der Palazzo Grimani unweit von Campo Santa Maria Formosa endlich wieder eröffnet worden. Der von außen unscheinbare Bau wurde im 16. Jh. für *Giovanni Grimani,* den Patriarchen von Acquileia, errichtet und von den Nachkommen seines Bruders *Vettor* bis ins 19. Jh. bewohnt. Zu sehen ist die prachtvoll erhaltene Innenausstattung der Renaissance mit der festlichen Stuckdekoration, die sich an antiken römischen Vorbildern orientiert, und einige Gemälde, z.B. von *Hieronymus Bosch*. Die bedeutende Antiken-Sammlung der Familie, die ursprünglich dort in der passenden Architektur ausgestellt wurde, ist nicht zu sehen. Sie verblieb im Archäologischen Museum am Markusplatz. Besonderheit im neuen Museum: Modelle für Sehbehinderte.

• **Museo di Palazzo Grimani,** Castello 4858, Ramo Grimani, Haltestelle „San Zaccharia", nach telefonischer Voranmeldung (am Vortag unter Tel. 041/5200345) im Rahmen einer einstündigen Führung zu besichtigen, Di bis So 9.30, 11.30 und 13.30 Uhr, montags, 25. Dezember und 1. Januar geschlossen.

119ve Foto: bw

Museo dell'Istituto Ellenico (Ikonenmuseum)

Hier sind rund **150 Ikonen** zu sehen, die überwiegend aus der Zeit nach der Eroberung Konstantinopels 1453 stammen, also dem so genannten nachbyzantinischen Stil angehören. Für Besucher mit Sinn für die „Fenster der Seele", wie Ikonen auch genannt werden, ein berührendes Erlebnis. Daneben sind sakrale Gegenstände und Kultobjekte ausgestellt, Glanzstücke der **byzantinischen Kunst.** Das Ikonenmuseum gilt als das bedeutendste Europas.

- **Museo dell'Istituto Ellenico,** Castello 3412, Ponte dei Greci, Haltestelle San Zaccharia. Geöffnet 9–17 Uhr, 25. Dezember und 1. Januar geschlossen.

Museo di San Marco (Museum der Markuskirche)

Man betritt das Museum oberhalb des Haupteingangs der Markuskirche über eine Art Himmelsleiter, rechts vom Haupteingang der Kirche. Es ist ausgeschildert als „Loggia dei Cavalli". Zu sehen sind **Mosaiken, liturgische Gewänder und Teppiche.** Von herausragender Bedeutung sind die Originale der **vier Bronzepferde,** deren genaue Herkunft unbekannt ist. Früher wurden sie für griechische Originale gehalten, sie sind aber eher Kopien aus der römischen Kaiserzeit und als Bekrönung eines Triumphbogens gedacht. 800 Jahre lang standen sie im kaiserlichen Hippodrom von Konstantinopel, bevor sie 1204 vom Dogen *Enrico Dandolo* nach Venedig gebracht wurden. Dort wollte man sie zuerst einschmelzen. Von etwa 1250 bis 1797 standen sie über dem Eingang der Markuskirche. Dann wurden sie von Napoleon nach Paris „entführt", von wo sie 1815 wieder an den alten Platz zurückkehrten. 1986 wurden sie auf der Galerie durch Kopien ersetzt.

- **Museo di San Marco,** San Marco 1, in der Markuskirche, Haltestelle San Zaccharia. Geöffnet täglich 9.45–17 Uhr, November bis März 9.45–16.45 Uhr.

Museo del Merletto (Spitzenmuseum Burano)

Das Spitzenmuseum auf der Insel Burano, untergebracht im alten Palazzo del Podestà aus dem 14. Jh., bietet einen **Überblick über die Spitzenherstellung** von drei Jahrhunderten. Während sonst kaum mehr Spitzen hergestellt werden, arbeiten hier noch einige Frauen, die die alte Technik des *punto in aria,* der Luftspitze, beherrschen. Hier kann man auch echte Burano-Spitze erwerben.

- **Museo del Merletto,** Piazza Galuppi 187 (Burano). Geöffnet Apr. bis Okt. 10–17 Uhr, Nov. bis März 10–16 Uhr, dienstags geschlossen. Mit Kombi-Ticket.

Relief über dem Eingang zum Naturkundemuseum

Museo del Settecento Veneziano – Ca' Rezzonico (Museum des 18. Jahrhunderts)

Der Barockbau am Canal Grande wurde im 18. Jh. von den besten Künstlern Venedigs prachtvoll ausgestattet. So sind die Deckenfresken von *Giovanni Battista Tiepolo,* das Mobiliar wurde zum Teil von *Andrea Brustolon,* einem berühmten Kunsttischler und Schnitzer, gefertigt. Mit seiner authentischen Ausstattung an **Möbeln, Fayencen und Porzellan, Kostümen** und sonstigen **Alltagsgegenständen** bietet der Palazzo einen einzigartigen Rahmen für die Kunst des 18. Jh. Im dritten Stock hat man gar eine ganze Apotheke wieder aufgebaut. Das Museum ist nach der Restaurierung zu einem Museum mit moderner Infrastruktur geworden. Es lädt zum Wandeln und Staunen ein, aber auch dazu, die Atmosphäre eines ganzen Jahrhunderts in sich aufzunehmen. Ohne Eintritt kann man den kleinen, idyllischen **Skulpturengarten** besuchen und sich im Grünen unter Statuen vom Pflastertreten ausruhen – einer der lauschigsten Orte der Stadt.

- **Museo del Settecento Veneziano – Ca' Rezzonico,** Dorsoduro 3136, Fondamenta Rezzonico, Haltestelle Ca' Rezzonico. Geöffnet April bis Oktober 10–18 Uhr, November bis März 10–17 Uhr (Kasse schließt eine Stunde früher), dienstags und am 1. Januar, 1. Mai und 25. Dezember geschlossen. Gehört zu den Musei Civici Veneziani mit Kombi-Ticket.

Museo di Storia Naturale – Fondaco dei Turchi (Naturkundemuseum)

Die Sammlungen umfassen Exponate zu **Flora und Fauna der Lagune** und zur Meeresfauna des Mittelmeerraumes sowie Material zu Bootstypen und Fischfangtechniken. Zudem werden Fundstücke einer Expedition zu den Nilquellen (1859–60) und eine Großwildsammlung ausgestellt. Besonders eindrucksvoll ist das Skelett eines Dinosauriers, das 1973 in der Sahara gefunden wurde. Das ideale Museum für Familien mit Kindern! Doch auch das Gebäude, die ehemalige Handelsniederlassung der Türken, ist interessant – einer der imposantesten Palazzi am Canal Grande.

- **Museo di Storia Naturale – Fondaco dei Turchi,** Santa Croce 1730, Fondaco dei Turchi, Haltestelle San Stae. Geöffnet Di–Fr 9–13 Uhr, Sa und So 10–16 Uhr. Bitte Klingeln!

Museo Storico Navale (Schifffahrtsmuseum)

In einem Teil des Depots am Rio dell'Arsenale ist das Schifffahrtsmuseum untergebracht. In einer von der Schifffahrt geprägten Stadt ist ein Besuch dieses Museums ein Muss. Vorbei an zwei Ankern österreichischer Kriegsschiffe vor dem Eingang geht es in das Reich von rund 250.000 schifffahrtsbezogenen Ausstellungsstücken. Das Museum stammt aus dem 17. Jh. und geht zurück auf Sammlungen der venezianischen Regierung, die alle im Arsenale gebauten Schiffe als Modelle aufbewahrte. Vieles ist jedoch während verschiedener Kriege zerstört worden oder verloren gegangen. Nicht alle Exponate betreffen die **venezianische Marine,** das Museum erzählt auch die Geschichte der **See-**

fahrt Italiens. Für den Venedig-Besucher von besonderem Interesse ist das Modell des „Bucintoro", des Prachtschiffes der Dogen, gebaut für die symbolische Vermählung des Dogen mit dem Meer. Auch die Kirche San Basilio nebenan gehört zum Museum.

• **Museo Storico Navale,** Castello 2148, Riva San Biagio, Haltestelle Arsenale. Geöffnet 8.45–13.30 Uhr, samstags nur bis 13 Uhr, sonn- und feiertags geschlossen.

Museo del Tessuto e del costume di Palazzo Mocenigo (Stoffmuseum)

Sieben Dogen hat die Familie *Mocenigo* hervorgebracht. Ein Zweig dieser Familie lebte im Viertel San Stae und baute dort im 16. Jh. den später erweiterten Palazzo Mocenigo, bevor ihn *Alvise Mocenigo* 1954 der Stadt vermachte. Das Gebäude zeigt das **typische Wohnhaus** einer reichen venezianischen Familie aus dem 18. Jh. und zahlreiche prunk- und kunstvolle **Stoffe und Kostüme.** Sie geben einen guten Eindruck davon, welche Pracht in Venedig in früheren Jahrhunderten herrschte.

Eine **Bibliothek** zur Stoff- und Kostümkunde umfasst rund 5000 Bände.

• **Museo del Tessuto e del costume di Palazzo Mocenigo,** Santa Croce 1992, Nahe San Stae, Haltestelle San Stae. Geöffnet 10–17 Uhr, November bis März 10–16 Uhr, montags sowie am 25. Dezember, 1. Januar und 1. Mai geschlossen. Gehört zu den Musei Civici Veneziani mit Kombi-Ticket.

Museo del Vetro (Glasmuseum Murano)

Im Palazzo Giustinian, dem früheren Sitz des Erzbischofs von Torcello, ist das Glasmuseum untergebracht, das in seiner Art einzigartig in ganz Italien ist. Neben einer historischen Sammlung, die archäologische Schwerpunkte setzt, werden **gläserne Kunstwerke** aus dem 15. bis 19. Jh. gezeigt. Einer der Schwerpunkte liegt auf der Darstellung der **modernen Produktion,** wie sie auf Murano betrieben wird.

• **Museo del Vetro,** Fondamenta Giustinian 8 (Murano). Geöffnet November bis März 10–17 Uhr, April bis Oktober 10–18 Uhr, mittwochs geschlossen, sowie 1. Januar, 1. Mai und 25. Dezember.

Palazzo Ducale (Dogenpalast)

⇨ „Dogenpalast" im Kap. „S. Marco"

• **Palazzo Ducale** (Dogenpalast), Piazzetta San Marco, Haltestelle San Zaccharia. Geöffnet April bis Okto. 9–19 Uhr, Nov. bis März 9–17 Uhr, Kasse schließt eine Stunde früher, 25. Dez. und 1. Jan. geschlossen. Gehört zu den Musei Civici Veneziani mit Kombi-Ticket.

Tipp: Führungen durch den Dogenpalast auf Wegen, die bei der normalen Besichtigung nicht zugänglich sind. Gibt es leider nur in italienischer und englischer Sprache. Sie nennen sich **Itinerari Segreti,** „Geheime Wege", und müssen am Vorverkaufsschalter des Dogenpalastes oder telefonisch reserviert werden (zwischen 9 und 15.30 Uhr unter 041/2715911 oder 041/5209070, Führungen in Englisch in der Regel um 9.55, 10.45 und 11.35 Uhr). Man läuft u.a. über dem riesigen Deckengemälde der Sala del Maggior Consiglio und kann durch Ritzen nach unten blicken oder dringt in die Bleikammern vor, in denen *Casanova* einsaß.

Pinacoteca e Museo di San Lazzaro degli Armeni (Armenisches Kulturzentrum)

Eine ausführliche Beschreibung des armenischen Museums siehe Kapitel „Eine Insel als Museum: San Lazzaro".

Museen

412ve Foto: bw

●**Pinacoteca e Museo di San Lazzaro degli Armeni,** Isola di San Lazzaro degli Armeni, nur mit Schiffslinie 20 von Riva degli Schiavoni, Haltestelle „San Zaccharia", aus zu erreichen, Abfahrt 14.30, 15.10 Uhr. Geöffnet täglich 15 bzw. 15.25–17 Uhr (entsprechend den Ankunfts- und Abfahrtszeiten des Linienbootes, nur mit Führung zu besichtigen).

Punta della Dogana – François Pinault Foundation (Zentrum für Gegenwartskunst)

Der französische Milliardär *François Pinault* hat gleichzeitig mit der Kunst-Biennale 2009 in den weitläufigen Hallen der alten Zollstation Punta della Dogana an der Salute-Kirche im Stadtteil Dorsoduro das Museum „Punta della Dogana – François Pinault Foundation" eröffnet. Für diese beispiellose Sammlung moderner Gegenwartskunst schuf der japanische Architekt *Tadao Ando* Ausstellungsraum auf 4500 Quadratmetern. Das Museum ergänzt die Sonderausstellungen des Palazzo Grassi, der ebenfalls *Pinault* gehört, mit einer Dauerausstellung. Die erste Ausstellung an beiden Standorten trägt den Titel **„Mapping the studio. Artists from the François Pinault Foundation"**.

●**Punta della Dogana – François Pinault Foundation,** Dorsoduro 1. Geöffnet Dienstag bis Sonntag von 10 bis 19 Uhr, 24., 25. und 31. Dezember und 1. Januar geschlossen. Es gibt einzelne Eintrittskarten für Punta della Dogana und Palazzo Grassi oder eine deutlich günstigere Kombikarte für beide Orte.

Torre dell'Orologio (Uhrturm am Markusplatz)

Nach Jahren der Sanierung endlich wieder geöffnet und zugänglich! Der berühmte Uhrturm neben der Markuskirche kann wieder bestiegen und besichtigt werden. Von dort hat man einen **ungewöhnlichen Blick** an den „Mohren" vorbei, die die Glocke schlagen (Fotomotive!) und erfährt alles über das aufwendig restaurierte **Uhrwerk.** Achtung: Im Inneren des Turms ist es eng und man muss steile Treppen erklimmen. Nichts für Menschen mit Klaustrophobie oder Gehbehinderung. Kann nur mit Führung (in ital., engl. und franz.) besichtigt werden. Für Kinder erst ab 6 Jahren möglich.

●**Torre dell'Orologio,** Piazza San Marco, neben der Markusbasilika, Haltestelle „Vallaresso" oder „San Zaccharia". Führungen nach Anmeldung unter Tel. 041/5209070, in Italienisch täglich 12 und 16 Uhr, in Englisch Montag bis Mittwoch 10 und 11 Uhr, Donnerstag bis Sonntag 13, 14 und 15 Uhr. Geschlossen 25. Dezember und 1. Januar.

Der Uhrenturm am Markusplatz aus dem 15. Jh. kann während einer Führung bestiegen werden

121ve Foto: bw

Ausflüge: Venedig und die Lagune

122ve Foto: ml

123ve Foto: bw

In den flachen Gewässern der Lagune erlebt man ein völlig anderes Venedig

Wasser, Pflanzen, Vögel im Schilf: In den Salzwiesen gibt es viel zu entdecken

Villa Foscari La Malcontenta: Am Brenta-Kanal liegen viele malerische Villen

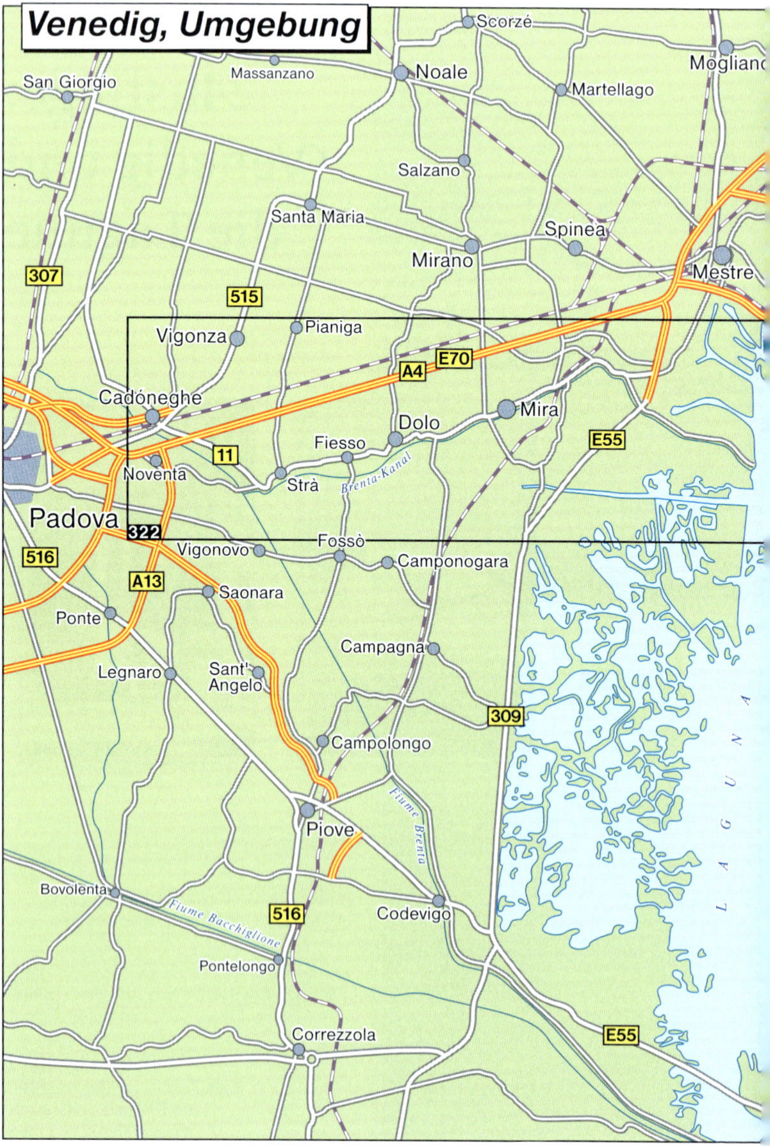
Venedig, Umgebung
Scorzé
Massanzano
Noale
Mogliano
San Giorgio
Martellago
Salzano
Santa Maria
Spinea
Mirano
Mestre
307
515
Vigonza
Pianiga
E70
A4
Cadóneghe
Mira
Dolo
Fiesso
11
E55
Noventa
Strà
Brenta-Kanal
Padova
322
Fossò
Vigonovo
Camponogara
516
A13
Saonara
Ponte
Campagna
Legnaro
Sant'
Angelo
309
Campolongo
Piove
Fiume Brenta
Bovolenta
Fiume Bacchiglione
516
Codevigo
Pontelongo
Correzzola
E55
LAGUNA

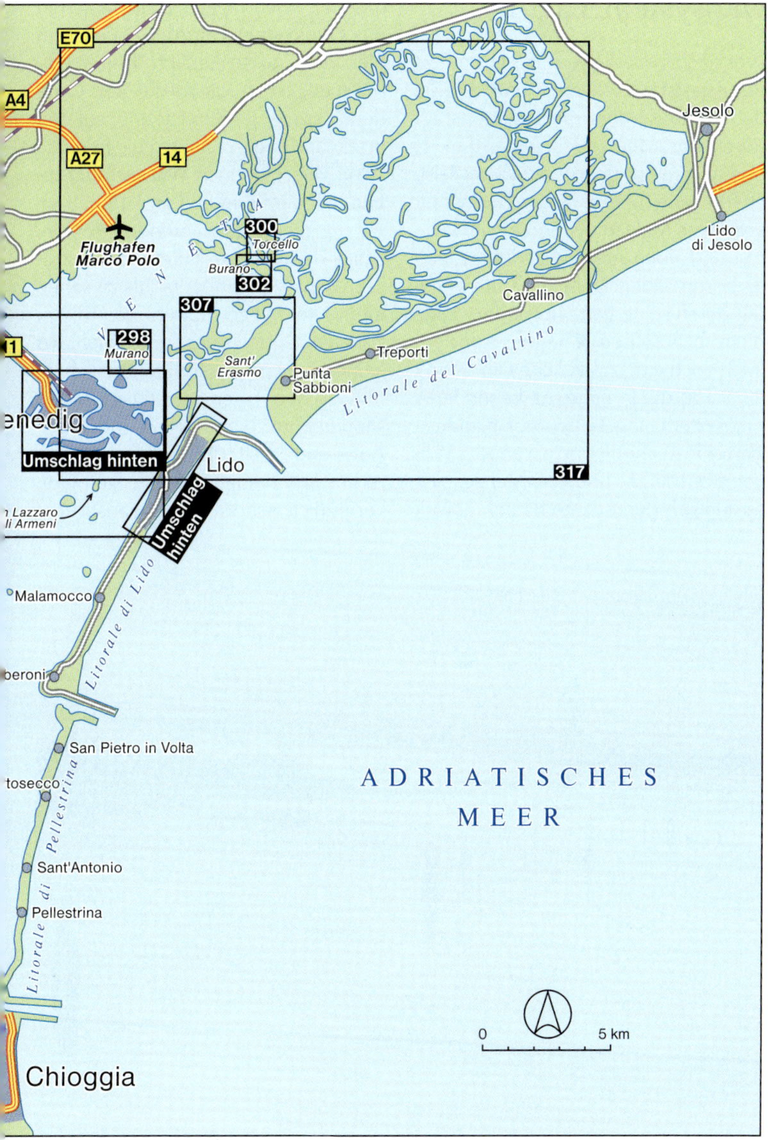
E70
A4
A27
14
Jesolo
Lido
di Jesolo
Flughafen
Marco Polo
300
Torcello
Burano
302
307
Cavallino
298
Murano
Sant'
Erasmo
Treporti
Punta
Sabbioni
Litorale del Cavallino
enedig
Umschlag hinten
Lido
317
Lazzaro
li Armeni
Umschlag
hinten
Malamocco
Litorale di Lido
beroni
San Pietro in Volta
tosecco
Litorale di Pellestrina
Sant'Antonio
Pellestrina
ADRIATISCHES
MEER
0
5 km
Chioggia

Ökosystem Lagune

Wer nach Venedig reist, kommt meist der Kunstschätze wegen und vergisst dabei häufig, dass die Lagunenstadt durch das Meer reich geworden ist und im Wasser und vom Wasser lebt. Es soll Venedig-Fans geben, die schon unzählige Male in der Serenissima waren und noch nie das *centro storico* verlassen haben. Dabei gewinnt Venedig durch seine ganz besondere Lage nicht nur seinen Charme, sondern auch noch eine zusätzliche Dimension als Stadt, die in ein ganz besonderes Ökosystem eingebettet ist. Ein interessierter Besucher kann in Venedig Wochen verbringen und, nachdem er sich ausführlich den Kunstschätzen gewidmet hat, noch tagelang einsteigen in das **Ökosystem Lagune.** Daher sind hier auch ausschließlich Touren zusammengestellt, die in der 550 Quadratkilometer großen Lagune, auf den Inseln und in den Kanälen bleiben.

Mit verschiedenen **Wasserfahrzeugen,** mit dem **Rad** und **zu Fuß** nähern wir uns dieser faszinierenden Region. Einige der Ausflüge steuern dabei Ziele an, wo es scheinbar nichts zu sehen gibt. Die Wege führen zu Tälern, Kanälen, Gärten oder Sanddünen, wo keine großartigen architektonischen, historischen oder kunsthistorischen Monumente zu entdecken sind. Doch Auge und Seele, die von dem Vielen, das es in Venedig zu entdecken gibt, vermutlich schon stark beansprucht

124ve Foto: bw

sind, werden es einem sicher danken, einmal ausruhen zu können und sich an dem vermeintlich Unspektakulären zu erfreuen, an der **Natur,** an **geologischen Formationen,** an einer reichen und einzigartigen **Flora und Fauna,** kurz: an einem Territorium zwischen Meer und Land. Um Venedig und seine Lagune wirklich zu erleben, muss man sich in die Stille der Lagune wagen, in die versteckten Schätze im Schilf, zwischen kleine Inseln und Salzwiesen, auf den Lido oder die Kanäle entlang aufs Festland.

Mit dem Linienboot nach San Michele, Murano, Burano und Torcello

Zum Friedhof auf die Insel San Michele, nach Murano und weiter nach Burano und Torcello: Das ist die Tour in die Lagune, die Venedigbesuchern am geläufigsten ist. Nach San Michele und Murano bieten die **Linien 41 und 42** von den Fondamente Nuove aus die schnellste Verbindung. In gut fünf bzw. zehn Minuten ist man auf dem Friedhof oder auf der Glasbläser-Insel Murano. Von Piazzale Roma aus gibt es die **Linie DM** durch den Westteil der Stadt, nach Murano. Ebenso von dort und von San Zaccharia bringt einen die **Linie 5** geschwind auf die Glas-Insel. Die großen Schiffe der **Linie LN** zu den entfernter liegenden Inseln Burano und Torcello sind an den Fondamente Nuove und an der Haltestelle San Zaccharia zu finden, Fahrzeit nach Torcello gut eine Stunde. Die Fahrt in die Inselwelt vermittelt gute Eindrücke von der Lagune, von ihrem besonderen Licht und auch von ihrer Stille.

San Michele

San Michele liegt nur einen Steinwurf von der Stadt bzw. von den Fondamente Nuove entfernt, Luftlinie rund 800 Meter. Das Schiff hält nahe der Kirche San Michele in Isola. Sie war von 1212 bis zur Schließung durch *Napoleon* Anfang des 19. Jh. die Kirche des Inselklosters der Kamaldulenser. Zum **Friedhof** wurde San Michele erst 1837, denn früher wurden die Venezianer in den Kirchhöfen der Innenstadt beerdigt, was dann aber wegen der Verseuchungsgefahr des kostbaren Trinkwassers aufgegeben wurde (⇨Exkurs „Das lebenspendende Nass: Woher kommt Venedigs Trinkwasser?“). Heute ist der Friedhof längst überfüllt und wurde gerade am den Fondamente Nuove abgewandten Teil der Friedhofsinsel erweitert und mit modernen Bauten versehen. Neben weiten, recht eintönigen Flächen von eng aneinander liegenden Erdgräbern gibt es auf San Michele, wie überall in Italien, auch die charakteristischen „Schubla-

Die Sonnenuntergänge in der Stadt sind spektakulär, doch über den Inseln der Lagune hat der beginnende Abend seinen ganz besonderen Reiz

dengräber" mit Fächern für die Särge und Leitern davor, damit die Hinterbliebenen Blumen in die Vasen an der Betonwand stecken können.

Doch es gibt auch viele malerische Flecken auf San Michele. In einer Ecke im Nordwesten findet sich der Bezirk mit den Mausoleen, eine erstaunliche Ansammlung von aufwändigen Grabdenkmälern. Im Osten des Friedhofs liegen die zum Teil wild überwucherten Abteilungen für Angehörige protestantischen und orthodoxen Glaubens (vom Eingang geradeaus quer durch den Friedhof gehen, die Wege sind gut ausgeschildert). Hier herrscht keine drangvolle Enge. Es gibt auch nur selten frische Gräber, dafür sind aber die Ruhestätten bekannter Persönlichkeiten wie *Diaghilew, Strawinsky, Joseph Brodsky* oder *Ezra Pound* zu besuchen.

Die Kirche **San Michele in Isola** ist *Mauro Codussis* erstes Werk in Venedig. Er verkleidete die Klosterkirche zwischen 1469 und 1477 mit der ersten Renaissancefassade der Stadt. Im Inneren findet sich die eigenartige Konstruktion eines so genannten Pontile, einer quer durch den Raum verlaufenden Empore, die früher venezianischer Tradition entsprach. Der sechseckige Zentralbau links der Fassade, die **Cappella Emiliana,** stammt von *Guglielmo Bergamasco* aus dem Jahre 1530. Ganz modern wird es im nordöstlichen Teil der Friedhofsinsel. Da es auf dem durchs Wasser begrenzten Friedhofsareal langsam sehr eng wurde, musste Abhilfe geschaffen werden. So wurde nach Plänen des englischen Star-Architekten *David Chipperfield* Platz für neue Grabstätten geschaffen. Geplant ist eine **Erweiterung um 60.000 Quadratmeter.** Dazu muss die Insel aber erst mit Abraum aufgeschüttet und dem Wasser mühselig in Kleinarbeit Land abgerungen werden. **15.000 neue Grabstätten** sollen dann später dort einmal Platz finden. Ein erster Teilabschnitt des neuen Friedhofs ist bereits fertig gestellt. Er nennt sich **Corte dei quattro Evangelisti,** Hof der vier Evangelisten. Anthrazitfarbene Platten aus Basalt schließen den massiven grauen Quader mit den vier Höfen schmucklos aber dennoch eindrucksvoll nach außen ab. Die Höfe sind *Markus, Matthäus, Lukas* und *Johannes* gewidmet, die jeweils durch große Zitate an den Wänden präsent sind. Brunnen und Grünflächen lockern die nahezu quadratischen, an Klostergänge erinnernden Innenhöfe auf. Bis 2013 soll das Gesamtvorhaben des britischen Architekten, der in Berlin z.B. das Neue Museum umgebaut hat, abgeschlossen sein.

Wer sich nach ein paar Stunden des Trubels in Venedig Ruhe gönnen möchte, dem sei ein Besuch in der Ruhe-Oase des Friedhofs sehr empfohlen. Man kann sich in dem verwinkelten Areal durchaus ein paar Stunden aufhalten – und sich auch problemlos verlaufen.

Massiv und abweisend wirken die Basaltquadrate des neuen Friedhofteils von David Chipperfield von außen. Innen lockern Brunnen und Grünflächen auf

413ve Foto: bw

Murano

Murano liegt San Michele gleich gegenüber. Die Insel ist eine Welt für sich und lebt ganz mit und vom **Glas.** Die Kunst, Gegenstände aus Glas herzustellen und zu formen, kam im 10. Jh. aus dem Orient und wurde bis 1291 auch in der Stadt Venedig ausgeübt. Zu diesem Zeitpunkt hat die Stadtverwaltung alle Glasbläser angewiesen, in Murano zu leben und zu arbeiten. Grund für diese Maßnahme war die hohe Brandgefahr, die von den Glasöfen ausging, wohl aber auch, die Glasbläser überwachen zu können und zu „kasernieren", damit das technische Wissen nicht verbreitet werden konnte: Auf Flucht oder Verrat stand die Todesstrafe.

Die Qualität dessen, was heute auf Murano an Glas hergestellt wird, ist sehr unterschiedlich. Leider dominiert Kitsch, doch werden auch feinste und

künstlerisch hochwertige Dinge gefertigt, so z.B. bei den Firmen Venini, Moretti, Barovier und Toso. Was auch immer die Firmen produzieren, es ist hochinteressant, den Glasbläsern bei ihrer Arbeit zuzusehen, denn dort hat sich offenbar seit Jahrhunderten nichts geändert. **Glashüttenführungen** sind überall auf Murano jederzeit möglich. Häufig werden die Touristen bereits an den Bootsanlegestellen von Hüttenvertretern abgefangen und in die Produktionshallen geführt.

Von der ersten Bootshaltestelle „Colonna“ führt die Fondamenta dei Vetrai, die „Uferbefestigung der Glasbläser“, an zahlreichen *fornaci,* Glasproduktionsstätten, und Geschäften vorbei. Die Fondamenta endet beim unscheinbaren Backsteinbau der Kirche **San Pietro Martire.** Dort finden sich schöne Gemälde, unter anderem ein

125ve Foto: bw

Muranos Glasläden quellen förmlich über vor Kitsch und Kunst und Souvenirs

großes Madonnenbild mit Heiligen und dem Dogen *Agostino Barbarigo* von *Giovanni Bellini* aus dem Jahre 1488.

An der Kirche vorbei über den breiten Canale degli Angeli und dann nach rechts führt die Fondamenta zum **Museo del Vetro** im Palazzo Giustinian, das einen tiefen Einblick in die Geschichte der Glaskunst bietet (⇨Kapitel „Museen").

Etwas weiter am Kanal entlang steht auf einem stillen Campo, von drei Seiten zugänglich, die Kirche **Santi Maria e Donato** mit einer herrlichen Chorpartie, einer zweistöckigen Arkadenwand und einem Mosaikfußboden, der dem der Markuskirche vergleichbar ist. Die Kirche gehört zu den ältesten in der Lagune. Ihre Gründung geht auf die große Flüchtlingswelle in die Lagune im 7. Jh. zurück. Sie war zunächst nur Maria geweiht, doch als 1125 der Leichnam des hl. *Donatus* aus Sizilien auf die Insel kam, wurde der Name der Kirche erweitert. Neben der Markuskirche in Venedig ist sie eines der wichtigsten Beispiele des veneto-byzantinischen Stils.

Torcello

Nächster Halt des Linienschiffes ist Torcello. Schweigen und Stille empfing noch bis vor wenigen Jahren die Besucher dieser Insel. Doch der Touristenstrom schwillt immer stärker an und erst kürzlich wurde ein neuer, gepflasterter Verbindungsweg von der Bootsstation zu den beiden Kirchen angelegt. Offenbar erschien ein alter Weg, der malerisch am Wasser entlangführte, zu gefährlich.

Es fällt schwer, sich vorzustellen, dass hier einmal eine blühende Stadt mit mehr als 50.000 Einwohnern existierte: Heute leben auf Torcello noch gerade mal 50 Menschen. Torcello war bereits eine bedeutende Stadt, als es Venedig noch gar nicht gab. Sie wurde aber immer mehr von Venedig überflügelt und schließlich verdrängt, in erster Linie wohl auch dadurch, dass der Adel nach Venedig übersiedelte. 1810 wurden auf der Insel die letzten drei Klöster geschlossen. 1966 nahm das ver-

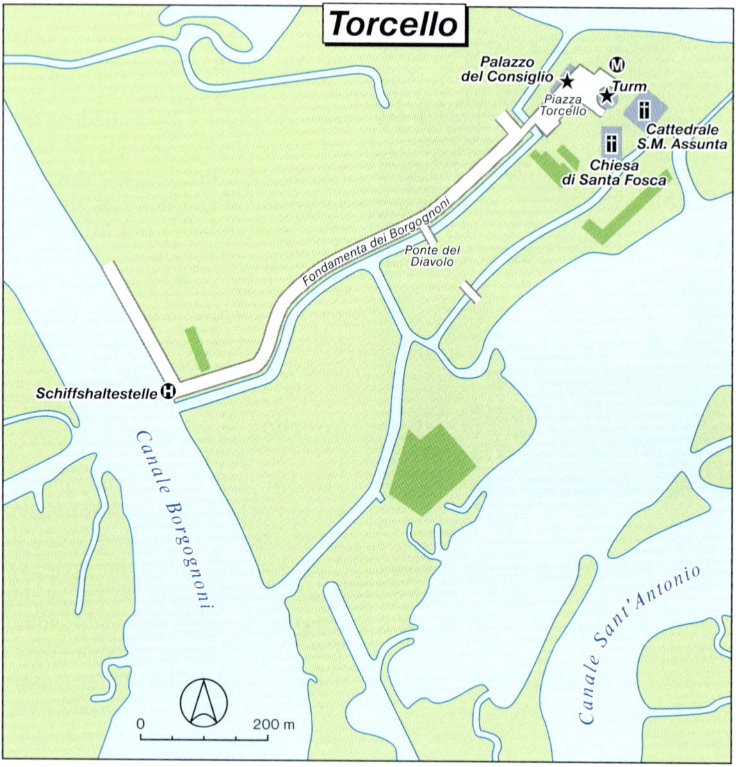

heerende Hochwasser vielen Landwirten ihre Existenzgrundlage. Im heutigen Umfeld stehen die beiden großen Kirchen wie verloren inmitten von Feldern, Sümpfen und Schwemmland.

Einen besonders schönen Blick bietet der **Campanile** (ohne Aufzug). Unweit der Kirchen findet sich eines der legendärsten Restaurants der Lagune, die Locanda Cipriani, in der *Hemingway* nach seinen Jagdausflügen in die Lagune speiste.

Die Kathedrale **Santa Maria Assunta** wurde erstmals im Jahre 639 erwähnt. Der heutige Bau entstand durch Erweiterung 1008. Das Äußere ist schlicht und verrät nichts von der Pracht im Innern. Besonders beeindruckt der Marmorfußboden aus dem 11. Jh. Höhepunkt der Ausstattung ist

Auf Torcello gibt es auch in den Hinterhöfen Altes zu entdecken

das große Weltgerichtsmosaik an der Fassadeninnenwand aus dem 12. Jh. In sechs Bilderstreifen wird das Jüngste Gericht in teilweise schaurig-realistischen Szenen dargestellt. Drohungen schienen damals mehr zu wirken als Verheißungen, denn die Hölle ist viel eindringlicher geschildert als das Paradies. Über der Hölle sind die Verdammten sichtbar, die von zwei Engeln zurückgestoßen werden und im Höllenfeuer schmoren.

Mit einem im Eintrittspreis inbegriffenen **„Audioguide“**, der auch in Deutsch erhältlich ist, werden das Kircheninnere und vor allem das Mosaik hervorragend erklärt und gedeutet.

Gegenüber der Kirche präsentiert das **Museo dell'Estuario** Fundstücke aus der Lagune und Exponate zur Geschichte Torcellos. Es ist ebenso wie die Kirche täglich (im Winter nicht montags und feiertags) von 10.30 bis 18 Uhr (im Winter nur bis 17 bzw.

126ve Foto: bw

16.30 Uhr) geöffnet. Es gibt ein Kombi-Ticket für Kirche, Museum und Kirchturm.

Neben der Kathedrale steht die Kirche **Santa Fosca,** die auf dem Grundriss eines griechischen Kreuzes mit vergrößertem Chor gebaut ist. Sie ist das Grabmal der Märtyrerin *Fosca* aus Ravenna.

Eingang eines Wohnhauses auf Burano

Burano

Von Torcello ist Burano nur durch einen schmalen Kanal getrennt. Das Schiff fährt wenige Minuten, doch nach der Ankunft tut sich eine völlig andere Welt auf. Hier wohnen etwa 5000 Einwohner, die zu einem großen Teil noch vom Fischfang oder von der Fischzucht leben. Andere fahren zur Arbeit nach Murano oder Venedig.

Keine wesentliche Bedeutung mehr hat die **Spitzenmanufaktur,** die Burano berühmt gemacht hat. Während noch vor gut 15 Jahren Frauen vor ihren bunt bemalten Häuschen saßen und stickten oder klöppelten, ist dieses Bild mittlerweile zu einer Seltenheit geworden. Und wenn in der langen Straße Via Baldassare Galuppi, die zum Hauptplatz mit der Kirche S. Martino führt, ein Geschäft mit Spitzen neben dem anderen liegt, so ist die feilgebotene Ware größtenteils fernöstlicher Herkunft. Lediglich in der **Spitzenschule** (Scuola dei Merletti) beim **Museo dei Merletti,** einer Unterabteilung des Correr-Museums, wird die Tradition noch gepflegt (⇨Kap. „Museen"). Echte Burano-Spitze ist nach wie vor reine Handarbeit und sehr teuer, aber auch sehr wertvoll. Doch für die Besucher gilt immer noch: Was für Murano das Glas, sind für Burano die Spitzen.

Bietet die Via Galuppi ein durch das touristische Angebot dominierendes Bild, so stimmt der Gang durch benachbarte Gässchen und über kleine Plätze recht fröhlich angesichts der unerhörten Farbigkeit, in der die **kleinen Wohnhäuser** gehalten sind. Das ist die Ansicht, die man von Burano kennt und sucht. Wer ein Kontrastprogramm zur feierlichen Würde und künstlerischen Perfektion Venedigs sucht, ist auf Burano mit seiner Schlichtheit und Kleinbürgerlichkeit gut aufgehoben.

127ve Foto: bw

Inseln als Museen: San Lazzaro und San Servolo

Eine kurze Fahrt mit dem Linienschiff und der Venedig-Besucher wähnt sich in einer anderen Welt. Wer sich vom Trubel des *centro storico* zurückziehen und Ruhe, Lagunenleben und eine ganz besondere Kultur erfahren möchte, kommt um eine Stippvisite auf der Insel der Armenier, San Lazzaro degli Armeni, nicht herum. Eine ganze Insel als Museum, wo hat man das schon?

San Lazzaro degli Armeni, in der südlichen Lagune vor dem Lido gelegen, ist nur mit der Schiffslinie 20 von der Riva degli Schiavoni Haltestelle

„San Zaccharia, Monumento" aus zu erreichen. Wer mit dem Schiff um 14.30 oder um 15.10 Uhr abfährt, wird um 15 bzw. 15.25 Uhr von einem Mechitaristen-Mönch am Landungssteg abgeholt und durch das Kloster und seine Ausstellungen geführt. Die Führung endet gegen 17 Uhr, so dass es dann pünktlich mit dem nächsten Schiff zurückgehen kann. (Es gibt nur eine Führung pro Tag. Ein Besuch ohne Führung ist nicht möglich.)

Die Armenier kamen 1717 nach Venedig, auf der Flucht vor den Türken, die in diesem Jahr die Peloponnes eroberten. Sie gründeten unter dem Mönch *Mechitar* auf der ehemaligen Leprosen-Insel ein Kloster. *Lord Byron* hat das **Mechitaristen-Kloster** sehr geliebt und hier die armenische Sprache erlernt. Im Laufe der Zeit entstand auf der Insel, auf der heute rund 30 Patres und Seminaristen leben, ein bedeutendes **Kulturzentrum mit Bibliothek** und Druckerei, wobei letztere mittlerweile leider aufgegeben wurde. Die Bibliothek mit gut 150.000 größtenteils sehr kostbaren Bänden ist der Schatz des Klosters. Eine wertvollere Sammlung armenischer Schriften findet sich sonst nur noch in Eriwan. Manche Texte der Antike, wie etwa die von *Aristoteles,* sind nur hier erhalten.

Bei der Führung der freundlichen Mönche, die alle vielsprachig sind und ein liebenswürdiges Gemisch verschiedener Sprachen sprechen, werden außerdem eine **Gemäldesammlung,** historische Dokumente und eine ägyptische Mumie gezeigt. Rund um das Kloster breitet sich ein riesiger **Garten mit seltenen Pflanzen** aus. Die Mechitaristen pflegen die armenische Kultur und leiten eine Schule, die von jungen Armeniern aus ganz Italien und dem angrenzenden Mittelmeerraum besucht wird.

Psychiatrie-Museum

Wer die Schiffslinie 20 nach knapp 10 Minuten beim ersten Halt verlässt, steigt auf der **Insel San Servolo** aus. Ein ganz besonderer Ort. Heute hat dort die *Venice International University* ihren Sitz, seit 1978 eine Kooperation von vielen international renommierten Hochschulen aus Italien über Israel bis China. Der deutsche Partner ist die Münchner Ludwig-Maximilians-Universität. Bereits im Jahre 810 ließen sich dort Benediktiner nieder. Bis zur Mitte des 18. Jh. blieb die Insel ein Kloster, dann wurde sie in eine Krankenhaus-Insel umgewidmet. Auf einer Fläche von 16.000 Quadratmetern, wo in früheren Jahrhunderten auch Weingärten und Obstgärten kultiviert wurden, befinden sich heute die als Universitätsgebäude genutzten ehemaligen Kloster- bzw. Krankenhausräumlichkeiten und die wunderbaren Parkanlagen. Die Insel mit den Gebäuden ist nach ihrer Grund-Sanierung erst seit 2004 für die Öffentlichkeit zugänglich.

Rund 250 Jahre lang waren auf San Servolo – eigentlich mitten in Venedig, aber doch nahezu unerreichbar und weit weg – psychisch Kranke untergebracht. Die Nervenheilanstalt Vene-

414ve Foto: bw

digs schloss erst 1978 aufgrund eines nationalen Gesetzes – wie alle derartigen Institutionen Italiens – seine Pforten. Unter der Obhut des Ordens der Barmherzigen Brüder („Fatebenefratelli") wurden die psychisch Kranken dort bewusst – und staatlich verordnet – isoliert und „weggesperrt". In einem Museum, dem **Museo del Manicomio di Venezia** wird heute die Geschichte der Behandlung psychisch Kranker in Venedig und die damit verbundene Geschichte der Insel interessant aufgearbeitet und anschaulich dargestellt. Viele Ausstellungsgegenstände mit Bezug zur Behandlung der Kranken, aber auch Fotos, vollziehen die Entwicklung der psychiatrischen Behandlung in tausenden von Fällen exemplarisch nach. Man bekommt einen interessanten Einblick in einen verborgenen Aspekt venezianischer Geschichte und in die nationale Herangehensweise an die Versorgung psychisch Kranker in früheren Jahrhunderten in Italien.

Das Museo del Manicomio di Venezia (teilweise in den offiziellen Info-

Auf der Insel San Servolo ist auch ein Psychiatrie-Museum zu besichtigen

Broschüren Venedigs auch als „Museo della follia a San Servolo/Madness Museum at San Servolo" bezeichnet) kann mit einer **Führung** besucht werden. Die Führung widmet sich auch den Gärten und der Kirche, sowie der historischen Apotheke der Insel. Telefonische Reservierung ist nötig unter Tel. 041/5240119 (Bürozeiten Montag bis Donnerstag, 9.30 bis 17.30 und freitags 9.30 bis 15.30 Uhr).

Zu Fuß durch den Gemüsegarten: Sant'Erasmo

„Nostrani" findet sich auf vielen Preisschildern der Marktstände am Rialto als Hinweis auf die Herkunft des Gemüses. „Einheimisch" heißt in diesem Fall soviel wie „von Sant'Erasmo". Das **Gemüse,** das auf Sant'Erasmo angebaut wird, erkennt man leicht: Es zeichnet sich durch einen leicht salzigen Geschmack aus, denn die Insel liegt mitten im Brackwasser der Lagune.

Sant'Erasmo ist die große Insel östlich von Venedig. Sie liegt südlich von Burano und Torcello. Mit dem **Linienschiff 13** von den Fondamente Nuove aus dauert die Fahrt zu Venedigs Gemüsegarten etwa eine halbe Stunde: 30 Minuten, während denen dem Besucher ein wunderbarer Blick in die Inselwelt gewährt wird und sich zudem

129ve Foto: bw

Wer sich nach anstrengendem Pflastertreten in die Natur zurückziehen will, ist auf Sant'Erasmo richtig

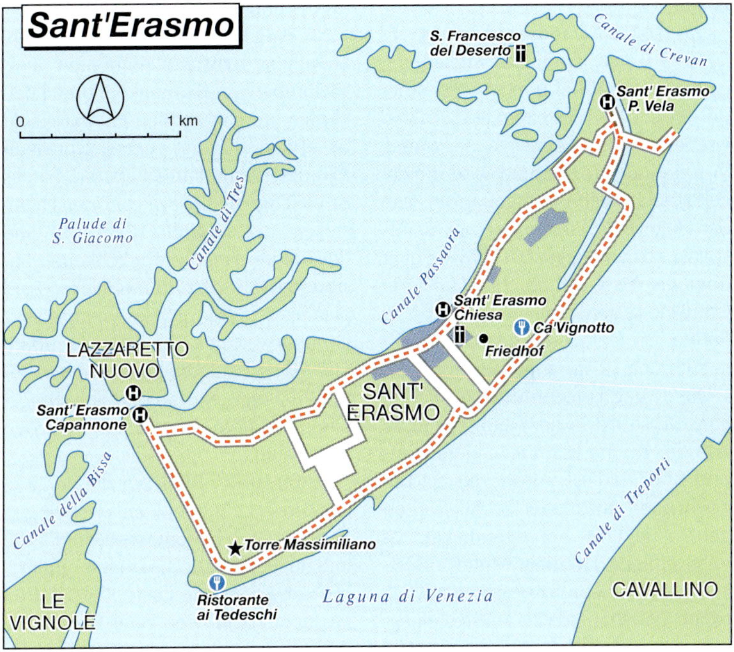

– bei entsprechendem Wetter – das ganze Panorama der Alpen darbietet.

Drei Haltestellen gibt es auf der Insel, der größten der ganzen Lagune. Für eine gut neun Kilometer lange Wanderung bieten sich die erste oder die dritte Haltestelle als Ausgangspunkt an, Sant'Erasmo Capannone, bzw. Sant'Erasmo P. Vela. Auf der ganzen Insel gibt es nur ein einziges Lebensmittelgeschäft in der Ortsmitte (an der mittleren Haltestelle Sant'Erasmo Chiesa) und zwei Restaurants. Nach Sant'Erasmo fahren die Venezianer in erster Linie, um dort beim Abendessen oder bei einem ausgedehnten Sonntagsmahl mit der Familie zusammen zu sein, aber auch, um in aller Ruhe die Natur zu genießen oder zu baden. Bei der gut dreistündigen Fußwanderung sind die Einkehrmöglichkeiten unbedingt mit einzuplanen, denn zum einen sitzt man sonst auf der Insel ziemlich im Trockenen, zum anderen pilgern die Venezianer nicht umsonst wegen des guten Essens auf die Insel. Machen Sie aus der Inseltour einen **kulinarischen Spaziergang!** Leider verliert Sant'Erasmo derzeit ein wenig seinen volkstümlichen Charakter, da alle Wege geteert werden und die Insel richtig „aufgemöbelt" wird.

Lokale

Das Lokal **Ai Tedeschi** (Tel. 041/ 5210738), ein ländliches Restaurant, ist täglich geöffnet und serviert unter der Woche den Arbeitern, Bauern und Fischern der Insel ein einfaches Menü. Von Freitag bis Sonntag wird gleichzeitig auch noch Pizza gebacken. Von der Haltestelle Capannone aus ist das Lokal nach einem kurzen Fußweg quer über die Insel auf der der Halbinsel Cavallino gegenüberliegenden Seite zu finden. Ein einfaches Holzschild weist in Richtung „Ristorante/Pizzeria".

Die zweite Einkehrmöglichkeit liegt ganz versteckt in der Mitte der Insel: von der Kirche kommend geradeaus und am Friedhof vorbei, bis es nur noch nach links oder rechts weitergeht. Hier links abbiegend, geht es nach einigen Hundert Metern plötzlich unter einem Torbogen hindurch (ohne Wirtshausschild) links zu einem mit einem Holzvorbau verunstalteten, etwas erhöht liegenden Gasthof, der **Ca' Vignotto.** Er ist von außen nicht als Restaurant zu erkennen und man muss daher schon einigen Mut besitzen, um sich dort hineinzuwagen. Reservierung ist angesagt, denn das familiär geführte Restaurant ist außer am Wochenende meist nur abends geöffnet, aber auch das leider nicht immer (Tel. 041/2444000). Speisekarten sucht der Gast vergeblich. Es gibt immer nur ein mehrgängiges, vom jahreszeitlichen Angebot beeinflusstes Fisch- bzw. Fleischmenü mit viel heimischem Gemüse zu einem Einheitspreis, in dem auch die Getränke inbegriffen sind.

Rundwanderung

Ein **Weg** umrundet die ganze Insel zwischen Artischockenbeeten und Weinreben, an Blumenkohl und Salatköpfen, an gackernden Hühnern und bellenden Hunden vorbei. Gut neun Kilometer lang geht es eben dahin. Es ist gleichgültig, an welcher der Haltestellen man beginnt, doch wer eine der beiden Einkehrmöglichkeiten ansteuern will, sollte dementsprechend planen. Schatten gibt es wenig, dafür ein unerwartetes Naturerlebnis, Ruhe und Menschenleere direkt vor den Toren Venedigs. Nur ab und zu schreckt das Geknattere eines altersschwachen Autos auf.

Schön ist der **Blick** auf die benachbarte Insel Le Vignole und die farbigen Boote der Fischer am westlichen Ende und auch auf das scheinbar in greifbarer Nähe liegende Forte Sant'Andrea aus dem 16. Jh., den Flughafen am Lido und die Halbinsel von Cavallino, zu der man meint, hinüberlaufen zu können. Liebevoll gemalte Hinweisschilder erklären die landschaftlichen Besonderheiten und auch Naturphänomene, wie die **spezielle Fauna des Brackwassers** oder die Fischwelt rund um die Insel. **Vogelliebhaber** finden hier viele verschiedene Arten wie den Sichelstrandläufer oder den Wasserläufer. Unweit des Restaurants Ai Tedeschi beeindruckt der Turm **Torre Massimiliano,** ein massives Bollwerk der Habsburger, das 1848 Kaiser *Maximilian* als Zufluchtsort diente. Er bietet Raum für Sonderausstellungen und eine Dauerausstellung über venezianische Befestigungsanlagen.

Am nordöstlichen Ende der Insel befindet sich eine zweite militärische Anlage aus grauer Vorzeit, die Überreste der **Festung von Sant'Erasmo.** Dort, am nordöstlichen Ufer, fällt in unmittelbarer Nähe die lange Reihe der Zypressen der Insel San Francesco del Deserto mit ihrem Franziskanerkloster auf, im Hintergrund zeigt sich der Kirchturm von Burano, weiter rechts davon Torcello und ganz am Horizont der Flughafen Venedigs, Marco Polo.

Da die Linienschiffe je nach Tageszeit nur im Halbstunden- bzw. Stundentakt verkehren, ist es anzuraten, sich gleich nach der Ankunft über die Rückkehrmöglichkeiten zu informieren. Zusätzliche Attraktion im Herbst: Am **1. Sonntag im Oktober** findet auf Sant'Erasmo ein landwirtschaftliches **Volksfest** statt, „La festa del Mosto", mit Musik, gutem Essen, Wein, einem Umzug landwirtschaftlicher Wagen und – wie könnte es in der Lagune anders sein – einer Ruderregatta.

Pest-Geschichte, Natur und ein Blick unter die Erde: Lazzaretto Nuovo

Venedig wird größer! Natürlich nimmt die Stadt und die Lagunenlandschaft nicht an Fläche zu. Aber immer mehr Inseln in der Lagune, bisher oft als „isole abbandonate" als „aufgegebene Inseln" bezeichnet, werden wieder zugänglich und auch für Besucher interessant, die tiefer in die venezianische Geschichte einsteigen möchten. Nach San Servolo, die seit 2004 wieder öffentlich zugänglich ist (⇨ „Inseln als Museen: San Lazzaro und San Servolo"), ist seit April 2009 nun auch die Insel **Lazzaretto Nuovo** wieder erreichbar und mit Führungen erlebbar (⇨Karte im Kapitel über „Sant'Erasmo"). Ein Ausflugstipp soll auf diese malerische Insel verführen, die in den letzten Jahren nur venezianischen Bootsbesitzern vorbehalten war, die dort gerne hinfuhren, um unweit des historischen Stadtzentrums in Abgeschiedenheit zu relaxen. Das können nun auch Touristen. Die Schiffe der Linie 13 bringen Neugierige von Fondamente Nuove aus auf die Insel. Allerdings muss man den Haltewunsch nach dem Einsteigen beim Schiffsbegleiter anmelden. Lazzaretto Nuovo ist nur ein **„Bedarfshalt auf Verlangen"** zwischen den Stationen an „Vignole" und „Sant'Erasmo Capannone". Lazzaretto Nuovo liegt Sant'Erasmo Capannone direkt gegenüber. Schon vom Vaporetto aus sieht man einen langen Anlegesteg und dahinter einen langgestreckten Gebäudekomplex.

Die Insel war aufgrund ihrer geografischen Lage in der Geschichte Venedigs lange von strategischer Bedeutung, da sie am Eingang zur Lagune Richtung Festland liegt. Zunächst lebten Einsiedler auf der Insel, die damals – gemäß ersten Aufzeichnungen von 1050 – noch Vigna Murada genannt wurde. Im 12. Jh. bauten dann die Mönche von San Giorgio Maggiore eine kleine Kirche, die dem heiligen

415ve Foto: mr

Die Insel Lazzaretto Nuovo ist seit 2009 wieder zu besuchen und erlaubt einen wunderbaren Einblick in die Geschichte und Natur der ehemaligen Quarantänestation und der Lagune

Bartholomäus geweiht war. Ab dem 15. Jh. fing ihr Dasein als **Quarantäne-Insel** an. Auf ihr wurden Waren zwischengelagert, an denen man Krankheitserreger vermutete. Gleichzeitig errichtete man Krankenhäuser *(Lazzaretti),* darunter das so genannte „Tezon Grande", mit 100 Metern Länge neben den Seilerwerkstätten im Arsenal der Stadt das damals größte öffentliche Gebäude Venedigs. Man gab dem neuen „Lazzaretto" den Namen „Lazzaretto Nuovo", um es vom bereits nahe dem Lido existierenden zu unterscheiden.

1576 kam es zu einem entscheidenden Ereignis für die Insel. Während der damaligen **Pestepidemie** wurde die Insel zum Zwangs-Aufenthaltsort für möglicherweise von der Krankheit angesteckte Personen. In alten Aufzeichnungen wird von rund **zehntausend Menschen** auf Lazzaretto Nuovo berichtet. Weiter genutzt wurde die Insel dann erst wieder unter *Napoleon* und den Österreichern, als man Wohn- und Lagergebäude für militärische Zwecke dort einrichtete. Ein Rest dieser Befestigungsanlagen zeugt noch heute davon. Das italienische Heer nutzte die Anlagen bis 1975.

International bekannt wurde die neu zugängliche Insel in unserer Zeit vor allen Dingen durch ihre Pest-Vergangenheit. So hatten Archäologen dort das gut erhaltene Skelett einer rund 60 Jahre alten Frau ausgegraben, die 1576 an der Pest gestorben war. In ihrem Mund steckte ein Stein. Durch die Medien wurde sie 2009 als die **Vampir-Frau** bekannt. Die Archäologen glauben, dass dem sich zersetzenden Körper der Frau Jahre nach ihrem Tod der Stein in den Mund gesteckt wurde, um den Vampir in ihr zu töten. Vermutlich hatte man das Massengrab, in dem sie lag, wieder geöffnet, um frische Tote einer neuen Pestepidemie zu begraben. Dabei sah man ihren halb verwesten Körper, aus dessen Mund Blut tropfte, und ein Leichentuch, das vor dem Mund durchlöchert war. Für die Archäologen heute ein leicht zu erklärender Prozess. Für die Menschen damals der Beweis dafür, dass die Leiche eine Untote, ein Vampir, sein musste. Durch den Stein im Mund sollte er zum Verhungern gebracht werden. Dabei stammt das Blut im Mund nach heutiger Erkenntnis von sich zersetzenden Organen und das Loch im Leichentuch von Bakterien aus der Mundhöhle. Der Fund des „Vampirskeletts" beweise laut den Archäologen nun erstmals die Vermutung, dass im Venedig des 16. Jahrhunderts Vampire für die Verbreitung der Pest verantwortlich gemacht wurden. Ihr Biss übertrug die Erreger. Von solch blutrünstigen Geschichten wird man indes heute auf der Insel nicht mehr behelligt.

Vielmehr kann man auf dieser noch **weitgehend unbekannten** und relativ wenig besuchten Insel einen Ausflug in Natur, Geschichte und Archäologie erleben. Ein Kontrastprogramm zu den Sehenswürdigkeiten und Menschenmengen des *centro storico* Venedigs.

Auf einem etwa einen Kilometer langen, ausgeschilderten Weg, der dem früheren Wachweg der Soldaten rund um die Insel folgt, kann man in die Pflanzen- und Tierwelt der Lagune eintauchen und einen Rundumblick in die Lagune genießen. Auf der Insel finden seit einigen Jahren Kurse in Archäologie statt, in denen man interessante Funde zu ihrer Geschichte gemacht hat. Unter der Ägide des extra für die Rettung der Insel gegründeten *Ekos Club* und mit dem *Archeoclub d'Italia* wurde auf diese Weise die Insel wieder für Besucher zugänglich gemacht.

Führungen

Man kann die Insel auf eigene Faust erkunden. Doch es gibt auch Führungen, die sehr zu empfehlen sind. Sachkundige und engagierte Führer zeigen Interessierten von April bis Oktober an Samstagen und Sonntagen um 9.45 und 16.30 Uhr (nach Ankunft der Schiffslinie 13, Abfahrt von Fondamente Nuove 9.25 oder 16.10 Uhr!) die Insel. Besucher erfahren dort alles über die Geschichte der Insel, ihre archäologische Bedeutung und erhalten einen Einblick in Flora und Fauna der Lagune. Natürlich werden auch die militärische Vergangenheit und die Pest-Geschichte der Insel in den Fokus genommen und die aktuellen archäologischen Ausgrabungen gezeigt. Eine Ausstellung präsentiert die Ergebnisse anthropologischer Forschungen, die zwischen 2006 und 2008 auf dem alten Friedhof der Insel gemacht wurden und einen Blick auf die Pest-Epidemien werfen lassen, die Venedig im Laufe der Jahre getroffen hatten. (Mehr Infos – in Italienisch und Englisch – sowie Fotos der Insel: www.lazzaretto nuovo.com.)

131ve Foto: bw

Wer meint, der Lido sei ein weiter, freier Sandstrand, irrt: Große Teile der Strandfläche sind mit mehreren Reihen von Wohnhütten bebaut. Hier verbringen die Venezianer und italienische Touristen große Teile des Sommers

Vor den Luxushotels am Lido spenden Sonnenschirme Schatten

Mit dem Fahrrad den Lido entlang bis zur Oase Caroman

Nach den endlosen Fußmärschen durch die Straßen und über die Brücken Venedigs mag eine Radtour in die Natur verlockend sein. Die Fußsohlen werden geschont und doch kommt man mit Muskelkraft zügig voran. Mit dem **Schiff** fährt man von Venedig aus zur Haltestelle **Santa Maria Elisabetta** am Lido (Linien 1, 2, LN, 51, 52, 61oder 62). Wenn man noch keine Fahrkarte bzw. kein Abo hat, ist es sinnvoll sich eine Tageskarte zu kaufen, sonst ist für jedes Teilstück auf dem Schiff extra zu bezahlen, und das wird teuer!

Radverleih

In unmittelbarer Nähe der Anlegestelle gibt es zwei Fahrrad-Mietstationen, bei denen man für rund 3 € pro Stunde oder etwa 9 € für den ganzen Tag ein Rad *(bicicletta)* und für das Doppelte ein Tandem mieten kann.

● Versteckt hinter dem Ristorante Belvedere, das vom Anleger aus zu sehen ist, liegt der Radverleih von **Bruno Lazzari** (Gran Viale 21/B, Tel. 041/5268019). Nicht weit davon entfernt (Piazzale Santa Maria Elisabetta 2/A, Tel. 041/2760005) ist der Verleih von **Anna Valli Gardin,** hinter dem Hotel Panorama.

Der Lido: Seebad und Ökosystem

Der Lido ist nicht Venedig! Der Lido ist ein Phänomen. Und wer auf dem Lido wohnt, würde sich niemals als Venezianer bezeichnen. Ein richtiger Venezianer dagegen blickt herablassend auf die Lido-Bewohner hinab. Doch ist der Lido für die Venezianer das Seebad vor ihrer Haustür. Hierher ziehen sie im Sommer, hier mieten sie für bis zu 5000 € für die ganze Saison eine der Hütten *(capanne)* am **Strand,** hier findet zwischen Juni und September das sommerliche Familienleben statt. Manchmal haben auch Touristen eine Chance, eine solche Hütte für rund 300 € am Tag ergattern zu können. Doch der Lido ist nicht nur Strand. Er ist auch Schauplatz der alljährlich im September stattfindenden **Filmfestspiele,** wenn sich Stars und Sternchen im Palazzo del Cinema treffen.

Der Lido ist aber vor allem auch die Barriere, die die Lagune gegen die Adria abgrenzt, ein **einzigartiges Ökosystem** und ein eigenartig schmales Streifchen Land, das sich zart und doch wuchtig den Gezeiten entgegenstemmt und Venedig schützt. Nur drei Öffnungen gibt es zum Meer. Hier findet der Austausch des Wassers statt. Mindestens einer dieser *bocche,* dieser Münder, wird während der Radtour für Unterbrechung sorgen. Nicht vergessen: Wer nach einigen Tagen in Venedig nicht mehr an Autos gewöhnt ist, sei darauf hingewiesen, dass auf dem Lido reger Autoverkehr herrscht. **Einkehrmöglichkeiten** gibt es auf dem Lido unzählige, auf dem sich im Süden anschließenden Landstreifen Pellestrina ist die Auswahl etwas beschränkter. Die Speisekarte ist vom Fisch dominiert.

Jüdischer Friedhof

Vor der etwa 40 Kilometer langen Radtour, einer Tagestour, kann noch

132ve Foto: bw

ein Besuch des jüdischen Friedhofs unweit der Kirche **San Nicolò** (von der Schiffsanlegestelle Santa Maria Elisabetta nach links) verlocken. In der **Via Cipro** werden seit dem 14. Jh. die Juden beerdigt. Besonders malerisch und überwuchert ist der Teil aus dem 18. Jh.

• **Geöffnet** ist der Friedhof in der Regel im Sommer von 9 bis 12.30 Uhr und 15 bis 18.30 Uhr, außer am Sabbat (Samstag). Von Oktober bis März gibt es eingeschränkte Öffnungszeiten. Männer brauchen eine Kopfbedeckung. Informationen zu Führungen gibt es im jüdischen Museum im Ghetto (⇨Kapitel „Museen“).

Radtour

Dann fängt die Radtour an. Vom Radverleih aus zunächst die Flanierstraße Santa Maria Elisabetta bis zu deren Ende, dort nach rechts in die Lungomare-Marconi. Diese Straße am Casinò, dem Filmpalast und dem Grand Hotel Excelsior vorbei folgen, bis die Straße eine 90-Grad-Rechts-Wendung macht. Hier statt abzubiegen in der Kurve hinter der Leitplanke ein paar Stufen, ein paar Meter einen Sandweg bis zum betonierten Dammweg schieben. Auf dem Damm fährt man mit wunderbarer Sicht aufs Meer bis zum nächsten Ort, **Malamocco.** Malamocco erkennt man am rechter Hand liegenden Kirchturm, der ein wenig wie der Campanile von San Marco aussieht. Nach dem Sichten des Turms noch ein Stück weiter auf dem Damm fahren, bis rechts Straßenlaternen unvermittelt im Schilf stehen und ein Weg rechtwinklig abzweigt (Via Doge Galli, ist aber vom Damm aus nicht ausgeschildert!). Dort die steile Böschung hinabschieben und im Ort auf der der Lagune zugewandten Straße weiter fahren. Malamocco ist ein ruhiger Ort mit ein paar malerischen Häusern. Nichts erinnert mehr an die bewegte Vergangenheit, als hier der Ursprung Venedigs lag. Hier residierten schon Dogen, als da, wo sich heute Venedig erhebt, noch unbewohnte Inseln aus Schlamm lagen.

Wenige Kilometer weiter erreicht man auf der normalen Straße **Alberoni.** Der öffentliche (und bei der Jugend Venedigs beliebte) Strand liegt in hohen, unberührten Dünen, die noch die typische Vegetation tragen. Hinter einem Kanalbecken befindet sich der Golfclub von Venedig. Die Öffnung zum Meer, die hier überwunden werden muss, ist die am meisten befahrene der Lagune. Große Öltanker passieren sie auf ihrem Weg zu den Raffinerien von Porto Marghera. Die Autofähre, am Ende der Insel, braucht etwa zehn Minuten über die „Bocca di Malamocco“ und schon ist der Radfahrer auf der Insel **Pellestrina,** die in Donna Leons zehntem Krimi, „Das Gesetz der Lagune“, eine Rolle spielt. Die schmale Landzunge wird seit dem 18. Jh. von einer mächtigen Uferbefestigung, den **Murazzi,** vor dem Meer geschützt. Große Blöcke istrischen Marmors wurden hier zu mächtigen Dämmen aufgetürmt. Die Fischerorte San Pietro in Volta, Portosecco oder Sant'Antonio und Pellestrina sind relativ verlassen und ruhig.

Am äußersten Ende Pellestrinas geht die Radtour in eine Wende, um dann

212ve Foto: bw

den gleichen Weg in entgegengesetzte Richtung wieder zurück zum Radverleih am Lido einzuschlagen. Wer möchte, kann mit der Fähre in das Fischereizentrum der Lagune, nach **Chioggia,** übersetzen. Auch diese Stadt liegt auf Inseln und ist nur durch Brücken mit dem Festland verbunden. Pellestrina ist ein malerischer Ort mit einigen wenigen Sehenswürdigkeiten und einem „himmlischen" Fischrestaurant, **Da Celeste** (Pellestrina, Sestier Viarelli 625, direkt am Wasser, Tel. 041/967043). Mittwochs geschlossen und von Oktober bis März. Hier isst man, was gerade frisch gemacht wird, vor allem verschiedene Vorspeisen. Gastfreundschaft und Essensqualität machen jeden Preis angemessen. Unbedingt reservieren und sich nach den Fährzeiten richten.

Doch vor der Rückfahrt mit dem Rad ist unbedingt ein Abstecher zum Lido von Caroman auf Pellestrina einzuplanen. Die **Oase Caroman** ist eine 40 Hektar große Dünenwelt, die Pflanzen und Tierarten beheimatet, die andernorts bereits ausgestorben sind. Jedes Jahr von Anfang April bis Mitte Juli nisten Seeregenpfeifer und Zwergseeschwalben am Ufer. Daher ist die Oase Caroman seit 1989 **Naturschutzgebiet,** und die Nistplätze der Vögel werden jedes Jahr durch Hinweisschil-

Während einer Fahrradtour auf dem Lido bieten sich immer wieder „aussichtsreiche" Gelegenheiten für eine kurze Rast

der markiert. So kann man sich in den Dünen und zwischen der Macchia bewegen, ohne die im Sand abgelegten Eier zu zerstören. Große Tafeln geben Informationen zur Tier- und Pflanzenwelt der Oase Caroman. Am Ende des Waldweges hat man einen weiten Blick auf Chioggia am Festland und eine der Baustellen des neuen Schleusensystems der Lagune. Man erreicht Caroman, wenn man in Pellestrina an der Tankstelle und am Friedhof vorbei am Wasser einfach immer weiter fährt.

Lust auf mehr?

Wer mehr „Appetit" auf Radtouren um Venedig bekommen hat, dem seien zwei **Radwanderführer** zur Lagune von Venedig empfohlen. Ziel der praktischen Bücher, die mit je elf Tourenvorschlägen die Radfreunde in verschiedene Teile der Lagune führen wollen: „Der Besucher soll nicht nur auf den üblichen festen Wegen die Vielfalt der Umgebung, die historischen Wurzeln, die Traditionen und die Kultur dieser magischen Wasserwelt erkunden." **„Lagune von Venedig"** oder **„Östliche Lagunen"** mit dem Untertitel **„Radwandern in der Lagunenlandschaft Venetiens"** heißen die beiden Bände, die zwar in einem italienischen Verlag (Edicicloeditore) erschienen, aber auch im deutschen Buchhandel erhältlich sind.

Per Mietboot durch die Wasserwelt: von Punta Sabbioni in die Lagune

Salzwiesen *(barene),* Schilf, Sumpf, Röhricht, Vögel, Kanäle, Fischgründe und das zarte, mitunter fordernde und zerstörerische Zusammenspiel von Erde und Wasser mit dem Himmel sehen und erleben, auch das gehört zu einem Venedig-Aufenthalt. Die Lagune lässt sich am besten vom Wasser aus erleben. Und da man mit Linienschiffen nur begrenzt in das verzweigte Kanalsystem eindringen kann, empfiehlt sich erfahrenen Wassersportlern ein Ausflug in die nördliche Lagune.

Die Schiffslinie LN fährt von der Haltestelle San Zaccharia (unweit San Marco) in 40 Minuten, von den Fondamente Nuove in 80 Minuten bis nach Punta Sabbioni auf die Halbinsel von Cavallino. Dort kann man sich bei einem Bootsverleih ein **kleines Motorboot** (bis sechs Meter Länge) mieten. Schön ist die Fahrt auch mit **Kajaks,** die man entweder selbst mitbringen oder beim „Canoa Club" in Mestre (Tel. 041/5345390) ausleihen kann. In Venedig selbst gibt es keine Boote zu mieten. Dringend mitzuführen ist dabei eine detaillierte **nautische Karte** der Lagune, denn zum einen sind hier Ebbe und Flut aktiv, zum anderen aber ist das Wasser an manchen Stellen nur wenige Zentimeter tief und man muss sich genau an die mit *bricole* und *dame* markierten Wasserwege halten (s.u.).

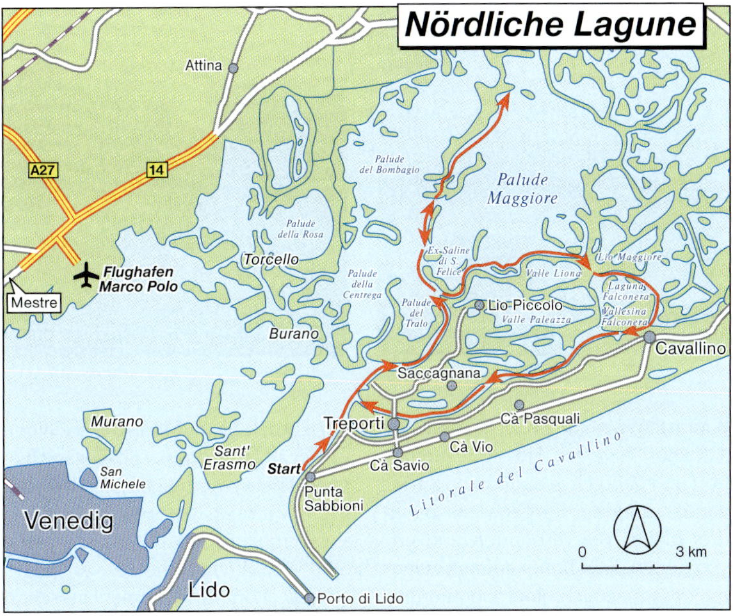

- **Bootsverleih:** Darsena-Marina di Lio Grando, Lungomare San Felice, 94, Punta Sabbioni, Tel. 041/966044.
- **Nautische Karten** gibt es in Venedig in einem Spezialgeschäft: Libreria Mare di Carta, Tolentini, Santa Croce 222. Empfehlenswert sind die „Carte nautiche Navigabene: laguna nord di Venezia" und „Laguna sud di Venezia".
- vergl. „Literaturtipps", **Heinrich Breidenbach** über Touren in der Lagune und **Fuga/Vianello,** Hintergründe zur Lagune.

Rundfahrt

Im Folgenden sei eine individuelle Tour vom Bootsverleih in Punta Sabbioni aus vorgeschlagen. Sie dringt tief in die Wildnis der nördlichen Lagune ein bis zu einer Grenze, an der Schilder vor der Weiterfahrt warnen. Während der Tour kommt man durch Untiefen und seichte Wasser, deren Leben seit ewigen Zeiten vom Rhythmus der Gezeiten und Jahreszeiten bestimmt wird. Hier wird das wahre Ausmaß der Lagunengewässer entdeck- und erlebbar. Gut vier Stunden dauert die Rundfahrt auf der über 30 Kilometer langen vorgeschlagenen Strecke mit einem Motorboot bei einer Höchstgeschwindigkeit von 8 Km/h.

Vor Fahrtbeginn ist es wichtig, sich über die **nautischen Zeichen** der Lagune zu informieren. Die Fahrrinnen sind durch so genannte *briccole* (Dalben) markiert, Bündel von dicken

134ve Foto: bw

135ve Foto: bw

Baumstämmen, deren weiße Seite die Fahrspur markiert. Sie sind nummeriert und dadurch in nautischen Karten wiederzufinden. So genannte *dame,* drei Pfähle, die verbunden sind und von denen einer höher aufragt, zeigen an, dass man sich einer Einmündung nähert. Zum Teil sind an den Pfählen und Stämmen auch Verkehrsschilder aus dem Straßenverkehr angebracht. Gewarnt sei vor Tagen, an denen die berüchtigten **Winde** Bora oder Scirocco wehen, denn dann können sich die Wetterverhältnisse sehr schnell ändern. Die Winde beeinflussen auch Ebbe und Flut stark und sind von Laien kaum einzuschätzen.

Von **Punta Sabbioni** aus geht es zunächst den sehr breiten Canale di Treporti entlang bis zur Schiffsanlegestelle Treporti. Dort fahren wir geradeaus weiter durch den breiten Canale San Felice und weiter durch den Canale Cenesa bis an die äußerste Grenze der Lagune, etwa beim Cason Lanzoni, und anschließend die Kanäle wieder zurück bis auf Höhe der kleinen Ortschaft **Lio Piccolo.** Die Gegend hier gehört dem österrreichischen Industriellen *Swarovski,* der sie gerne urbanisieren möchte, was die venezianische Stadtverwaltung bisher zu verhindern wusste. Von der Lagunenlandschaft des Rio San Felice aus lässt sich das System der *barene,* der Salzwiesen, sehr gut beobachten, aber auch historische Salinen, in denen früher Salz produziert wurde, sind zu sehen.

Zunächst aber geht es östlich an der kleinen Ansiedlung von Lio Piccolo vorbei, dem letzten Ufer, bevor wir die große Wasserfläche der nördlichen Lagune erreichen. Dann führt die Tour an der westlich gelegenen Insel Santa

Boote dürfen in der Lagune nur auf festgelegten Routen fahren. Andernorts ist das Wasser zu seicht. Die Fahrrinnen sind mit Holzstämmen markiert

Auf den Inseln der Lagune leben viele Bewohner vom Fischfang

Cristina entlang. Der Canale Cenesa und der Canale Lanzoni führen mitten durch den **Palude Maggiore,** die größte Wasserfläche der gesamten Lagune. Hier lässt sich das Leben im seichten Wasser sehr gut beobachten.

Wir fahren zurück bis Lio Piccolo und biegen hier nach Osten ab in den Canale Riga und den Canale Bari, der an den bäuerlichen Häusern von **Lio Maggiore** (Lio Mazor) vorbeiführt, wo im Mittelalter ein blühender Hafen den Osten der Lagune versorgte. Heute ist die Landschaft eingehüllt in Schweigen, nur unterbrochen durch Rufe von Tieren. Doch bald wird sie wieder mehr von Menschen bestimmt.

Entlang den Brackwassern der Laguna Falconera geht es nach **Cavallino,** einem touristischen Ort auf der gleichnamigen Halbinsel. Zunächst sieht man typische Häuser der Lagune und dann die urbanisierte Landschaft des Canale Pordelio, der in westlicher Richtung an der Halbinsel entlangführt. Gemüsefelder und Gerätschaften von Fischern zeigen, wovon die Menschen hier (außer vom Fremdenverkehr) leben.

Weiter geht es bis zum Kanalhafen von **Saccagnana** und zur so genannten „Ricettoria", dem Ausgangspunkt für den Bootsverkehr mit den Inseln am **Canale di Treporti.** Dem Canale di Treporti nach Südwesten folgend, gelangt man zwischen Sant'Erasmo und der Halbinsel wieder zurück zum Ausgangspunkt in Punta Sabbioni.

Geführte Touren

Wem der Aufwand mit Bootsbeschaffung, nautischen Karten und der Unsicherheit, sich in einem unbekannten Ökosytem zu bewegen, zu viel ist, der kann sich auch geführten Touren durch die Lagune anschließen.

- Die auf naturkundliche Ein- und Mehrtages Exkursionen spezialisierten Führer der **„Coop. Limosa – Operatori naturalisti"** bieten auch **deutschsprachige Gruppentouren** mit dem Boot in die Lagune an. Mit dem Motorboot werden (zwischen März und Oktober) die Silemündung und das Schilf-Sumpfgebiet von Cona erkundet sowie einige Inseln der nördlichen Lagune besucht. Es werden nicht nur verschiedene Vogelarten beobachtet und belauscht, sondern auch Fischgründe angefahren. Auch die Geschichte kommt nicht zu kurz. Infos unter www.limosa.it (leider nur in Italienisch). Deutschsprachiges Infomaterial am besten schriftlich anfordern: Limosa, via Toffoli 5, 30175 Venezia Marghera, limosa@limosa.it, Tel. 041/932003, Fax 041/5384743.

Mit dem Burchiello zu den Brenta-Villen

Eine Tagestour in die Vergangenheit ist die Fahrt mit dem Burchiello den Brenta-Kanal hinauf bis vor die Tore Paduas. Der Burchiello ist eine Erfindung des 18. Jh., als die Venezianer ihre **Sommerfrische** im Gebiet um Padua und entlang des Naviglio Brenta, des Brenta-Kanals, verbrachten. Die Reise dorthin war beschwerlich. Man fuhr entweder mit der Kutsche oder mit einem Schiff in bedingt standesgemäßer Gesellschaft. So wurde in Padua der *burchiello* gebaut, eine geschmückte Luxusausgabe des venezianischen *burchio,* des **Schleppkahns** zum Lastentransport. Ein *burchio bello,* ein schöner Kahn, wurde dann schnell zum *burchiello,* in dem die Reisenden komfortabel mit Musikbegleitung und Verpflegung, durch Baldachine vor der Sonne geschützt, von Venedig aufs Festland reisen konnten.

Die Brenta ist einer der wichtigsten Flüsse im Hinterland Venedigs. Der Fluss war aber in früheren Jahrhunderten auch Zankapfel zwischen den rivalisierenden Städten Padua und Venedig und wurde daher häufig umgeleitet. Um Hochwasserkatastrophen zu entgehen, hat man schließlich den Hauptfluss nach Westen verlegt. Übrig blieb der Naviglio Brenta als Wasserstraße entlang den Villen der reichen Venezianer - ein flaches, behäbiges, aber malerisches und beschauliches Gewässer, das sich auf der etwa 35 Kilometer langen Strecke zwischen Venedig und Padua durch **idyllische Landschaft** windet und dabei acht Meter ansteigt. Der Höhenunterschied wird mit drei - zum Teil altertümlich anmutenden - **Schleusen** überwunden. Früher wurde hier flussaufwärts mit Pferden getreidelt. Schon *Goethe* und *Goldoni* haben das in ihren Werken beschrieben. Besondere Attraktion sind die acht größtenteils noch mit Muskelkraft betriebenen **Klapp-, Schiebe- oder Drehbrücken,** die jeweils erst kurz vor der Durchfahrt des Schiffes bewegt werden.

Die **„Villeggiatura",** das Leben in der Villa - mit „Sommerfrische" nur unzureichend übersetzt -, wurde im venezianischen Hinterland zu einem aus der Kultur dieses Landes nicht mehr wegzudenkenden Phänomen, das nicht nur der Aristokratie galt, sondern auch große Teile des Volkes integrierte. Und dabei ist eine venezianische **Villa** auf dem Festland nicht nur Baukunst, sondern auch **Lebensform.** Rund 3500 Gebäude zeugen noch heute davon, obwohl viele verwahrlost oder zerstört sind.

Wenngleich der Ausflug mit dem Burchiello ein wenig kostspielig ist, gehört eine Tour auf dem Brenta-Kanal für Venedig-Besucher, die die Stadt und ihre Geschichte schon gut kennen, zum Pflichtprogramm. So können sie erleben, was es für Venedig und die Venezianer 400 Jahre lang bedeutet hat, ein Hinterland zu haben, das nicht nur landwirtschaftlich genutzt wurde, sondern auch eine wichtige gesellschaftliche Funktion hatte.

Am 2. Sonntag im September wird der Brenta-Kanal während der so genannten „Riviera fiorita" Schauplatz einer historischen Bootsparade mit Blumenkorso.

Die Bootsfahrt

Heute fahren moderne, vollklimatisierte Ausflugsschiffe zum Preis von 79 € (9. Juli–31. August 66 €) den Brenta-Kanal, die Riviera del Brenta, entlang. Die Tour mit dem Burchiello beginnt in Venedig an der **Riva degli Schiavoni** um 9 Uhr direkt vor der Vivaldi-Kirche La Pietà (März–Oktober). Verkehrstage im Internet unter www.

Die meisten der Brücken über den Brenta-Kanal werden vor der Ankunft eines Schiffes von Muskelkraft bewegt. Ein beeindruckendes Schauspiel

136ve Foto: bw

ilburchiello.it oder in der Tourist-Info nachprüfen.

Durch den Giudecca-Kanal geht es am Hafen mit seinen riesigen Kreuzfahrtschiffen vorbei und, parallel zur Ponte della Libertà, hinein ins Industriegebiet von **Marghera.** Hier ist die unbekannte Seite Venedigs zu sehen. Es riecht nach Öl, in Raffinerien wird Gas abgefackelt, rostige Frachter haben am Kai festgemacht. Doch dieser Eindruck liegt schnell hinter einem, wenn bei **Fusina** der Naviglio Brenta gleich mit der ersten Schleuse beginnt. Und schon wähnt man sich in einer anderen Welt. Beschaulichkeit dominiert, farbenfrohe Boote liegen unter Trauerweiden, ein Schwanenpaar führt stolz am Ufer seine Brut aus, kleine Häuser säumen das Ufer, Radfahrer begleiten das Boot am parallel laufenden Radweg.

Erster Stopp nach der ersten Drehbrücke: die **Villa Foscari la Malcontenta,** einzige Villa Palladios in Venetien. Unter der sachkundigen Führung der mehrsprachigen Reisebegleitung wird die Villa aus dem 16. Jh. mit ihren Fresken besichtigt. Neben der Malcontenta werden auch die **Barchessa Valmarana** in **Dolo** und die **Villa Pisani La Nazionale** in **Strà** besichtigt. Die eindrucksvolle, riesige Anlage der Villa Pisani ließ die Familie *Pisani* im 18. Jh. bauen, als eines der Mitglieder zum Dogen gewählt wurde. Besonders schön ist ein Deckenfresko von *Tiepolo* im Ballsaal.

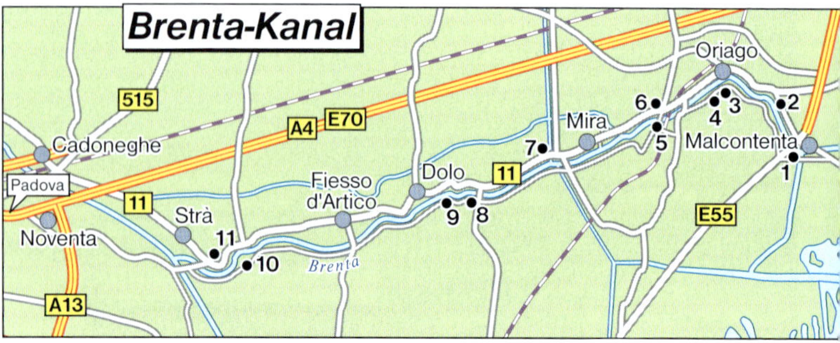

Das Mittagessen wird im Restaurant eines Vier-Sterne-Hotels, dem „Il Burchiello", am Ortsrand von **Oriago** serviert. Das Vier-Gänge-Menü ist im Fahrpreis nicht inbegriffen, doch sein Geld auf jeden Fall wert. Wer lieber den Ort erkundet, kann unter schattigen Bäumen am Ufer des Kanals picknicken. Dienstags ist gleich bei der Schiffsanlegestelle der Wochenmarkt.

Gut 50 Villen passiert das Schiff während seiner achtstündigen Fahrt. Ankunft in Strà ist gegen 17 Uhr, zurück nach Venedig geht es dann mit dem Bus des Veranstalters.

- **Info und Buchung:** SITA Divisione Navigazione, „Il Burchiello", Via Orlandini, 3, 35121 Padua, Tel. 049/8206910, Fax 049/8206923, info@ilburchiello.it, www.ilburchiello.it, auch auf Deutsch (Fahrten mit dem Burchiello: März bis Oktober).

Mit dem Rad

Die Villen entlang der Brenta sind auch für Radfahrer gut erschlossen. Gelbe Schilder weisen den Weg.

- Wer die Gegend mit dem Rad erkunden will, kann in Mira Porte, Via Mocenigo 3, bei **Center Bike** montags bis samstags ein Rad mieten (Tel./Fax 041/420110). Radtouren-Infos gibt es bei den Tourist-Infos vor Ort.
- Es gibt auch die Möglichkeit, vom Tronchetto in Venedig (oder von Strà) aus mit dem so genannten **Bicinbus,** einem Fahrradbus, der 15 Räder transportieren kann, mit dem Rad anzureisen (Juli bis September, samstags, sonntags, feiertags). Wer beispielsweise auf dem Lido wohnt, dort für mehrere Tage ein Rad gemietet hat und auch auf dem Festland radeln möchte, nimmt das Ferry Boat Lido – Tronchetto und kann um 9.45 Uhr mit dem Bus in Richtung Brenta starten. Ankunft in Strà eine Stunde später, zurück geht es mit dem Rad die gut 40 Kilometer lange Radstrecke entlang dem Kanal.

Urlaub im Hausboot

Freunden des beschaulichen Wassersports sei der Urlaub im kleinen Hausboot empfohlen. **Ohne Bootsführerschein** kann hier jeder ein kleines Boot mieten, das wie ein Wohnwagen ausgestattet ist. Ein Boot für zwei Personen kostet je nach Saison pro Woche zwischen 600 und 900 €. Es gibt auch größere Ausführungen für

Die Villa Foscari La Malcontenta des berühmten Architekten Andrea Palladio

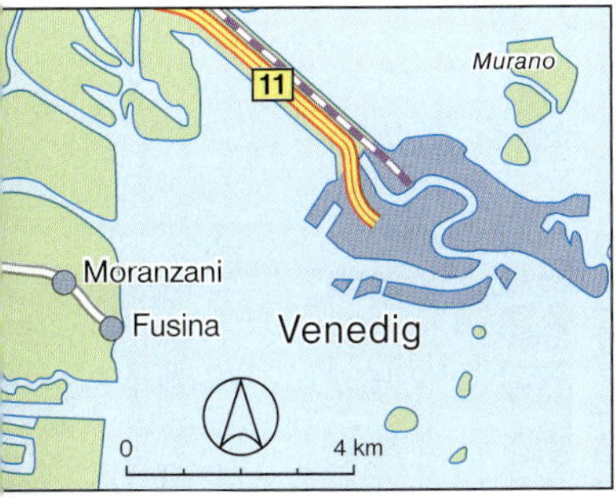

Villen:
- 1 Villa Foscari La Malcontenta
- 2 Villa Priuli Bon
- 3 Villa Mocenico
- 4 Villa Gradenigo
- 5 Barchessa Valmarana
- 6 Villa Widmann
- 7 Barchessa Alessandri
- 8 Villa Velluti
- 9 Villa Ferretti Angeli
- 10 Villa Pisani Barbarigo
- 11 Villa Pisani La Nazionale

bis zu sieben Personen. Am häufigsten sieht man die grünen Boote von Rendez-Vous Fantasia (Tel. 041/5510400, Fax 5500957, www.rendez-vous-fantasia.com) auf dem Kanal. Eine sehr individuelle Art, die Sommerfrische der Venezianer nachzuerleben.

Mit dem Linienbus

Wer kostengünstig von Venedig aus einen Tag bei den Brenta-Villen verbringen will, nimmt an Piazzale Roma den (orangefarbenen) **Linienbus Nr. 53** Richtung Padua, der in allen Orten entlang des Kanals stoppt.

137ve Foto: bw

500ve Foto: ml

Anhang

020ve Foto: bw

615ve Foto: ml

Bröckelnder Charme: In vielen Teilen der Stadt findet man an versteckten Kanälen Spuren des Alltagslebens der Venezianer

Kurze Rast bei einem „Spritz“ am Fuße der Rialto-Brücke

In Venedig finden sich viele spezialisierte Einzelhandelsgeschäfte, die alles führen von der Nähnadel über Pferdefleisch bis hin zu ausgewählten Fischspezialitäten

Literaturtipps

Venedig ist Thema und Schauplatz unendlich vieler Veröffentlichungen. Angesichts der Masse an Publikationen kann hier nur ein winziger und auch sehr subjektiver Einblick gewährt werden, sozusagen als Appetithäppchen auf das große Menü der Sachliteratur und Belletristik. Dabei wird Wert gelegt auf praktische und möglichst neue Veröffentlichungen. Es werden auch italienischsprachige Werke berücksichtigt, falls sie nicht in deutscher Übersetzung existieren, aber Lesern, die des Italienischen mächtig sind, zusätzliche Einblicke in Land und Leute geben. Nehmen Sie, wenn Sie nach Venedig reisen - neben dem Reiseführer - auch ein Buch mit, das sich der Stadt literarisch nähert. Sie werden es wie in keiner anderen Stadt der Welt erleben, dass Sie Teil des Geschehens werden, wenn Sie die Gedanken der Autoren vor Ort nachleben können!

Sachliteratur

- *Tiziano Scarpa,* **Venedig ist ein Fisch,** Wagenbach-Verlag, Berlin. Ein kleines blaues Taschenbuch mit einem Fisch auf dem Titelblatt. Ach nein, das ist ja ein Stadtplan von Venedig! - Ein Buch, das es einen lehrt, genau hinzusehen, hinzuhören, hinzuriechen, hinzufühlen. Ein Buch, dass einem einen völlig neuen Zugang zu Venedig eröffnet: mit den Füßen, den Ohren, dem Herzen, mit Mund, Nase und Augen. Ein Buch, das man so schnell nicht mehr aus der Hand legen will. Der venezianische Autor lässt uns wirklich teilhaben an den versteckten und offenkundigen Geheimnissen seiner Stadt.
- *Giulio Lorenzetti,* **Venezia e il suo estuario. Guida storico artistica** (2005), Edizioni Lint, Trieste. Der Führer ist aus dem Jahr 1926 und wird regelmäßig neu gedruckt (zuletzt 2005). Er ist aber immer noch das Standardwerk eines kunstgeschichtlichen Führers der Stadt und beweist durch seine Zeitlosigkeit, dass sich in Venedig über Jahrzehnte hinweg wohl nichts verändert. Das Buch gibt es leider nicht auf Deutsch. Eine Alternative zum Italienischen ist die englische Ausgabe, „Venice and its lagoon".
- *Gherardo Ortalli* und *Giovanni Scarabello,* **Kurze Geschichte Venedigs,** Pacini Editore, Venezia. Sehr gut verständliche (und gut übersetzte), preiswerte Einführung in Venedigs komplexe Geschichte von zwei bekannten venezianischen Historikern auf 164 Seiten. Zwar auf Deutsch, aber in einem italienischen Verlag erschienen, daher wohl leider nur vor Ort zu bekommen.
- *Arne Karsten,* **Kleine Geschichte Venedigs,** C.H. Beck Verlag, München. Im Vergleich zu ähnlichen Publikationen ist die Geschichte gar nicht so klein. Immerhin 272 Seiten lang beschäftigt sich *Karsten* mit der 1500 Jahre langen Geschichte der Stadt. Faktenreich, lebendig und lesenswert, teils sogar recht flott geschrieben, vermittelt der Kunsthistoriker dem Leser, was an der Stadt so einmalig ist.
- *Gerhard Rösch,* **Venedig. Geschichte einer Seerepublik,** Kohlhammer Verlag, Stuttgart. Neuestes Buch zur venezianischen Geschichte. Posthumes Werk eines der profundesten Kenner der Geschichte Venedigs. Mit umfassender Chronologie. Viel gut lesbares Wissen auf 190 Seiten.
- *Norbert Huse,* **Venedig. Von der Kunst, eine Stadt im Wasser zu bauen,** C. H. Beck Verlag, München. Der bekannte Kunsthistoriker und Venedigkenner erzählt in seinem neuesten Buch mal nicht von Kunst und Künstlern, sondern von den Herausforderungen, die eine Stadt im Wasser an Architekten und Bauherren stellt. So kann man die beeindruckende Entwicklung Venedigs nachvollziehen. Ein großartiges Buch mit aufschlussreichen Illustrationen, das einem einen neuen Blick auf Venedig und seine Bauten zeigt
- *Gaston Salvatore,* **Venedig. Das Insider-Lexikon,** C.H. Beck Verlag, München. Eine alphabetische Annäherung an Venedig abseits der Trampelpfade. Ersetzt keinen Führer, ergänzt aber touristische Erläuterungen.

• *Doris* und *Arnold E. Maurer,* **Venedig. Der literarische Führer,** Insel Verlag, Frankfurt/ Main. Das Autorenduo Maurer, Verfasser einiger ungewöhnlicher Bücher über Venedig und die Lagune, nähert sich der Stadt auf acht Routen über den Umweg der Literatur. Sie führen in Häuser von Dichtern und an andere literarische Orte. Ein Muss in der Rubrik „Venedig für Fortgeschrittene".

• *Wolfgang Wolters,* **Architektur und Ornament: venezianischer Bauschmuck der Renaissance,** C.H. Beck Verlag, München. Ein Buch, um darin zu versinken! Es zeigt ein so noch nie gesehenes Venedig. Wer sein Auge mit diesem Buch schult, kann in Venedig noch viel Neues entdecken. Schade, dass es zu schwer ist, um es durch die Stadt zu tragen.

• *Michela Scibilia,* **Osterie e dintorni,** Vianello-Verlag, Treviso. Von Einheimischen geschriebener, immer wieder auf den neuesten Stand gebrachter Führer zu Lokalen jeder Preisklasse. Führt weg von den Touristenfallen. Von einem regionalen Verlag, daher problemlos (nur) vor Ort zu bekommen. Ist auch in einer englischen und einer französischen Ausgabe erhältlich.

• *Paolo Piffarerio* und *Piero Zanotto,* **I Nizioleti raccontano,** Edizioni Hunter. In jedem der drei Bände werden im Comic-Stil Legenden und Geschichten rund um 100 Ortsbezeichnungen Venedigs vorgestellt. Eine origineller Zugang zur Stadt, allerdings nur für Italienischsprechende.

• *Guido Fuga* und *Lele Vianello,* **Corto Sconto: itinerari fantastici e nascosti di Corto Maltese a Venezia,** Edizioni Lizard, Roma. Leider nicht in deutscher, wohl aber englischer und französischer Übersetzung erhältlicher Führer durch Venedig. Zeigt die Lagunenstadt aus der Sicht des venezianischen Comic-Helden Corto Maltese von Hugo Pratt. Wohl der venezianischste aller Venedig-Führer.

• *Dirk Schümer,* **Leben in Venedig,** Ullstein-Verlag, München. Schümers Kleinode aus der Frankfurter Allgemeinen Zeitung, mit der er seine Leserschaft mehr als ein Jahr lang erfreute, auch in Buchform. Eine behutsame, hintergründige Annäherung an eine ganz besondere Stadt und ihre Bewohner in vielen kleinen Kapiteln.

• *Regine Igel,* **Das andere Venedig. Wahre Kriminalgeschichten aus der Lagunenstadt,** Lamuv, Göttingen. Keine deutsche Donna Leon! Regine Igel denkt sich ihre Kriminalgeschichten nicht aus. Sie stellt vielmehr Straftaten vor, die wirklich passiert sind. Da geht es um Profitsucht, Mafia und Geheimdienste. So etwas gibt es wirklich in Venedig, und es liest sich noch spannender als ein Krimi! Prominentester Fall in ihrem Buch: Der Brand des Opernhauses La Fenice.

• *Katharina Holtmann,* **Auf den Spuren von Donna Leons Romanen. Krimi-Schauplätze in Venedig,** books & friends, Essen. Der etwas andere „Wegweiser" durch Venedig. Die Autorin nimmt fünf der bereits über 15 Venedig-Krimis von Donna Leon unter die Lupe und stellt Schauplätze vor, die in den Romanen erwähnt werden. Auch einige der Kochrezepte von Brunettis Ehefrau Paola werden vorgestellt. Dichtung und Wahrheit nimmt Katharina Holtmann dabei auch unter die Lupe und führt den Leser zu den Orten, an denen man meint, Commissario Brunetti würde jetzt gleich um die Ecke biegen.

• *Toni Sepeda,* **Mit Brunetti durch Venedig: Vorwort von Donna Leon,** Diogenes Verlag, Zürich. In Englisch gibt es schon zwei Bände dieses literarischen Reiseführers auf den Spuren *Commissario Brunettis* durch Venedig. *Toni Sepeda,* eine Freundin *Donna Leons* begleitet Brunetti durch die Stadt und blickt mit seinen Augen und allen Sinnen auf ihm vertraute Orte. Dabei zitiert sie viel aus den Krimis. Detaillierte Karten lassen die 13 Touren auch greifbar werden.

• *Heinrich Breidenbach,* **Die Lagune von Venedig. Häfen, Inseln, Wasserwege,** Edition Maritim, Hamburg. Endlich ein Buch, das sich der Stadt im Wasser vom Wasser aus nähert! Der Seemann gibt hier nicht nur sehr nützliche und praxistaugliche Hinweise und Regeln zum Navigieren in der Lagune, sondern auch in 15 Touren wunderbare Einblicke mit viel Hintergrundinformationen in die Stadt und die Lagune, wie man sie nur vom Wasser aus gewinnen kann. Auch eine schöne Lektüre für die, die zwar Venedig, aber nicht unbedingt dem Wassersport zugeneigt sind.

• *Guido Fuga und Lele Vianello,* **Navigar in Laguna. Fra isole, fiabe e ricordi,** Mare di

Carta, Venezia. Gibt es leider nur in Italienisch. Die Autoren des Führers „Corto Sconto" (s. dort), erzählen ähnlich wie in ihrem Führer durch Venedig hier vom „Verborgenen", vom Unbekannten der Lagune. Neben Wissenswertem kommen auch Fabeln und kleine Erzählungen nicht zu kurz.

● **Calli, Campielli e Canali. Guida di Venezia e delle sue isole,** Edizioni Helvetia, Venezia. Überlebenswichtig, wenn man in Venedig nicht nur zum Vergnügen unterwegs ist, sondern bestimmte Hausnummern finden muss. Nach Sestieri von Hausnr. 1 bis zur letzten Nr. des Sestiere geordnet. Hat zu jedem Sestiere Stadtplanausschnitte in gut lesbarem Maßstab. Auch mit englischem Text zu den wichtigsten Sehenswürdigkeiten. Ersetzt aber keinen Führer.

Belletristik

● *Salley Vickers,* **Miss Garnet und der Engel von Venedig,** List Taschenbuch, München. Ein reizender Roman: Nachdem Julia Garnet pensioniert wurde, reist die frühere Lehrerin nach Venedig, um dort einige Monate zu verbringen. Ihre langjährige Freundin und Mitbewohnerin Harriet hat sie durch deren Tod verloren. Die Autorin beschreibt raffiniert und einfühlsam, wie Miss Garnet Venedig entdeckt, Bekanntschaften schließt und viele neue Entdeckungen in Kunst, Religion und Liebe macht. Die kleine, verschrobene, ältliche Dame wagt eine Reise ins Unbekannte und lernt, endlich zu leben, zu lieben und sich für andere zu interessieren. Den Roman gibt es inzwischen schon einige Jahre, der Effekt, den er nach sich zieht, wird aber jetzt erst wirksam: Die Kirche des Erzengels Raffael, um den sich die Geschichte dreht, wurde aufpoliert und ist nun häufiger geöffnet, und das Gästebuch in der Kirche zeugt von vielen „Miss-Garnet-Pilgern". Fräulein Garnet scheint so manch einem die Augen geöffnet zu haben.

● *Louis Begley* und *Anka Muhlstein,* **Venedig unter vier Augen,** Mare-Verlag, Hamburg. Das Schriftstellerehepaar lebt seine seit Jahrzehnten andauernde Venedig-Passion in Texten aus beiderlei Feder aus. Der amerikanische Schriftsteller deckt so manches Geheimnis seiner Lieblingsstadt auf und kommt mal wieder nicht umhin ins Erotische abzudriften, die französisch schreibende Sachbuchautorin Muhlstein trägt Geschichten bei. Eine völlig neue Herangehensweise an die vielbeschriebene Stadt, die bei Kritikern nicht ganz unumstritten ist.

● *Marlena DeBlasi,* **1000 Tage in Venedig,** Eichborn, Frankfurt (Hardcover) und Piper, München (Taschenbuch). Wenn man Venedig liebt und gute Küche mag, will man nach der Lektüre dieses Buches sofort wieder hin. Eine Liebesgeschichte, die über den Magen geht. Eine Amerikanerin verliebt sich in einen Venezianer und gibt ihre Kochrezepte preis.

● *Donna Leon,* **Venezianisches Finale; Endstation Venedig; Venezianische Scharade; Vendetta; Acqua alta; Sanft entschlafen; Nobiltà; In Sachen Signora Brunetti; Feine Freunde; Das Gesetz der Lagune; Die dunkle Stunde der Serenissima; Verschwiegene Kanäle; Beweise, dass es böse ist; Blutige Steine; Wie durch ein dunkles Glas; Lasset die Kinder zu mir kommen; Das Mädchen seiner Träume** (1996 bis 2009), Diogenes Verlag, Zürich. Niemand kann dem Schauplatz Venedig so viele Facetten abgewinnen wie die amerikanische Krimiautorin Donna Leon. Fast so etwas wie (inzwischen 17) kriminalistisch angehauchte Stadtbeschreibungen. 14 Fälle ihres Kommissars *Brunetti* wurden mittlerweile auch schon fürs deutsche Fernsehen verfilmt (⇨Exkurs: „Interview mit Donna Leon").

● *Michael Dibdin,* **Tödliche Lagune,** Goldmann Verlag, München. Schade, dass Dibdins Kommisar Aurielio Zen eigentlich in Rom tätig ist und nur für einen Fall nach Venedig kommt. Er könnte Donna Leons Brunetti Konkurrenz machen. Allerdings isst Zen immer nur in miesen Lokalen und hat als Ex-Venezianer ein gespaltenes Verhältnis zu seiner Geburtsstadt.

● *Ulrich Tukur und Katharina John,* **Die Seerose im Speisesaal. Venezianische Geschichten,** Claassen Verlag, Berlin. Der bekannte deutsche Schauspieler Ulrich Tukur lebt schon lange in Venedig. Wer offenen Auges durch die Lagunenstadt wandert, wird ihm (vor allem auf der Giudecca) bisweilen begegnen. Kleine Oden an Venedig hat Tukur hier geschrieben, nein, eigentlich könnte man fast sagen, er besinge seine Wahlheimat. Momentaufnahmen werden zu kleinen Fabulierstücken. Wer mehr von ihm möchte, sei auf seine CD „Streifzüge durch Venedig" verwiesen, wo er uns mit einigen Zeitgenossen Venedigs bekannt macht. Beides illustriert durch Fotos seiner Frau Katharina John.

- *Hugo Pratt,* **Corto Maltese. Venezianische Legende,** Carlsen Verlag, Hamburg. Eine völlig andere Art, die Stadt kennen zu lernen: ein Comic, der in Venedig spielt. Im Mittelpunkt steht das Freimaurertum. Pratt und Corto Maltese sind Kultfiguren in Venedig.

Kinderbücher

- *Christina Björk* und *Inga-Karin Eriksson,* **Lavendel in Venedig,** C. Bertelsmann Verlag, München. Ein Kinderbuch, das die Qualifikation „reizend" verdient. Gibt auf kindliche, aber auch für Erwachsene gut lesbare Weise viele Informationen zur Lagunenstadt aus dem Blickwinkel eines Kindes. Nett illustriert, mit Zeichnungen und Fotos.
- *Petter Lidbeck,* **Vinni in Venedig,** Fischer Taschenbuch, Frankfurt/Main. Die Zahl der kleinen Bände, die Kinder für Venedig begeistern möchten, wird immer größer. Neu im Reigen: Vinnis Abenteuer in Venedig, in 42 kurzen Kapiteln auf 176 Seiten beschrieben vom schwedischen Journalisten Petter Lidbeck. Aus der Kinderperspektive kleidet er viele kleine, teils sogar philosophische Episoden in eine wunderbare Geschichte. Sollte für die Venedigreise in jeden Kinderkoffer gepackt werden.
- *Cornelia Funke,* **Herr der Diebe,** Dressler Verlag, Hamburg. Eine packende „Kriminalgeschichte" für Kinder, die selbst Erwachsene so schnell nicht aus der Hand legen werden. Auch als Kinofilm.

Landkarten und Stadtpläne

- **Venezia,** Stadtplan Venedigs vom Touring Club Italiano, Maßstab 1:5000, auch mit deutschsprachigen Erläuterungen. Kostet zwar rund 5 €, ist aber sehr detailgetreu. Und das ist in der Lagunenstadt bei den vielen Gassen, die plötzlich unvermittelt am Wasser enden, sehr wichtig.
- **Laguna Veneta,** ein Plan der gesamten Lagune Venedigs im Maßstab 1:50.000 von Euro Cart, Studio F.M.B. Bologna. Sehr sinnvoll, wenn man seinen Blick ein wenig über das historische Zentrum der Lagunenstadt hinausbewegen will.
- **Brunetti-Stadtplan,** ein Stadtplan, der die Hauptschauplätze aus Donna Leons 17 Krimis wieder gibt. Herausgegeben von zwei Brunetti-Fans. Zu bestellen im Internet unter: www.brunettistadtplan.de. Dort gibt es auch Spaziergänge zu Brunetti-Themen. Bislang sind vier Krimi-Spaziergänge erschienen, die auf ca. zweistündigen Wanderungen *Brunettis* Spuren durch Venedig verfolgen: „Brunettis Weg zur Arbeit", „Brunettis Familie", „Brunettis Bars und Restaurants", „Brunettis Leichen", sowie eine Vaporetto-Tour, auf der man bequem vom Linienschiff aus die Hauptschauplätze der Romane an sich vorbeiziehen lassen kann.

Venezianisch und Italienisch

- *Gianna Mercato* und *Flavia Ursini,* **Dialetti veneti, grammatica e storia,** Unipress, Padua. Es gibt nichts Umfassenderes zum venezianischen Dialekt. Wie so vieles, was es Interessantes über Venedig zu lesen gibt, leider nur in Italienisch.
- **Italienisch – Wort für Wort,** Reise Know-How Verlag, Bielefeld, aus der Kauderwelsch-Reihe (Bd. 22). Die handlichen Sprechführer bieten eine auf das Wesentliche reduzierte Grammatik und viele Beispielsätze für den Reisealltag (als **Kauderwelsch Digital Italienisch** auch auf CD-ROM erhältlich).
- **AusspracheTrainer Italienisch,** Reise Know-How Verlag, Bielefeld. Audio-CD, die wichtigsten Sätze und Redewendungen des Kauderwelsch-Bandes zum Hören und Nachsprechen.
- **Italienisch Slang – das andere Italienisch.** Reise Know-How Verlag, Bielefeld, Kauderwelsch Bd. 97. Für alle, die die authentische Umgangssprache kennen lernen wollen.
- **Italienisch kulinarisch,** Reise Know-How Verlag, Bielefeld, Kauderwelsch Bd. 144, die Sprachhilfe für Restaurant und Supermarkt.

Jeder Titel:
144-160 Seiten,
handliches
Taschenformat
10,5 x 17 cm,
robuste Bindung,
Glossar,
Register und Griffmarken
zur schnellen
Orientierung

weitere
Titel siehe
Programmübersicht

Reise Know-How Verlag, Bielefeld

HILFE!

Dieses Reisehandbuch ist gespickt mit unzähligen Adressen, Preisen, Tipps und Infos. Nur vor Ort kann überprüft werden, was noch stimmt, was sich verändert hat, ob Preise gestiegen oder gefallen sind, ob ein Hotel, ein Restaurant immer noch empfehlenswert ist oder nicht mehr, ob ein Ziel noch oder jetzt erreichbar ist, ob es eine lohnende Alternative gibt usw.

Unsere Autoren sind zwar stetig unterwegs und versuchen, alle zwei Jahre eine komplette Aktualisierung zu erstellen, aber auf die Mithilfe von Reisenden können sie nicht verzichten.

Darum: Schreiben Sie uns, was sich geändert hat, was besser sein könnte, was gestrichen bzw. ergänzt werden soll. Nur so bleibt dieses Buch immer aktuell und zuverlässig. Wenn sich die Infos direkt auf das Buch beziehen, würde die Seitenangabe uns die Arbeit sehr erleichtern. Gut verwertbare Informationen belohnt der Verlag mit einem Sprechführer Ihrer Wahl aus der über 220 Bände umfassenden Reihe „Kauderwelsch" (siehe unten).

Bitte schreiben Sie an:

REISE KNOW-HOW Verlag Peter Rump GmbH, Postfach 140666, D-33626 Bielefeld, oder per E-Mail an: info@reise-know-how.de

Danke!

Kauderwelsch-Sprechführer – sprechen und verstehen rund um den Globus

Afrikaans • Albanisch • Amerikanisch - *American Slang, More American Slang,* Amerikanisch oder Britisch? • Amharisch • Arabisch - Hocharabisch, für Ägypten, Algerien, Golfstaaten, Irak, Jemen, Marokko, • Palästina & Syrien, Sudan, Tunesien • Armenisch • *Bairisch* • Balinesisch • Baskisch • Bengali • *Berlinerisch* • Brasilianisch • Bulgarisch • Burmesisch • Cebuano • Chinesisch - Hochchinesisch, kulinarisch • Dänisch • Deutsch - *Allemand, Almanca, Duits, German, Nemjetzkii, Tedesco* • *Elsässisch* • Englisch - *British Slang, Australian Slang, Canadian Slang, Neuseeland Slang,* für Australien, für Indien • Färöisch • Esperanto • Estnisch • Finnisch • Französisch - kulinarisch, für den Senegal, für Tunesien, *Französisch Slang, Franko-Kanadisch* • Galicisch • Georgisch • Griechisch • Guarani • Gujarati • Hausa • Hebräisch • Hieroglyphisch • Hindi • Indonesisch • Irisch-Gälisch • Isländisch • Italienisch - *Italienisch Slang,* für Opernfans, kulinarisch • Japanisch • Javanisch • Jiddisch • Kantonesisch • Kasachisch • Katalanisch • Khmer • Kirgisisch • Kisuaheli • Kinyarwanda • *Kölsch* • Koreanisch • Kreol für Trinidad & Tobago • Kroatisch • Kurdisch • Laotisch • Lettisch • Lëtzebuergesch • Lingala • Litauisch • Madagassisch • Mazedonisch • Malaiisch • Mallorquinisch • Maltesisch • Mandinka • Marathi • Modernes Latein • Mongolisch • Nepali • Niederländisch - *Niederländisch Slang,* Flämisch • Norwegisch • Paschto • Patois • Persisch • Pidgin-English • *Plattdüütsch* • Polnisch • Portugiesisch • Punjabi • Quechua • *Ruhrdeutsch* • Rumänisch • Russisch • *Sächsisch* • *Schwäbisch* • Schwedisch • *Schwiizertüütsch* • *Scots* • Serbisch • Singhalesisch • Sizilianisch • Slowakisch • Slowenisch • Spanisch - *Spanisch Slang,* für Lateinamerika, für Argentinien, Chile, Costa Rica, Cuba, Dominikanische Republik, Ecuador, Guatemala, Honduras, Mexiko, Nicaragua, Panama, Peru, Venezuela, kulinarisch • Tadschikisch • Tagalog • Tamil • Tatarisch • Thai • Tibetisch • Tschechisch • Türkisch • Twi • Ukrainisch • Ungarisch • Urdu • Usbekisch • Vietnamesisch • Walisisch • Weißrussisch • *Wienerisch* • Wolof • Xhosa

Register

Anhang

Die Autorin

213ve Foto: jz

Birgit Weichmann (geb. 1963) ist promovierte Romanistin und lebte während der Recherchen für ihre Doktorarbeit längere Zeit in Venedig. Seither hat die Stadt sie nicht mehr losgelassen. Mehrmals im Jahr ist sie in der Lagunenstadt, meist in den Wintermonaten, in denen sie der Stadt im Wasser besonders viel abgewinnen kann. Sie lebt heute – nach langjähriger Tätigkeit als Lokalredakteurin, Pressesprecherin von Wirtschaftsverbänden und PR-Beraterin – als freie Journalistin und Autorin in Berlin. Häufig hält sie Vorträge über die verschiedensten Aspekte Venedigs, so zum Beispiel die Geschichte des Karnevals oder das Alltagsleben in der Stadt mit ihrer ganz besonderen Infrastruktur. Lange Jahre war es eines ihrer Hobbies, als offizielle Gästeführerin der Stadt Regensburg vor allem ausländischen Touristen ihre Heimatstadt näher zu bringen. Daher kennt sie die besonderen Belange von Touristen auch aus praktischem Erleben.

Kartenverzeichnis